Laurin Peter

Turnen fürs Vaterland,
Sport zum Vergnügen

Vorarlberger Sportgeschichte bis 1945

Studien zur Geschichte
und Gesellschaft
Vorarlbergs
Sonderband

Herausgegeben in Zusammenarbeit mit der
Johann-August-Malin-Gesellschaft

Gedruckt mit Unterstützung der
Vorarlberger Landesregierung

Zum Autor:
Dr. Laurin Peter, geb. 1950 in Dornbirn;
Studium Anglistik und Leibeserziehung an der Universität Innsbruck;
Lehrer am Bundesgymnasium Dornbirn;
mehrere Publikationen zur Geschichte des Sports.

Laurin Peter

Turnen fürs Vaterland, Sport zum Vergnügen

Vorarlberger Sportgeschichte bis 1945

VORARLBERGER AUTOREN GESELLSCHAFT

Abbildungen auf der Titelseite von oben nach unten:

Franz Harrer (Lech), 1934
Radrennen in Bregenz, 1897
Josef Thaler (TV Dornbirn) beim Bundesturnfest 1930 in Innsbruck
Internationales Motorradrennen in Lustenau 1936.

© Vorarlberger Autoren Gesellschaft, Bregenz 2001
Alle Rechte vorbehalten.
Umschlaggestaltung und Layout: Mag. Walter Hartmann, Dornbirn
Lektorat: Mag. Christiane Schneider, Innsbruck
Produktion: VAG, Bregenz
Druck: J. N. Teutsch, Bregenz
Printed in Austria.
ISBN 3-900754-26-8

INHALTSVERZEICHNIS

Vorwort 7

1. Leibesübungen, Turnen und Sport im Überblick 10
   1.1. Leibesübungen in Vorarlberg vor dem Ersten Weltkrieg 10
   1.2. Turnen und Sport in Vorarlberg von 1848 bis 1938 25
      1.2.1. Vom Revolutionsjahr 1848 bis zum Untergang der Donaumonarchie 25
      1.2.2. Turnen und Sport in der Ersten Republik 31
      1.2.3. Turnen und Sport im „Austrofaschismus" 37
   1.3. Sport im Nationalsozialismus 45

2. Ausgewählte Kapitel zur Vorarlberger Turn- und Sportgeschichte 54
   2.1. Die deutschnationale Turnbewegung 55
      2.1.1. Die Anfänge des Deutschen Turnens 55
      2.1.2. Der Vorarlberger Turngau 61
      2.1.3. Wettkampfwesen 72
   2.2. Die katholische Turnbewegung 79
      2.2.1. Die Anfänge 79
      2.2.2. Der Vorarlberger Rheingau 81
      2.2.3. Wettkampfwesen 90
   2.3. Die sozialdemokratische Arbeiter-Turn- und Sportbewegung 92
      2.3.1. Organisation und Grundsätze der sozialdemokratischen Arbeiter-Turn- und
           Sportbewegung in Österreich 92
      2.3.2. Die sozialdemokratische Arbeiter-Turn- und Sportbewegung in Vorarlberg 95

3. Geschichte der in Vorarlberg vor 1945 betriebenen Wettkampfsportarten ...106
   3.1. Boxen 107
   3.2. Eishockey 110
   3.3. Eislaufen 111
   3.4. Eisschießen 113
   3.5. Fechten 115
   3.6. Flugsport 118
   3.7. Fußball 123
      3.7.1. Beginn des Vereinssportwesens 123
      3.7.2. Gründung und Tätigkeit des „Vorarlberger Fußballverbandes" 125
   3.8. Leichtathletik 135
   3.9. Motorsport 147
      3.9.1. Anfänge der Motorisierung 147
      3.9.2. Gründung von Kraftfahrverbänden 148
      3.9.3. Motorsportveranstaltungen 150
   3.10. Radfahren 155
      3.10.1. Vereins- und Verbandswesen 155
      3.10.2. Wettkampfwesen 157
      3.10.3. Herausragende Radsportler der Zwischenkriegszeit 164

3.11. Ringen	171
3.12. Rodeln	174
3.13. Rudern	176
3.14. Schießen	180
3.15. Schwimmen	186
3.16. Segeln	193
3.17. Skisport	198
3.17.1. Vereins- und Verbandswesen	198
3.17.2. Skifahren und Skispringen als Wettkampfsport	203
3.17.3. Vorarlbergs Beitrag zur Entwicklung des Skisports: Skipioniere und Rennläufer von Weltruf	213
3.18. Stemmen	223
3.19. Tennis	225
3.20. Tischtennis	228
4. Zusammenfassung	231
Anmerkungen	236
Abkürzungen	257
Quellen- und Literaturverzeichnis	259
Abbildungsnachweis	272
Personenregister	274
Ortsregister	281

VORWORT

1998 erschien im Pädagogischen Verlag (Wien) das Buch „Turnen und Sport in der Geschichte Österreichs". Es beinhaltet die schriftliche Zusammenfassung von zwölf Referaten, die von verschiedenen österreichischen Historikern und Sportwissenschaftlern bei der 39. Historikertagung des Institutes für Österreichkunde (10.-13. April 1992, St. Pölten) zum oben angeführten Thema gehalten wurden. Im Vorwort zu diesem Buch bedauern die Herausgeber die Tatsache, daß mehr als 100 Jahre nach der Einführung der Turngeschichte als eigenständiges universitäres Fach in Österreich immer noch „keine umfassende Monographie zur österreichischen Sportgeschichte existiert".[1]

Was für Österreich gilt, ist auch für Vorarlberg zutreffend. Es gibt bis dato keine vollständige Darstellung der Vorarlberger Sportgeschichte. Die Durchsicht der bekanntesten Überblickswerke über die Geschichte des Landes Vorarlberg läßt erkennen, daß der Sport in diesen Werken entweder überhaupt nicht erwähnt wird oder den Autoren gerade einmal ein paar Zeilen wert ist.[2] Grundsätzlich ist das Ergebnis zutiefst unbefriedigend, und es bleiben viel mehr Fragen offen, als beantwortet werden. Sogar für den Laien ist es klar ersichtlich, daß die wenigen Angaben zum Sport offensichtlich inhaltliche Mängel aufweisen.[3] Aus heutiger Sicht ergibt sich folgendes Resümee zum Stand der Sportgeschichtsschreibung in Vorarlberg:

Seit Beginn der achtziger Jahre sind mehrere Studien zu bestimmten Abschnitten der jüngeren Vorarlberger Zeitgeschichte bzw. zu bestimmten Schwerpunktthemen erschienen.[4] Einige dieser Werke nehmen zwar Bezug auf die politische Dimension des Sports, dennoch bleiben unübersehbare Lücken. Der gesamte Bereich der christlich-sozialen Turn- und Sportbewegung bleibt mehr oder weniger ebenso unberücksichtigt wie das Sportgeschehen während der Zeit des Nationalsozialismus. Ihren Intentionen entsprechend vernachlässigen diese Studien auch den Detailbereich Wettkampfsport fast vollständig.

Das einzige Überblickswerk, das sich mit der geschichtlichen Entwicklung der meisten in Vorarlberg vor 1945 praktizierten Sportarten befaßt, ist eine von Oswald Gunz am Institut für Leibeserziehung in Innsbruck eingereichte Hausarbeit aus dem Jahre 1949 mit dem Titel „Die geschichtliche Entwicklung der Leibesübungen in Vorarlberg, unter besonderer Berücksichtigung der Leichtathletik und der Spiele". Die Arbeit von Gunz erfüllt den Anspruch, einen Überblick über die geschichtliche Entwicklung einzelner Sportarten zu geben, allerdings nur sehr bedingt. Besonders der Zeitraum 1918 bis 1945 ist äußerst kurz gehalten. Die gesellschaftspolitische Dimension des Sports fehlt ebenso wie eine einigermaßen detaillierte Darstellung des Bereichs Wettkampfsport. Im Kapitel „Radfahren" heißt es bei Gunz zum Beispiel über diesen Zeitraum:

„Nach dem Weltkrieg kam es 1922 zum Zusammenschluß aller Vorarlberger Radfahrvereine im Tiroler Verband, der sich seit dieser Zeit Radfahrerverband für Tirol und Vorarlberg nannte. 1928 erfolgte eine Sternfahrt auf den Arlberg, wo ein Denkmal für die im Krieg gefallenen Kameraden errichtet wurde.

Der Radfahrerverband führte zahlreiche Rennen durch, darunter jährlich die Straßen- und Bergmeisterschaft. 1936 gab es in Vorarlberg bereits 29 Vereine mit 2000 Mitgliedern."[5]

Gunz erwähnt in diesem Kapitel weder die Teilnahme der Vorarlberger Radsportler Adolf Haug, Ferdinand Bösch, Rudolf Huber, Alfred Alge und Alfred Riedmann an Europameisterschaften, Weltmeisterschaften bzw. den Olympischen Spielen 1936 noch die insgesamt 14 österreichischen Meistertitel, die von diesen Sportlern im oben genannten Zeitraum gewonnen worden sind. Ähnlich „umfassend" und „informativ" sind auch die anderen Kapitel der Arbeit mit Ausnahme der Leichtathletik und des Fußballs.

Viele Vereine und fast alle Verbände verfügen über mehr oder weniger umfangreiche Festschriften mit einem Abriss über die geschichtliche Entwicklung ihrer Sportart. Besonders zahlreich finden sich solche Jubiläumsschriften über den Alpenverein und in den Sportarten Fußball, Skisport und Turnen. All diesen Festschriften ist ein Merkmal gemeinsam: Sie sind relativ unkritisch und vermeiden geradezu ängstlich jede Andeutung einer für den jeweiligen Verein oder Verband unangenehmen Entwicklung (vor allem im politischen Bereich), und sie sind deshalb als Darstellung nur bedingt geeignet. Ein weiteres Problem, das beim Studium dieser Festschriften auftrat, war, daß einzelne der angegebenen Daten oder Leistungen sich bei genaueren Nachforschungen als falsch erwiesen. Sie wurden oft unkritisch übernommen und tragen damit gelegentlich eher zur Verwirrung als zur Aufklärung über frühere Sportereignisse bei. Einige wenige, besonders hartnäckige Irrtümer sollen hier exemplarisch aufgezeigt werden:

Laut eigener Darstellung gewann Hannes Schneider 1905 beim Bödele-Skirennen das Springen der Hauptklasse.[6] Diese Jahreszahl wurde immer wieder unkritisch übernommen.[7] Tatsächlich fand dieses Skispringen am 20. Jänner 1907 statt.[8]

Die in mehreren Rückblicken immer wieder angeführte Teilnahme von Otto Madlener (Turnerbund Bregenz) an den Olympischen Spielen 1908 in London hat sich nach genauen Recherchen eindeutig als nicht zutreffend erwiesen. Madlener dürfte bei einem ausländischen Sportfest, das als „Olympische Spiele" bezeichnet wurde, teilgenommen haben.

Die numerische Aufzählung der Turnfeste des Vorarlberger Rheingaus ist einigermaßen mysteriös und nicht nachvollziehbar. Laut Verbandsgeschichte fanden von 1906 bis 1922 sieben Gauturnfeste statt, womit das Gauturnfest 1923 eigentlich das 8. Verbandsturnfest des Rheingaus gewesen wäre. Laut Vorarlberger Volksblatt war das Turnfest 1923 allerdings das „9. Gauturnfest", und auch alle weiteren Turnfeste ab 1924 basieren auf dieser Zählung.[9] Irgendwann zwischen 1908 und 1922 ging – offensichtlich unbemerkt von den Funktionären bzw. Chronisten – ein Gauturnfest „verloren".

Die Festschrift „100 Jahre Radsport. 40 Jahre Vorarlberger Radfahrerverband" führt den Lustenauer Ferdinand Bösch als österreichischen Meister des Jahres 1938 an. Tatsächlich handelte es sich um Josef Bösch, der in diesem Jahr die Meisterschaften der „Ostmark" gewann.

Besonders auffallend sind die bestehenden Lücken in der Vorarlberger Sportgeschichtsschreibung für den Zeitraum des Nationalsozialismus, über den praktisch keine wissenschaftlichen Untersuchungen vorliegen. Mehrere von Vorarlberger Sportlern während dieser Zeit erbrachte Leistungen sind erst im Zug der Recherchen zur vorliegenden Arbeit erfaßt worden, wie zum Beispiel die „Ostmarktitel" von Josef Bösch (Radsport), Ludwig Toth (Leichtathletik), Anton Lenz (Turnen), Willi Walch (Skisport), Anton Vogel (Ringen) oder die europäische Jugendbestleistung im Kleinkaliberschießen des späteren Olympiasiegers Hubert Hammerer, um nur die besonders herausragenden Leistungen zu erwähnen.

Das bislang einzige Werk, in dem sich ein Autor intensiv und wissenschaftlich fundiert mit einem Detailkapitel der Vorarlberger Sportgeschichte auseinandergesetzt hat, ist die 1994 an der Universität Innsbruck approbierte Dissertation „Turnen und Politik – exemplarisch dargestellt am Bundesland Vorarlberg 1847–1938" des Dornbirner Historikers Wolfgang Weber.[10] Am Beispiel von 32 Vorarlberger Turnvereinen zeigt Weber in seiner Arbeit die personellen, organisatorischen und ideologischen Zusammenhänge zwischen der deutschnationalen Turnbewegung einerseits und der nationalsozialistischen Ideologie bzw. den NSDAP-Organisationen andererseits auf.

Der Autor hofft, mit dieser Arbeit einen Beitrag zur Aufarbeitung der Geschichte des Landes zumindest für den Zeitraum bis 1945 geleistet zu haben. Er dankt allen, die zum Gelingen dieser Arbeit beigetragen haben, insbesondere

der Abteilung Sport der Vorarlberger Landesregierung mit Landesrat Mag. Siegi Stemer und Hofrat Mag. Udo Albl für die langjährige Unterstützung;

allen Personen, Firmen und Institutionen, die die Drucklegung dieses Buches unterstützt haben;

allen Personen und Institutionen, die mir bei meinen Recherchen behilflich waren und mir Material zur Verfügung gestellt haben;

Mag. Christiane Schneider für das Lektorat;

Mag. Walter Hartmann, der mit großer Geduld den Autor über Jahre durch alle Wirrnisse des Computerdaseins führte und für das gesamte Layout des Buches verantwortlich zeichnet;

Dr. Werner Bundschuh, ohne dessen Hilfe dieses Buch nie und nimmer entstanden wäre;

meiner Familie.

1. LEIBESÜBUNGEN, TURNEN UND SPORT IM ÜBERBLICK

Eine intensive Auseinandersetzung mit der Geschichte des Sports in Vorarlberg erfordert zuerst eine nähere Definition der verwendeten Begriffe Leibesübungen, Turnen und Sport.

Mit dem Begriff Leibesübungen werden in dieser Arbeit all jene körperlichen Tätigkeiten beschrieben, die nicht eindeutig der Turnbewegung bzw. der Sportbewegung zugeordnet werden können, wie etwa der Sport der Adeligen im Mittelalter, das Schützenwesen bis zur Gründung des Vorarlberger Schützenbundes, die Erschließung der Bergwelt (z.B. Alpinismus, Skisport) oder die mannigfaltigen Möglichkeiten des Sportbetreibens ohne Vereinsbindung und ohne Wettkampftätigkeit (z.B. Schwimmen, Eislaufen, Rodeln, Radfahren).

Das Turnen entstand am Anfang des 19. Jahrhunderts in Deutschland, vor allem in Zusammenhang mit der Tätigkeit von Friedrich Ludwig Jahn. Wesentliche Merkmale dieses „Deutschen Turnens" waren neben einer „ausgewogenen Körpererziehung" vor allem die Erziehung „zum sittlichen und vaterlandsliebenden Menschen".[11] Bis 1945 war das Turnen gekennzeichnet durch eine enge Bindung an weltanschauliche Bewegungen wie den Nationalismus, Liberalismus, Katholizismus oder Sozialismus. In Vorarlberg gehen die Anfänge einer vereinsmäßig organisierten Turnbewegung auf die Mitte des 19. Jahrhunderts zurück, als in Bregenz, Feldkirch und Dornbirn Turngemeinden gegründet wurden. Bereits vor dem Ersten Weltkrieg trennte sich auch die Vorarlberger Turnbewegung in drei von einander unabhängige weltanschauliche Lager: in ein deutschnationales, ein christlich-soziales und ein sozialdemokratisches Turnen.

Der moderne Begriff Sport, wie er heute allgemein verwendet wird, stammt aus dem England des 18. und 19. Jahrhunderts. Er wurde 1828 erstmals im deutschen Sprachgebrauch verwendet und fand in Vorarlberg ab Mitte der achtziger Jahre des 19. Jahrhunderts eine vorerst nur sehr zögerliche, nach der Jahrhundertwende jedoch stärkere Verbreitung. Wesentliche Merkmale des „Englischen Sports" waren die Bedeutung der Leistung des einzelnen, das Streben nach Höchstleistungen (Rekorden), die Meßbarkeit der Leistung und die Spezialisierung auf wenige Disziplinen. Der erste Vorarlberger Verein, der diesen Ansprüchen in allen Belangen genügte, war der 1886 gegründete Radfahrverein Bregenz, der vor allem in den Bereichen Wettkampfsport, Veranstaltungswesen, Sportstättenbau und gesellschaftliche Akzeptanz wesentliche Akzente für die Vorarlberger Sportbewegung setzte.

1.1. Leibesübungen in Vorarlberg vor dem Ersten Weltkrieg

Die Frage, wo und wann der moderne Sport seinen Ursprung hatte, läßt sich wohl nicht eindeutig beantworten. Verschiedenste Formen körperlicher Ertüchtigung existierten mehr oder weniger ausgebildet zu allen Zeiten bei fast allen Völkern: als Daseins- und

Überlebenskampf in Jagd und Krieg, in religiösen Riten, bei Brauchtumsfeiern, in der Arbeitswelt, aber auch im Freizeitbereich. Neuere Forschungen aus der Ägyptologie und Altorientalistik beweisen, daß schon um ca. 4.000 vor Christus im Niltal und in Mesopotamien richtige Sportkulturen existierten. Erstaunlich ist in diesem Zusammenhang die Vielfalt der Disziplinen, die für das Alte Ägypten nachgewiesen wurde: Kampfsportarten wie Boxen und Stockfechten wurden ebenso praktiziert wie das Laufen, Bogenschießen, Wassersport, Wagenfahren, Reiten, Jagen, Spiel, Tanz und Akrobatik. Ähnliche Zeugnisse frühester Leibesübungen finden sich für Libyen, China, Japan, Indien oder auf Kreta.[12]

In Europa erreichten die Leibesübungen vor allem bei den Griechen einen besonderen Stellenwert. Die antiken Spiele im griechischen Olympia, die 393 n. Chr. letztmalig durchgeführt wurden, hatten mit ihrer Symbiose aus Leibesübungen und religiösen Riten einen immensen Einfluß auf die Entwicklung der Leibesübungen in anderen Ländern. Sie bildeten zudem das Vorbild zur Neubelebung der olympischen Bewegung durch den französischen Baron Pierre de Coubertin mit den 1896 in Athen erstmals ausgetragenen Olympischen Spielen der Neuzeit. Ähnliche Kampfspiele wie in Olympia fanden auch in Delphi, Argolis und Korinth statt. Allerdings waren all diese sportlichen Kämpfe ausschließlich den Männern vorbehalten. Den Frauen blieb nicht nur die Teilnahme, sondern auch das Zuschauen verwehrt.[13]

In Mitteleuropa wurden die Anfänge zielgerichteter Leibesübungen bis ins Mittelalter fast ausschließlich durch den Adel bestimmt. Die höfische Kultur bzw. Bildungswelt des Adels war in ihren Grundzügen militärisch ausgerichtet und beinhaltete als zentralen Punkt die „planmäßige zielgerichtete körperliche Ertüchtigung" ihrer Mitglieder.[14] Im „Ritterspiegel", einem Lehrgedicht für Adelige, führte der Eisenacher Ratsschreiber Johannes Rothe schon zu Beginn des 15. Jahrhunderts sieben körperliche Fähigkeiten auf, die jeder Ritter beherrschen sollte: Reiten mit schnellem Auf- und Absitzen; Schwimmen und Tauchen; Schießen mit Armbrust, Bogen und Büchsen; Klettern auf Seilen und Stangen; Kämpfen in Turnieren; Ringen, Fechten, Springen; Tanzen und Brettspiele.[15] Unter Beweis gestellt wurden diese „Behendigkeiten" bei Ritterturnieren, die zum Teil den Adel aus ganz Europa zusammenführten und bei denen die Bedeutung bzw. der Stellenwert eines Adelsgeschlechtes durch das Abschneiden der Adeligen bei diversen Wettkämpfen festgelegt wurde.

Die ersten Hinweise auf eine Teilnahme von Vorarlberger Adeligen an Ritterturnieren gehen auf das frühe Mittelalter zurück. Weizenegger erwähnt in seinem Geschichtsbuch über Vorarlberg mehrere Mitglieder der „Ritter von Ems", die schon im 10. bzw. 11. Jahrhundert n. Chr. an Turnieren im deutschen Raum teilnahmen: Georg von Ems an einem Ritterturnier in Rothenburg an der Tauber (942); Walter von Ems an einem Turnier in Sachsen (1042); Dietrich von Ems an einem Turnier in Köln (1079).[16]

Auch das Herrschaftsleben der Grafen von Montfort war über mehrere Jahrhunderte hauptsächlich militärisch ausgerichtet. Bereits 1376 nahmen die Grafen Heinrich IV. von Montfort-Tettnang und Hugo XII. von Montfort-Bregenz im Gefolge des österreichischen Herzogs Leopold III. an einem Turnier in Basel teil. Bei diesem Turnier geriet Graf Hugo XII. zusammen mit einigen anderen Rittern in die Gefangenschaft der Basler Bürger, da sie mit gezückten Lanzen mitten in die Zuschauermenge geritten waren. Erst als die Ritter geschworen hatten, sich nicht zu rächen, wurden sie von den aufgebrachten Basler Bürgern wieder freigelassen.[17] 1417 kam Feldkirch unter die

Pfandherrschaft der Toggenburger. Unter Graf Friedrich von Toggenburg erlebte Feldkirch eine bis dahin nie gekannte Blüte höfisch-ritterlicher Kultur mit Ritterspielen und Festen der Adeligen auf dem heutigen Jahnplatz am Fuß der Schattenburg. 1434 veranstaltete Graf Friedrich in Feldkirch ein großes Schützenfest, bei dem möglicherweise auch verschiedene andere Formen der Leibesübungen zur Austragung kamen.[18] Gegen Ende des 15. Jahrhunderts beteiligten sich die Grafen von Montfort und Werdenberg offensichtlich intensiv an diversen adeligen Wettbewerben. 1484 kämpfte Graf Hugo XVII. von Montfort-Bregenz als Mitglied der „Gesellschaft im Falken und Fisch von Schwaben" bei einem Turnier in Stuttgart. Drei Jahre später nahmen Graf Ulrich V. von Montfort-Tettnang und sein Sohn Ulrich VII. an einem Turnier in Regensburg teil, und 1494 finden wir Graf Hugo sogar bei einem Turnier in Mecheln (Belgien). 1498 kämpfte Graf Johannes I. von Montfort-Tettnang in Innsbruck gegen König Maximilian I., und auch Graf Georg III. von Montfort-Bregenz ist „zu Fuß und zu Pferd" gegen Maximilian I. angetreten.[19]

Eine weitere, ausschließlich dem Adel vorbehaltene „sportliche" Tätigkeit war die Jagd, bei der es nicht selten zu schweren Unfällen kam. Im mittelalterlichen Vorarlberg fiel Graf Ulrich von Bregenz im 10. Jahrhundert ebenso einem Jagdunfall zum Opfer wie Graf Ulrich X. im Jahre 1097. Auch die Grafen von Montfort hatten, zum Teil auch bedingt durch den Wildreichtum des Landes, eine große Vorliebe für die Jagd.

Mit dem Verfall der Turnierkunst verlagerten sich die verschiedenen Formen ritterlicher Leibesübungen zunehmend in die Städte. Die Vielfalt städtischer Leibesübungen im deutschsprachigen Raum umfaßte Grundsportarten wie das Laufen, Springen oder Werfen ebenso wie verschiedene Ballspiele, Fechten, Schwimmen oder Pferderennen. Eine besondere Bedeutung innerhalb der städtischen Leibesübungen kam dem Schießen zu. Die Notwendigkeit, die eigene Stadt gegen eindringende Feinde selbst verteidigen zu können, förderte die Gründung von Schützengesellschaften, die in den einzelnen Städten bald auch eine wichtige gesellschaftliche Rolle spielten. Im deutschen Sprachraum lassen sich die Anfänge eines vereinsmäßig organisierten Schützenwesens bis zum Beginn des 13. Jahrhunderts zurückverfolgen.

Die älteste Vorarlberger Schützengesellschaft entstand in Feldkirch gegen Ende des 14. Jahrhunderts während der Regierungszeit des Grafen Rudolf V. von Montfort-Feldkirch (1375-1390). Der Feldkircher Historiker Josef Zösmaier vermutet, daß die Feldkircher Schützengesellschaft anläßlich der von Graf Rudolf veranstalteten Osterfestspiele, die 1380 über einen Zeitraum von drei Tagen auf dem Feldkircher Kirchplatz stattfanden, ihren ersten großen Auftritt hatte. Ab 1380 jedenfalls stiftete Graf Rudolf der Schützengesellschaft als Schützenbest „für sich und seine Nachfolger auf ewige Weltzeiten alljährlich einen schönen Ochsen aus seinem Stall oder den damaligen Gegenwert eines solchen, 5 Pfund Pfennige Constanzer Münze".[20] Dieses sogenannte „Ochsenbest" wurde bis zum Jahr 1493 jährlich jeweils am 29. September (i.e. zu Michaeli) ausgeschossen.

Auch in Bregenz und Bludenz existierte höchstwahrscheinlich schon zu Beginn des 15. Jahrhunderts je eine Schützengesellschaft. In Bregenz dürfte sich die Schützengesellschaft während des Appenzellerkrieges (1405-1408) gebildet haben, als die Bregenzer Bürger unter Führung von Graf Wilhelm IV. den Ansturm der Appenzeller erfolgreich abwehren konnten.[21] Auch in Bludenz bestand 1422 schon eine Schießhütte „vor dem oberen Tor der Armatin".[22] 1453 besuchten die Bludenzer „Schießgesellen" nachweislich ein Schützenfest in Feldkirch.

Bis ins 15. Jahrhundert wurde mit dem Bogen oder der Armbrust geschossen. Etwa ab Mitte des 15. Jahrhunderts kamen neben den Armbrust- oder „Stachelschützen" immer mehr die Büchsenschützen auf, die die früheren Armbrustschützen bald an Bedeutung überflügelten und schließlich vollständig verdrängten. Geschossen wurde zunächst auf Tiere (Papageien, Adler), später auf Schützenscheiben. Diese Schützenscheiben wurden zu den unterschiedlichsten Anlässen gespendet, wie zum Beispiel zur Wahl eines Stadtammanns, bei Kriegsereignissen, beim Besuch wichtiger Persönlichkeiten oder aber bei privaten Anlässen wie Hochzeiten und Taufen. Die ältesten Vorarlberger Schützenscheiben datieren aus dem 17. Jahrhundert und stellen in ihrer Vielfalt jeweils ein Stück Kulturgeschichte der jeweiligen Stadt dar.[23]

Der Schießbetrieb auf den jeweiligen Schießstätten wurde durch Schützenordnungen streng geregelt. Die älteste bekannte Schützenordnung einer Vorarlberger Schützengesellschaft, die „Schießstandsordnung" der Schützengesellschaft Feldkirch, stammt aus der Zeit Kaiser Maximilians I. (1493 bis 1519). Aus ihr erfahren wir unter anderem, daß es verboten war, geladene Gewehre in die Trinkhütte mitzunehmen, Pulver in der Schießhütte zu trocknen, Gott zu lästern oder zu fluchen. Auch das jeweilige Prozedere bei den regelmäßigen Zusammenkünften des Vorstandes der Schützengesellschaft wurde genau geregelt. Ähnliche Schützenordnungen sind aus Bregenz (1577) und Bludenz (1598) bekannt.[24]

Neben den regelmäßigen Schießübungen wurden von allem Anfang an kleinere „Freischießen" oder größere Schützenfeste veranstaltet, bei denen zum Teil wertvolle Preise, sogenannte „Schützenbeste", gewonnen werden konnten. Das älteste bekannte Vorarlberger Schützenbest, das Ochsenbest des Grafen Rudolf von Montfort, datiert aus dem Jahr 1380. Diese Schützenbeste wurden anfänglich von den jeweiligen Landesherren gespendet, später auch von Städten oder einzelnen wohlhabenden Bürgern. In Feldkirch zum Beispiel fanden in der zweiten Hälfte des 17. Jahrhunderts jährlich schon drei bedeutende Freischießen mit städtischen „Herrengaben" als Schützenbest statt.

Die beiden ersten bedeutenden Schützenfeste Vorarlbergs fanden ebenfalls in Feldkirch statt. 1434 veranstaltete Graf Friedrich von Toggenburg ein großes Schützenfest, an dem auch viele auswärtige Gäste teilnahmen. 1503 gewannen die Zürcher Schützen Cunrat Müller von Küßnacht, Heini Wolf, Heinrich Kienast und Heini Sprüngli „zu Vältkirch für 20 gulden affentüren".[25] 1504 nahmen ca. 100 Vorarlberger Schützen, vornehmlich aus dem Oberland, an einem großen Schützenfest in Zürich teil, 1508 gewann Graf Hugo XVII. von Montfort-Bregenz bei einem Armbrust- und Büchsenschießen in Augsburg den von der Stadt Augsburg ausgesetzten Hauptpreis von 20 Gulden. Auch in Hohenems existierte Mitte des 17. Jahrhunderts offensichtlich schon ein aktives Schützenleben. Anläßlich der Geburt eines Sohnes lud Graf Friedrich von Hohenems Schützen aus nah und fern zu einem großen Schützenfest ein, das am 7. November 1650 zur Austragung kam. Hauptattraktion dieses Schützenfestes war ein sogenannter „Bretterhirsch", ein aus Brettern ausgesägter, bemalter Hirsch, der in einer Entfernung von neunzig Schritten vom Schießstand quer über eine Lichtung gezogen wurde. Einer der siegreichen Schützen bei diesem Schützenfest war der Bludenzer Peter Wolf, der zehn Gulden gewann.

Nur sehr wenig bekannt ist über die körperliche Tätigkeit der Bauern bzw. über verschiedene Formen der Leibesübungen im städtischen Alltag. Für Vorarlberg bietet ein-

Abb. 1:
Graf Hugo XVII. von Montfort-Bregenz nahm zu Beginn des 16. Jahrhunderts erfolgreich an mehreren Ritterturnieren und Schützenfesten in Deutschland teil.

Abb. 2:
Die Schützenscheiben der verschiedenen Schützengilden stellen in ihrer Vielfalt ein Stück Kulturgeschichte der jeweiligen Gemeinde oder Stadt dar. Im Bild eine Schützenscheibe der Schützengesellschaft Rankweil aus dem Jahr 1875.

zig die „Kulturgeschichte der Stadt Feldkirch" von Karl Heinz Burmeister einige Hinweise. Ihr kann man entnehmen, daß bereits

1503 Veit von Königsegg, der 16jährige Sohn des Feldkircher Vogtes, „mit einem Schlitten bei der Abfahrt von der Schattenburg tödlich verunglückte";

1547 ein Landsknecht namens Caspar Weglin, genannt Ryaß, „den Bodensee auf der Strecke von Fußach nach Lindau in fünf Stunden durchschwamm";

1606 Paul von Furtenbach, ein Sohn des Feldkircher Stadtammanns Erasmus II. von Furtenbach, in der Ill von einem Strudel in die Tiefe gezogen wurde und ertrank;

Ende 15./Anfang 16. Jahrhundert der Feldkircher Vogt Ulrich von Schellenberg sowie der Feldkircher Stadtarzt Achilles Pirmin Gasser auf der Suche nach Pflanzen ausgedehnte Wanderungen in ganz Vorarlberg unternahmen.[26]

Burmeisters Forschungsergebnisse zeigen zusätzlich auf, daß auch im Arbeitsprozeß beachtliche „sportliche" Leistungen vollbracht wurden. Zwei Beispiele mögen dies verdeutlichen. Bereits 1482 steuerte der Feldkircher Hanns Gesser „ein Floß mit fünf Weinfässern auf der Ill von Feldkirch bis in den Rhein", und 1521 wurde der Laufbote Claus Erhart von seinem Auftraggeber angewiesen, er „sol tag und nacht geen", um eine wichtige Mitteilung möglichst schnell von Innsbruck nach Feldkirch zu bringen.[27]

Auch das Baden in Flüssen, Tümpeln und Seen dürfte bereits im Mittelalter eine beliebte Freizeitbeschäftigung gewesen sein. Dieser ungeregelte Badebetrieb wurde jedoch von den Behörden aus zwei Gründen mit Argwohn betrachtet: zum einen aus Sittlichkeitsgründen, da das gemeinschaftliche Baden von „Mann- und Weibspersonen" den weltlichen und – vor allem – den kirchlichen Sittenhütern ein Dorn im Auge war, zum anderen aber auch aus Sicherheitsgründen, da es immer wieder zu tödlichen Badeunfällen kam.

Besonders populär war in Vorarlberg naturgemäß das Baden im Bodensee. Aus einer Verordnung des Stadtmagistrats Bregenz aus dem Jahr 1630 geht hervor, daß der Badebetrieb am Bodensee schon vor der Mitte des 17. Jahrhunderts amtlich geregelt wurde, wobei die Badenden beiderlei Geschlechts behördlich angehalten wurden, nur „geziemendermaßen bedeckt" ihrem Vergnügen nachzugehen.[28] Da der Zugang zum Bodensee jedoch vollkommen ungehindert möglich war und jedermann gerade dort badete, wo er Lust und Laune hatte, war die Überwachung solcher Verordnungen kaum möglich. Jedenfalls wandte sich in den Jahren 1798 und 1799 der Bregenzer Stadtverweser Jakob Liberat Steger mit der Forderung an die Stadt, neue Badegesetze zu erlassen, „durch welche Ehrbarkeit und gutte Sitte gewahrt bleiben würden".[29] Ein Polizeidiener der Stadt wurde beauftragt, für die Überwachung der Badeordnung zu sorgen.

Schon früh erkannten einzelne Völker den Wert körperlicher Übung für die Gesundheitserziehung und entwickelten die verschiedensten Formen des „Heilturnens". Besonders bekannt sind die vor allem während der Kaiserzeit entstandenen, großzügigen öffentlichen Badepaläste der Römer, die Thermen. Die in Bregenz, dem römischen Brigantium, gefundenen Überreste einer – allerdings weit bescheideneren – Thermenanlage sowie die Kenntnis von temperierten Baderäumen in den Villenanlagen in Brederis-Weitried und Altenstadt geben Zeugnis vom Einfluß römischer Badekultur auch auf unser Land.[30]

Das älteste Heilbad Vorarlbergs dürfte ohne Zweifel das Hohenemser Schwefelbad sein. Der 1616 erschienenen „Emser Chronik" von Johann Georg Schleh ist zu entnehmen, daß schon um 1430 „viel Volk" zu dem „weitberühmten Edel Embsisch Schwefelbrunnen" kam, um dort die Gesundheit wiederzuerlangen. Besonders wirksam war das Emser Bad – laut Chronist – bei Podagra, erfrorenen Schenkeln und Füßen sowie bei Gelbsucht. Auch „erkaltete, träge, verdroßne Weiber" würden durch das schwefelhaltige Wasser „wider lustig und gahl" werden, „das einer zu Jahr zeucht am Wigenseyl".[31] In den nächsten Jahrzehnten entstanden in Vorarlberg in fast allen Talschaften weitere Heilbäder. Besonders populär bei der Bevölkerung waren Bad Rothenbrunnen (Großes Walsertal), Bad Reuthe, Bad Hopfreben, das Roßbad in Krumbach (alle Bregenzerwald), Bad Kehlegg (Dornbirn) oder Bad Sonnenberg (bei Bludenz). Noch im 19. Jahrhundert herrschte zwischen diesen Bädern ein reger Wettbewerb um „Kundschaft". Ende Mai 1867 zum Beispiel priesen in der Vorarlberger Landeszeitung allein vier verschiedene Bregenzer Heilbäder ihre Vorzüge an.[32] Einige dieser Heilbäder haben ihre Bedeutung bis heute nicht verloren (z.B. Bad Reuthe; Roßbad bei Krumbach).

Eine weitere Form von Leibesübungen, bei der der Übergang von beruflicher Tätigkeit zu Freizeitvergnügen und schließlich sportlichem Tun fließend erfolgte, war das Bergwandern bzw. Bergsteigen. Jahrhundertelang war die Einstellung der Bevölkerung gegenüber der Bergwelt sehr negativ, zum Teil sogar feindlich gewesen. Abergläubische Furcht vor Dämonen, Ungeheuern oder feindseligen Geistern schreckte die Einheimischen von der Bergwelt ab. Erst unter dem Einfluß der Humanisten wurde die Schönheit der Alpen entdeckt. Als „Vater des Alpininismus" gilt heute allgemein der italienische Dichter Francesco Petrarca, der 1336 den Mont Ventoux in der Provence ohne jeden Zwang bestieg, nur um „die namhafte Höhe des Ortes kennenzulernen".[33]

Die Anfänge des Alpinismus in Vorarlberg dürften auf das beginnende 16. Jahrhundert zurückgehen, als – ebenfalls unter dem Einfluß des Humanismus – vor allem Ärzte und Botaniker Ausflüge in die Bergwelt unternahmen, um nach Pflanzen zu suchen. Burmeister erwähnt in diesem Zusammenhang den Ravensburger Ladislaus Suntheim (1440-1513), der bereits um 1500 Vorarlberg durchwanderte und die Pflanzenwelt des Bregenzerwaldes genau beschrieb, den Feldkircher Vogt Ulrich von Schellenberg (1478-1549) und den Feldkircher Stadtarzt Achilles Pirmin Gasser (1505-1577). Vor allem Gasser unternahm in der zweiten Hälfte des 16. Jahrhunderts mehrmals ausgedehnte Wanderungen in ganz Vorarlberg, u.a. auch mit dem Ziel, eine möglichst genaue Landkarte von Vorarlberg zu erstellen.[34]

1607 erhielt Graf Kaspar von Hohenems von Erzherzog Maximilian I. die Vogtei Bludenz verliehen. Zum Verwalter der Vogtei wurde David Pappus von Tratzberg bestimmt. Er erhielt den Befehl, alle Grenzen des Hauses Österreich in den Herrschaften Bludenz und Sonnenberg zu beschreiben. Seine Landbeschreibungen wurden wortgetreu im Urbar der Herrschaften Bludenz und Sonnenberg eingetragen. Da David Pappus von Tratzberg die ganze Herrschaftsgrenze abging, kann er als „historisch belegter Erstbesteiger vieler Vorarlberger Berge" bezeichnet werden.[35] U.a. dürfte von Tratzberg mit größter Wahrscheinlichkeit am 24. August 1610 als erster die Schesaplana bestiegen haben.[36]

Etliche Hinweise auf Bergwanderungen finden sich auch in der 1616 erschienenen „Emser Chronik" von Johann Georg Schleh. Er beschreibt darin u.a. Bergwanderungen in das Klostertal, das Brandnertal und das Montafon. 1669 wurde nachweislich auch der Widderstein im Bregenzerwald von Sebastian Bickel, dem Pfarrer von Schröcken, bestiegen. Bickel hatte mit einem mitgenommenen Spiegel Sonnenstrahlen auf ein

Abb. 3:
Im Zeitraum 1898 bis 1914 wurden in Vorarlberg insgesamt 16 Schutzhütten von deutschen Sektionen des DÖAV gebaut. Im Bild die Eröffnung der Freiburger Hütte (1912).

Kirchlein auf einer Berghöhe bei Hochkrumbach gerichtet, bei dem sich gerade einige Wanderer versammelt hatten. Hätte Sebastian Bickel nicht auf diese Weise seinen Gipfelsieg bewiesen, so hätte man ihm die Besteigung des Widdersteins damals wohl kaum geglaubt.

1730 wurde die Schesaplana vom Seewieser Pfarrer Nikolaus Sererhard erstmals von der Schweiz aus bestiegen. Die „Schasaplana Bergreis", von Sererhard 1742 als Manuskript zu Papier gebracht, aber erst 1872 in Chur gedruckt, gilt heute als die älteste Schilderung der Besteigung eines Gipfels der Ostalpen in deutscher Sprache. Ebenfalls noch im 18. Jahrhundert erforschten die Schweizer Catani und Poof die Höhlen der Sulzfluh.

Das 19. Jahrhundert wurde im Raum Deutschland – Österreich von zwei revolutionären Bewegungen geprägt: der Turnbewegung nach Friedrich Ludwig Jahn und der Sportbewegung nach englischem Vorbild. Die Jahnsche Turnbewegung nahm 1811 mit der Errichtung des ersten öffentlichen Turnplatzes auf der Hasenheide in Berlin ihren Anfang und breitete sich ab 1861 verstärkt auch in Österreich aus. Etwa um dieselbe Zeit wurden im Großraum Wien unter dem Einfluß der aus England stammenden Sportbewegung auch die ersten spezifischen Sportvereine Österreichs gegründet. Beide Bewegungen werden im Rahmen dieser Arbeit intensiv besprochen.

Für die nicht dem Turnen oder dem Bereich Wettkampf-/Leistungssport zuzuordnenden Sportarten lassen sich für Vorarlberg im 19. Jahrhundert zwei Tendenzen feststellen: Zum einen erfuhren die bereits betriebenen Sportarten eine größere Verbreitung und erlangten zunehmend mehr Popularität und Akzeptanz in breiten Kreisen der Bevölkerung (z.B. Schützenwesen, Schwimmen, Rodeln), zum anderen wurde das Spektrum der Sportarten kontinuierlich erweitert (z.B. um das Eislaufen, den Velocipedismus/Radsport, das Skifahren bzw. den Skialpinismus). Der folgende Abschnitt gibt einen kurzen Überblick über all jene Sportarten, die in Vorarlberg vor dem Ersten Weltkrieg ausgeübt wurden, allerdings nur für den Bereich Breiten- bzw. Freizeitsport. Für die Bereiche Turnen und Wettkampfsport sei auf die entsprechenden Abschnitte in diesem Buch verwiesen.

Im Schützenwesen kam es zu Beginn des 19. Jahrhunderts während der Besetzung Vorarlbergs durch die Bayern (1805-1814) zu einem deutlichen Rückgang, da die Gewehre beschlagnahmt und das Scheibenschießen verboten wurden.[37] Später waren die meisten Bürger und Bauern so verarmt, daß ihnen zunächst eine Neuanschaffung von Gewehren nicht möglich war. Erst die Rückkehr zu Österreich brachte eine deutliche Wiederbelebung des Schützenwesens. In einem Schreiben an das Oberamt in Innsbruck schlug der damalige Kreishauptmann von Vorarlberg, Johann Nepomuk von Ebner, 1828 den Bau neuer, zentral gelegener Schießstände vor, um dem Schützenwesen wieder neuen Auftrieb zu verleihen. Es kam nun im ganzen Land vermehrt zur Gründung von Schützengesellschaften: 1825 die Schützengesellschaft Schruns; 1836 die Bolzschützengesellschaft Dornbirn; 1841 die Schützengesellschaft Frastanz; 1846 die Schützengilden Hohenems und Lustenau. 1888 kam es erstmals zum Zusammenschluß mehrerer Schützengilden zu einem gemeinsamen Schützenbund: dem Schützenbund Walgau.[38]

Während der Regierungszeit von Kaiser Franz Joseph (1848-1916) wurde das Schützenwesen durch staatliche „Schießstandsordnungen" besonders gefördert. Aufgrund dieser Verordnungen wurden die örtlichen Schießstände zu staatlichen Institutionen umgestaltet und unter den besonderen Schutz der Staats- und Landesverwaltung gestellt. Sie besaßen zwar keinen ausschließlich militärischen Charakter, waren aber angehalten, die wesentlichen Elemente der Landesverteidigung vorzubereiten und wurden dadurch in ihrer Bedeutung gewaltig aufgewertet.

Ab Mitte des 19. Jahrhunderts besuchten Vorarlberger Schützen auch vermehrt rein sportlich ausgerichtete Schützenfeste außerhalb Vorarlbergs, zum Teil mit beachtlichen Erfolgen. 1885 gewann der Götzner Josef Nägele beim II. Österreichischen Bundesschießen in Innsbruck auf der Scheibe „Vaterland" das erste Best, einen 32 Zentner schweren Ochsen im Wert von 1.000 Gulden. 1896 erschoß sich der Götzner J. G. Wäger beim Jahrhundertschießen in Innsbruck einen von Fürst F. J. Auersperg gespendeten Pokal im Wert von 1.000 Kronen, der später vom Vorstand des Innsbrucker Landeshauptschießstandes wieder zurückgekauft und der Schatzkammer zur Verfügung gestellt wurde.[39] Wie der Chronik der Schützengesellschaft Lustenau zu entnehmen ist, konnte auch der Lustenauer Kronenwirt Adolf Alge um die Jahrhundertwende beim Schweizerischen Bundesschießen in Bern den ersten Preis mit 1.500 Franken in Gold (damals etwa 15 Monatslöhne eines Stickers) erringen. Nach der Jahrhundertwende waren mehrere Lustenauer Schützen zugleich auch Mitglieder von Schweizer Vereinen, wobei Hermann Alge („Rudolfers") und Eduard Hämmerle („Medis") laut Chronik dabei sogar zu „kantonalen und eidgenössischen" Meisterehren kamen.[40]

Nachdem der Stadtrat von Bregenz zwar fast ein Jahrhundert lang den Badebetrieb der Bürger reglementiert hatte, ohne selbst jedoch geeignete Badeeinrichtungen zu schaffen, blieb es dem Militär vorbehalten, die erste Badeanstalt Vorarlbergs zu bauen. 1825 wurde knapp außerhalb der Stadtgrenze beim Tannerbach auf Veranlassung von Major Quintner die Militärschwimmschule der Kaiserjäger erbaut und noch im selben Jahr eröffnet. In den folgenden Jahren wurden jährlich ca. 40-50 Soldaten im Schwimmen ausgebildet, nicht immer zur Freude der Geistlichkeit. 1827 zum Beispiel beschwerte sich das Generalvikariat Feldkirch in einem Schreiben an das Kreisamt Bregenz über die zügellosen Badesitten der Soldaten, die „das Erstaunen und den Abscheu der Reisenden erwecken, alles Schamgefühl untergraben und der Regierung des Landes zur Unehre gereichen".[41] Bis 1961 blieb die Militärschwimmschule im Besitz der Republik Österreich und wurde dann in die Verwaltung der Stadt Bregenz übernommen.

Da die Bregenzer Militärschwimmschule für Zivilpersonen anfänglich nur beschränkt zugänglich war, wurde in Bregenz der Ruf nach einer öffentlichen Badeanstalt immer lauter, auch um dem allmählich aufkommenden Fremdenverkehr willkommene Schützenhilfe zu leisten. 1836 gründete der Kreisamtskanzlist Gebhard Roder einen „Verein für die Errichtung einer allgemeinen Badeanstalt am Bodensee zu Bregenz" und schloß mit dem Magistratsrat Franz Xaver Dezel einen Vertrag ab, in dem sich dieser verpflichtete, bis zum 1. Mai 1837 eine Badeanstalt mit acht Umkleidekabinen und einem Gesellschaftsraum zu bauen. Dezel hielt diesen Vertrag ein, und 1837 wurde das erste, öffentlich allgemein zugängliche Bad Vorarlbergs eröffnet. Allgemein zugänglich allerdings nur für Männer, denn Frauen blieb der Zutritt verwehrt. 1872 ging die Badeanstalt Dezel in den Besitz von Josef Bosch über, 1882 wurde sie durch einen Sturm vollständig zerstört und nicht mehr aufgebaut.

Für die Gemeinden, die nicht am Bodensee gelegen waren, war die Errichtung von Schwimmbädern vorerst nicht zu finanzieren. Als Badegelegenheiten dienten der Bevölkerung Bäche oder Flüsse (z.B. Rhein, Dornbirner Ache, Bregenzer Ache, Ill) oder Teiche bzw. kleine Seen (Feuerlöschteich in Bludenz; Valdunaweiher bei Rankweil, Moorsee Bödele). Wohl deshalb entstanden in den größeren Gemeinden des Landes die ersten Badeanstalten nicht auf kommunaler Ebene, sondern durch private Initiativen: 1856 in Feldkirch der Tisner Weiher durch die Jesuitenschule Stella Matutina, 1886 in Dornbirn-Oberdorf das Bad der Textilfirma Franz Martin Hämmerle, 1896 in Hohenems das Bad beim „Schellenbühel" und 1897 in Lustenau eine „Gesellschafts-Badeanstalt" beim „Gasthof zum Krönele", jeweils durch ein Konsortium wohlhabender Bürger. Das erste mit öffentlichen Geldern erbaute Schwimmbad Vorarlbergs wurde 1890 in Bregenz eröffnet, kostete 20.000 Gulden und galt unter Fachleuten als „Nonplus ultra des damaligen Bäderbaus".[42] Im Frühjahr 1903 erhielt auch Feldkirch als zweite Gemeinde des Landes mit dem Bad in der Felsenau ein allgemein öffentlich zugängliches Freibad.

Dokumentierte Hinweise auf die Anfänge des Rodelns in Vorarlberg sind nur spärlich vorhanden, weisen aber darauf hin, daß das Rodeln offensichtlich als Freizeitsport in Teilen Vorarlbergs schon im Spätmittelalter betrieben wurde. Wie bereits erwähnt, berichtet Karl Heinz Burmeister in seiner Kulturgeschichte der Stadt Feldkirch, daß „der 16jährige Veit von Königsegg, der Sohn des Vogtes," schon zu Beginn des 16. Jahrhunderts „mit einem Schlitten bei der Abfahrt von der Schattenburg tödlich verunglückte".[43] Auch in einem Gedicht von Kaspar Hagen über die „Bodenseegfrörne" 1830 finden sich mehrere Hinweise auf das Schlittenfahren.[44] Bis zum Beginn des 20. Jahrhunderts blieb das Rodeln im ganzen Land ein beliebtes Freizeitvergnügen für alle Bevölkerungsschichten und Altersstufen, wobei einer größeren Verbreitung des Schlittensport oft behördliche Verbote entgegenwirkten, die das Rodeln innerhalb der Gemeinden und Städte untersagten. Nach der Jahrhundertwende wurde das Rodeln auch als Wettkampfsport betrieben, allerdings kam es bis zum Ersten Weltkrieg nicht zur Gründung eines auf das Rodeln spezialisierten Sportvereins.

Eislaufen wurde in Vorarlberg nachweislich schon im 18. Jahrhundert betrieben. Wie dem Totenbuch der Gemeinde Lustenau zu entnehmen ist, sind bereits 1786 drei Kinder des damaligen Lustenauer Ammanns Peter Paul Hollenstein II. beim Schlittschuhlaufen auf dem gefrorenen Rhein eingebrochen und ertrunken.[45] Weitere konkrete Hinweise auf eine eisläuferische Tätigkeit in Vorarlberg finden sich in dem Gedicht „Vom zugefrorenen Bodensee" (1830) des Bregenzer Heimatdichters Kaspar Hagen.[46] Auch aus den diversen Jubiläumsschriften des 1856 gegründeten Feldkircher Jesuitengymnasiums Stella Matutina geht hervor, daß das Schlittschuhlaufen von allem Anfang an ein wesentlicher Bestandteil der sportlichen Erziehung der Stella-Schüler war.[47]

Ein Naturereignis der ganz besonderen Art sorgte 1880 dafür, daß das Eislaufen zu einer allseits beliebten und in weiten Teilen der Bevölkerung verankerten Publikumssportart wurde: die sogenannte „Bodenseegfrörne", d.h. der vollständig zugefrorene Bodensee. Anfang Februar wurde dieses „Eisjubiläum" auf und rund um den See mit einem riesigen Volksfest gefeiert. Der Vorarlberger Landeszeitung kann man entnehmen, daß die verschiedenen Schlittschuhläufer an diesem Tag zwischen Lindau und Bregenz regelrechte Wettrennen veranstalteten und daß der schnellste Schlittschuhläufer Bregenz nach nur 17 Minuten erreichte. Weniger sportliche und weltlichen Genüssen zugeneigtere Festbesucher wurden spätnachts mit einem Extrazug der Vorarlberg-Bahn eingesammelt, der von den Bayern den wenig schmeichelhaften Namen „Lumpensammler" erhielt.[48] Ein besonderes Kuriosum dieses Eisjubiläums war, daß direkt auf dem See eine Eiszeitung gedruckt wurde. Hinter dem Redaktionspseudonym „Dr.

International" verbarg sich der Bregenzer Buchdrucker Anton Flatz, der die Idee zu dieser Bodenseezeitung hatte.[49]

Nach 1880 fand das Eislaufen neben Bregenz auch in anderen Gemeinden des Landes verstärkt Verbreitung: in Dornbirn ab 1881 auf einem durch die Firma Franz Martin Hämmerle errichteten Eislaufplatz am Fischbach, in Feldkirch ab 1882 auf einem zugefrorenen Weiher in Levis. Auch aus anderen Gemeinden des Landes existieren Dokumente oder Berichte, die zeigen, daß der Eislaufsport sich ab Mitte der achtziger Jahre des 19. Jahrhunderts in ganz Vorarlberg etablierte. Die Betreuung der Eisflächen erfolgte dabei zum Teil durch lokale Sportvereine (z.B. in Bregenz, Feldkirch, Bludenz, Schruns), zum Teil durch den Verkehrsverein (z.B. in Bregenz), vereinzelt aber auch durch private Institutionen oder Firmen (z.B. in Dornbirn, Hohenems oder Feldkirch). Bis zum Ersten Weltkrieg wurde in ganz Vorarlberg jedoch kein einziger Eislaufwettkampf durchgeführt.

Die Besteigung des Montblanc am 8. August 1786 durch den Arzt Michel Paccard und den Bauern Jacques Balmat markiert den Beginn des Hochalpinismus in den Alpen. Als Schlüsseldatum für Vorarlberg gilt der 8. September 1848. An diesem Tag erreichte der Bludenzer Brunnenmacher Anton Neyer den Gipfel der 2643 m hohen Zimba, des „Matterhorns Vorarlbergs". Neyer errichtete auf der Spitze der Zimba einen Steinmann, in dem er eine Kupferhülse mit einem Zettel aufbewahrte. Auf diesem Zettel vermerkte er seinen Namen und das Datum der Erstbesteigung. Wie befürchtet, wollte nämlich zuerst niemand Neyer die Besteigung der Zimba glauben. Erst als die Zimba 1854 durch die Gebrüder Sugg und durch F. J. Mayer ein zweites Mal bestiegen wurde, wurde Anton Neyer bestätigt. Sie fanden die Kupferhülse mit seinem Namen und brachten diese Neyer zu dessen großer Überraschung wieder zurück.[50]

Die Besteigung der Zimba bedeutete den Beginn des Alpinismus in Vorarlberg. Innerhalb von etwas mehr als zwei Jahrzehnten wurden fast alle hochalpinen Berggipfel Vorarlbergs erstiegen: 1864 der Piz Buin; 1865 das Silvrettahorn und das Signalhorn; 1866 die Sulzfluh, die Vallüla und der Groß-Litzner; 1869 das Große Seehorn; 1870 die Drusenfluh und die Dreiländerspitze. 1892 erkletterten Walter Rüsch, Baptist Hämmerle (Dornbirn) und Dr. Karl Blodig (Bregenz) mit dem Kleinen Turm der Drusentürme den „letzten noch unbestiegenen nennenswerten Gipfel des Rhätikon" und beendeten damit eine Entwicklung, die 44 Jahre zuvor mit der Erstbesteigung der Zimba ihren Anfang genommen hatte.[51] Besondere Erwähnung verdient in diesem Zusammenhang der „Wahlvorarlberger" Dr. Karl Blodig, der sich als Alpinschriftsteller und Erstbesteiger aller Viertausender der Alpen einen Namen machte und Ehrenmitglied zahlloser Bergsteigervereinigungen wurde.[52]

Am 1. Dezember 1869 wurde in Feldkirch die Sektion Vorarlberg als 14. Sektion des Deutschen Alpenvereins gegründet. 1873 vereinigten sich in Bludenz der Deutsche und der Österreichische Alpenverein zu einer gemeinsamen Organisation mit 36 Sektionen und 2.394 Mitgliedern. Unter den Obmännern Johann Linser (1869-1872), John Sholto Douglaß (1872-1874), Andreas Madlener (1874-1884) und Heinrich Hueter (1884-1921) entwickelte sich die Sektion Vorarlberg kontinuierlich und erreichte 1909 mit 1.065 Mitgliedern ihren Höchststand vor dem Ersten Weltkrieg. Ihre herausragenden Leistungen im Zeitraum 1869 bis 1914 lagen neben der Erschließung der Bergwelt im Bau und Unterhalt von Unterkunftshütten, in der Erstellung von Weganlagen und Markierungen, in der Ausbildung von Führern und in der Organisation des Rettungswesens. Ein besonderer Markstein in der Geschichte der Sektion Vorarlberg stellte dabei sicher der 28. August 1872 dar, als mit der Lünerseehütte (ab 1874 Douglaßhütte zu Ehren des tödlich verunglückten Vorsitzenden) nicht nur die erste Hütte der Sektion Vorarlberg, sondern die erste bewirtschaftete Hütte des Deutschen Alpenvereins überhaupt eröffnet wurde. 1895 führten Unstimmigkeiten innerhalb der Sektion Vorarlberg zur Gründung einer eigenen Sektion Bludenz, die ebenfalls dem Deutschen und Österreichischen Alpenverein beitrat. Ihr Hauptaufgabegebiet war vor dem Ersten Weltkrieg die Betreuung des Führerwesens im Bereich Bludenz, im Brandnertal und im Klostertal.

Die Anfänge des Velocipedismus (= Radfahren) in Vorarlberg gehen nachweislich auf die späten sechziger Jahre des 19. Jahrhunderts zurück.[53] Wie einem Lokalbericht der Vorarlberger Landeszeitung zu entnehmen ist, hatten die Bregenzer Bürger am 22. April 1869 erstmals die Gelegenheit, „ein Velocipede mit zwei Rädern, fabriziert vom Drahtwaren Fabrikanten Max Sieber in St. Gallen, mit Schnelligkeit durch die Straßen fahren zu sehen".[54] Wer der erste „Velocipedist" Vorarlbergs war, ist allerdings nicht mehr bekannt. Bereits im selben Jahr wurde in Dornbirn vom Wagenbauer Franz-Josef Albrich das erste Fahrrad Vorarlbergs angefertigt. Albrichs Sohn Ferdinand dürfte damit wohl der erste Radfahrer Dornbirns gewesen sein.[55]

Es dauerte jedoch bis zum Beginn der achtziger Jahre, bis das „Velocipede" in Vorarlberg größere Verbreitung fand, und selbst dann blieb das Hochradfahren vorerst nur einigen wenigen begüterten Bürgern des Landes vorbehalten, da die Anschaffung eines Hochrades etwa 200 Gulden kostete.[56] Die Landeshauptstadt Bregenz hatte – wie der Chronik des RC Bregenz zu entnehmen ist – mit Robert Bilgeri einige Jahre lang nur einen einzigen Radfahrer vorzuweisen.[57] In Dornbirn erwarben Hugo Rüf und der spätere Bürgermeister Engelbert Luger während des Jahres 1883 Hochräder und legten damit den Grundstock für die weitere Entwicklung des Radsports. Vor allem Engelbert Luger erregte 1884 einiges Aufsehen, als er anläßlich der Eröffnung der Achrainstraße mit seinem Manchester-Singer-Hochrad von Dornbirn nach Alberschwende fuhr.[58] Eine noch größere sportliche Leistung erbrachte der Dornbirner Apotheker Karl Kofler, der 1885 als Volontär bei einem Hochschulprofessor in Wiesbaden arbeitete. Kofler kaufte mit dem ersten selbstverdienten Geld ein Hochrad und fuhr mit diesem Rad gleich von Wiesbaden bis nach Dornbirn.[59]

Die meisten Pioniere des „Velocipedismus" wurden in Vorarlberg anfänglich allerdings nicht mit uneingeschränkter Bewunderung aufgenommen. Die Mehrheit der Bevölkerung stand der neuen Bewegungsart eher ablehnend, oft sogar spöttisch gegenüber. Vor allem die Fuhrleute, die bis dahin die Fahrstraßen uneingeschränkt beherrscht hatten, versuchten mit allen Mitteln, das Aufkommen des Fahrradfahrens zu verhindern. Auch einzelne Fußgänger wehrten sich mit zum Teil drastischen Mitteln gegen die neue Bedrohung. Einem Radfahrer in Hohenems zum Beispiel wurde 1889 durch einen Passanten „unversehens ein Stock zwischen die Speichen" geschoben, sodaß der Radfahrer „zu Boden geschleudert" wurde und „Beschädigungen nicht unbedeutender Art" erlitt.[60] 1890 forderte die Vorarlberger Landeszeitung nach einem Unfall in Bregenz, bei dem ein Mädchen von einem um die Ecke am Postplatz rasenden Velocipedisten überfahren und „bedenklich am Auge" verletzt worden war, vehement die Einführung eines „Verbots des Schnellfahrens in der Stadt".[61] Trotz des Appells der VLZ dauerte es noch bis zum 17. Mai 1902, bis von der k.k. Statthalterei Innsbruck erstmals amtliche „Bestimmungen bezüglich des Fahrens mit dem Fahrrade

Abb. 4:
Die Anfänge des „Velocipedismus" in Vorarlberg gehen auf die sechziger Jahre des 19. Jahrhunderts zurück. Im Bild ein Mitglied des „I. Vorarlberger Bicycleclubs Feldkirch" etwa um das Jahr 1890.

Abb. 5:
Die Anfänge des Skisports in Vorarlberg sind untrennbar mit dem Namen Viktor Sohm (Bregenz) verbunden. Er unternahm bereits um 1887 erste „Fahrversuche" am Gebhardsberg.

auf öffentlichen Straßen" für die „gefürstete Grafschaft Tirol und das Land Vorarlberg" erlassen wurden.[62]

Die Entwicklung des Niederrades mit Kettenantrieb um das Hinterrad sorgte in ganz Österreich nach 1870 für einen regelrechten „Radfahrerboom" in jenen Bevölkerungsschichten, die sich den hohen Anschaffungspreis eines Fahrrades leisten konnten, und in weiterer Folge zur Gründung von Radfahrvereinen. Auch in Vorarlberg wurden die ersten Radfahrvereine bereits 1886 gegründet: in Bregenz, Dornbirn und Feldkirch. Keine andere Sportart in Vorarlberg erreichte vor dem Ersten Weltkrieg auch nur annähernd eine ähnliche Vereinsdichte wie das Radfahren (25 Vereinsgründungen).

Die Anfänge des Skisports in Vorarlberg gehen auf die Mitte der achtziger Jahre des 19. Jahrhunderts zurück.[63] Durch einen norwegischen Ingenieur, der berufsbedingt die neu erbaute Arlbergbahn besichtigte, wurden 1885 die ersten Ski in die westliche Arlbergregion gebracht und von einigen Personen versuchsweise verwendet, um nach Klösterle und Stuben zu gelangen. Walter Flaig erwähnt in diesem Zusammenhang den Langener Post-Gastwirt Rudolf Fritz, einen Ing. Bischof von der Arlbergbahn und einen namentlich nicht bekannten dritten Mann aus Langen und bezeichnet sie als „die ersten Skifahrer am Arlberg".[64] Im gleichen Jahr erwarb auch der Bregenzer Eugen Sohm von einem norwegischen Geschäftsfreund ein Paar 2,50 m lange Schnabelski mit einer Mehrrohrbindung. Eugen Sohm, der keine Informationen über den Gebrauch dieser Skier hatte, mißlangen seine ersten „Gehversuche" derart gründlich, daß er sie enttäuscht auf seinem Dachboden verstaute und nicht mehr benutzte. Zwei Jahre später entdeckte Eugen Sohms Bruder Viktor auf dem Dachboden jenes Paar Ski, das sein Bruder zur Seite gelegt hatte. Auch Viktor Sohms erste Versuche als Skiläufer auf dem Gebhardsberg verliefen nicht sehr erfolgreich. Bei einer seiner ersten Abfahrten stieß Viktor Sohm ausgerechnet mit der Frau des Bregenzer Bürgermeisters Dr. Andreas Fetz zusammen. Wenige Wochen nach diesem Zwischenfall ging Viktor Sohm für mehrere Jahre nach Amerika und arbeitete dort als Bierbrauer in Michigan City (Illinois).

Die Durchquerung Grönlands auf Skiern durch den norwegischen Polarforscher Fritjof Nansen erweckte Anfang der neunziger Jahre einiges Aufsehen in der ganzen Welt, auch in Vorarlberg. In seinem 1891 in Hamburg auf deutsch erschienenen Werk „Auf Schneeschuhen durch Grönland" widmete Nansen ein Kapitel zur Gänze dem „Schneeschuhlaufen" und trug somit wesentlich zur Bekanntheit und Verbreitung des Skilaufens in Mitteleuropa bei. Im Winter 1892/1893 erwarben die Dornbirner Oskar Rüf, Eugen Schneider, Guntram Hämmerle, Walter Rüsch und Julius Rhomberg Ski aus Norwegen und begannen oberhalb von Watzenegg und auf der Alpe Kühberg mit ersten Versuchen im Skilaufen. Eine zweite Dornbirner Gruppe um die Brüder Armin, Hubert und Ernst Rhomberg ließ sich sogar beim Wagnermeister Thurnher im Hatlerdorf eigene Ski anfertigen und unternahm Skitouren auf die Staufenalpe, nach Schuttannen und aufs Bödele.

Wiederum einige Jahre später, Mitte der neunziger Jahre, hielt der Skilauf in der Arlbergregion, im Hochtannberggebiet und im Kleinen Walsertal Einzug.[65] Kurz vor und nach der Jahrhundertwende wurden das Bödele, die Region Feldkirch, das Brandnertal, das Montafon und der Bregenzerwald für den Skilauf erschlossen. Der Bregenzerwald, das Laternsertal und das Großwalsertal wurden erst relativ spät (ab 1904) für das Skilaufen entdeckt.

Die Eroberung der hochalpinen Bergwelt Vorarlbergs hatte am 8. September 1848 mit der Besteigung der Zimba begonnen. Am 2. Jänner 1885 führte der deutsche Berufsoffizier Theodor von Wundt die erste Winterbesteigung der Schesaplana durch, und nur 13 Jahre später, am 5. Jänner 1898, stand der Schweizer Bergführer L. Guler mit Ski auf dem höchsten Berg Vorarlbergs, dem Piz Buin. Nur zehn Jahre später waren alle höheren Gipfel des Landes im Winter mit Ski bestiegen worden (u.a. die Schesaplana 1900; die Dreiländerspitze 1904 und der Hohe Freschen 1905). Einige Vorarlberger Skipioniere waren auch außerhalb Vorarlbergs an der winterlichen Erschließung der Bergwelt maßgeblich beteiligt gewesen, so z.B. Viktor Sohm (u.a. Weißseespitze in den Ötztaler Alpen; Samnaungruppe), Oberst Georg Bilgeri (Sonnblick und Hochkönig) und Sepp Zweigelt (Roßkopf und Erzbergkopf).

1.2. Turnen und Sport in Vorarlberg von 1848 bis 1938

1.2.1. Vom Revolutionsjahr 1848 bis zum Untergang der Donaumonarchie

Das 19. Jahrhundert wurde im Bereich des Körpersports von zwei Strömungen ganz wesentlich geprägt: dem „Deutschen Turnen" nach Friedrich Ludwig Jahn und dem „Englischen Sport". Beide Strömungen beeinflußten, wenn auch mit einiger zeitlicher Verzögerung, in hohem Maß das sportliche Geschehen in Vorarlberg, und sie hatten entscheidende Auswirkungen auf die gesellschaftspolitischen Verhältnisse.

Zu Beginn des Jahres 1848 existierten in Vorarlberg zwar verschiedene Formen von Leibesübungen im Freizeit- und Arbeitsbereich (z.B. Schwimmen, Eislaufen, Rodeln, Schützensport), es gab jedoch weder einen gesetzlich anerkannten Turnverein noch einen Sportverein in der heutigen Definition des Wortes. Mit Ausnahme der von der Natur zur Verfügung gestellten Übungsstätten (Seen, Flüsse, Tümpel, Hügel, Berge) gab es in ganz Vorarlberg nur drei „Sportstätten", die jeweils wiederum nur von einer ganz bestimmten Gruppe von „Sporttreibenden" benutzt werden konnten: die Schwimmschule der Kaiserjäger in Bregenz (nur für das Militär), die private Badeanstalt des Franz Xaver Dezel in Bregenz (nur für Männer) und diverse Schießhütten von Schützengesellschaften (nur für Vereinsmitglieder).

Ende 1848 hatte sich die Situation zumindest in einem Bereich entscheidend verändert. In Bregenz und Dornbirn hatten sich unter dem Einfluß deutscher Facharbeiter private Turngesellschaften gebildet. Sie legten damit die Basis für die spätere Entwicklung der Turnbewegung nach Friedrich Ludwig Jahn, der bis 1945 gesellschaftspolitisch bedeutendsten Form von Leibesübungen in Vorarlberg. Während verschiedene Hinweise darauf hindeuten, daß es in Dornbirn nie zur Gründung eines behördlich anerkannten Vereins kam, konstituierte sich die Bregenzer Turngruppe im März 1849 als offizieller Verein, die Turngemeinde Bregenz. Schon wenige Monate später, am 30. September 1849, präsentierte sich die Turngemeinde Bregenz im Rahmen eines Turnfestes erstmals der Öffentlichkeit. Zwei Jahre später, im Juli 1851, faßte die deutschnationale Turnbewegung mit der Gründung des TV Feldkirch auch im Oberland Fuß.

Allen drei Vorarlberger Turngruppierungen war allerdings kein langes Wirken beschieden. Die engen Verbindungen der Turnbewegung von Friedrich Ludwig Jahn mit deutschnationalen und liberalen Strömungen führten zu Beginn der fünfziger Jahre zunächst zu einer überwiegend feindlichen Haltung der Behörden im neoabsolutistisch regierten Österreich den Turnvereinen gegenüber und schließlich zum Verbot aller Turnvereine. Noch im Frühjahr 1852 erhielten die beiden Vorarlberger Vereine, die Turngemeinde Bregenz und der Turnverein Feldkirch, ihr Auflösungsdekret. Am 23. Juni 1853 löste sich auch die Turngesellschaft Dornbirn, die sich offiziell ja nie konstituiert hatte, selbst auf.

Das Oktoberdiplom des Jahres 1860 und das Februarpatent 1861 gewährten wieder das Recht der freien Vereinsbildung und damit auch den Wiederaufbau des Turnwesens. In Vorarlberg erfolgten die ersten Vereinsbildungen nach der neuen Gesetzeslage, wie schon in der Gründungsphase, in den industriellen Zentren Feldkirch (1861), Dornbirn (1862) und Bregenz (1869). Bis Ende 1883 sorgten fünf weitere Turnvereine für eine Verbreitung des Jahnschen Gedankenguts fast im ganzen Land und für eine entsprechende organisatorische Grundlage, um einen zentralen Dachverband für alle Turnvereine des Landes gründen zu können: den Vorarlberger Turngau.[66]

Die Gründung des Vorarlberger Turngaus erfolgte am 16. September 1883 in Dornbirn. Die wesentlichsten Punkte der Verbandsarbeit bis 1914 waren: die „Pflege, Hebung und Förderung des deutschen Turnwesens", die stärkere Verbreitung des „Deutschen Turnens" in ganz Vorarlberg durch Vereinsgründungen und eine entsprechende Öffentlichkeitsarbeit, die systematische Förderung des Jugend- und Frauenturnens sowie die Durchführung von Gauturnfesten in einem zweijährigen Rhythmus.[67] Mit 23 Vereinen und 2.687 Mitgliedern war der Vorarlberger Turngau vor dem Ersten Weltkrieg der mitgliedsstärkste und gesellschaftspolitisch einflußreichste Turn- und Sportverband Vorarlbergs. Auch auf turnerischem Gebiet leistete der Vorarlberger Turngau Pionierarbeit. Allein ein Vergleich der Teilnehmerzahlen des 15. Gauturnfestes 1909 in Bregenz (116 Vereine mit 1.200 Turnern) mit dem 1. Gauturnfest 1884 in Feldkirch (zehn Vereine mit 150 Turnern) zeigt deutlich auf, welch bedeutender Faktor die Gauturnfeste des Turngaus in breitensportlicher Hinsicht innerhalb nur eines Vierteljahrhunderts geworden waren.

Noch am Gründungstag war der Vorarlberger Turngau dem Turnkreis XV. Deutsch-Österreich der Deutschen Turnerschaft beigetreten. Im Laufe der Jahrzehnte entwickelte sich der Turngau weltanschaulich von einem liberalen zu einem „völkischen" Dachverband. Die Einführung des Arierparagraphen als verpflichtendes Aufnahmekriterium im Ersten Wiener Turnverein spaltete 1889 die österreichische Turnbewegung ideologisch in ein liberales und ein antisemitisches/völkisches Lager. Zehn Jahre später nahm auch der Turnverein Bregenz als erster Vorarlberger Turn- bzw. Sportverein den Arierparagraphen in seine Satzungen auf. 1904 wurde diese ideologische Trennung auf Verbandsebene vollzogen. 525 vorwiegend antisemitisch eingestellte österreichische Turnvereine trennten sich von der mehrheitlich liberalen Deutschen Turnerschaft und gründeten den eigenständigen „Turnkreis Deutsch-Österreich". Diesem Verband gehörte bis 1914 auch der Vorarlberger Turngau mit seinen Mitgliedsvereinen an.

Abb. 6:
Die alle zwei Jahre durchgeführten Verbandsturnfeste bildeten für den Vorarlberger Turngau ein geeignetes Forum, um die Verbandsarbeit einer breiten Öffentlichkeit nahezubringen. Im Bild Turner beim 13. Gauturnfest 1906 in Dornbirn.

Abb. 7:
Die 1912 auf dem Bödele bei Dornbirn zur Austragung gelangten Meisterschaften des Österreichischen Skiverbandes waren die ersten österreichischen Meisterschaften eines Sportverbandes in Vorarlberg.

Abb. 8:
Der Bregenzer Otto Madlener war einer der vielseitigsten und erfolgreichsten Vorarlberger Athleten vor dem Ersten Weltkrieg. Im Bild Otto Madlener als Weitspringer bei der Fahnenweihe des Stemmclubs Feldkirch im Jahr 1906.

Abb. 9:
Als Radsportler gewann Madlener im Zeitraum 1898 bis 1901 mehrere Rennen bei den Internationalen Bregenzer Radrennen.

Abb. 10:
Im Mai 1904 belegte Madlener bei den Europameisterschaften im griechisch-römischen Ringen in Wien im Schwergewicht den 5. Rang.

Die Landtagswahlen 1870 gelten als politische Zäsur in der Geschichte Vorarlbergs. Erstmals konnte bei diesen Wahlen die Katholisch-Konservative Partei eine Mehrheit über die seit 1861 im Landtag regierende Liberale Partei erringen.[68] Die letzten Jahre vor der Jahrhundertwende brachten nicht nur eine verstärkte Positionierung der deutschnationalen Turnvereine im völkischen Lager, sondern auch eine verstärkte Polarisierung der politischen Landschaft in Vorarlberg, die sich auf den Bereich Turnen und Sport ebenfalls maßgeblich auswirkte. Die sich zunehmend abzeichnende antiklerikale Haltung der Turnvereine, vor allem aber die große Anziehungskraft des Turnens auf die Jugend, erforderten von den christlich-sozialen Vereinen eine Reaktion, wollten sie ihre Klientel nicht an die deutschnationalen Turnvereine verlieren. Noch vor der Jahrhundertwende kam es deshalb in diversen christlich-sozialen Jünglings- und Arbeitervereinen zur Gründung von Turnclubs bzw. Turnsektionen, aus denen sich nach 1900 die verschiedenen Turnerbünde des Landes entwickelten.

Am 18. November 1906 schlossen sich die bestehenden sieben katholischen Turnerbünde des Landes in Bregenz zu einem gemeinsamen Dachverband zusammen: dem „Vorarlberger Turner- und Athletenverband".[69] Die personelle Zusammensetzung des ersten Verbandsvorstandes zeigt eindrucksvoll die politische Dimension des laut Statuten unpolitischen Turner- und Athletenverbandes auf. Sämtliche wichtigen Funktionsträger waren bei der Verbandsgründung entweder eng mit der christlich-sozialen Partei verbunden oder machten später auf kommunaler bzw. landespolitischer Ebene Karriere: Obmann Alois Amann als Landtagsabgeordneter und Bürgermeister von Hohenems; Obmannstellvertreter Otto Ender als Landeshauptmann und Bundeskanzler; Turnwart August Waibel als Landtagsabgeordneter und Bürgermeister von Hohenems. 1908 änderte der Vorarlberger Turner- und Athletenverband seinen Namen in „Vorarlberger Rheingau" und trat dem Kreis XII (= Turnbezirk Schwaben-Neuburg) der Deutschen Turnerschaft bei.

Zweck des Verbandes waren laut Statuten die „Pflege des allgemeinen Turnwesens" sowie die „Förderung der Vaterlandsliebe".[70] Gehörten dem Turner- und Athletenverband 1906 bei seiner Gründung 228 aktive und 714 passive Turner in sieben Vereinen an, so stieg die Zahl der Mitgliedsvereine bis zum Ausbruch des Ersten Weltkriegs auf zwanzig. Im Bereich Wettkampfwesen zeichnete sich die Verbandsführung des Rheingaus vor dem Ersten Weltkrieg für die Veranstaltung von vier Verbandsturnfesten verantwortlich: 1907 in Rankweil, 1909 in Dornbirn, 1911 in Altach und 1913 in Hohenems.

1899 war die politische Landschaft Vorarlbergs um eine dritte Partei erweitert worden: die Sozialdemokratische Arbeiterpartei.[71] Noch vor dem Ersten Weltkrieg kam es auch innerhalb der sozialdemokratischen Bewegung zur Gründung von drei Turnvereinen in Dornbirn, Bludenz und Bregenz-Vorkloster. Allerdings spielten alle drei Arbeiterturnvereine aufgrund der vollkommen mangelhaften Infrastruktur (schlechte Hallen, kaum Geräte, kaum ausgebildete Übungsleiter) selbst innerhalb der Arbeiterbewegung nur eine untergeordnete Rolle.

Jede der drei Turnbewegungen bezog vor dem Ersten Weltkrieg eine ausgesprochen eigenständige Position. Eine Zusammenarbeit auf Vereins- oder Verbandsebene fand nicht statt.

Die zweite bedeutende Strömung des 19. Jahrhunderts im Bereich Leibesübungen neben der Deutschen Turnbewegung war die Sportbewegung. Der Begriff Sport entstand im 18. Jahrhundert in England und wurde 1828 erstmals im deutschen Sprachgebrauch verwendet. Während der erste Sportverein Deutschlands bereits 1837 gegründet wurde, erfolgte die Einführung des Sports in Österreich erst relativ spät (ab 1862). In fast allen vor dem Ersten Weltkrieg in Österreich-Ungarn praktizierten Sportarten entstanden die ersten und zugleich leistungsstärksten Sportvereine im Großraum Wien.

Die ersten Vorarlberger Sportvereine wurden 1885 (Ruder- und Segelclub Bregenz) bzw. 1886 (Radfahrvereine in Bregenz, Dornbirn und Feldkirch) gegründet. Noch vor der Jahrhundertwende kam es zur Gründung von weiteren fünf Radfahrvereinen. Spannungen innerhalb des Ruder- und Segelclubs Wasserwehr Bregenz hatten schon bald zur Auflösung des Vereins und zur Neugründung von zwei Vereinen geführt, die heute auf eine lange Tradition zurückblicken können: der Segelclub Bregenz (1895) und der Ruderverein Wiking Bregenz (1900). Nach der Jahrhundertwende wurde das Spektrum an Sportarten mit spezialisierten Vereinen um vier erweitert: Eislaufen (1902; Eislaufverein Bregenz), Schwerathletik (1902; I. Athletenclub Austria), Skisport (1905; Verein Vorarlberger Skiläufer) und Fußball (1907; FC Lustenau).[72]

Die geringe Dichte an Vereinen verhinderte bis 1914 in allen Sportarten die Gründung von Dachverbänden. Mehrere Vereine suchten deshalb den Kontakt mit befreundeten Vereinen im Bodenseeraum und gründeten überregionale Sportorganisationen: die Radfahrer 1887 den „Radlerbund am Bodensee", die Fußballer 1909 den „Bodensee-Fußballerverband". Eine Ausnahme bildete in diesem Zusammenhang der Verein Vorarlberger Skiläufer. Er übernahm unmittelbar nach seiner Gründung nicht nur landesweit die methodische Ausbildung des Skiwesens, sondern auch die gesamte Organisation des Wettkampfwesens und erfüllte somit im Grunde entgegen seinem Namen eigentlich eine Verbandsfunktion.

Bis 1900 wurde der Bereich Wettkampfsport in Vorarlberg von einer einzigen Sportart beherrscht: dem Radfahren. Nach 1900 wurde das Spektrum an Wettkampfsportarten sukzessive erweitert: um das Ringen, das Stemmen, den Skisport, das Segeln, den Fußball, das Rudern und die Leichtathletik. Noch vor dem Ersten Weltkrieg sorgten mehrere Vorarlberger Sportler für herausragende sportliche Leistungen: Otto Madlener belegte 1904 bei den Europameisterschaften im Ringen in Wien den 5. Rang; Dr. Karl Blodig bestieg alle 66 Viertausender der Alpen; die Skipioniere Viktor Sohm, Josef Bildstein, Georg Bilgeri und Hannes Schneider legten als Sportler und Methodiker den Grundstein für den ausgezeichneten Ruf, den Vorarlberg als Skisportland auch heute bis weit über die Grenzen des Landes hinaus genießt. Mit seinem österreichischen Rekord von 41 Meter im Skispringen (1911) und dem ersten österreichischen Meistertitel eines Vorarlberger Sportlers (Skifahren; 1913) war der Bregenzer Josef Bildstein auch der erste in einer Reihe von herausragenden Skisportlern.

Der Ausbruch des Ersten Weltkriegs bedeutete für die Vorarlberger Turn- und Sportvereine nach vielen Jahren eines kontinuierlichen Aufschwungs eine Zäsur. Die Mobilisierung weiter Bevölkerungskreise für das Militär und die sich zunehmend verschlechternde allgemeine Lage brachten nach 1915 den aktiven Turn- bzw. Sportbetrieb in den Vereinen praktisch zum Erliegen. Lediglich im Bereich der Jugendarbeit und bei den Frauen gelang es einzelnen Vereinen, ein improvisiertes Vereinsleben aufrechtzuerhalten.

1.2.2. Turnen und Sport in der Ersten Republik

Die grundlegenden Strukturen des Vorarlberger Sports waren bereits vor dem Ersten Weltkrieg festgelegt worden: die Verankerung von Turnen und Sport als die beiden einflußreichsten Formen der Bewegungskultur; die Abgrenzung des Sports gegenüber dem „Deutschen Turnen"; die weltanschauliche Trennung der Turnbewegung und teilweise auch des Sports in ein deutschnationales, ein christlich-soziales und ein sozialdemokratisches Lager; die Vielfalt an ausgeübten Sportarten; der Beginn des Vereinswesens; die Entwicklung einer umfangreichen Wettkampftätigkeit auf lokaler und regionaler Ebene; erste Erfolge einzelner Sportler bei nationalen und internationalen Wettkämpfen.

Die wesentlichsten Merkmale des Turn- und Sportgeschehens während der Ersten Republik in Vorarlberg waren dessen ideologische Differenzierung und zunehmende Verpolitisierung; die Ablöse des Turnens als vorherrschende Form der Leibeserziehung durch den Sport; die Gründung von Sportverbänden; die verstärkte Vermarktung und Popularisierung des Sports; die Intensivierung und Internationalisierung des Wettkampfwesens sowie das Vordringen der Frauen in die Männerdomäne Sport.

Unmittelbar nach Beendigung des Ersten Weltkriegs sahen sich die Turn- und Sportvereine des Landes mit großen Problemen konfrontiert. Viele junge Sportler und Funktionäre hatten „als Helden der Pflichterfüllung" im Krieg ihr Leben für „Gott, Kaiser und Vaterland" gelassen.[73] So beklagte zum Beispiel der Ruderverein Wiking den Verlust von sechs Ruderern (ein Drittel aller Aktiven), der TV Dornbirn den Tod von 67 Turnern (23 % aller Einberufenen). Bereits Anfang 1915 war Dr. Erwin Fußenegger, der Gründer und Präsident des Vereins Vorarlberger Skiläufer, gefallen. Kaum einer der Vereine verfügte noch über die notwendige Infrastruktur für einen geregelten Sportbetrieb. Viele der Sportanlagen waren zerstört worden und mußten erst wieder mühsam aufgebaut werden. Die unzureichende Versorgungslage der Bevölkerung, die katastrophalen Verkehrsverhältnisse und die immensen finanziellen Probleme der meisten Vereine ließen zunächst nur Wettkämpfe im regionalen Bereich zu.

Der Wieder- bzw. Neuaufbau organisatorischer Strukturen verlief im Turnen allerdings wesentlich schneller als im Sport. Die Delegierten des Rheingaus trafen sich bereits im Dezember 1918 zu einer Gauleitersitzung, der Turngau hielt im April 1919 seinen ersten Gauturntag ab. Beide Turnverbände brachten schon 1919 wieder größere Verbandsturnfeste zur Austragung: der Turngau ein Gauturnen in Hohenems, der Rheingau ein Gauturnfest in Götzis. Viel schwieriger gestaltete sich der Aufbau im Bereich Sport, in dem es ja vor dem Ersten Weltkrieg zu keinen Verbandsgründungen gekommen war. Hier dauerte es fünf Jahre, bis sich in den populärsten Sportarten (Fußball, Radfahren, Skifahren) Verbände konstituiert hatten und es zur Veranstaltung von bzw. Teilnahme an Wettkämpfen von mehr als lokaler Bedeutung kam. Eine gänzlich eigenständige Entwicklung nahmen die sozialdemokratischen Turn- und Sportvereine. Sie waren ein Teil der gesamtösterreichischen Arbeiterbewegung und lehnten vorerst jeden Kontakt mit bürgerlichen Vereinen ab.

Der bedeutendste Vorarlberger Turnverband, der Vorarlberger Turngau, stellte bereits bei seinem ersten Gautag die ideologischen Weichen für die Zukunft. Wichtigster Tagesordnungspunkt des Gautags war nämlich der für Herbst geplante Zusammenschluß aller deutschnationalen Turnverbände Österreichs zu einem eigenen, auf „völkischen" Grundlagen stehenden Dachverband. Der Beitritt des Turngaus zu diesem

Verband wurde einstimmig beschlossen. Bei einem gemeinsamen Turntag des Turnkreises Deutschösterreich, des Deutschen Turnerbundes (1889) und des Arndtverbandes am 7./8. September 1919 in Linz kam es zum Zusammenschluß dieser Verbände zu einem neuen Turnverband, dem Deutschen Turnerbund 1919 (= DTB). Der Vorarlberger Turngau trat am Gründungstag dem Deutschen Turnerbund bei und blieb Mitglied des DTB bis zu dessen Selbstauflösung und Überführung in den Deutschen Reichsbund für Leibesübungen am 28. Mai 1938.

Basierend auf den von „Turnvater" Friedrich Ludwig Jahn in seinem Schrifttum niedergelegten „arischen Weistümern *Rassenreinheit, Volkeseinheit* und *Geistesfreiheit*" vertrat der DTB in seinen Leitsätzen eine radikal antisemitische Grundhaltung. Er lehnte laut Satzungen „alle politischen Parteibestrebungen" ab, gab aber dennoch schon 1923 eine eindeutige Wahlempfehlung für die Großdeutsche Volkspartei ab. Auch im Vorarlberger Turngau waren einige führende Funktionäre für die Deutsche Volkspartei parteipolitisch tätig, so zum Beispiel der langjährige Vorsitzende Direktor Alfred Wehner und der Dietwart des Verbandes Dr. Hermann Schmid.[74] Ab 1930 kam es in ganz Österreich zu einer verstärkten Zusammenarbeit zwischen den deutschnationalen Turnvereinen und der Nationalsozialistischen Deutschen Arbeiterpartei. Wolfgang Weber hat in seinem Buch „Von Jahn zu Hitler: Politik- und Organisationsgeschichte des Deutschen Turnens in Vorarlberg 1847 bis 1938" detailliert nachgewiesen, daß zum einen viele Turner am Auf- und Ausbau der Parteiorganisationen der NSDAP (SA, SS, HJ) maßgeblich beteiligt waren, zum anderen die Turnvereine der NSDAP ihre Turnhallen zu Propagandazwecken zur Verfügung stellten.[75]

Für die Turnvereine des Turngaus bildete das „Deutsche Turnen" die Grundlage für ihre turnerische Arbeit. Um sich gegenüber dem Sport klar abzugrenzen, war den Turnern der Wettbewerb um Wertpreise streng verboten. Dennoch konnte sich der Vorarlberger Turngau der nach dem Ersten Weltkrieg immer stärker aufkommenden Sportbewegung nicht verschließen. Beim 2. Kreisturnfest des DTB 1924 in Bregenz kamen neben den verschiedenen Bewerben im Turnen auch bereits Wettkämpfe in der Leichtathletik, im Fechten, im Schwimmen und mehrere Ballspiele zur Austragung. Ab 1928 veranstaltete der Turngau eigene Gaumeisterschaften in diversen Ballspielen (Handball und Faustball für die Turner; Korbball für die Turnerinnen), ab 1930 jährlich einen „Gauschneeschuhwettlauf", ab 1931 ein Gauschwimmen und ab 1932 einen Leichtathletiktag. Mehrere Turnvereine waren Mitglied im Verband Vorarlberger Skiläufer, im Vorarlberger Fußballverband oder im Landesfechtverband. Besonders erfolgreich waren die Turnvereine des Turngaus in den zwanziger Jahren bei den vom Vorarlberger Fußballverband ausgerichteten Vorarlberger Leichtathletikmeisterschaften.

Für jeden Sportverband war und ist es wichtig, Werbung für die eigene Sache zu betreiben. Das entsprechende Forum für wirksame Öffentlichkeitsarbeit bildeten für alle Turn- und Sportverbände die Durchführung von attraktiven Veranstaltungen bzw. große Erfolge bei nationalen oder internationalen Wettkämpfen. Der Vorarlberger Turngau veranstaltete zwischen 1920 und 1931 vier Gauturnfeste und zwei Bezirksturnfeste und nahm auch an sämtlichen Bundesturnfesten des DTB teil: 1922 in Linz, 1926 in Wien und 1930 in Innsbruck. Vor allem das 3. Bundesturnfest des DTB 1930 in Innsbruck, an dem insgesamt circa 12.000 Athleten aus ganz Österreich teilnahmen, zeigte eindrucksvoll die Leistungsstärke der Turngauvereine innerhalb der österreichischen deutschnationalen Turnbewegung auf. In sämtlichen fünf Stärkeklassen des Vereinswettturnens siegten Vorarlberger Vereine, womit sich der Turngau bei diesem Bun-

Abb. 11:
Der Bregenzer Max Sick beeindruckte bereits um 1905/1906 mit seiner ausgeprägten und ausgewogenen Muskulatur nicht nur als Sportler, sondern war auch als Modell für Künstler an deutschen Kunstakademien sehr gefragt.

Abb. 12:
Der Pionier des Kraftsports in der Ersten Republik war der Bregenzer Emil Kaltenbach; im Bild als „Stemmer" zu Beginn der zwanziger Jahre am Bodensee.

desturnfest „als Lehrmeister für die übrigen Gaue" zeigte.[76] Auch der prestigeträchtige Einzeltitel im Geräte-Zehnkampf der Turner wurde von einem Vorarlberger gewonnen: vom Dornbirner Pepi Thaler.

Der 1906 als Vorarlberger Turn- und Athletenverband gegründete Vorarlberger Rheingau nahm seine Verbandstätigkeit am 26. Dezember 1918 mit einer Gauleitersitzung auf. Beim Herbstgautag 1919 wurde der Gründungsobmann des Rheingaus, Kommerzialrat Alois Amann (Hohenems), erneut zum Vorsitzenden gewählt. Amann blieb an der Spitze des Verbandes bis zu seinem Tod am 7. März 1932 und stand somit mehr als 26 Jahre dem Rheingau vor. Sein Nachfolger wurde sein langjähriger Stellvertreter Direktor Bundesminister a.D. Dr. Emil Schneider (Dornbirn). Er leitete den Verband von 1933 bis 1937.

Der Vorarlberger Rheingau war am 5. April 1908 in die Deutsche Turnerschaft aufgenommen und dem Kreis XII (Turnkreis Schwaben-Neuburg) zugeteilt worden. Zweck des Rheingaus war laut Statuten die „Pflege des allgemeinen Turnwesens ... zur Förderung der Vaterlandsliebe".[77] Der Begriff „Vaterlandsliebe" wurde dabei nicht näher definiert. Bis Mitte des Jahres 1933 behielt der Rheingau seine Eigenständigkeit und blieb der Deutschen Turnerschaft freundschaftlich verbunden. Er wehrte sich entschieden gegen verschiedene Versuche des Turngaus, einzelne Verbandsvereine für die deutschnationale Turnbewegung zu gewinnen, lehnte es andererseits aber auch ab, der 1921 gegründeten Christlich-Deutschen Turnerschaft Österreichs (= CDTÖ) beizutreten. Erst als die Deutschen Turnerschaft im April 1933 sich eindeutig zur nationalsozialistischen Ideologie bekannte, änderte der Rheingau seine ideologische Grundhaltung. Er bekannte sich nun klar zu den „vaterländischen" Zielen der österreichischen Bundesregierung unter Engelbert Dollfuß. Im Oktober 1933 wurde der Rheingau aus der Deutschen Turnerschaft ausgeschlossen. Die Hauptausschlußgründe waren – wie einem Schreiben der Deutschen Turnerschaft zu entnehmen ist – zum einen das nunmehrige unmißverständliche Bekenntnis des Rheingaus zum „Vaterland Österreich", zum anderen das Wirken von Gauturnwart Anton Ulmer, dem militärischen Leiter des Vorarlberger Heimatdienstes.[78] Damit gehörte der Rheingau keinem übergeordneten Dachverband mehr an.

Wie im Turngau bildete auch im Rheingau das durch Friedrich Ludwig Jahn begründete „Deutsche Turnen" die Grundlage jeglicher Turntätigkeit. Bei allen Verbandsturnfesten von 1919 bis 1933 kamen ausschließlich Wettbewerbe im Turnen, „volkstümliche" Mehrkämpfe und Ringbewerbe zur Austragung. Der Sportbewegung gegenüber zeigte sich der Rheingau durchaus aufgeschlossen: Ab 1922 nahmen Athleten des Rheingaus sehr erfolgreich an nationalen und internationalen Leichtathletikwettkämpfen teil. Beim Herbstgautag 1924 befürwortete der Rheingau die Gründung von Skiriegen in den einzelnen Vereinen, „um jeden Zweig des Turnens zu fördern", im April 1925 wurde mit Josef Peintner (Lustenau) erstmals ein eigener Sportwart bestellt.[79] Sportliches Aushängeschild des Rheingaus war zweifelsohne die bereits im April 1914 gegründete Fußballabteilung des Turnerbundes Lustenau. Der TB Lustenau duellierte sich ab Mitte der zwanziger Jahre bis Ende 1934 mit dem Ortsrivalen FC Lustenau um die Vorherrschaft im Vorarlberger Fußball und erreichte 1930 sogar den 2. Endrang in der Bundesamateurmeisterschaft des Österreichischen Fußballbundes.[80] Ab 1931 veranstaltete der Rheingau jährlich ein eigenes Verbandsskirennen, ab 1933 ein Gauringen.

In Vorarlberg wurden im Zeitraum 1907 bis 1929 insgesamt elf sozialdemokratische Turnvereine gegründet. Sie gehörten dem „Verband der Arbeiterturnvereine Österreichs" an: zunächst als Vereine; ab 1923 als Bezirk 5 (Tirol und Vorarlberg); ab 1929 als Bezirk 6 (Vorarlberg). Der Verband der Arbeiterturnvereine Österreichs wiederum war ebenfalls in übergeordnete Organisationen eingebunden: zum einen in den 1919 gegründeten „Verband der Arbeiter- und Soldatensportvereinigungen" Österreichs, zum anderen ab 1920 zusätzlich in den „Deutschen Arbeiter-Turn- und Sportbund". In Vorarlberg war es vor allem der gebürtige Salzburger Fritz Stadler, der sich als Landesleiter der sozialdemokratischen Turnvereine sehr für eine stärkere Verbreitung des Turnens innerhalb der Arbeiterbewegung engagierte.[81]

Die Situation der Vorarlberger Arbeiterturnvereine kann nicht isoliert von der gesamtösterreichischen Arbeiterbewegung gesehen werden. Als 1919 der „Verband der Arbeiter- und Soldatensportvereinigungen" als Zentralverband für alle sozialdemokratischen Turn- und Sportvereinigungen gegründet wurde, waren es vor allem die Arbeiterturner, die massiv eine klare Trennung Arbeitersport – „bürgerlicher" Sport verlangten. Auch in Vorarlberg kam es nach 1920 zu keinerlei Zusammenarbeit zwischen den bürgerlichen Turnverbänden Turngau und Rheingau und den Arbeiterturnvereinen.[82] Diese selbstgewählte Isolation stellte allerdings praktisch alle Arbeiterturnvereine vor massive Probleme, da kaum ein Verein in der Lage war, die entsprechenden infrastrukturellen Voraussetzungen für einen zielführenden Turnbetrieb zu schaffen. Es fehlte an geeigneten Übungsstätten (Hallen, Sportplätze), an Geräten, aber auch an ausgebildeten Übungsleitern.

Ab 1923 veranstalteten auch die Vorarlberger Arbeiterturnvereine analog zu den beiden bürgerlichen Turnverbänden Turngau und Rheingau gemeinsame Turnfeste. Ein anläßlich des ersten Gruppenturnfestes in der Vorarlberger Wacht, dem Parteiorgan der Sozialdemokraten, veröffentlichter Artikel zeigt die ideologische Bedeutung des Turnens für die Arbeiterbewegung auf:

„Mag man mit allen Mitteln, mit Terror und Hinterhältigkeit euer Vorwärtsdrängen aufzuhalten versuchen, hemmen kann man euch, hindern aber nicht. Bis nun nur auf die Städte beschränkt, hat sich eure Bewegung auch schon auf dem Lande Bahn gebrochen. So schreitet ihr vorwärts von Sieg zu Sieg. Kämpfend, bis die reinliche Scheidung zwischen Bourgeoisie und Proletariat vollzogen ist. In diesem Kampf, der geistig über die Sportbewegung hinausreichen muß, wollen wir als Arbeiterturner die Elitetruppe des Proletariats bilden. In unserem Wappen prangt keck und stolz ein großes S, wir führen den Sozialismus im Schilde. Für seine Verwirklichung zu streiten, ist unsere Aufgabe, solange frisches Turnerblut durch unsere Adern rollt."[83]

Weitere Arbeiterturnfeste fanden 1924 in Dornbirn, 1925 in Höchst und 1926 in Bregenz statt. Von 1927 bis 1933 kamen alternierend Bezirksturnfeste und Landesturnfeste zur Austragung, wobei diese Turnfeste ab 1930 durch das Ausbleiben auswärtiger Teilnehmer zunehmend zu rein lokalen Ereignissen mit sehr geringen Teilnehmerzahlen wurden. Ab 1929 wurden auch vereinzelt Ergebnisse von Einzelbewerben veröffentlicht. Ein Vergleich der bei den jeweiligen Turnfesten erzielten Ergebnisse in den leichtathletischen Bewerben zeigt, auch bei Berücksichtigung etwaiger Ungenauigkeiten beim Messen oder Stoppen oder von unterschiedlichen Wettkampfbedingungen, eine klare leistungsmäßige Überlegenheit der bürgerlichen Sportler gegenüber den Arbeitersportlern.[84]

Ab Mitte der zwanziger Jahre verschärfte sich das innenpolitische Klima. Dies führte zu einer zunehmenden Militarisierung der Gesellschaft. Auch viele Arbeitersportler waren Mitglieder in den Wehrsportzügen des Republikanischen Schutzbundes, wobei sich vor allem die Arbeiterturner als „Avantgarde der sozialistischen Arbeiterklasse" sahen.[85] Kein Arbeiterturner sollte laut Vorarlberger Wacht außerhalb des Republikanischen Schutzbundes stehen, denn „an diesem Wall von Mut und Kraft, von Begeisterung und Tatkraft wird der neueste Widersacher der Arbeiterklasse, der Heimwehrfaschismus, zerschellen".[86] Die Realität sah für die Arbeiterbewegung allerdings anders aus. Im Anschluß an die blutigen Auseinandersetzungen zwischen der Regierung Dollfuß und dem Republikanischen Schutzbund wurden am 12. Februar 1934 die Sozialdemokratische Partei und einen Tag später der ASKÖ mit allen ihm angehörenden Vereinen und Verbänden aufgelöst.

Vor dem Ersten Weltkrieg war es in sieben Sportarten zu Vereinsgründungen gekommen, in keiner einzigen Sportart jedoch zur Gründung eines regionalen Dachverbandes. Das erste Dezennium nach Kriegsende kann als die „Konstituierungsphase" des Vorarlberger Sports bezeichnet werden. Zum einen wurde das Angebot an sportartspezifischen Vereinen stark erweitert, zum anderen wurden in fast allen publikumswirksamen Sportarten Landesverbände gegründet. Die wichtigsten Vereins- bzw. Verbandsgründungen bis Ende der zwanziger Jahre waren:

1920	Schwimmclub Bregenz
	Vorarlberger Fußballverband
1922	Radfahrverband für Tirol und Vorarlberg
	Vorarlberger Automobilclub
1923	Verband Vorarlberger Skiläufer
	Vorarlberger Schützenbund
1925	Tennisclub Bregenz; Tennisclub Dornbirn
	Flugsportverein Bregenz
1926	Vorarlberger Motorfahrerclub[87]
1927	Vorarlberger Landesfechtverband
1928	Ringsportclub Götzis

Ähnlich wie im Turnen kam es auch in der Sportbewegung schon unmittelbar nach dem Ersten Weltkrieg zu einer klaren ideologischen Abgrenzung zwischen der Arbeitersportbewegung einerseits und den bürgerlichen Sportvereinen und -verbänden andererseits. Die einzige Ausnahme bildete der Vorarlberger Fußballverband. Von 1924 bis 1931 nahm die Fußballriege des Arbeiterturnvereins Feldkirch am Meisterschaftsbetrieb des Fußballverbandes teil und erreichte 1930 als beste Plazierung in der B-Klasse den 6. Endrang. Mehrere Sportverbände bekannten sich durch die Aufnahme des Arierparagraphen in ihre Satzungen offen zu ihrer „völkischen" Grundeinstellung: der Radfahrverband für Tirol und Vorarlberg, der Verband Vorarlberger Skiläufer sowie der Vorarlberger Landesfechtverband. Mehrmals stand vor allem der Skisport aufgrund seiner judenfeindlichen Einstellung im Blickpunkt der sportinteressierten Öffentlichkeit: etwa 1926, als sämtliche Skiriegen der Turnvereine des Turngaus unmißverständlich erklärten, daß sie bei Streichung des Arierparagraphen sofort aus dem Skiverband austreten würden, oder 1928, als die ersten gemeinsamen Meisterschaften von Tirol und Vorarlberg von mehreren Vereinen aus Protest gegen den Arierparagraphen boykottiert wurden.

Durch die Gründung von Landesverbänden wurde ab Beginn der zwanziger Jahre auch der Bereich Wettkampfwesen wesentlich aufgewertet. In mehreren Sportarten kam es nunmehr zur Austragung von eigenen Vorarlberger Meisterschaften: im Fußball, in der Leichtathletik, im Skisport und im Schießen. Im Ringen und im Stemmen schlossen sich die Vorarlberger Vereine dem Tiroler Verband an und führten gemeinsame Meisterschaften durch, im Radfahren gab es Meisterschaften für Tirol und Vorarlberg sowie eigene Vorarlberger Meisterschaften. Im Zeitraum 1924 bis 1933 gewannen Sportler und Sportlerinnen aus Vorarlberg in Einzeldisziplinen nicht weniger als 18 Gold, 20 Silber- und elf Bronzemedaillen bei österreichischen Meisterschaften.[88] Vier Vorarlberger Sportler, alle aus Lustenau, nahmen erfolgreich an internationalen Meisterschaften teil: Adolf Haug (1925, 1926) und Ferdinand Bösch (1927, 1928) an den Weltmeisterschaften im Radfahren, Alfred Alge (1928, 1931) und Alfred Riedmann (1931, 1933) an den Europameisterschaften im Saalradsport. Als erstem Sportler aus Vorarlberg gelang es dabei Alfred Alge, bei einer internationalen Meisterschaft eine Medaille zu gewinnen. Er wurde 1931 in Bern bei den Europameisterschaften im Saalradsport Zweiter.

Zwei Facetten des Sportgeschehens in Vorarlberg bis 1933 verdienen noch besonders hervorgehoben zu werden: die verstärkte Wettkampfpräsenz von Frauen ab Ende der zwanziger Jahre und der international vielbeachtete Beitrag verschiedener Vorarlberger Skipioniere zur Entwicklung des Skisports.

Die Emanzipation der Frauen im Wettkampfsport verlief zunächst recht mühsam. In einigen wenigen Sportarten (Skisport, Rodeln) gab es ab 1920 zwar vereinzelt Wettkämpfe mit einer eigenen Damenklasse, grundsätzlich war der Wettkampfsport jedoch sehr männerdominiert. Erst mit der Gründung einer Damenriege im Schwimmclub Bregenz im September 1926 begann sich die Situation zu ändern. Die Damenmannschaften des SC entwickelten sich nach einer kurzen Aufbauphase zu einem Aushängeschild des Vorarlberger Sports. Sie gewannen viermal die Vereinswertung bei österreichischen Meisterschaften und waren auch in Einzelbewerben sehr erfolgreich. Fritzi Jelinek gewann nicht weniger als vier österreichische Meistertitel, Irene Feßler einen.[89] Aber auch im Skisport, Tennis, Tischtennis und Rodeln nahmen Frauen nunmehr verstärkt an Wettkämpfen teil.

1.2.3. Turnen und Sport im „Austrofaschismus"

Das Herrschaftssystem in Österreich von 1933/34 bis 1938 wurde mit verschiedenen Begriffen bedacht: „Autoritärer Staat", „Ständestaat", „Austrofaschismus", „Klerikofaschismus", „Halbfaschismus", „konservativ-bürgerliche Diktatur" oder „die andere Demokratie". Anders war diese „Demokratie" allerdings.

Nach der Ausschaltung des Parlaments im März 1933 regierte das Kabinett Dollfuß ohne demokratische Kontrolle mit Hilfe von Notverordnungen. Die Vorzensur wurde eingeführt, der Republikanische Schutzbund aufgelöst, Maiaufmärsche, öffentliche Versammlungen und Streiks wurden verboten, politische Gegner – Sozialdemokraten, Kommunisten und Nationalsozialisten – zunehmend Repressionen ausgesetzt, ihre Parteiorganisationen verboten und aufgelöst. Eine Einheitspartei – die „Vaterländische Front" – sollte schließlich die verschiedenen gesellschaftlichen Interessen bündeln. Und in der neuen Verfassung von 1934 ging die Macht nicht mehr vom „Volke", sondern von „Gott" aus. Das Regime konnte sich dabei auf die Billigung des Vatikans und der katholischen Kirche stützen.

Am Entdemokratisierungsprozeß und Untergang der Ersten Republik waren die Vorarlberger Spitzenpolitiker Otto Ender und Ulrich Ilg maßgeblich beteiligt. Die realen Machtverhältnisse innerhalb Vorarlbergs waren eindeutig: Die Christlichsozialen dominierten so klar, daß es in Vorarlberg auch ruhig blieb, als am 12. Februar 1934 im übrigen Österreich Kämpfe zwischen sozialdemokratischen Schutzbündlern und der Polizei, dem Bundesheer sowie den Heimwehren ausbrachen. Der Republikanische Schutzbund und die SDAP waren in Vorarlberg nie eine Gefahr für die Regierenden gewesen. Der Schutzbund verfügte nur über knapp 350 Mitglieder sowie einige Pistolen und diente vor allem als Versammlungsschutz. Der autoritäre Kurs der Regierung änderte jedoch nichts am beachtlichen Zulauf zur NSDAP, von der sich viele eine Lösung der drückenden wirtschaftlichen Probleme erhofften.[90]

Die innenpolitischen Ereignisse der Jahre 1933/34 brachten auch gravierende Änderungen für die österreichische und Vorarlberger Turn- und Sportlandschaft.

Die blutigen Auseinandersetzungen im Februar 1934 zwischen der Regierung Dollfuß und dem sozialdemokratischen Republikanischen Schutzbund mit zahlreichen Toten bedeuteten nicht nur die totale Entmachtung der Sozialdemokratie, sondern auch das Ende der Arbeiter-Turn- und Sportbewegung. Nur einen Tag nachdem die Sozialdemokratische Partei verboten worden war, wurde auch der „Arbeiterbund für Sport und Körperkultur" mit allen ihm angehörenden Vereinen und Verbänden behördlich aufgelöst.

Die enge Zusammenarbeit zwischen den völkischen Turnvereinen und der NSDAP wurde im vorherigen Kapitel bereits angesprochen. Höhepunkt in der Verbindung DTB – NSDAP war die Ermordung des österreichischen Bundeskanzlers Dr. Engelbert Dollfuß am 25. Juli 1934, bei der nachweislich einige Mitglieder von deutschnationalen Turnvereinen beteiligt waren. Am 7. August 1934 wurde der DTB unter bundesstaatliche Verwaltung gestellt, die Tätigkeit der meisten Vereine eingestellt, und 219 Vereine wurden gänzlich aufgelöst. Auch in Vorarlberg ruhte bis Mitte Oktober 1934 fast jeglicher Turnbetrieb. Ab 22. Oktober 1934 durften die meisten Turnvereine des Turngaus ihre Tätigkeit wieder aufnehmen, allerdings nur unter Aufsicht einer durch die Vorarlberger Sicherheitsdirektion nominierten Aufsichtsperson. Die von den Behörden mit dieser Maßnahme beabsichtigte „Entnazifizierung der deutschnationalen Vorarlberger Turnvereine" fand allerdings nicht statt. Laut Weber wurde nämlich von Oktober 1934 bis zum „Anschluß" im März 1938 „bei den betroffenen Turnvereinen durchschnittlich ein Viertel der TurnerInnen für den Nationalsozialismus straffällig". Weber führt allerdings auch an, daß „keine dieser Straftaten im Rahmen einer Turnvereinstätigkeit" begangen wurde.[91] Die Besetzung Österreichs befreite die Turnvereine des Deutschen Turnerbundes zwar aus ihrer selbstgewählten Isolation, allerdings war die wiedergewonnene Selbständigkeit nur von kurzer Dauer. Die Selbstauflösung des Deutschen Turnerbundes erfolgte am 23. Mai 1938 in Wien, die Selbstauflösung des Vorarlberger Turngaus am 23. Oktober 1938 im Rahmen eines Gautages in Feldkirch. Beide Verbände wurden in den „Deutschen Reichsbund für Leibesübungen" eingegliedert.

Für den Vorarlberger Rheingau ging es nach dem im Oktober 1933 erfolgten Ausschluß aus der Deutschen Turnerschaft in erster Linie um eine entsprechende Positionierung innerhalb der Vorarlberger bzw. österreichischen Turnbewegung. Im Zeitraum 1934 bis 1937 wurde die Tätigkeit der Verbandsführung hauptsächlich durch die Frage der geplanten Einheitsturnerschaft geprägt. Erst nachdem alle Verhandlungen mit Landessportkommissär Josef Peintner und der Führung des Turngaus kein Ergebnis gebracht hatten, beschloß der Rheingau beim Verbandstag am 21. November 1937, der Christlich-Deutschen Turnerschaft Österreichs beizutreten. Nur sechs Tage nach diesem Beschluß wurde der Beitritt beim Verbandstag der CDTÖ in Wien, bei dem auch Bundeskanzler Dr. Kurt Schuschnigg anwesend war, vollzogen. Die Machtübernahme der Nationalsozialisten am 12. März 1938 bedeutete faktisch das Ende jeder Verbands- und Turntätigkeit. Mit Schreiben des Landrats Feldkirch vom 1. August 1939 wurde der Rheingau behördlich aufgelöst, sein Vermögen von der NSDAP beschlagnahmt.

Auch im Sport engagierten sich einzelne Vereine bzw. Funktionäre für die Ziele der nationalsozialistischen Bewegung. In einer gemeinsamen Sitzung mit dem Lustenauer Ortsgruppenleiter der NSDAP, Oskar Hämmerle, bekannte sich der Lustenauer Fußballclub FC Hag bereits im Frühjahr 1933 vorbehaltlos zum Nationalsozialismus und hißte vor einem Spiel auf dem Hag-Platz die Hakenkreuzfahne. Auch nach dem Verbot der NSDAP durch die Regierung Dollfuß arbeitete beim FC Hag nach eigener Angabe „trotz aller Gefahr" die „illegale Kerntruppe der Bewegung" weiter.[92] Am 1. August 1934 wurde der gesamte Vorstand des FC Hag verhaftet und – im Durchschnitt – zu einem Monat Arrest verurteilt. Vierzehn Tage später wurde der Verein behördlich aufgelöst.[93]

Besonders eindrucksvoll zeigte sich die Verbindung zwischen Sport und Politik anläßlich eines tragischen Unglücksfalls. Am 6. Jänner 1934 war der junge Dornbirner Alois Glatzl beim Abfahrtslauf der Vorarlberger Meisterschaften auf dem Bödele tödlich verunglückt. Das Begräbnis von Alois Glatzl wurde von führenden Funktionären des Vorarlberger Skiverbandes und der Ortsgruppe der Dornbirner NSDAP zu einer „großen nationalsozialistischen Demonstration" mißbraucht, die in Dornbirn einen „gewaltigen Eindruck" hinterließ.[94] Mehrere Grabredner, unter ihnen auch Ing. Theodor Rhomberg, der Präsident des Skiverbandes, leisteten am offenen Grab den Hitlergruß und demonstrierten damit offen ihre politische Weltanschauung. Es dauerte allerdings noch mehr als ein Jahr, bis Theodor Rhomberg seine Funktionen im Vorarlberger und Österreichischen Skiverband auf Anordnung der Obersten Sportbehörde zur Verfügung stellen mußte.

Im Februar 1936 wurde in Vorarlberg eine nahezu das ganze Land umfassende illegale Hitlerjugend-Organisation aufgedeckt. Besondere „Verdienste" um den Aufbau dieser Organisation kam neben den deutschnationalen Turnvereinen und der Jungmannschaft des Alpenvereins auch dem Wintersportverein Bludenz und seinem Jugendführer Heinrich Ujetz zu. Sämtliche 14 Mitglieder des Hitlerjugend-Standortes Bludenz waren zugleich Mitglieder des Wintersportvereins Bludenz. Auf Antrag der Vaterländischen Front wurde der WSV Bludenz am 21. Juli 1937 von der Sicherheitsdirektion aufgelöst.[95] Mehreren Vorarlberger Sportvereinen wurde aufgrund ihres Nahverhältnisses zur NSDAP die Führung von Jugendgruppen behördlich untersagt: den Fußballclubs in Bregenz, Dornbirn, Lustenau und Hard, den Schwimmsportvereinen Bregenz, Dornbirn und Lustenau, dem Tennisclub Bregenz sowie den Sportvereinen Feldkirch, Dornbirn und Hard.[96]

Das erste Halbjahr 1934 hatte in der österreichischen Turn- und Sportbewegung einschneidende Änderungen gebracht. Sämtliche sozialdemokratischen Turn- und Sportvereine waren im Zusammenhang mit dem Verbot der Sozialdemokratischen Partei aufgelöst worden. Der Deutsche Turnerbund stand nach dem gescheiterten Juli-Putsch

Abb. 13:
Ein wesentlicher Punkt in der Entwicklung des Sports in Vorarlberg war die verstärkte Wettkampfpräsenz von Frauen ab Ende der zwanziger Jahre. Besonders erfolgreich waren die Schwimmerinnen des SC Bregenz. Sibylle Greußing, Fritzi Jelinek und Irene Feßler (v.l.) gewannen von 1931 bis 1936 zehn österreichische Meistertitel in Einzel- und Staffelbewerben.

Abb. 14:
Die publikumswirksamste Sportart vor dem Zweiten Weltkrieg war der Motorsport. Zu den internationalen Motorradrennen in Lustenau kamen 1935 und 1936 jeweils mehr als 10.000 Zuschauer.

Abb. 15:
An den Olympischen Sommerspielen 1936 in Berlin nahmen mehr als 4.000 Sportler und Sportlerinnen aus 49 Nationen teil. Vorarlberg war in Berlin mit sechs Sportlern vertreten. Fünf dieser Sportler kamen aus Lustenau: v.l. Adolf Scheffknecht (Turnen), Alfred Hämmerle (Schießen), Ernst Künz (Fußball), Rudolf Huber (Radfahren), Pius Hollenstein (Turnen). Der sechste Vorarlberger Olympionike war der Kennelbacher Turner August Sturm.

Abb. 16:
Eröffnungsfeier der Olympischen Spiele 1936.

aufgrund seines politischen Nahverhältnisses zur verbotenen NSDAP unter bundesstaatlicher Aufsicht, lediglich die Christlich-Deutsche Turnerschaft Österreichs agierte „systemkonform".[97] Deshalb beschloß die neue Regierung von Kanzler Dr. Kurt Schuschnigg unmittelbar nach der Ermordung von Kanzler Dr. Engelbert Dollfuß, alle „österreichischen Verbände und Vereine, deren Mitglieder Sport oder Turnen betreiben", zum „Zwecke einheitlicher vaterländischer Führung und zielbewußter Förderung" in einer einheitlichen, auf autoritärer Grundlage aufgebauten Organisation zusammenzufassen: in der „Österreichischen Sport- und Turnfront".[98] Oberster Sportführer von Österreich wurde Vizekanzler Fürst Ernst Rüdiger von Starhemberg, die Administration lag in den Händen von Baron Theobald von Seyffertitz. Der Österreichischen Sport- und Turnfront gehörten insgesamt 15 verschiedene Fachgruppen an. Für jedes Bundesland wurden ein Landessportkommissär sowie ein Beirat aus den im betreffenden Land vertretenen Fachgruppen ernannt. Zum Landessportkommissär für Vorarlberg wurde am 15. Februar 1935 der frühere Sportwart des Vorarlberger Rheingaus, der Lustenauer Bürgermeister Josef Peintner, bestimmt.[99]

Das von der österreichischen Bundesregierung beschlossene Gesetz zur Sport- und Turnfront wirkte sich in Vorarlberg im Bereich Sport kaum, in zwei anderen Bereichen jedoch gravierend aus: auf die landeseigene Gesetzgebung im Bereich Turnen und Sport sowie auf die Situation in der „Sportart" Turnen.

Aufgrund der politischen Entwicklung in Österreich, aber auch in den an Österreich angrenzenden Ländern (vor allem Deutschland, Italien) hatte die Vorarlberger Landesregierung schon zu Beginn des Jahres 1934 einen vorläufigen Beschluß gefaßt, alle bestehenden Vorarlberger Sportvereine und Sportverbände in einer „allgemeinen sportlichen Führung" zusammenzufassen. Ziel der Landesregierung war es, von behördlicher Seite Einfluß auf die Ausbildung der Jugend „im vaterländischen, im österreichischen und im christlich-deutschen Sinne" zu nehmen und die Sportverbände „zu Eckpfeilern für die Heranbildung österreichisch gesinnter Staatsbürger" zu machen.[100] Ein entsprechender Gesetzesentwurf wurde im Frühjahr 1934 allen Sportverbänden zur Begutachtung und Stellungnahme zugesandt. Dezidiert gegen diesen Entwurf sprach sich der Vorarlberger Turngau aus, Bedenken äußerten all jene Verbände, die einem gesamtösterreichischen Dachverband angehörten. Trotz dieser Widerstände beschloß der Vorarlberger Landtag am 11. Oktober 1934 ein Vorarlberger „Turn- und Sportgesetz" in der nachfolgend angeführten Fassung:[101]

§ 1: Die Durchführung öffentlicher Veranstaltungen auf dem Gebiete des Turn- und Sportwesens im Lande Vorarlberg einschließlich der im Rahmen anderer Veranstaltungen gegebenen Aufführungen dieser Art sowie die Mitwirkung an solchen Veranstaltungen bedarf der vorherigen Bewilligung der Landesregierung.

§ 2: Der Genehmigung durch die Landesregierung bedarf auch die Durchführung von Veranstaltungen der im § 1 bezeichneten Art außerhalb des Landes und die Mitwirkung bei solchen Veranstaltungen, soweit es sich um Personen handelt, die im Lande ihren ordentlichen Wohnsitz haben.

§ 3: Die Landesregierung kann die Bewilligung entweder für einzelne Fälle oder für eine Mehrheit von Veranstaltungen oder Mitwirkenden erteilen. Sie kann diese Befugnis durch Verordnung auch auf andere Organe übertragen.

§ 4: Die turnerische oder sportliche Betätigung der Besucher öffentlicher Lehranstalten im Rahmen der Anordnungen der Schulleitung sowie die der Angehörigen der bewaffneten Macht unterliegen nicht den Bestimmungen dieses Gesetzes.

§ 5: Übertretungen gegen die Vorschriften dieses Gesetzes werden von der Bezirksverwaltungsbehörde mit einer Geldstrafe bis zu S 1.000 bestraft.

Gegen das Vorarlberger Turn- und Sportgesetz erhob das Bundeskanzleramt in einem Schreiben vom 3. Dezember 1934 Einspruch, da damit die Landesgesetzgebung in ein „vom Bund bereits geregeltes Rechtsgebiet und in einen nach der Verfassung dem Bund vorbehaltenen Kompetenzbereich" eingriff. Das Gesetz legte nach Ansicht des Bundes „den mit der körperlichen Ertüchtigung befaßten Organisationen derartige Fesseln an", daß damit eine „schwere Beeinträchtigung des Körpersports in Österreich" verbunden war. Somit standen für den Bund „nicht nur sportliche, sondern auch wirtschaftliche Interessen" auf dem Spiel, und er lehnte den vorliegenden Gesetzesbeschluß des Landtages als verfassungswidrig ab.[102] Wie dem betreffenden, im Vorarlberger Landesarchiv aufliegenden Akt zu entnehmen ist, beschloß der Rechtsausschuß des Landes am 6. Februar 1936, das Vorarlberger Turn- und Sportgesetz so lange zurückzustellen, bis „durch den Bundesgerichtshof die Zuständigkeit zur Erlassung des Turn- und Sportgesetzes geklärt ist".[103] Offensichtlich erfolgte diese Klarstellung nicht mehr vor dem 12. März 1938. Damit dürfte das Vorarlberger Turn- und Sportgesetz nie in Kraft getreten sein.

Ein zweiter Bereich, in dem das neue Gesetz der Sport- und Turnfront für Turbulenzen sorgte, war die Frage der geplanten Vorarlberger Einheitsturnerschaft. Im Paragraph 5, Absatz 2 der Satzungen der Turn- und Sportfront wurde nämlich festgehalten:

„Bestehen innerhalb eines Sportzweiges zwei oder mehrere voneinander unabhängige Verbände oder Vereine, dann werden sie zu einer Dachorganisation zusammengeschlossen."[104]

Diese Bestimmung führte auf Bundesebene dazu, daß der Deutsche Turnerbund, die Christlich-Deutsche Turnerschaft Österreichs und der den ehemaligen Arbeiterturnern nahestehende Allgemeine Turnverein Wien als „Österreichische Turnerschaft" zu einem Verband zusammengefaßt wurden.[105]

Was für die Österreichische Turnerschaft bundesweit galt, sollte nach Willen der Führer der Österreichischen Sport- und Turnfront auch in Vorarlberg realisiert werden: der Zusammenschluß der beiden Turnverbände Turngau und Rheingau in einem gemeinsamen Modellverband, einer „Einheitsturnerschaft". Von allem Anfang an traf die Bildung dieser Einheitsturnerschaft in Vorarlberg jedoch auf große Widerstände: Zu groß waren die ideologischen Unterschiede der beiden Turnverbände, zu schwierig die vermögensrechtlichen Fragen. Der Vorarlberger Rheingau war zwar bereit, „als erstes die Hand zu einem gemeinsamen Bund zu reichen", nahm für sich gleichzeitig jedoch in Anspruch, der „alleinige Träger des Turngedankens in Vorarlberg zu sein".[106] Diesen Forderungen wollte der bereits seit 1883 bestehende, traditionsreiche Vorarlberger Turngau naturgemäß nicht nachgeben. Im Laufe des Jahres 1936 wurden auf Initiative der Landesregierung zwar in sieben Gemeinden des Landes sogenannte Turnerschaften gegründet (d.h. Vereinigungen aller sporttreibenden Vereine innerhalb eines Ortes), in den meisten Orten des Landes scheiterte die Gründung von Turnerschaften jedoch am Widerstand der deutschnationalen Turnvereine. Der Vorarlberger Turngau lehnte beharrlich, zuletzt im Herbst 1937, bei Verhandlungen mit der Vorarlberger Landesregierung bzw. Vertretern der obersten österreichischen Sportbehörde die geplante Einheitsturnerschaft ab.

Auf die Entwicklung des Sports in Vorarlberg hatte die „Österreichische Turn- und Sportfront" offensichtlich kaum einen Einfluß. Der am 15. Februar 1935 zum Landessportkommissär bestellte Lustenauer Bürgermeister Josef Peintner informierte erstmals am 3. Mai 1935 die Öffentlichkeit im Rahmen einer Rundfunkrede über seine Bestellung und die Ziele der neuen Sportorganisation. Ende August 1935 veröffentlichte das Vorarlberger Tagblatt als erstes Vorarlberger Printmedium die Liste der Beiräte von Landessportkommissär Peintner.[107] Das erste Treffen des neuen „Landessportausschusses" fand am 4. September 1935 statt, „um sich vorerst gegenseitig kennenzulernen und über die künftigen Aufgaben zu beraten".[108] Da das oberste Ziel der Turn- und Sportfront, die „Vereinheitlichung des Vereinswesens", in Vorarlberg in den meisten Sportarten durch die bereits erfolgte Gründung von Landesverbänden ja gegeben war, dürfte der Landessportausschuß im Bereich Sport keine größeren Aktivitäten mehr entfaltet haben. Jedenfalls stand bei den weiteren Zusammenkünften dieses Gremiums die Frage der Vorarlberger Einheitsturnerschaft eindeutig im Mittelpunkt der Verhandlungen.

Trotz aller politischer Querelen war der Zeitraum zwischen 1934 und März 1938 jene Periode, in der Vorarlberger Sportler auf internationaler Ebene die größten Erfolge erringen konnten. Nicht weniger als sechs Vorarlberger Athleten nahmen an den Olympischen Spielen 1936 in Berlin teil, und erstmals gewannen Vorarlberger Sportler auch Medaillen auf höchster sportlicher Ebene. Trotzdem muß das Wettkampfgeschehen je nach gesellschaftspolitischer Orientierung sehr differenziert betrachtet werden.

Für die sozialdemokratischen Turn- und Sportvereine waren die Bezirksmeisterschaften im Skifahren am 11. Februar 1934 auf der Tschengla bei Bludenz die letzte Sportveranstaltung bis 1945. Fünf Tage später wurden alle Arbeiter-Turn- und Sportvereine behördlich aufgelöst.

Für die Vereine des Vorarlberger Turngaus war die turnerische Tätigkeit ab Herbst 1934 stark eingeschränkt. Die Landesturnfeste 1935 und 1936 fanden ohne die Beteiligung von Turngauturnern statt, und zu den Qualifikationsbewerben im Turnen für die Olympischen Spiele 1936 in Berlin wurden die besten Turner des Turngaus „wegen politischer Betätigung" nicht zugelassen.[109] Erst 1937 veranstaltete der Turngau wieder zwei Wettkämpfe: einen Gauspieltag und ein „volkstümliches Leistungsturnen".

Für den Vorarlberger Rheingau gestaltete sich der Zeitraum 1934 bis 1937 vor allem auf turnerischer Ebene sehr erfolgreich. Bei den Olympischen Spielen 1936 in Berlin belegte die österreichische Turnolympiamannschaft den 11. Rang. Drei der sechs Auswahlturner gehörten dem Vorarlberger Rheingau an: Pius Hollenstein, Adolf Scheffknecht (beide TB Lustenau) und August Sturm (TB Kennelbach). Die Olympiateilnahme dieser drei Turner war der Höhepunkt einer jahrelangen, systematischen Verbandsarbeit im Turnen, die Mitte der dreißiger Jahre ihren Höhepunkt fand. So belegten August Sturm, Hans Haselwander (TB Rieden-Vorkloster) und Pius Hollenstein beim 4. Verbandsturnfest der Christlich-Deutschen Turnerschaft 1935 in Linz die ersten drei Plätze in der Einzelwertung im Turnen. Sturm, Haselwander und Rudolf Hagen (TB Lustenau) starteten 1936 für Österreich im Länderkampf gegen Italien; Scheffknecht, Hollenstein und Hagen 1937 in einem Länderkampf gegen Ungarn.

Auch im Bereich Sport setzte sich der Mitte der zwanziger Jahre begonnene Aufwärtstrend kontinuierlich fort. Anton Vogel wurde als erster Vorarlberger Ringer für eine Europameisterschaft nominiert, Alfred Hämmerle, Rudolf Huber und Willi Walch nahmen an Weltmeisterschaften teil, wobei Willi Walch 1937 mit dem Vizeweltmeistertitel in der alpinen Kombination für die erste internationale Medaille eines Vorarlberger Skisportlers sorgte. Auch bei den Olympischen Spielen 1936 in Berlin war Vorarlberg mit drei Athleten vertreten: mit dem Schützen Alfred Hämmerle, dem Radfahrer Rudolf Huber und dem Fußballer Ernst Künz. Während sich Hämmerle und Huber bei ihren Starts nur im Mittelfeld plazieren konnten, gewann Ernst Künz mit der österreichischen Nationalmannschaft Silber: die erste – und bis 1960 auch die einzige – Medaille eines Vorarlberger Sportlers bei Olympischen Spielen.

1.3. Sport im Nationalsozialismus

Die Machtübernahme der Nationalsozialisten erfolgte in Vorarlberg am späten Abend des 11. März 1938. Landeshauptmann Dipl. Ing. Ernst Winsauer wurde abgesetzt, und an seine Stelle trat der frühere Bezirks-, Kreis- und (illegale) Gauleiter der NSDAP Anton Plankensteiner.[110] Am 12. März besetzten deutsche Truppen unser Land, am 13. März beendete das Bundesverfassungsgesetz über die „Wiedervereinigung Österreichs mit dem Deutschen Reich" die Eigenständigkeit Österreichs. Noch im Mai 1938 wurden der Gau Vorarlberg aufgelöst und die Kreise Bregenz, Feldkirch und Bludenz Tirol angegliedert. Knapp fünf Monate später, am 15. Oktober 1938, erfuhr der Gau Tirol eine Namensänderung in Gau Tirol-Vorarlberg.[111]

Die grundlegende Neuorganisation des österreichischen Sports begann unmittelbar nach der Machtergreifung der Nationalsozialisten und war offensichtlich von langer Hand vorbereitet. Bereits am 14. März veröffentlichte das Wiener „Sport-Tagblatt" eine von Reichssportführer Hans von Tschammer und Osten und vom österreichischen Landesleiter der NSDAP, Major Hermann Klausner, verordnete „Verfügung über die Österreichische Turn- und Sportfront":

Zum Führer der Deutschösterreichischen Turn- und Sportfront wurde der Chef des Politischen Amtes in der Landesleitung der NSDAP, Dr. Friedrich Rainer, ernannt. Stellvertreter von Dr. Rainer wurde Fritz Müller, der Bundesobmann des Deutschen Turnerbundes.

Die Christlich-Deutsche Turnerschaft wurde aufgelöst, ebenso alle „rein jüdischen" Sportvereine und Sportverbände. Aus allen übrigen Verbänden mußten mit sofortiger Wirkung alle Juden ausgeschlossen werden.

Sämtliche jugendlichen Mitglieder aller der Turn- und Sportfront angeschlossenen Vereine und Verbände hatten der Hitlerjugend beizutreten.

Die Deutschösterreichische Turn- und Sportfront wurde als eigener Gau (Gau 17/Deutschösterreich) in den „Deutschen Reichsbund für Leibesübungen" eingegliedert.[112]

Der Gau 17/Deutschösterreich wurde in neun Kreise unterteilt, die vorläufig identisch mit den neun Bundesländern waren. In Vorarlberg wurde Ing. Theodor Rhomberg, der frühere Präsident des Verbands Vorarlberger Skiläufer, kommissarisch zum „Landessportführer für Vorarlberg" ernannt.

Bis zur Volksabstimmung am 10. April 1938 ging der Sportbetrieb vorerst unverändert weiter. Viele Sportler, Vereine und Verbände mußten oder wollten sich jedoch in den Dienst der Propaganda für die Volksabstimmung stellen. Unmittelbar nach dem Votum verfügte Reichssportführer Hans von Tschammer und Osten die Auflösung sämtlicher österreichischer Fachverbände und ihre Eingliederung in den Deutschen

Reichsbund für Leibesübungen mit seinem Hauptsitz in Berlin-Charlottenburg. Der Führerstab des Gaus Deutschösterreich mit Staatssekretär und SS-Standartenführer Dr. Friedrich Rainer an der Spitze bestand nunmehr aus acht Männern und einer Frau. Dem erweiterten Führerstab gehörten neun Kreisleiter und 17 Gaufachwarte an. Kreissportführer (ab Mai Gausportführer) für den Sportbereich Tirol/Vorarlberg wurde der Innsbrucker Lehrer und ehemalige Fußballer und Leichtathlet Hermann Margreiter.[113]

Der Sportgau Tirol-Vorarlberg wurde – analog zur gesamtösterreichischen Organisation – wiederum in insgesamt acht „Bezirke" unterteilt: Innsbruck, Schwaz, Kitzbühel, Kufstein, Imst, Landeck, Reutte und Vorarlberg. Bezirksführer für Vorarlberg wurde der bisherige kommissarische Leiter Ing. Theodor Rhomberg. Damit war der Sport Vorarlbergs in seiner Eigenständigkeit und Bedeutung stark eingeschränkt, da die gesamte organisatorische Verbandstätigkeit nunmehr auf die Landeshauptstadt Innsbruck konzentriert war und, von ganz wenigen Ausnahmen abgesehen, auch sämtliche Gaumeisterschaften in Tirol ausgetragen wurden. 1940 etwa bestand der gesamte „Stab des Sportgauführers" ausschließlich aus Tiroler Funktionären. Auch sämtliche 15 Gaufachwarte für die einzelnen Sportarten kamen aus Tirol.[114]

Noch in den ersten Monaten nach der Machtübernahme bekamen die wichtigsten Funktionsträger des Vorarlberger Rheingaus die Vergeltung der Nationalsozialisten zu spüren:

Anton Ulmer, Gauwart des Rheingaus und Landesführer der Heimwehr, wurde noch am Abend des 11. März festgenommen und zu elf Monaten Haft verurteilt. Nach seiner Entlassung erhielt Anton Ulmer Gauverbot und arbeitete bei einer Baugenossenschaft in München. Nach dem mißglückten Attentat auf Adolf Hitler vom 20. Juli 1944 wurde Anton Ulmer ins KZ Dachau eingeliefert, nach Interventionen aus Dornbirn nach einigen Wochen jedoch wieder enthaftet.[115]

Josef Peintner, Landessportführer der Turn- und Sportfront und Bürgermeister von Lustenau, wurde am 3. September 1938 verhaftet und ins Konzentrationslager Buchenwald überstellt. 20 Monate später, am 10. April 1940, kam Josef Peintner auf Vermittlung seines in deutschen Sportlerkreisen sehr bekannten Bruders Gottfried und des Lindauer SA-Gründers Emil Bogdon, die persönlich in Berlin bei Heinrich Himmler interveniert hatten, wieder frei. Er wurde zunächst für „wehrunfähig" erklärt und arbeitete in Lustenau als Buchhalter. 1943 wurde Josef Peintner zur Wehrmacht einberufen.[116]

Dr. Emil Schneider, langjähriger Präsident des Rheingaus, ehemaliger Unterrichtsminister und Direktor der Realschule in Dornbirn, wurde sofort nach der Machtübernahme aus dem Schuldienst entlassen und in den Ruhestand versetzt. Im Sommer 1938 übersiedelte Schneider nach Bregenz. Vom Schuljahr 1942/43 an durfte Schneider als gewöhnlicher Lehrer an den beiden Bregenzer Oberschulen unterrichten, da infolge des Krieges ein beträchtlicher Lehrermangel eingetreten war. Auch Prof. August Dietrich, Turnlehrer am BG Bregenz und Gauturnwart des Rheingaus in den Jahren 1923 bis 1929, mußte nach dem „Anschluß" sofort seine Unterrichtstätigkeit aufgeben.

Vom 14. April 1938 bis 16. Juni 1938 wurden alle österreichischen Sportverbände aufgelöst bzw. sie lösten sich selbst auf.[117] Die meisten Vorarlberger Sportverbände wurden in den Deutschen Reichsbund für Leibesübungen, Gau 17/Ostmark, überführt. Einzig die Fußballer, die Ruderer und die Segler wurden organisatorisch dem DRL, Gau 15/Württemberg, zugewiesen. Die Bereiche Flugsport und Motorsport gingen eigene Wege. Das Flugwesen wurde Teil des NS-Fliegerkorps, der Motorsport Teil des NS-Kraftfahrerkorps.

Neben der Eingliederung der Fachverbände in den DRL wurde eine Straffung des Vereinslebens angestrebt. Die verschiedenen Vereine eines Ortes wurden angehalten, sich in einem einzigen Turn- und Sportverein zusammenzuschließen. Als Beispiel für Vorarlberg sei Dornbirn angeführt. Bei einer a.o. Vereinssitzung des TV Dornbirn am 14. Juli 1938 berichtete der damalige „Vereinsführer" Vitus Zehrer, daß sich in den letzten Wochen alle anderen Sportvereine der Stadt aufgrund der gegebenen Sachlage freiwillig zur Eingliederung ihrer Vereine in den Turnverein Dornbirn einverstanden erklärt hatten. Der Turnverein änderte seinen Vereinsnamen daraufhin in „Deutscher Turn- und Sportverein Dornbirn 1862". Im Lauf der nächsten Monate lösten sich der Fußballclub 1913, der Sportverein, der Eislaufverein, der Skiverein, der Tennisclub und der Schwimmclub auf und wurden bei der Jahreshauptversammlung des TV Dornbirn am 30. Oktober 1938 in den „Deutschen Turn- und Sportverein Dornbirn 1862" eingegliedert. Auch in allen anderen größeren Orten des Landes kam es zur Gründung von neuen „Einheitsvereinen".

Am 2. April 1938 weilte die Deutschlandriege, der Mannschaftsolympiasieger 1936 im Turnen, zu einem Schauturnen in Feldkirch. Der Geschäftsführer der Deutschlandriege, „Parteigenosse Mangold (Berlin)", verdeutlichte in seiner Rede die Unterschiede im Vereins- und Verbandswesen gegenüber dem Deutschland von 1933. Über die Grundsätze der neuen Leibesübungen meinte Mangold:

„Es gibt heute keine Verbände oder Verbändchen mehr und die Leibesübungen dienen nicht mehr diesem oder jenem Turner oder Fußballer oder auch Leichtathleten für sich allein, sondern er hat sich mit seiner Arbeit mitten hineinzustellen ins deutsche Volk und jene Menschen heranzubilden, die, wenn es sein muß, ihr Herzblut geben für Reich und Vaterland."[118]

Sport als „Selbstzweck" wurde von den Nationalsozialisten abgelehnt. Die körperliche Ertüchtigung bezweckte nunmehr vordringlich die Förderung der soldatischen Leistungsfähigkeit. Sportarten wie das Boxen oder das Schießen wurden ganz besonders gefördert. Deshalb stiegen die Teilnehmerzahlen beim Tiroler Landesschießen von 6.753 im Jahre 1938 kontinuierlich bis auf 30.644 Schützen im Jahre 1944 an.

Nach der Machtübernahme Hitlers erfuhr vor allem der Turnunterricht eine deutliche Aufwertung.[119] Das Stundenausmaß wurde in allen Schultypen von drei auf fünf Wochenstunden erhöht, und in den Zeugnissen rückte das Fach Turnen nunmehr an die erste Stelle. In den am 21. Juli 1938 vom „Ministerium für innere und kulturelle Angelegenheiten" herausgegebenen „Richtlinien für Leibesübungen" wurden die Ziele des Turnunterrichts wie folgt formuliert:

„Volk, Wehr, Rasse und Führertum sind die Richtungspunkte für die Leibeserziehung an Jungenschulen. An Mädchenschulen ist die Leibeserziehung unverrückbar auf die Aufgabe als zukünftige Mutter ausgerichtet."[120]

Eine der Hauptaufgaben des Schulsports war die entsprechende körperliche Vorbereitung der Jungen auf die künftige militärische Ausbildung. Neben der Aufwertung verschiedener Kampfsportarten wurde erstmals das Boxen als fixer Bestandteil in den Turnunterricht integriert. Besonders forciert wurde aufgrund der neuen Richtlinien auch das Skifahren, da die von den meisten Schulen durchgeführten Skiwochen nach Ansicht der Nationalsozialisten hervorragend geeignet waren, „eine geschlossene Schülergemeinschaft im Sinne der nationalsozialistischen Leibeserziehung zu

Abb. 17:
Ziel der nationalsozialistischen Sportpolitik war „ein Volk in Leibesübungen". Den Postsportmeisterschaften 1939 in Dornbirn wohnte auch Gauleiter Anton Plankensteiner bei (zweiter v.r.).

Abb. 18:
Weitsprung im Rahmen der Postsportmeisterschaften 1939.

Abb. 19:
Zieleinlauf beim „Damensprint" bei den Postsportmeisterschaften 1939.

Abb. 20:
Mittelstreckenlauf auf der Dornbirner Birkenwiese im Rahmen der Postsportmeisterschaften 1939.

führen".[121] Grundsätzlich war der gesamte Turnunterricht stark leistungsorientiert, um die Schüler derart auf einen möglichst wirkungsvollen Einsatz im Krieg vorzubereiten.

Oberstes sportpolitisches Ziel der NSDAP war jedoch nach NS-Terminologie „ein Volk in Leibesübungen". Der von der Partei geforderten „Notwendigkeit einer der Wehrhaftmachung dienenden sportlichen Ertüchtigung des gesamten Volkes" wurde durch die verschiedensten Breitensportveranstaltungen Rechnung getragen: durch „Volksskitage", durch „Pfingsttage der deutschen Leibesübungen", den „Tag des Waldlaufs" oder auch durch Veranstaltungen der Deutschen Arbeitsfront. Am 7. Jänner 1940 nahmen in Vorarlberg landesweit ca. 3.000 Skisportler am 1. Volksskitag teil. Nur drei Wochen später fand in Watzenegg ob Dornbirn eine Skiveranstaltung der NSDAP-Organisation „Kraft durch Freude" statt, an der sich allein aus Dornbirn 113 Betriebsmannschaften mit insgesamt 678 Wettkämpfern beteiligten. Sinn dieser Skiveranstaltung war, wie dem Vorarlberger Tagblatt zu entnehmen ist, den „schaffenden Menschen" an die „Segnung der regelmäßig und vernünftig betriebenen Leibesübungen" heranzuführen, als sichtbarer Beweis der „unbändigen Lebenskraft und des Siegeswillens Großdeutschlands in seinem Freiheitskampf".[122]

Besonderes Augenmerk wurde seitens der Partei den Jugendlichen gewidmet. Die Buben und Mädchen wurden in fünf Gruppen erfaßt: die Buben im „Deutschen Jungvolk" (10-14 Jahre) und in der „Hitlerjugend" (15-18 Jahre), die Mädchen in den Organisationen „Jungmädel" (10-14 Jahre), „Bund Deutscher Mädchen" (15-18 Jahre) und „Glaube und Schönheit" (18-21 Jahre). Bis zum 21. Lebensjahr mußte jeder Jugendliche den Nachweis einer Sporttätigkeit (z.B. in einem Sportverein) erbringen. Die größte Breitensportveranstaltung der Hitlerjugend waren die jährlichen Reichssportwettkämpfe, an denen im ganzen Reich bis zu sechs Millionen Burschen und Mädchen teilnahmen. Diese Veranstaltung wurde jeweils an einem Wochenende im Mai oder Juni in allen „Gauen Großdeutschlands" gleichzeitig veranstaltet. Sinn der Reichssportwettkämpfe war es nicht, einzelne Sieger mit Spitzenleistungen zu finden, sondern sie sollten als Breitensportveranstaltung vor allem den Gemeinschaftssinn unter den Teilnehmern stärken. Deshalb wurden bei den einzelnen Wettkämpfen auch keine Einzel-, sondern jeweils nur Gruppen- oder Mannschaftswertungen durchgeführt. Die ersten derartigen Reichssportwettkämpfe fanden in Vorarlberg am 4. Juni 1939 in drei Bezirken („Bannen") statt: in Bregenz, Dornbirn und in Bludenz. Dabei waren laut Angaben des Vorarlberger Tagblattes allein im „Bann Dornbirn" mehr als 5.000 Jungen und Mädchen aus zehn verschiedenen Orten im Einsatz.[123]

Der Sport der Frauen und Mädchen unterschied sich grundsätzlich von dem der Männer und der männlichen Jugend. Stand beim männlichen Geschlecht eindeutig die Wehrfähigkeit im Vordergrund, so war die weibliche Leibeserziehung schwerpunktsmäßig auf die Rolle der Frau als zukünftige Mutter ausgerichtet. Oberstes Erziehungsziel war demnach nicht das Erbringen sportlicher Höchstleistungen, sondern die körperliche (und geistige) Gesundheit der Frau. Jedes Mädchen, jede Frau sollte einen „erbgesunden, kraftvollen, widerstandsfähigen und schönen Körper" bekommen bzw. sich erhalten, um der Rolle als „Trägerin deutschen Rasse- und Erbgutes" entsprechend nachkommen zu können. Besonders deutlich wird dieser Unterschied bei den Zielen und Inhalten der schulischen Leibeserziehung. Während bei den Burschen Kampfspiele und Kampfsportarten wie das Boxen im Vordergrund standen, war das Ziel der Mädchenausbildung eine möglichst vielseitige Bewegungserziehung durch Spiele,

Gymnastik, Tanz etc. sowie die Erziehung zu Gemeinschaftsdenken und „Rassenpflege".[124]

Im Bereich Wettkampfwesen wurden bis zur Volksabstimmung am 10. April 1938 zunächst alle Verbandsveranstaltungen vom neuernannten Landessportführer Theodor Rhomberg abgesagt, Vereinsveranstaltungen durften jedoch ungehindert durchgeführt werden. Nach der Volksabstimmung konnte der Turn- und Sportbetrieb in Vorarlberg wieder „ungehindert" weitergeführt werden. Höhepunkt des Sportjahres 1938 aus nationalsozialistischer Sicht war das große Deutsche Turn- und Sportfest Ende Juli in Breslau, bei dem Vorarlberg mit 237 Teilnehmern vertreten war.[125] In Vorarlberg selbst wurden im Laufe des Jahres in mehreren Sportarten „Landes- bzw. Kreismeisterschaften" durchgeführt: im Fußball, in der Leichtathletik, im Radfahren, im Ringen, im Schwimmen, im Tennis, im Tischtennis und im Turnen. Ab Oktober wurden in Bregenz, Dornbirn und Bludenz „Propagandaveranstaltungen" im Boxen durchgeführt, um diese von den Nationalsozialisten besonders geförderte Sportart auch in Vorarlberg populär zu machen. Da es über die verschiedenen Erfolge Vorarlberger Sportler auf nationaler und internationaler Ebene während der Zeit des Nationalsozialismus keinerlei Publikationen gibt, wird dieser Bereich im folgenden relativ ausführlich behandelt.

Auf nationaler Ebene erreichten Vorarlberger Sportler 1938 bei Ostmarkmeisterschaften drei Titel und zwei Silbermedaillen, bei Gesamtdeutschen Meisterschaften einen 3. und einen 5. Rang, starteten dabei jedoch zum Teil für auswärtige Vereine:

Der Lustenauer Josef Bösch gewann am 19. Juni 1938 die 100-km-Straßenmeisterschaft der Ostmark im Radfahren vor dem Wiener Rahmer und damit den ersten Ostmarktitel eines Vorarlberger Sportlers. Nur wenige Wochen später belegte Bösch bei den Gesamtdeutschen Straßenmeisterschaften über 220 km in Gießen den hervorragenden 5. Gesamtrang.

Bei den ersten Ostmark-Freistilmeisterschaften im Ringen gewann ein weiterer Vorarlberger den Ostmarktitel: der Lustenauer Anton Vogel.[126] Max Amann (Bregenz) und Emil Summer (Klaus) erreichten jeweils eine Silbermedaille.

Bei den Ostmarkmeisterschaften der Leichtathleten in Wien siegte der gebürtige Bregenzer Ludwig Toth im Zehnkampf.[127]

Bei den Deutschen Bergmeisterschaften für Motorräder auf der Großglocknerstraße erreichte der Feldkircher Franz Ellensohn in der Klasse bis 350 ccm hinter den beiden Deutschen Wünsche und Winkler den 3. Rang.

Für die Vorarlberger Nachwuchsathleten waren jeweils die Gebietsmeisterschaften bzw. die Reichssportwettkämpfe der Hitlerjugend in ihrer Sportart der Höhepunkt eines jeden Sportjahres. Besonders erfolgreich bei diesen Meisterschaften waren in den Jahren 1938 bis 1940 der Harder Erich Weißkopf und das Stubener Geschwisterpaar Rudi und Rosa Riezler. Erich Weißkopf gewann im September 1938 bei den ersten Leichtathletik-Gebietsmeisterschaften von Tirol und Vorarlberg am Tivoli-Platz in Innsbruck den Hochsprungbewerb mit 1,82 m. Diese Leistung ist deshalb so bemerkenswert, weil Weißkopf damit die bestehende Vorarlberger Bestleistung von Gottfried Peintner um nicht weniger als neun Zentimeter übertraf.[128] Rudi und Rosa Riezler waren im Skifahren sehr erfolgreich. Rudi Riezler belegte 1939 und 1940 bei den Reichssportwettkämpfen der Hitlerjugend in Garmisch-Partenkirchen (gleichzusetzen mit Deutschen Jugendmeisterschaften) jeweils den 2. Rang in der Kombinationswertung aus Abfahrt und Torlauf und war 1940 Mitglied der Deutschen Jugendauswahl beim Vergleichskampf Deutschland – Italien. Rosa Riezler belegte bei den Reichssportwettkämpfen

1940 in der Klasse „Bund Deutscher Mädchen" ebenfalls einen zweiten Rang in der Kombinationswertung. Im selben Jahr erreichte Rosa Riezler bei den Deutschen Meisterschaften in der Allgemeinen Klasse in der Kombination den vierten Endrang.

Der mit Abstand erfolgreichste Vorarlberger Sportler des Jahres 1939 war der Stubener Willi Walch, der allerdings – wie in den Jahren zuvor – für den Skiclub Arlberg startete. Walch war 1939 im Zenit seines Könnens. Nach Kombinationssiegen bei den französischen Meisterschaften und beim Lauberhornrennen in der Schweiz gewann er in Kitzbühel auch den Deutschen Meistertitel in der Abfahrt und in der Kombination. Bei den FIS-Weltmeisterschaften in Zakopane belegte Willi Walch in der Abfahrt den vierten, im Slalom den dritten und in der Kombinationswertung den zweiten Rang und gewann somit nach der Slalom-Silbermedaille von Chamonix zwei weitere WM-Medaillen.

Auf nationaler Ebene konnten sich vor allem Josef Bösch, Ludwig Toth und die beiden Dornbirner Anton Lenz und Herbert Spiegel auszeichnen.

Josef Bösch belegte bei den 100-km-Straßenmeisterschaften der Ostmark (durch einen Kettenriß gehandicapt) zwar nur den für ihn enttäuschenden 6. Rang, konnte sich mit einem 5. Rang bei der 2. Großdeutschen Alpenfahrt jedoch für die großdeutsche Nationalmannschaft für die Fernfahrt Mailand – München qualifizieren. Bei den Deutschen Straßenmeisterschaften in Straßburg erreichte Bösch nach Platz fünf im Vorjahr diesmal den 11. Gesamtrang.

Ludwig Toth gewann 1940 im Rahmen der Ostmark-LA-Meisterschaften den Fünfkampf und damit seinen zweiten nationalen Titel.[129]

Für einen weiteren nationalen Titel sorgte der Dornbirner Turner Anton Lenz. Er gewann am 19. März die Meisterschaften der Ostmark vor dem Wiener Panos und seinem Vereinskameraden Herbert Spiegel. Bei einem Turnwettkampf in Gera mit einer Auswahl der 80 besten Turner Großdeutschlands konnte sich Herbert Spiegel auf dem 20. Rang und damit im ersten Drittel der Teilnehmer plazieren.

Nach Ausbruch des Zweiten Weltkriegs am 1. September 1939 kam es in Vorarlberg zwar kurzzeitig zur Absage einiger Veranstaltungen (z.B. LA-Länderkampf Vorarlberg – Tirol; Gaubergmeisterschaften im Radfahren), doch bereits ab Mitte September 1939 wurde der Sportbetrieb wieder voll aufgenommen. 1940 kamen in Vorarlberg jedoch nur noch zwei Meisterschaften zur Austragung: die Kriegsmeisterschaften im Skifahren und im Fußball. In der Leichtathletik und im Radfahren fanden Gaumeisterschaften statt, ansonsten beschränkte sich das Wettkampfgeschehen auf lokale Wettkämpfe. Auch auf nationaler und internationaler Ebene wurden die Erfolgsmeldungen immer weniger: Bei den Ostmarkmeisterschaften im Rodeln wurde der Feldkircher Hans Girstmaier Sechster, bei der Internationalen Wintersportwoche in Garmisch-Partenkirchen belegte Willi Walch in der Kombinationswertung den 2. Rang. Ab 10. Juni 1940 wurden alle „reichsoffenen" Veranstaltungen durch einen Erlaß des Reichssportführers Hans von Tschammer und Osten „ausgesetzt". Der örtliche Sportverkehr „als Kraftquelle für den Nachwuchs" sollte laut Erlaß jedoch „im vollen Umfang" fortgesetzt werden, ebenso die verschiedenen Kriegsmeisterschaften auf Gauebene.[130]

Nach dem Überfall auf die Sowjetunion (21. Juni 1941) fanden in Vorarlberg nur noch wenige sportliche Wettkämpfe statt. Vor allem in den Mannschaftssportarten waren die einzelnen Vereine kaum noch in der Lage, vollständige Mannschaften für einen geregelten Meisterschaftsbetrieb zu stellen. Aus diesem Grund konnte auch die im September 1941 begonnene „Vorarlberger Meisterschaft" im Fußball nach Beendigung der Herbstmeisterschaft nicht mehr fortgeführt werden. Die Auswirkungen des Krieges auf den täglichen Sportbetrieb wurden mit Winterbeginn 1941 immer gravierender. Im Jänner 1942 wurden nach einem Aufruf des Reichssportführers allein im Gau Tirol-Vorarlberg innerhalb von zwei Tagen 12.238 Paar Ski, aber auch Winterbekleidung für die Frontsoldaten gesammelt. In öffentlichen Verkehrsmitteln wurde die Beförderung von Skiern verboten, und ab Februar 1942 durften auch keine Reisen mehr zu Sportveranstaltungen in einer größeren Entfernung als 50 km durchgeführt werden. Lediglich im Schießen und im Bereich der Hitlerjugend wurde noch eine regelmäßige Wettkampftätigkeit aufrechterhalten. Dabei trat der Egger Jungschütze Hubert Hammerer immer mehr in den Vordergrund. Im August 1942 belegte er bei den Deutschen Jugendmeisterschaften im Kleinkaliberschießen den 3. Rang. Nur wenige Wochen später gelang Hammerer, dem Olypiasieger von 1960, mit 683 Ringen eine neue europäische Jugendbestleistung im Kleinkaliberschießen.[131]

Nach der Kapitulation der 6. Armee in Stalingrad (31. Jänner 1943) verkündete der NS-Propagandaminister Joseph Goebbels in einer Rede in Berlin den „Übergang zum totalen Krieg". Auch der Sport wurde nunmehr durch einen weiteren Erlaß des Reichssportführers Hans von Tschammer und Osten „in die Aufgabe der totalen Kriegsführung" eingebunden. Alle internationalen Wettkämpfe und nationalen Meisterschaften wurden „abgesetzt", da keine Frontsoldaten mehr verfügbar waren und alle Personen, die im Arbeitseinsatz standen, dafür nicht mehr beurlaubt werden durften. Mitte August 1944 wurde im Zuge der „totalen Mobilisation" sogar der HJ-Jahrgang 1928 einberufen.[132]

1943 und 1944 fanden in Vorarlberg nur noch in drei Sportarten Wettbewerbe statt, die als „Meisterschaften" bezeichnet wurden: im Schießen, im Skifahren und im Turnen (nur für Frauen). Die letzte größere Sportveranstaltung im Gau Tirol-Vorarlberg vor Ende des Zweiten Weltkriegs waren Ende Jänner 1945 die Skilauf-Gebietsmeisterschaften der Hitlerjugend in St. Anton am Arlberg.

Stellvertretend für die vielen Vorarlberger Sportler, die im Zweiten Weltkrieg ihr Leben lassen mußten, seien genannt: Ernst Künz, Hans Riedmann (Fußball), Emil Summer (Ringen), Adolf Scheffknecht (Turnen), Rudi Riezler, Ing. Theodor Rhomberg, Theo Stadelmann, Willi Walch und Richard Werle (Skisport).

2. AUSGEWÄHLTE KAPITEL ZUR VORARLBERGER TURN- UND SPORTGESCHICHTE

Die Geschichte von Turnen und Sport in Vorarlberg kann nicht eindimensional betrachtet werden (hier Turnen, da Sport), sondern zeigt sich als ein kompliziertes Mit- und Gegeneinander von sportlichen Strömungen, von gesellschaftspolitischen und wirtschaftlichen Interessen, von persönlichem Engagement im Sport und im öffentlichen Leben. Der Turnverein Lustenau zum Beispiel war als ältester Lustenauer Sportverein nicht „nur" einer der leistungsstärksten Turnvereine des Landes, er war weit mehr:

Mitglieder des Turnvereins Lustenau gründeten 1907 den Fußballclub Lustenau, den mit Abstand erfolgreichsten Vorarlberger Fußballverein vor dem Zweiten Weltkrieg. Einzelne Vereinsmitglieder waren viele Jahre lang in beiden Vereinen in führenden Funktionen tätig.

Der TV Lustenau war anfänglich einer der führenden Vereine in der Vorarlberger Leichtathletikszene. Von 1922 bis 1938 wurden von Mitgliedern des TV Lustenau zwölf Vorarlberger Meistertitel errungen.

Die Fechtriege des TV Lustenau war bis Mitte der dreißiger Jahre das Aushängeschild des Vorarlberger Fechtsports, u.a. auch mit beachtlichen Erfolgen im Ausland (Katalanischer Meistertitel 1933 für Ewald Peschl).

Führende Funktionäre des TV Lustenau waren in der NS-Verbotszeit (von 1933 bis 1938) politisch engagiert: u.a. der Turnwart Eduard Sperger als Führer der SA oder Oskar Hämmerle, der Leiter der Fechtriege, als Ortsgruppenleiter der NSDAP.

Die Beispiele ließen sich beliebig fortsetzen. Josef Peintner war von 1935 bis 1938 nicht „nur" Landessportkommissär von Vorarlberg, sondern auch Bürgermeister von Lustenau für die Christlichsoziale Partei, Mitglied des Turnerbundes Lustenau und Sportwart des Vorarlberger Turnverbandes Rheingau; Anton Ulmer (Dornbirn) nicht „nur" Sportwart des Rheingaus, sondern auch Landtagsabgeordneter und Führer der Vorarlberger Heimwehr; Ing. Theodor Rhomberg (Dornbirn) nicht „nur" Präsident des Vorarlberger Skiverbandes, sondern auch Ortsleiter der illegalen NSDAP in Dornbirn und ab März 1938 Landes- bzw. Kreissportführer für Vorarlberg.

Die Vernetzung von Turnen und Sport erfordert eine getrennte Besprechung dieser beiden Strömungen in eigenen Kapiteln, dies umso mehr, als sich die Vorarlberger Turnbewegung durchaus nicht als einheitliche Strömung zeigte, sondern sich bereits vor dem Ersten Weltkrieg in drei voneinander gänzlich unabhängige, weltanschaulich klar abgegrenzte Lager spaltete: in ein liberales/deutschnationales, ein christlichsoziales und ein sozialdemokratisches. Nur bei den Turnern kam es vor 1918 auch zur Gründung von sogenannten Fachverbänden: 1883 der deutschnationale Vorarlberger Turngau, 1906 der christlich-soziale Vorarlberger Turner- und Athletenverband (ab 1908 Vorarlberger Rheingau).

Diese Trennung der Vorarlberger Turnbewegung in drei Lager blieb auch nach dem Ersten Weltkrieg bestehen. Von ganz wenigen Ausnahmen abgesehen, kam es zu kei-

nerlei Zusammenarbeit der einzelnen Verbände auf regionaler Ebene, ganz im Gegenteil. Die politischen Auseinandersetzungen der dreißiger Jahre mit dem Bürgerkrieg im Februar 1934 und der Ermordung des christlich-sozialen Bundeskanzlers Dr. Engelbert Dollfuß im Juli 1934 führten zum einen zur Auflösung aller sozialdemokratischen Turn- und Sportvereine Österreichs, zum anderen aber auch zu einer noch stärkeren Polarisierung des bürgerlichen Lagers. Einigen „völkischen" Turnvereinen wurde aufgrund ihres offensichtlichen Nahverhältnisses zur illegalen NSDAP kurzfristig jede Betätigung behördlich untersagt. Sämtliche Versuche, die beiden Turnverbände Rheingau und Turngau zu einem einheitlichen Turnverband, einer sogenannten Einheitsturnerschaft, zusammenzuschließen, scheiterten am erbitterten Widerstand des Turngaus. Mit der Machtübernahme der Nationalsozialisten im März 1938 endete die Eigenständigkeit beider Turnverbände.

2.1. Die deutschnationale Turnbewegung

2.1.1. Die Anfänge des Deutschen Turnens

Der Beginn des Turnens in Vorarlberg Mitte des 19. Jahrhunderts geht auf die Privatinitiative einiger weniger turnbegeisterter Männer zurück.[133] Als Wegbereiter des vereinsmäßigen Turnens lassen sich vor allem zwei Gruppen unterscheiden: ausländische Handwerker, die auf ihren Reisen mit der deutschen Turnbewegung von „Turnvater" Friedrich Ludwig Jahn in Kontakt kamen, und einheimische Bürgersöhne, die in Deutschland ihre schulische Ausbildung erhalten hatten. Sämtlichen Turnvereinsgründungen in Vorarlberg vor 1850 lag eine Verbindung aus einheimischen Bürgern und ausländischen Handwerkern zugrunde. Deshalb entstanden die ersten Turnvereinigungen in Vorarlberg auch in den wirtschaftlichen und gesellschaftlichen Zentren des Landes: in Bregenz, in Dornbirn und in Feldkirch.[134]

Als Begründer des Turnens in Vorarlberg kann der Bregenzer Bürgersohn Robert Kurer angesehen werden. Er kehrte im Herbst 1847 nach Abschluß seiner Schulausbildung in Deutschland in seine Heimatstadt zurück und stellte zu seinem Privatgebrauch im Garten seiner Eltern ein Reck, einen Barren und eine Strickschaukel auf, um die während des Studiums praktizierten Turnübungen weiterzupflegen. Während des Frühjahrs 1848 fand sich der aus Pforzheim stammende Goldarbeiter Ferdinand Tschopp immer öfter bei Robert Kurer ein, und bald turnten etwa 20 Männer regelmäßig in Kurers Garten.[135] Im März 1849 konstituierte sich diese private Turngemeinschaft zu einem offiziellen Verein: der Turngemeinde Bregenz. Inwieweit die politischen Ereignisse des Revolutionsjahres 1848 einen Einfluß auf die offizielle Gründung des Vereins hatten, läßt sich heute kaum mehr feststellen. Sicher ist, daß die Gründungsversammlung der Turngemeinde beim Bregenzer Bürgermeister Franz Xaver Gmeinder stattfand und daß die Stadt Bregenz der Turngemeinde sehr wohlwollend gegenüberstand.[136] Zum Obmann des Vereins wurde der Kaufmann Franz Alexander Gunz gewählt, das Amt des Turnwarts bekleidete Ferdinand Bandel. Ende 1851 war die Turngemeinde Bregenz auf 23 aktive und 55 passive Mitglieder angewachsen.

Auch in Dornbirn entstand während des Jahres 1848 auf Initiative des schwäbischen Goldarbeiters Heil eine private Turngemeinschaft.[137] Geturnt wurde in der Tischlerwerkstätte des Johann Rüf im Bockacker. Verschiedene Indizien weisen darauf hin, daß es in Dornbirn allerdings nicht zur Gründung eines offiziellen Turnvereins kam. 1850 wurden zum traditionellen „Anturnen" von der Turngemeinde Bregenz zwar die Turner aus Lindau eingeladen, nicht jedoch die Dornbirner Turner, weil sich diese noch nicht offiziell als Verein konstituiert hatten.[138] 1851 beantwortete die Bezirkshauptmannschaft Feldkirch eine Anfrage des Kreispräsidiums Bregenz bezüglich eines Turnvereins in Dornbirn, „daß in Dornbirn nach der Versicherung des dortigen Bürgermeisters kein Turnverein weder dem Namen nach noch tatsächlich besteht".[139] Das einzige erhaltene Schriftstück der privaten Turngemeinde Dornbirn ist eine vom „Säckelwart" (= Kassier) der Turngemeinde ausgestellte Rechnung, die Auskunft über Einnahmen und Ausgaben der Turngemeinde gibt und auch die Namen von 72 Mitgliedern anführt.

1851 kam es auch in Feldkirch zur Gründung eines Turnvereins.[140] Diese Vereinsgründung war hauptsächlich durch den Buchbinder Nikolaus Böhr aus Nürnberg angeregt worden, der als ehemaliges Mitglied des Turnvereins München schon 1849 den Innsbrucker Turnverein (= ITV) gegründet hatte. Als 1850 der ITV wegen verbotener politischer Betätigung aufgelöst wurde, mußte Böhr Tirol verlassen. Er fand in Feldkirch eine Anstellung beim Buchdrucker Franz Josef Lins und wurde am 20. Juni 1851 zum Gründungsobmann des Turnvereins Feldkirch gewählt. Von den zwölf Gründungsmitgliedern des TV Feldkirch kamen allerdings nur gerade zwei aus Feldkirch. Die anderen zehn Mitglieder stammten aus Deutschland, der Schweiz, Liechtenstein, Tirol und Böhmen. Hatte der Turnverein Feldkirch anfangs noch weniger Mitglieder als zu vergebende Ämter (zwölf Mitglieder, 16 Ämter), so wuchs die Mitgliederzahl bis Ende des Jahres auf 33 aktive Turner und 56 passive Mitglieder an. Zu den Mitgliedern des Turnvereins gehörten u.a. auch die gesellschaftspolitisch sehr einflußreichen Fabrikanten Alois von Furtenbach, Carl Ganahl, Josef Getzner und Andreas Mutter.

Die Statuten der Turngemeinde Bregenz und des Turnvereins Feldkirch zeigen deutlich auf, daß die ersten Turnvereinsgründungen in Vorarlberg durchaus im geistig-ideologischen Sinne von Friedrich Ludwig Jahn, dem Begründer der deutschen Turnbewegung, erfolgten. Die Turngemeinde Bregenz zum Beispiel war laut Statuten ein Verein junger Männer, die sich zusammengefunden hatten „zum Zweck gemeinschaftlicher Leibesübungen", zur „Entwicklung und Kräftigung der körperlichen Anlagen", aber auch zum Zweck, „einen wackeren deutschen Sinn und Reinheit der Sitten zu erstreben und zu bewahren".[141] Das regelmäßige Verlesen der Turnordnung wurde in den Statuten ebenso geregelt wie das Singen deutscher Lieder, das Tragen einer einheitlichen Turnkleidung oder die einheitliche Anrede „Du" auf dem Turnplatz für ordentliche Mitglieder.

Auch der Bereich Wettkampfwesen fand im Paragraph 22 der Satzungen der Turngemeinde Bregenz entsprechende Berücksichtigung. Dieser Paragraph verpflichtete den Vorstand zur jährlichen Durchführung eines „Schau- und Wetturnens". Das erste derartige öffentliche Turnfest fand am 30. September 1849 in Bregenz auf dem Turnplatz an der Weiherstraße statt. Die Turner marschierten geschlossen vom Hof des Turnwarts Ferdinand Bantel ausgehend quer durch die Stadt zum Turnplatz, wo nach einem Gebet und nach einigen Liedern das Schauturnen vor zahlreichen Zuschauern stattfand.[142] Schon acht Tage nach diesem Turnfest absolvierten die Bregenzer Turner ihren ersten Wettkampf im Ausland. Zwölf Mitglieder der Turngemeinde Bregenz besuchten das kantonale Turnfest in St. Gallen, mußten dort zu ihrem Leidwesen jedoch feststellen, daß ihnen ihre Schweizer Turnkollegen leistungsmäßig weit voraus waren. Den Bregenzer Turnern wurde übrigens vom Kreisamt untersagt, die Anreise zu diesem Turnfest in Turnkleidung vorzunehmen, da die österreichischen Behörden dies als eine Art politische Manifestation empfunden hätten.

Die erste Konstituierungsphase des Deutschen Turnens in Vorarlberg dauerte nur wenige Jahre an. Die engen Verbindungen der Turnbewegung von Friedrich Ludwig Jahn mit deutschnationalen und liberalen Strömungen hatten schon Anfang der fünfziger Jahre zu einer überwiegend feindlichen Haltung der offiziellen österreichischen Stellen den Turnvereinen gegenüber geführt. Mit Erlaß des Innenministeriums vom 18. April 1852 wurden alle Turnvereine Österreichs verboten. Die Vorarlberger Vereine erhielten ihr Auflösungsdekret im Mai 1852: am 2. Mai der Turnverein Feldkirch, am 10. Mai die Turngemeinde Bregenz – beide mit der Begründung, daß sie „ihrem angeblichen Zwecke durchaus nicht entsprechen und dem Fortbestande derselben überdies noch politische Bedenken entgegen sind".[143] Nach der behördlichen Auflösung der TG Bregenz und des TV Feldkirch wurde in Vorarlberg nur noch auf privater Ebene geturnt.[144]

Nach den militärischen Niederlagen Österreichs gegen Italien bei Magenta und Solferino (1859) sah sich die österreichische Regierung gezwungen, der zunehmend stärker werdenden bürgerlichen Protestbewegung gewisse innenpolitische Konzessionen zu machen. Durch das Oktoberdiplom des Jahres 1860 und das Februarpatent von 1861 wurde Österreich in eine konstitutionelle Monarchie umgewandelt und den Bürgern unter anderem auch das Recht der freien Vereinsbildung zugestanden. Vor dem Februar 1861 hatte jede Vereinsbildung einer behördlichen Bewilligung bedurft, die jedoch von der Behörde ohne lange Begründungen wieder zurückgezogen werden konnte. Die ersten Vereinsbildungen, die nach der neuen Gesetzeslage vorgenommen wurden, erfolgten in Vorarlberg im Bereich Turnen, wie schon in der Gründungsphase, wiederum in den industriellen Zentren Bregenz, Dornbirn und Feldkirch.

Als erster Turnverein Vorarlbergs wurde am 19. August 1861 der TV Feldkirch gegründet. Die Anregung zur Gründung dieses Vereins kam von einigen früheren Mitgliedern der 1852 behördlich aufgelösten Turngemeinde Feldkirch, die sich zwischenzeitlich dem Feldkircher Feuerwehrverein angeschlossen hatten. Von den 20 Gründungsmitgliedern stammten 13 aus Feldkirch, darunter auch mehrere Mitglieder der bekannten Fabrikantenfamilien Furtenbach, Graßmayr und Vallaster. Als Turnlokal diente dem TV Feldkirch anfänglich der Rathaussaal, später der Turnsaal der Volksschule. Das Fest der Fahnenweihe des TV Feldkirch am 27. Juli 1862 war das erste öffentliche Auftreten eines Turnvereins in Vorarlberg nach dem Schlußturnen der Turngemeinde Bregenz vom 12. Oktober 1851. Im Rahmen dieser Fahnenweihe wurde auch ein Schauturnen veranstaltet, an dem sich Turner aus der Schweiz, aus Deutschland, aus Südtirol und – aus Vorarlberg – aus Bregenz, Dornbirn und Lustenau beteiligten. Mehr als zwei Jahrzehnte blieben im Turnverein Feldkirch das Turnen und das Feuerlöschwesen eng miteinander verknüpft – eine Verbindung, die mehrfach zu Kompetenzstreitigkeiten innerhalb des Vereins führte und die Entwicklung des Turnwesens mehr behinderte als förderte. Erst 1883 trennte sich der Turnverein von der Feuerwehr und ermöglichte so auch die Gründung einer regionalen Dachorganisation aller Vorarlberger Turnvereine.

Als zweiter Turnverein Vorarlbergs wurde am 13. August 1862 der TV Dornbirn durch einige Turner gegründet, die sich bereits ab 1860 auf privater Ebene regelmäßig beim Wirt Karl Herburger getroffen hatten. Die behördliche Bewilligung der Statuten erfolgte am 23. August 1862, und eine Woche später fand die eigentliche konstituierende Versammlung des Turnvereins Dornbirn statt. Der Dornbirner Fabrikant Otto Fußenegger wurde zum Obmann des Vereins gewählt, der Augsburger Kaufmann Friedrich Gscheidlen übernahm das Amt des Turnwarts. Als Turnsaal diente dem TV Dornbirn zunächst der große Sitzungssaal im Rathaus, der den Dornbirner Turnern vom Bürgermeister Albert Rhomberg zu Übungszwecken überlassen wurde. 1863 erhielt der TV Dornbirn in der Nähe der Dorfer Volksschule ein Grundstück zur Anlegung eines Sommerturnplatzes. Als Gegenleistung verpflichtete sich der Turnverein, den Schülern der Dornbirner Schulen Turnunterricht durch fachlich ausgebildete Vereinsmitglieder zu erteilen. 1867 trat der TV Dornbirn erstmals mit einem Schauturnen an die Öffentlichkeit, dem ersten Turnfest in Vorarlberg nach der Fahnenweihe des TV Feldkirch vom 27. Juli 1862. Die Turnordnung des Schauturnens umfaßte den Reigenaufzug, Stabübungen, Übungen am Barren, am Reck, an der Schwebeleiter, am Pferd, an den Ringen und Freiübungen. Zur Austragung kamen auch ein Weit- und ein Hochsprungbewerb. Insgesamt nahmen 26 Turner an diesem Schauturnen teil.

Nur ein Jahr nach der Gründung des Turnvereins Dornbirn kam es im Dornbirner Ortsteil Hatlerdorf ebenfalls zur Gründung eines eigenen Turnvereins. Die Statuten dieses Vereins wurden von der Statthalterei Innsbruck am 22. September 1863 genehmigt. Die Leitung des Vereins lag ausschließlich in den Händen von angesehenen Hatler Bürgern: Johann Nepomuk Rhomberg bekleidete das Amt des Obmanns, der Krämer Thomas Rüf war der erste Turnwart des Vereins. Allerdings fehlte dem Hatler Turnverein von allem Anfang an die notwendige turnerische Infrastruktur, sodaß von diesem Verein keine größeren Aktivitäten bekannt sind. Wie der Chronik des Turnvereins Donbirn zu entnehmen ist, löste sich der Turnverein Hatlerdorf bereits wenige Monate nach seiner Gründung „wegen Mangels eines Winterlocales und einer tüchtigen Lehrkraft" wieder auf.[145]

In Bregenz, der Wiege des Turnsports in Vorarlberg, dauerte es bis zum Jahre 1869, bis es zu einer Neugründung eines Turnvereins kam. Schon 1864 – nach der Gründung von Turnvereinen in Feldkirch und Dornbirn – hatte die Vorarlberger Landeszeitung in einem Artikel an die Bewohner der Landeshauptstadt appelliert, endlich einen Turnverein ins Leben zu rufen. In diesem Artikel wies der Verfasser auch darauf hin, daß das Turnen zwar schon in ganz Vorarlberg volle Anerkennung gefunden habe, in Bregenz der städtische Turnplatz jedoch von denjenigen, für die er gebaut wurde, gemieden werde, „als wäre dort die leibhaftige Pestilenz zu holen".[146] Wie 20 Jahre zuvor war der Wiederbeginn des Turnens in Bregenz eng mit dem Namen Robert Kurer verbunden. Kurer war nach dem behördlichen Verbot der Turngemeinde Bregenz Mitglied der Feuerwehr Bregenz geworden und hatte dort das Turnen eingeführt. Am 3. März 1869 wurde Kurer bei der Gründungsversammlung des Vereins im Gasthof Löwen mit der Ausarbeitung und Einreichung der Statuten betraut. Die konstituierende Versammlung des TV Bregenz fand am 14. April 1869 statt. Robert Kurer wurde Obmann des Vereins, Wilhelm Knöpfler übernahm das Amt des Turnwarts.

Abb. 21:
Der 1862 gegründete TV Dornbirn war bis zum Zweiten Weltkrieg einer der leistungsstärksten Vereine des Vorarlberger Turngaus. Bei einem Schauturnen 1881 in Bludenz glänzte der TV Dornbirn mit „Keulenübungen".

Abb. 22:
1887 feierte der TV Dornbirn am Fischbach sein 25jähriges Gründungsfest. Zum Programm dieses Turnfestes gehörten u.a. auch Ringbewerbe als Teil der sogenannten „Volkstümlichen Übungen".

Von 1870 bis 1880 wurde das Turnwesen in Vorarlberg fast ausschließlich durch den TV Dornbirn und den TV Bregenz bestimmt. Vor allem der TV Dornbirn entwickelte sich in den ersten beiden Jahrzehnten nach seiner Gründung zum bedeutendsten Turnverein Vorarlbergs. Ein wesentlicher Aspekt für die positive Entwicklung des Vereins war die große Unterstützung, die der Turnverein in materieller, personeller und ideeller Hinsicht durch die liberale Dornbirner Gemeindevertretung und das ebenfalls liberal eingestellte Großbürgertum erhielt. Prominente Förderer des Vereins waren u.a. die beiden Bürgermeister Arnold Rüf und Dr. Johann Georg Waibel sowie die Fabrikanten Otto und Wilhelm Fußenegger, Benedikt und Karl Rhomberg, Otto, Heinrich und Viktor Hämmerle. Als erster Turnverein Vorarlbergs verfügte der TV Dornbirn ab 1876 auch über eine vereinseigene Turnhalle.

Die Geschichte der Turnhalle des Turnvereins Dornbirn zeigt auch die gesellschaftliche und politische Brisanz des Turnens Mitte des 19. Jahrhunderts auf. Der Wunsch nach einer eigenen Turnhalle war erstmals bei einer Monatsversammlung des Vereins im April 1872 aufgetaucht. Bereits im Juli 1872 wurde dem Turnverein das vorgesehene Grundstück in der Stadtmitte von der mehrheitlich liberalen Gemeindevertretung überlassen. Der Turnverein verpflichtete sich dafür, die Turnhalle und Geräte der Schule Markt zur Erteilung des Turnunterrichts und zur Abhaltung von Festlichkeiten kostenlos zur Verfügung zu stellen. Der geplante Standort der Turnhalle im Viertel Markt direkt neben dem Vereinslokal der Klerikalen, dem Kasino, traf jedoch auf erbitterten Widerstand der katholisch-konservativen Seite und erreichte in der Folge eine politische Dimension, die den Rahmen der Gemeindepolitik sprengte. Die konservativen Gemeinderäte betrachteten die Überlassung des Bauplatzes an den Turnverein als eine Verschleuderung von Gemeindeeigentum und legten beim Landesausschuß gegen die am 6. März 1873 erteilte Baubewilligung Berufung ein, der von der ebenfalls konservativen Landtagsmehrheit auch stattgegeben wurde. Anfangs 1874 sistierte der liberale Landeshauptmann Dr. Anton Jussel den Bescheid der Landtagsmajorität und legte die Beschlüsse der Landesregierung Kaiser Franz Joseph zur endgültigen Entscheidung vor.[147] Am 5. September 1874 konnte der Vorstand des Turnvereins „die erfreuliche Mitteilung machen, daß der von Albert Rhomberg und Genossen gegen den Turnhallenbau erhobene Protest von Seiner Majestät abgewiesen wurde, und nun ... dem Bau keine weiteren Hindernisse im Weg stehen".[148] Zwei Jahre später, am 24. September 1876, wurde die Turnhalle des TV Dornbirn von Vorstand Otto Hämmerle und Bürgermeister Dr. Johann Georg Waibel feierlich eröffnet.

Auch in Bregenz erfreute sich das Turnen traditionell großer Unterstützung seitens der Stadtvertretung. Bereits die 1849 gegründete Turngemeinde Bregenz hatte nicht nur einen Übungsplatz in der Nähe der Weiherstraße kostenlos zur Verfügung gestellt bekommen, sondern auch das Holz aus den städtischen Waldungen zur Herstellung von Turngeräten. Auch nach der Neugründung im Jahre 1869 durften vom Turnverein der Turnplatz und die Turngeräte der Feuerwehr kostenlos benutzt werden. Schon 1871 wurde in einer Monatsversammlung des Turnvereins erstmals der Wunsch nach einer Turnhalle laut und ein dementsprechendes Ansuchen an die Stadt gerichtet. Der Turnverein sicherte dabei der Stadt einen Betrag von 400 Gulden zu und versprach, diesen Betrag durch Sammlungen und Aktiengründungen noch entsprechend zu erhöhen. Der Antrag des Turnvereins wurde von der Stadtverwaltung befürwortet, und 1874 wurde mit dem Bau der Turnhalle begonnen. Am 18. Juli 1875 wurde sie durch Bürgermeister Gebhard Meschenmoser und Landeshauptmann Dr. Anton Jussel feierlich eröffnet. Da die Finanzierung der Turnhalle trotz der zur Verfügung gestellten Mittel des Turnvereins zum größten Teil durch die Stadt erfolgt war, erhielt der Turnverein zwar das Benutzungsrecht, die Turnhalle blieb jedoch im Eigentum der Stadt.

Nach der Gründung des TV Bregenz dauerte es elf Jahre, bis mit dem TV Lustenau 1880 wieder ein Turnverein gegründet wurde.[149] 1882 folgten der TV Bludenz, der TV Höchst und der TV Thüringen, 1883 der TV Hard.[150] Mit insgesamt acht Vereinen war nunmehr eine ausreichende Vereinsdichte gegeben, um die schon seit langem angestrebte Gründung eines zentralen Dachverbandes für alle Vorarlberger Turnvereine verwirklichen zu können.

2.1.2. Der Vorarlberger Turngau

Die Gründung des Vorarlberger Turngaus erfolgte am 16. September 1883. Erste Versuche, einen regionalen Dachverband für das Turnen ins Leben zu rufen, hatte es allerdings schon in den Jahren 1863 und 1869, jeweils auf Initiative des Turnvereins Feldkirch, gegeben. 1863 wurde ein diesbezüglicher Wunsch der Feldkircher von den Dornbirner Turnern abgelehnt, da nach Ansicht des TV Dornbirn zwei Vereine wohl kaum eine ausreichende Basis für einen regionalen Dachverband darstellten. Nachdem 1869 in Bregenz ein dritter Turnverein gegründet worden war, unternahm der TV Feldkirch einen erneuten Anlauf zur Gründung eines Verbandes. Ein diesbezügliches Treffen der drei Vereine am 19. September 1869 im Gasthaus Hirschen in Götzis brachte vorerst allerdings kein Ergebnis, da die Ansichten der einzelnen Vereine über Aufgaben und Organisation des künftigen Verbandes zu unterschiedlich waren. Während der TV Feldkirch eine Organisation wollte, die sowohl für den Turnbereich als auch für das Feuerwehrwesen zuständig war, bestanden die Turnvereine aus Dornbirn und Bregenz auf einem rein sportlichen Verband. Damit war nach 1863 auch der zweite Versuch, einen Vorarlberger Turndachverband zu gründen, gescheitert.

Ein dritter Impuls zur Gründung eines Verbandes kam 1875 vom Kreiswart des Turnkreises XV Deutsch-Österreich der Deutschen Turnerschaft, dem Salzburger Julius Haagn. Haagn wies in einem Schreiben an die Turnvereine Vorarlbergs darauf hin, daß innerhalb des deutsch-österreichischen Gebietes der Deutschen Turnerschaft lediglich die Vorarlberger Vereine noch keine eigenständige Dachorganisation gegründet hätten. Da es zu diesem Zeitpunkt mit dem TV Bregenz und dem TV Dornbirn jedoch nur zwei aktive Vereine im Land gab, betrachteten diese Vereine eine Verbandsgründung wiederum als verfrüht.[151]

Nachdem also auch der dritte Versuch, einen selbständigen Vorarlberger Dachverband zu gründen, fehlgeschlagen war, suchten die Vorarlberger Turnvereine nach Alternativen. Die mangelnde verkehrstechnische Erschließung nach Osten und die schon seit Jahren traditionell starke Verbundenheit mit deutschen und Schweizer Vereinen begünstigte einen Anschluß der Vorarlberger Vereine an die deutsche und Schweizer Turnbewegung. Bei einem Schauturnen im Schweizer Ort Steckborn am 22. August 1875 beschlossen die dort teilnehmenden Vereine, einen gemeinsamen überregionalen Dachverband für alle an den Bodensee angrenzenden Länder zu gründen. Die effektive Gründung des „Bodensee-Turnerbundes", wie dieser Verband genannt wurde, erfolgte am 19. Dezember 1875 in Romanshorn durch 14 Vereine, unter ihnen der TV Bregenz und der TV Dornbirn.

In den Anfangsjahren wirkte sich die Zusammenarbeit der verschiedenen regionalen Turnvereine durchaus positiv aus. Die jährlich durchgeführten Verbandsturnfeste des Bodensee-Turnerbundes bildeten anfänglich für die Vereine nicht nur eine willkommene Wettkampfgelegenheit, sondern ermöglichten den Turnern auch, für ihre Sportart spezifische neue Erfahrungen und Erkenntnisse auszutauschen. 1877 (in Bregenz) und 1879 (in Dornbirn) kam das Bodensee-Turnfest in Vorarlberg zur Austragung. Diese beiden internationalen Turnfeste trugen zur Steigerung des Bekanntheitsgrades des Deutschen Turnens in Vorarlberg wesentlich bei. Allerdings blieb auch der Bodensee-Turnerbund von internen Zwistigkeiten nicht verschont. Beim 8. Bodensee-Turnfest am 3. Juni 1883 in Lindau fühlte sich der TV Bregenz im Sektionsturnen durch die Kampfrichter stark benachteiligt, sah sich in seiner Vereinsehre gekränkt und trat in der Folge aus dem Bodensee-Turnerbund aus. Beim nächsten Turnfest in Arbon war Vorarlberg nur noch mit sechs Turnern des TV Dornbirn vertreten. Die in Arbon tagende Delegiertenversammlung beschloß daher, dieses Turnfest nur noch alle zwei Jahre abzuhalten. Noch einmal – und zwar im Rahmen der 25jährigen Gründungsfeier des TV Dornbirn am 14. und 15. August 1887 – fand das Bodensee-Turnfest in Vorarlberg statt. Auch bei diesem Turnfest kam es zu Zerwürfnissen zwischen einzelnen Vorarlberger Aktiven und dem mehrheitlich mit Schweizer Kampfrichtern besetzten Kampfgericht, das – zumindest nach Meinung der Vorarlberger – die Schweizer gegenüber den einheimischen Turnern klar bevorzugte. Drei Jahre später, im April 1890, wurde der Bodensee-Turnerbund aufgrund des ständig nachlassenden Interesses der Verbandsvereine aufgelöst.

Bereits anläßlich des 2. Schauturnens der Turngesellschaft Bludenz am 18. September 1881 war der Plan eines regionalen Dachverbandes für alle Vorarlberger Vereine von den dort anwesenden Vereinen wieder neu diskutiert worden. Genau neun Monate später – am 18. Juni 1882 – trafen sich Vertreter aller sechs existierenden Vorarlberger Turnvereine, um diesen Plan zu konkretisieren.[152] Die Vertreter dieser Vereine konnten sich jedoch mehrheitlich nicht dazu entschließen, eine statutenmäßige Vereinigung der Vorarlberger Turnvereine durchzuführen. Begründet wurde diese Ablehnung einmal aus finanziellen Gründen, zum andern aber auch aufgrund des noch fehlenden verkehrsmäßigen Anschlusses Vorarlbergs an Restösterreich. Die Delegierten vereinbarten jedoch, jährlich ein gemeinsames Schauturnen durchzuführen, um so wirksamere Öffentlichkeitsarbeit für das Turnen zu betreiben. Wiederum ein Jahr später – am 26. August 1883 – wurde beim 2. Schauturnen aller Vorarlberger Turnvereine in Bregenz der einhellige Beschluß gefaßt, die schon oft geplante, jedoch nie realisierte Gründung eines Vorarlberger Turngaus nun doch ernsthaft zu forcieren. Ein vorbereitender Ausschuß – bestehend aus sieben Vereinsdelegierten – wurde beauftragt, die notwendigen organisatorischen Vorarbeiten zu leisten und eine Versammlung zur endgültigen Beschlussfassung der Satzungen einzuberufen.[153]

Die oben angesprochene Versammlung fand am 16. September 1883 im Gasthaus Mohren in Dornbirn statt. Die von Julius Haagn, dem Salzburger Kreisleiter des Turnkreises Deutsch-Österreich, entworfenen Statuten wurden einstimmig angenommen, bei der Statthalterei in Innsbruck eingereicht und von dieser am 14. Dezember 1883 genehmigt. Damit war der Vorarlberger Turngau auch Mitglied des Turnkreises XV in der Deutschen Turnerschaft geworden.

Die obersten Ziele des Vorarlberger Turngaus waren laut Statuten die „Pflege, Hebung und Förderung des deutschen Turnwesens als Mittel zur körperlichen und sittlichen Kräftigung durch die

a) planmäßige Gründung von Turnvereinen und Förderung des Jugend- und Zöglingsturnens

b) Abhaltung von Gauturntagen und Bestellung eines Gauturnwartes und einer Gauvorturnerschaft

c) Förderung eines einheitlichen Turnbetriebes durch Abhaltung von Vorturnerversammlungen

d) jährliche Erhebungen über den Stand der Turnsache im Gau

e) Einwirkung auf die öffentliche Meinung im Sinne des Gauzweckes durch Benützung der Presse".[154]

Die Leitung des Turngaus lag in den Händen eines siebenköpfigen Gauturnrats, der sich alle zwei Jahre einer Neuwahl stellen mußte. Höchstes Gremium der Vereine war der jährlich durchzuführende Gauturntag, bei dem die Vereine entsprechend ihrer Mitgliedszahlen abstimmungsberechtigt waren. Die turnerischen Agenden lagen im Verantwortungsbereich der Gauvorturnerschaft, einem Gremium, dem neben dem Gauturnwart auch die einzelnen Vereinsturnwarte angehörten.

Der erste Gautag des Vorarlberger Turngaus fand am 20. Jänner 1884 im Gasthof Mohren in Dornbirn statt. Vertreten waren die Turnvereine Bludenz, Bregenz, Dornbirn, Feldkirch, Hard, Höchst, Lustenau und Thüringen mit insgesamt 18 Delegierten. Die einzelnen Vereinsvertreter wählten bei diesem Gautag folgende Gauleitung:

Gauobmann	Johann Georg Luger (Dornbirn)
Gauturnwart	Franz Spiegel (Dornbirn)
Schriftführer	Johann Georg Thurnher (Dornbirn)
Gaurat	August Wagner (Bregenz)
	Josef Tschofen (Bludenz)
	Dr. Josef Fink (Hard)
	Robert Bösch (Lustenau)

Mit der Wahl der ersten Gauleitung hatte die Gründungsphase des Vorarlberger Turngaus nach der Ausarbeitung und Genehmigung der Statuten nunmehr auch personell ihren Abschluß gefunden.

Unter der Führung der Gauobmänner Johann Georg Luger (Dornbirn; 1884-1886), Eduard Alge (Lustenau; 1886-1891), Ferdinand Michalek (Bregenz; 1891-1893), Franz Spiegel (Dornbirn; 1893-95) und August Feierle (Dornbirn; 1895-1922) entwickelte sich der Vorarlberger Turngau bis zum Ersten Weltkrieg zum mitgliedsstärksten Turn- bzw. Sportverband Vorarlbergs. Gehörten dem Turngau mit Ende Oktober 1884 noch acht Vereine mit 544 Mitgliedern an, so stieg die Zahl der Mitgliedsvereine bis 1902 auf 15 Vereine mit 1.436 Mitgliedern und erreichte 1914 mit 23 Vereinen und 2.687 Mitgliedern ihren Höchststand vor dem Ersten Weltkrieg.[155] 18 Gauturnfeste in verschiedenen Städten und Gemeinden des Landes trugen in Verbindung mit diversen Schauturnen und Jubiläumsturnfesten wesentlich dazu bei, den Bekanntheitsgrad des deutschnationalen Turnens in ganz Vorarlberg zu steigern und führten u.a. auch zu Turnvereinsgründungen in verkehrstechnisch etwas abgelegenen Gegenden wie dem Montafon oder dem Bregenzerwald. Insgesamt fünf Vereine hatten eigene Turnhallen gebaut, in mehreren Vereinen existierten Zöglingsriegen, und in einigen wenigen Vereinen wurde sogar das Frauenturnen gepflegt.[156]

Die Anfänge des Frauenturnens in Vorarlberg gehen auf das ausgehende 19. Jahrhundert zurück. Am 17. August 1898 trafen sich in der Turnhalle des TV Dornbirn acht mutige Damen zu ihrer ersten Turnstunde unter der Leitung von Vereinsobmann Prof. August Feierle, und bald übten mehr als 20 Mädchen regelmäßig zweimal in der Woche für eine Stunde. Im November desselben Jahres folgten der TV Bregenz mit der Gründung einer Frauen- und Mädchenriege, nach der Jahrhundertwende der TV Feldkirch und der TV Hohenems. Dem Turnen von Frauen stand in Vorarlberg vor allem die katholische Kirche sehr ablehnend gegenüber. Der im Oktober 1904 gegründeten Damenriege des TV Hohenems wurde zum Beispiel kurz nach der Gründung auf Betreiben des örtlichen Pfarrers das Turnen in der Schulturnhalle verboten. Als der TV Bludenz 1908 eine Damenriege bildete, unterstützte der Hohenemser Pfarrer Berchtold mit einem vierseitigen Brief seinen Bludenzer Amtskollegen im Kampf gegen das Frauenturnen. Berchtold kritisierte in diesem Brief vehement die „Frechheit und Ausgeschämtheit" der Turnerinnen bei öffentlichen Veranstaltungen.[157] Die von Berchtold angesprochenen „öffentlichen Produktionen" fanden vorerst allerdings nur sehr selten statt. Frauenturnen bedeutete zunächst einmal Freiübungen und Reigenturnen. Erst beim 18. Gauturnfest des Turngaus 1914 in Lustenau durften alle Damenriegen des Turngaus erstmals innerhalb eines Gauturnfestes öffentlich auftreten.[158]

Auch die seit Jahrzehnten bestehenden guten Kontakte der Vorarlberger Turnbewegung mit der Schweizer Turnszene wurden nach der Gründung des Vorarlberger Turngaus fortgesetzt. Anläßlich eines Wetturnens im schweizerischen Ort Rheineck im Oktober 1885 beschlossen die zehn teilnehmenden Vereine aus der Schweiz und Österreich, künftig jährlich ein Turnfest durchzuführen, zum einen, um die Kameradschaft unter den einzelnen Turnern zu intensivieren, zum anderen aber auch, um dem Turnen auf beiden Seiten des Rheins neue Impulse zu verleihen. Eineinhalb Jahrzehnte lang bildeten diese Turnfeste für die Vorarlberger Turngau- und die Schweizer Rheintalvereine zwar jeweils traditionell den Abschluß des Wettkampfjahres, dies jedoch immer ohne offizielle organisatorische Rahmenbedingungen. Erst 1901 kam es in Au (Schweiz) zur satzungsmäßigen Gründung eines gemeinsamen Verbandes: des „Rheintalisch-Vorarlberger Turnverbandes". August Feierle, der Obmann des Vorarlberger Turngaus, wurde auch zum Obmann des Rheintalisch-Vorarlberger Turnverbandes gewählt und bekleidete dieses Amt bis nach dem Ersten Weltkrieg.[159]

Trotz der, wie oben dargelegt, vorwiegend positiven Entwicklung des Vorarlberger Turngaus kam es gerade in den Anfangsjahren des Verbandes mehrmals auch zu internen Zwistigkeiten, die sogar zum zeitweisen Austritt von zwei Vereinen aus dem gemeinsamen Dachverband führten: des TV Dornbirn (von 1886 bis 1890) und des TV Bregenz (von 1893 bis 1901).[160] Vor allem für die deutschnationale Turnbewegung in der Landeshauptstadt hatte die mehrjährige Verbandsabsenz des TV Bregenz sehr weitreichende Folgen. Bei einer Monatsversammlung des Turnvereins im Juli 1900 kam es nämlich zu schweren Unstimmigkeiten zwischen einigen Jungturnern des Vereins und den vorwiegend älteren Vereinsmitgliedern. Die Jungturner, die sich in den Jahren zuvor vermehrt auf das Nationalturnen spezialisiert hatten, wollten unbedingt am 10. Gauturnfest in Hard teilnehmen, was jedoch nicht möglich war, da der Turnverein zu diesem Zeitpunkt nicht dem Vorarlberger Turngau angehörte. Als den Jungturnern vom Vereinsvorstand sogar der Ausschluß aus dem Verein angedroht wurde, boykottierten sie in der darauffolgenden Woche die letzte Übungsstunde vor dem Gauturnfest und wurden mit Hilfe eines herbeigeholten Wachmannes vom Vorstand zur Turnhalle hinausgejagt. Trotzdem beteiligten sich 30 Turner des TV Bregenz wenige Tage später am Gauturnfest in Hard und wurden am nächsten Tag tatsächlich aus dem Verein ausgeschlossen.[161] Nur wenige Wochen später gründeten die „verstoßenen" Turnvereinsmitglieder einen neuen Verein, den Turnerbund Bregenz, der zu einer ernsten Konkurrenz des Turnvereins wurde.[162]

Aufgrund der behördlichen Genehmigung der Statuten im Dezember 1883 war der Vorarlberger Turngau auch Mitglied des „Kreises XV Deutsch-Österreich" der Deutschen Turnerschaft geworden. Die Deutsche Turnerschaft war 1860 in Berlin als Dachverband aller deutschen Turnvereine gebildet worden. Sie wurde bei der Gründung in 15 Kreise mit Gauen und Bezirken eingeteilt, wobei alle österreichischen Turnvereine den „Turnkreis XV Deutsch-Österreich" bildeten.

Kaum zwei Jahre nach Beitritt des Vorarlberger Turngaus zur Deutschen Turnerschaft bewirkte das „Erstarken des völkischen Selbstbewußtseins in Österreich" die Trennung der österreichischen Turnbewegung in eine antisemitische und eine liberale Fraktion. Am 3. März 1887 führte der „Erste Wiener Turnverein" als erster Turnverein Österreichs den sogenannten „Arierparagraphen" in seine Satzungen ein: eine Bestimmung, daß nur „Deutsche (arischer Abkunft) Angehörige des Vereins sein können".[163] Als sich in der weiteren Folge der gesamte Niederösterreichische Turngau dem Beschluß des Ersten Wiener Turnvereins anschloß und ebenfalls den Arierparagraphen übernahm, führte dieses Vorgehen zu heftigen Auseinandersetzungen zwischen den ostösterreichischen Turnvereinen und der liberalen Deutschen Turnerschaft und schlußendlich am 16. Juli 1888 zum Ausschluß sämtlicher Vereine des Niederösterreichischen Turngaus aus der Deutschen Turnerschaft. Diese Vereine bildeten ab 1889 einen eigenen völkischen Dachverband, den „Deutschen Turnerbund" (1889).

In Vorarlberg kam dem Turnverein Bregenz die zweifelhafte Ehre zu, die Vorreiterrolle im Konflikt um den Arierparagraphen zu übernehmen.[164] Bereits am 14. Juni 1889 wurde anläßlich einer Monatsversammlung im Vereinsvorstand erstmals die „Judenfrage" erörtert, allerdings ohne konkretes Ergebnis. Auch in den nächsten zehn Jahren tauchte diese Problematik immer wieder auf der Tagesordnung von Monats- oder Jahreshauptversammlungen auf, ohne daß jedoch jeweils ein Beschluß zur Einführung des Arierparagraphen gefaßt wurde. Bei einer a.o. Jahreshauptversammlung des Vereins am 30. Oktober 1899 hatten die antisemitischen Kräfte um Turnwart August Wagner jedoch endlich ihr Ziel erreicht. Mit 73 Prostimmen, sechs Gegenstimmen und einer Enthaltung wurde im Turnverein Bregenz der Arierparagraph in die Satzungen aufgenommen: laut Bilgeri/Schmid, den beiden Chronisten des Vereins, „ein Markstein" in der Geschichte des TV Bregenz, da der Turnverein sich damit „in die Schlachtreihe jener Volksgenossen" einreihte, die es verstanden, „reines völkisches Leben und Streben in weiten Kreisen der Bevölkerung zur Blüte zu erwecken".[165]

Nicht nur im Turnverein Bregenz, auch in vielen anderen Turnvereinen Österreichs wurden die antisemitischen Tendenzen gegen Ende des Jahrhunderts immer stärker. 1900 waren drei Fünftel der Turnvereine des Turnkreises XV judenfeindlich eingestellt und forderten auf dem nächsten Kreisturntag „die völkische Reinigung des ganzen Turnkreises".[166] Dieser Kreisturntag fand am 26. Mai 1901 in Wien statt und brachte mit 120 Pro- und 15 Gegenstimmen eine klare Mehrheit für die Aufnahme des Arierparagraphen in die Statuten des „Turnkreises XV Deutsch-Österreich" und damit zum zweiten Mal nach 1889 eine Spaltung der österreichischen Turnbewegung. Von 1901 bis 1904 traten insgesamt 48 liberale Turnvereine mit ca. 7.000 Turnern aus dem „Turnkreis XV" aus und bewarben sich bei der Deutschen Turnerschaft um einen eigenen Verbandsstatus, der ihnen bei einer Vorstandssitzung am 4. April 1904 in Berlin auch gewährt wurde. Der „Turnkreis XV Deutsch-Österreich" wurde in zwei Kreise eingeteilt: einen „völkischen" Turnkreis XVa und einen „liberalen" Turnkreis XVb.

Die verbliebenen völkischen Turnvereine des Turnkreises XVa empfanden das Vorgehen der Deutschen Turnerschaft als herben Affront. Auch der Vorarlberger Turngau befaßte sich in mehreren Sitzungen mit der Problematik des Berliner Beschlusses. Obwohl Gauobmann August Feierle bei einem a.o. Verbandstag am 8. Mai 1904 in Dornbirn jeden Turner, der „noch einen Tropfen deutschen Blutes in seinen Adern rollen fühlt", zum Austritt aus der Deutschen Turnerschaft aufforderte, fand ein dementsprechender Antrag bei den Delegierten bei 17 Gegenstimmen und 14 Prostimmen noch nicht die erforderliche Mehrheit.[167] Erst ein weiterer a.o. Gauturntag am 18. September 1904 – wiederum in Dornbirn – brachte mit 28 Prostimmen und acht Gegenstimmen eine deutliche Mehrheit der Vorarlberger Vereine für den Austritt des „Kreises XVa" aus der Deutschen Turnerschaft. Beim Kreisturntag des „Turnkreises XV a" am 25. September 1904 in Wien votierten nicht nur sämtliche fünf Vorarlberger Delegierten für diesen Austritt, sondern insgesamt eine klare Mehrheit der Abgeordneten (97 von 131). Damit hatte sich der „Turnkreis Deutsch-Österreich" mit seinen insgesamt 525 Turnvereinen endgültig von der Deutschen Turnerschaft getrennt. Bis 1914 wuchs dieser Verband auf 847 Vereine mit 77.161 Mitgliedern an und wurde der bedeutendste Sportverband Österreichs. Der Vorarlberger Turngau blieb bis zur Auflösung des Turnkreises Deutsch-Österreich im Jahre 1919 Mitglied dieses Verbandes.

Das 18. Gauturnfest des Vorarlberger Turngaus am 27. und 28. Juni 1914 in Lustenau markierte den vorläufigen Schlußpunkt in der Entwicklung des Vorarlberger Turngaus. Als am zweiten Tag des Turnfestes die Nachricht von der Ermordung des österreichischen Thronfolgers Franz Ferdinand und seiner Gattin Sophie zuerst bekannt und später auch amtlich bestätigt wurde, brach man die Veranstaltung sofort ab, und die Teilnehmer wurden nach Hause geschickt. Nach der Mobilisierung am 1. August 1914 wurde zwar in einzelnen Vereinen noch kurzfristig das Zöglings- und Frauenturnen aufrechterhalten, die Einberufung zahlreicher Turner zum Militär ließ den aktiven Turnbetrieb jedoch bald zum Erliegen kommen. Noch einmal, am 15. März 1915, hielt der Vorarlberger Turngau einen Gautag ab, dann ruhte auch hier jede Verbandstätigkeit bis zum Herbst 1918.

Der erste Gautag des Vorarlberger Turngaus nach dem Ersten Weltkrieg fand am 13. April 1919 in Dornbirn statt. Der langjährige Obmann des Turngaus, Prof. August Feierle (Dornbirn), wurde erneut zum Vorsitzenden gewählt. Der Gautag befürwortete einstimmig die für September in Linz geplante Vereinigung des Turnkreises Deutsch-Österreich, des Deutschen Turnerbundes (1889) und des Turnverbandes Arndt zu einem neuen, auf deutschnationaler Grundlage stehenden Turnverband.

Bei einem gemeinsamen Turntag der oben erwähnten Turnverbände am 7. September 1919 in Linz kam es tatsächlich zum Zusammenschluß dieser drei Verbände zu einem neuen Turnverband, dem „Deutschen Turnerbund 1919" (= DTB 1919).[168] Der DTB wurde bei seiner Gründung in sechs Kreise eingeteilt, wobei der Vorarlberger Turngau gemeinsam mit Tirol den Kreis 4 bildete.[169] Mit 31. Dezember 1919 stellten der Turnkreis Deutsch-Österreich, der Deutsche Turnerbund (1889) und der Arndtver-

Abb. 23:
Das 18. Gauturnfest des Vorarlberger Turngaus 1914 in Lustenau war die letzte größere Veranstaltung Vorarlbergs vor Ausbruch des Ersten Weltkriegs.

Abb. 24:
Zum ersten Mal in der Geschichte des Turnens in Vorarlberg durften 1914 in Lustenau auch verschiedene Damenriegen ihr Können im Rahmen eines Gauturnfestes zeigen. Im Bild die Damenriege des TV Dornbirn.

band ihre Tätigkeit ein, und am 1. Jänner 1920 nahm der Deutsche Turnerbund seine Tätigkeit auf. Insgesamt gehörten dem DTB zu Beginn des Jahres 1920 420 Vereine mit 41.597 Mitgliedern an. 215 der 420 Vereine hatten auch weibliche Mitglieder. 1930 erreichte der DTB mit 116.064 Mitgliedern seinen Höchststand an Vereinsangehörigen, 1932 mit 825 Vereinen die höchste Zahl an Mitgliedsvereinen.[170]

Grundlage für die ideologische Ausrichtung des DTB und seiner Vereine bildeten die „Leitsätze des Deutschen Turnerbundes". Das oberste Ziel des Verbandes und aller seiner Vereine war „die Schaffung und Stärkung geistiger und körperlicher Tüchtigkeit und des Stammesbewußtseins im deutschen Volke". Als Grundlage für die völkische Erziehung dienten dem DTB dabei die „durch Friedrich Ludwig Jahn in seinem Schrifttum niedergelegten drei arischen Weistümer *Rassenreinheit*, *Volkeseinheit* und *Geistesfreiheit*". Jeder Bundesangehörige wurde angehalten, „seine Lebensführung auch außerhalb seiner turnerischen Betätigung mit diesen Hochzielen in Übereinstimmung zu bringen".[171]

1920 ergab eine Standeserhebung für den Vorarlberger Turngau 2.812 Mitglieder, 1921 wurde mit 3.146 Mitgliedern erstmals die „3.000er-Marke" übertroffen. Beim Gauturntag am 4. März 1923 lehnte Obmann Prof. August Feierle nach 31jähriger Tätigkeit im Turngau, davon 28 Jahre als Obmann, eine Wiederwahl ab. Neuer Obmann wurde Direktor Alfred Wehner (Lustenau). Eine weitere Standeserhebung im Juli 1923 wies für den Turngau 24 Vereine mit 3.381 Mitgliedern aus. Der Turngau war damit eindeutig der mitgliedsstärkste Turn- bzw. Sportverband Vorarlbergs und blieb dies auch in den nächsten Jahren.

Mit dem Beitritt zum DTB im September 1919 hatte sich der Vorarlberger Turngau nicht nur mit den Leitlinien des DTB einverstanden erklärt, sondern auch dem Paragraph 2 der Satzungen des DTB zugestimmt:

„Den Angehörigen des Deutschen Turnerbundes 1919 ist die Mitwirkung an Wettbewerben und Schauvorführungen anderer Leibesübungen betreibender Verbände nur dann gestattet, wenn daran ausschließlich Angehörige germanischer Volksstämme teilnehmen und deutsches Volkstum und deutsches Volksempfinden dadurch nicht beeinträchtigt werden."[172]

Ab 1925 führte die Teilnahme einiger Vorarlberger Turner an sogenannten „fremdvölkischen" Turnfesten im benachbarten Ausland – vorwiegend in der Schweiz – zu ernsten Differenzen einzelner Turngauvereine mit der Führungsspitze des DTB, da die Vorarlberger Turngauvereine aufgrund einer jahrzehntelangen Tradition auf die Teilnahme an Wettkämpfen in der Schweiz nicht verzichten wollten. Der Besuch von kleineren regionalen Turnfesten im Ausland wurde vom DTB zwar toleriert, nicht jedoch die Teilnahme an den gerade für die Spitzenturner des Turngaus überaus reizvollen Eidgenössischen Turnfesten des Schweizer Turnverbandes oder an den Deutschen Turnfesten der Deutschen Turnerschaft. 1924 forderte der Turngau vom Bundesturnrat deshalb auch eine eigene, auf die spezifischen Vorarlberger Verhältnisse abgestimmte Wetturnordnung. Diese Wetturnordnung sollte den Turngauvereinen nicht nur die Teilnahme an Turnfesten in Deutschland und der Schweiz erlauben, sondern ihnen auch die Möglichkeit geben, zu den eigenen Festen wie bisher deutsche und schweizerische Turner einzuladen. Beim 1. ordentlichen Bundestag des DTB am 17. April 1924 wurde diesem Antrag auch vorerst stattgegeben.[173]

Während die Teilnahme einzelner Turngauvereine am Eidgenössischen Turnfest 1925 in Genf vom Vorstand des DTB noch anstandslos toleriert wurde, führte dasselbe „Delikt" drei Jahre später zu einer ersten ernsten Belastungsprobe zwischen Turngau und DTB. Bei einer Sitzung des DTB-Vorstandes am 12. November 1928 wurden sämtliche Leistungsträger des Turngaus aufgrund ihrer Teilnahme am Eidgenössischen Turnfest 1928 in Luzern von der Teilnahme am Bundesturnfest 1930 in Innsbruck ausgeschlossen. Bei einer erweiterten außerordentlichen Gausitzung am 6. Jänner 1929 stellte sich der Vorstand des Turngaus jedoch einhellig hinter seine Turner. In einem Schreiben an den DTB legte der Turngau klar, daß er aufgrund der besonderen geographischen Lage des Bundeslandes, aber auch aufgrund der schon seit Jahrzehnten bestehenden engen Kontakte weder auf den Besuch von Turnfesten in der Schweiz noch auf die Einladung eidgenössischer Turner zu Turnfesten des Turngaus verzichten wolle. Der DTB wurde aufgefordert, den Beschluß vom November 1928 rückgängig zu machen und die Disqualifikation der Turngauturner aufzuheben. In einer Vorstandssitzung im November 1929 kam der DTB diesem Ansinnen auch nach. Damit waren wieder alle Turner des Turngaus beim Bundesturnfest 1930 in Innsbruck startberechtigt.[174]

1932 eskalierte dieser Konflikt. Nach der Teilnahme einiger – allerdings der leistungsstärksten – Turner des Turngaus am Eidgenössischen Turnfest in Aarau – obwohl der Bundesvorstand des DTB einen dementsprechenden Antrag abgelehnt hatte – stellte der DTB fünf Vereine des Turngaus vor die Alternative, ihre Spitzenturner aus dem Verein auszuschließen oder jeweils selbst als Verein aus dem DTB auszutreten. Der Vertreter des DTB, Prof. Holtei (Wien), begründete die Forderungen des DTB damit, daß der Turnerbund als Dachorganisation aller völkischen Turnvereine Österreichs es einfach nicht zulassen könne, „daß sich einzelne Vereine über die von ihnen selbst mitbeschlossenen und gebilligten Satzungen hinwegsetzen", während andererseits „der rote Terror schon manchen Turner, der sich nicht beugen wollte, um seine Existenz gebracht" habe.[175] Die unnachgiebige Haltung der DTB-Führungsspitze in diesem Konflikt führte beim nächsten Gautag des Turngaus am 23. April 1933 in Hohenems zu einer Spaltung der Vorarlberger deutschnationalen Turnbewegung in zwei Gruppen. Die fünf von diesem Konflikt betroffenen Vereine – der TV Dornbirn, der TV Hard, der TV Höchst, der TV Lustenau und der TV Bregenz-Vorkloster – forderten vom Turngauvorstand den Austritt des Vorarlberger Turngaus aus dem DTB. Diese Forderung wurde jedoch in einer geheimen Abstimmung mit 32:10 Stimmen abgelehnt. Daraufhin traten die fünf oben erwähnten Vereine aus dem Vorarlberger Turngau und damit auch aus dem DTB aus. Die Vertreter der ausgetretenen Vereine begründeten diesen Schritt damit, daß für ihre besten Turner der Kontakt mit den leistungsmäßig stärkeren Schweizer Turnern absolut unverzichtbar sei, um sich turnerisch entsprechend weiterentwickeln zu können. Die restlichen Vereine des Turngaus erklärten, an den Satzungen des Vorarlberger Turngaus, die mit denen des Deutschen Turnerbundes inhaltlich vollkommen übereinstimmten, ohne Einschränkungen festzuhalten und daher im Verbande des Deutschen Turnerbundes zu bleiben.[176]

Noch im April 1933 traten vier weitere Vereine aus dem Turngau aus: der TV Bezau, der TV Egg, der TV Frastanz und der TV Fußach. Sämtliche aus dem Turngau ausgeschiedenen Vereine (nunmehr insgesamt neun) trafen sich am 14. Mai 1933 zu einer gemeinsamen Sitzung in Hohenems, bei der die Gründung eines neuen Verbandes, der „Deutschvölkischen Turnerschaft Vorarlberg", beschlossen wurde. Folgende Funktionäre sollten dem Vorstand angehören: Obmann Adolf Hemrich (TV Dornbirn); Gauturnwarte Hans Zünd (TV Dornbirn) und Otto Steurer (TV Hard); Frauenturnwart Albert Kremmel (TV Lustenau). Die Vereine beschlossen auch, die Aufnahme in die

Deutsche Turnerschaft möglichst rasch anzustreben, um bei größeren Wettkämpfen startberechtigt zu sein. Tatsächlich wurde – wie einem Schreiben der Deutschen Turnerschaft an Adolf Hemrich zu entnehmen ist – der Deutschvölkischen Turnerschaft Vorarlberg die Aufnahme in die Deutsche Turnerschaft (Kreis XII/Allgäu) auch zugesichert, zu einer tatsächlichen Gründung dieses Verbandes dürfte es aufgrund der sich zuspitzenden politischen Ereignisse ab Juni 1933 nicht gekommen sein.[177]

Ab Mitte der zwanziger Jahre war das Turnen in ganz Österreich zunehmend in den Einfluß sämtlicher politischen Parteien gekommen. Obwohl es laut Paragraph 2 der Satzungen des DTB den einzelnen Mitgliedern untersagt war, sich parteipolitisch zu engagieren, gab der Bundesobmann des DTB, Hofrat Dr. Klaudius Kupka, 1923 eine eindeutige Wahlempfehlung für die Großdeutsche Volkspartei ab, da sie laut Kupka für den DTB wegen der Nichtkandidatur der NSDAP die einzige wählbare Partei sei.[178] 1925 beklagte sich der Obmann des Turngaus, Direktor Alfred Wehner, beim Gauturntag in Dornbirn über den zunehmenden Einfluß der Christlichsozialen und der Sozialdemokratischen Partei auf ihre ihnen gesinnungsmäßig nahestehenden Turnvereine.[179] Allerdings war auch der Vorarlberger Turngau mit seinen Mitgliedsvereinen alles andere als eine unpolitische Organisation. An den Gründungen der meisten NS-Ortsgruppen ab 1925 in Vorarlberg waren – wie Wolfgang Weber in seinem Buch „Von Jahn zu Hitler" detailliert anführt – Mitglieder der örtlichen Turnvereine beteiligt.[180] Viele Turnvereine waren auch am Aufbau der Heimwehr beteiligt, sahen sie in ihr doch eine Chance, „die Zerrissenheit des deutschen Volkes" zu überwinden und sich „zum Heile des Gesamtvolkes und des engeren Vaterlandes" zu betätigen.[181] Mehrere Funktionäre des Vorarlberger Turngaus waren parteipolitisch tätig, so z.B. der langjährige Vorstand Alfred Wehner und der Dietwart des Turngaus, Dr. Hermann Schmid.[182]

Ab Beginn der dreißiger Jahre kam es nicht nur auf Bundesebene, sondern auch in Vorarlberg zu einer verstärkten Zusammenarbeit zwischen den nationalen Turnvereinen und der NSDAP. Nach Schätzungen der Gendarmerie betrug der durchschnittliche Anteil von NS-Anhängern in den Turnvereinen Vorarlbergs 1933 zwischen 50 % und 60 %, jener der Großdeutschen um die 40 %.[183] Zwischen 1930 und 1933 waren auch mehrere Mitglieder von deutschnationalen Turnvereinen führend am Aufbau der NSDAP in Vorarlberg beteiligt, wie z.B. die Bregenzer Otto Weber (Leiter der HJ) und Dr. Harald Eberl („Wirtschaftsreferent" der NSDAP) oder die Dornbirner Anton Plankensteiner (Landesleiter der NSDAP) und Eugen Kölbl (Leiter der Vorarlberger SA).[184]

Als am 19. Juni 1933 bei Krems bei einem Überfall von Nationalsozialisten auf einen Zug mit christlichen Turnern ein Turner getötet und zahlreiche Turner verletzt wurden, verbot die österreichische Bundesregierung noch am selben Tag die NSDAP und 43 deutschnationale Turnvereine. Die Verbandsspitze des DTB reagierte auf die Vorwürfe diverser Zeitungen, nur eine „getarnte nationalsozialistische Parteiorganisation zu sein" und „Hochverrat" zu betreiben, im Herbst 1933 mit der Veröffentlichung der Verteidigungsschrift „Abwehr der Angriffe auf den Deutschen Turnerbund". Damit gelang es dem DTB vorerst, die Vorwürfe teilweise zu entkräften und die drohende Verbandsauflösung zu verhindern. Allerdings nur bis zum 25. Juli 1934, dem Tag der Ermordung von Bundeskanzler Dr. Engelbert Dollfuß durch eine Gruppe von Nationalsozialisten. Nachdem dieser nationalsozialistische Putschversuch eindeutig von einer Turnhalle des DTB in Wien 7, Siebensterngasse, seinen Ausgang genommen hatte und unter den NS-Putschisten fünf völkische Turner waren, wurde der Deutsche

Turnerbund am 7. August 1934 unter bundesstaatliche Verwaltung gestellt.[185] 219 Vereine wurden behördlich aufgelöst, das Jugendturnen verboten, die Tätigkeit der anderen Vereine vorerst eingestellt. Alle Vereine konnten jedoch, nachdem sie dem bundesstaatlichen Verwalter Georg Trauner Überwachungspersonen namhaft gemacht hatten, die nachweislich für eine Vereinstätigkeit im „vaterländischen Sinne" sorgten, um Wiederaufnahme des Turnbetriebes ansuchen. Österreichweit wurde diese Wiederaufnahme bis Ende 1934 insgesamt 178 Vereinen des DTB bewilligt.[186]

Auch in Vorarlberg waren ab 1933 einzelne Vereine wegen ihrer politischen Nähe zur illegalen NSDAP behördlich belangt worden. Am 7. November 1933 wurde dem TV Dornbirn und dem TV Lustenau die Bewilligung zur Führung von Schülerriegen entzogen, am 15. Juni 1934 wurde beiden Vereinen jede Turntätigkeit behördlich untersagt. Vom August 1934 bis zum Anschluß am 12. März 1938 wurden in Vorarlberg vier Turngauvereine behördlich aufgelöst: der TV Höchst am 15. August 1934, der TV Lustenau am 17. Juni 1935, der TV Götzis am 18. Februar 1936 und der TV Feldkirch am 21. Juli 1937.[187]

In den letzten drei Jahren der Ersten Republik wurde die Vorarlberger Turnsportszene vom Zwist um die sogenannte „Einheitsturnerschaft" geprägt. Mit Wirkung vom 30. April 1934 waren alle Belange des österreichischen Sportwesens einer einheitlichen Organisation, der Österreichischen Turn- und Sportfront, zugewiesen worden.[188] Laut Statuten der Österreichischen Turn- und Sportfront durfte in jedem Bundesland innerhalb eines Sportzweiges jeweils nur ein einziger Dachverband existieren.[189] Alle Bemühungen des am 15. Februar 1935 zum Landessportkommissär von Vorarlberg bestimmten Lustenauer Bürgermeisters Josef Peintner, die unterschiedlich ideologisch orientierten Turnverbände Rheingau und Turngau unter einer einheitlichen Führung in einem Verband, dem „Vorarlberger Turnverband", zusammenzuschließen, scheiterten am heftigen Widerstand der deutschnationalen Turnvereine. Auch eine gemeinsame Sitzung aller maßgeblichen Vorarlberger Funktionäre mit Vertretern der Österreichischen Turn- und Sportfront am 20. März 1936 in Wien brachte keinen entscheidenden Durchbruch, obwohl der österreichische Vizekanzler Fürst Rüdiger von Starhemberg durch seine Vertreter die Bildung einer Einheitsturnerschaft in Vorarlberg eindringlich einforderte. Selbst ein Besuch des Generalsekretärs der Österreichischen Turn- und Sportfront, Baron Theobald von Seyffertitz, und des Gruppenführers für Turnen, Direktor Hans Fuchs, am 16. und 17. Dezember 1936 in Vorarlberg brachte als einziges Ergebnis nur die Absichtserklärung der Vorarlberger Funktionäre, die Turnfrage in Vorarlberg baldmöglichst einer Lösung zuzuführen.[190] Tatsächlich sollte es allerdings noch bis zum Jahre 1946 dauern, bis ein gemeinsamer Dachverband aller Vorarlberger Turnvereine verwirklicht werden konnte.

Der Einmarsch der deutschen Truppen am 12. März 1938 bedeutete für die deutschnationalen Turnvereine Österreichs das Ende einer vierjährigen Phase der selbstgewählten Isolation. Anläßlich eines Schauturnens der Deutschlandriege, des Mannschaftsolympiasiegers von Berlin 1936, am 2. April 1938 in Feldkirch nahm der neue Landessportführer Ing. Theodor Rhomberg (Dornbirn) in seiner Rede zum jahrelangen Kampf der Turner für die nationalsozialistischen Ideen und die behördliche Auflösung einzelner Turnvereine Stellung. Rhomberg meinte zum Vorwurf der politischen Gegner, daß die Turnvereine „die Herde der Nazis" im Land gewesen seien:

„Und recht hatten sie! Die Turn- und Sportvereine waren wirklich das, wofür die Gegner sie hielten. Alle ihre Zusammenkünfte galten dem Ausbau der Bewegung

und der Erziehung zur nationalsozialistischen Weltanschauung. Mit unendlicher Liebe und unendlichem Glauben an eine bessere Zukunft tratet ihr Tag für Tag an, stets im Dienste der Bewegung, die es angeblich nicht mehr gab. Wie falsch aber diese Behauptung oder Meinung der Gegner war, zeigten die Tage des Umbruchs. Wie aus dem Boden gestampft stand der Nationalsozialismus geschlossen da, als es galt, die Zügel in ganz Österreich in die Hand zu nehmen."[191]

Am 18. Mai 1938 löste sich der Deutsche Turnerbund in Wien feierlich auf und wurde in den Deutschen Reichsbund für Leibesübungen überführt. Der Vorarlberger Turngau hielt seinen letzten Gauturntag am 23. Oktober 1938 in Feldkirch ab. Unter Führung von Gauobmann Alois Fenkart wurde der folgende Antrag einstimmig beschlossen:

1. Der Verband Vorarlberger Turngau löst sich am heutigen Tag auf.

2. Die endgültige Liquidierung erfolgt im Einvernehmen mit der Führung des Deutschen Reichsbundes für Leibesübungen, Sitz Dornbirn.

3. Die Vereine werden aufgefordert, sich ausnahmslos in den Deutschen Reichsbund für Leibesübungen einzugliedern und im Sinne seiner Satzungen auch fernerhin tatkräftig am Bau unseres Großdeutschen Vaterlandes mitzuwirken.[192]

Damit hatte der Vorarlberger Turngau nach 55jähriger Tätigkeit zu existieren aufgehört.

2.1.3. Wettkampfwesen

Turnen als Wettkampfsport erfolgte für die Vorarlberger Vereine vor dem Ersten Weltkrieg auf drei Ebenen: auf Vereinsebene (z.B. Schauturnen; Jubiläumsturnfeste), auf Verbandsebene (z.B. Gauturnfeste des Vorarlberger Turngaus; Turnfeste des Rheintalisch-Vorarlberger Turnverbandes) und auf internationaler Ebene (z.B. kantonale Turnfeste; Eidgenössische Turnfeste, Deutsche Turnfeste).

Auf dem Programm der Vereins- bzw. Verbandsturnfeste standen anfänglich hauptsächlich gemeinschaftliche Übungen zur Demonstration der in den einzelnen Vereinen bzw. Verbänden geleisteten turnerischen Arbeit: Ordnungs- und Freiübungen, Riegenturnen, Vorführungen von Musterriegen – jeweils unter der Leitung eines speziell ausgebildeten Vorturners. Das Kürturnen, d.h. das Wetturnen von einzelnen an Geräten, stand lange gegenüber dem Gemeinschaftserlebnis deutlich im Hintergrund. Deshalb wurden bis zum Beginn der neunziger Jahre in den entsprechenden Berichten über diese Turnfeste auch keine Einzelergebnisse veröffentlicht.[193] Die Wertung der Turner bei diesen Turnfesten erfolgte zum Teil sehr unterschiedlich. Bei einzelnen Turnfesten (z.B. bei den meisten Vereinsturnfesten und bei den Turnfesten des Rheintalisch-Vorarlberger Turnverbandes) wurde die Wertung jeweils nur in einer Kategorie vorgenommen, bei anderen Turnfesten (z.B. Gauturnfeste des Vorarlberger Turngaus) wurde zwischen den verbandseigenen Vereinen (Wertung „im Gau") und ausländischen Vereinen (Wertung „außer Gau") unterschieden. War es anfänglich den Vorarlberger Turnern noch erlaubt, Waren- oder Geldpreise als Siegespreise in Empfang zu nehmen, so änderte sich dies ab 1890 mit dem Beitritt des Vorarlberger Turngaus als selbständiger Verband zur Deutschen Turnerschaft. Nach den Grundsätzen der Deutschen Turnerschaft war das Turnen nach Jahn nämlich „Dienst am Volk" und durfte daher materiell nicht belohnt werden. Statt der in der Schweiz durchaus üblichen Siegespreise mußten die Vorarlberger Turner künftig mit Diplomen vorliebnehmen.

Vor der Gründung des Vorarlberger Turngaus wurde das Wettkampfgeschehen hauptsächlich durch den TV Dornbirn und den TV Bregenz bestimmt. Mehrmals traten beide Vereine mit Schauturnen an die Öffentlichkeit. Beide Vereine waren auch Mitglied des im Dezember 1875 in Romanshorn (CH) gegründeten Bodensee-Turnerbundes und nahmen regelmäßig an den jährlich durchgeführten Verbandsturnfesten des Bodensee-Turnerbundes teil. Zweimal – 1877 in Bregenz und 1879 in Dornbirn – fand dieser Wettkampf in Vorarlberg statt. 1881 wurde erstmals ein Sektionsturnen für Vereine durchgeführt, wobei der TV Dornbirn Kampfrichter und Publikum vor allem durch seine Leistungen beim Marschieren beeindruckte. 1882 belegte der TV Dornbirn beim Turnfest des Bodensee-Turnerbundes in Kreuzlingen im Sektionsturnen den dritten Rang, der TV Bregenz den siebten.

Am 23. Juli 1882 veranstaltete der TV Dornbirn auf dem Eislaufplatz der Firma Franz Martin Hämmerle im Fischbach ein Schauturnen, an dem erstmals fünf Vorarlberger Vereine teilnahmen. Der TV Bregenz war mit 22 Turnern vertreten, der TV Dornbirn mit 20, der TV Bludenz mit 16, der TV Höchst mit 14 und der TV Lustenau mit neun.[194] 1883 waren beim Schauturnen des TV Bregenz alle sieben Vorarlberger Vereine am Start, also auch der TV Thüringen und der TV Hard.

Im Oktober 1883 machte der Turnsport kurzfristig allerdings auch negative Schlagzeilen. Im Rahmen eines Trainingsabends des TV Feldkirch stürzte bei einem Abgang vom Reck der 25jährige Tischlergeselle Eduard Ehmet aus Neunkirchen bei Westfalen so unglücklich, daß er eine schwere Rückenverletzung erlitt, der er wenige Tage später erlag.[195] Der tragische Todessturz von Eduard Ehmet war nach derzeitigem Kenntnisstand der erste und auch einzige tödliche Unfall, der sich im Turnen bis zum Zweiten Weltkrieg ereignete.

Von 1884 bis 1914 wurden vom Vorarlberger Turngau insgesamt 18 Gauturnfeste veranstaltet. Für den Vorarlberger Turngau und seine Mitgliedsvereine bildeten diese Turnfeste die beste Möglichkeit, die in den Vereinen geleistete Turnarbeit einer breiten Öffentlichkeit zu präsentieren und somit Werbung für die deutschnationale Turnsache zu betreiben. Im Laufe der Jahrzehnte erfuhr nicht nur das Programm dieser Turnfeste eine gewaltige Erweiterung, sondern auch die Zahl der teilnehmenden Vereine und Turner stieg kontinuierlich an: von zehn Vereinen mit 150 Turnern beim 1. Gauturnfest 1884 in Feldkirch über 30 Vereine mit 350 Turnern beim 9. Gauturnfest 1898 (ebenfalls in Feldkirch) auf den absoluten Höchststand von 116 Vereinen mit 1.200 Turnern beim 15. Gauturnfest 1910 in Bregenz.

Im folgenden Überblick sollen einige wesentliche Stationen in der Geschichte der achtzehn Gauturnfeste des Vorarlberger Turngaus im Zeitraum 1884 bis 1914 kurz dargelegt werden:

Am 1. Gauturnfest am 24. 8. 1884 in Feldkirch nahmen alle acht Vereine des Vorarlberger Turngaus teil.[196] Ebenfalls vertreten waren der TV Rebstein und der TV Lindau. Das Programm des Gauturnfestes gliederte sich in vier Bereiche: allgemeine Ordnungs- und Freiübungen, Riegenturnen, Aufführung von Musterriegen einzelner Gauvereine und Kürturnen.

Beim 3. Gauturnfest am 31. 7. 1887 in Bludenz hatte sich mit fast 200 Wettkampfteilnehmern aus allen Teilen des Landes die Teilnehmerzahl gegenüber 1884 fast verdoppelt, obwohl der Berichterstatter der Vorarlberger Landeszeitung bemängelte, daß „speziell in Bludenz und Umgebung noch eine gewisse Antipathie gegen das Turnen herrscht".[197]

Das 5. Gauturnfest fand am 3. 8. 1890 in Lustenau statt. Die Wertung des Kunstturnens an den Geräten erfolgte in zwei Kategorien: „im Gau" (alle Vorarlberger Vereine) und „außer Gau" (alle ausländischen Vereine). Zum ersten Mal seit Beginn der Gauturnfeste wurden die Einzelsieger in der Zeitung namentlich angeführt. Bester Vorarlberger Turner war der Bregenzer August Humpeler mit 22 Punkten, bester ausländischer Turner der Rorschacher Ernst Stumpf mit 28 Punkten.

Beim 6. Gauturnfest 1892 in Hard kamen neben dem Wetturnen am Reck, Barren und Pferd erstmals die sogenannten „Volkstümlichen Übungen" zur Austragung: eine Kombination aus Lauf-, Sprung- und Kraftübungen. Ab 1892 bildeten die Volkstümlichen Mehrkämpfe einen unverzichtbaren Bestandteil aller Gauturnfeste des Vorarlberger Turngaus, wobei die Zusammensetzung dieser Mehrkämpfe von Turnfest zu Turnfest meist variierte.

Beim 9. Gauturnfest am 14. 8. 1898 in Feldkirch stand erstmals das „Sektionsturnen für Vereine" auf dem Programm eines Gauturnfestes, wobei jeder Verein verpflichtet wurde, eine Musterriege zu stellen, die Pflicht- und Kürübungen an einem frei gewählten Gerät turnen mußte. Ab 1912 erfolgte die Wertung beim Sektionsturnen der Vereine in drei unterschiedlichen Stärkeklassen: in den Stärkeklassen I (32 Turner und mehr); II (16-32 Turner) und III (8-16 Turner). Eine besondere Attraktion für das Publikum beim Gauturnfest 1898 waren die verschiedenen Ringwettkämpfe, die im Rahmen der „Volkstümlichen Übungen" durchgeführt wurden.

Beim 13. Gauturnfest am 4. 6. 1906 in Dornbirn erreichte erstmalig in der Geschichte der Gauturnfeste der beste Vorarlberger Turner, Anton Parth vom TV Bregenz, mehr Punkte als der beste ausländische Turner.

Beim 14. Gauturnfest am 29. 6. 1908 in Hard wurde nicht mehr nach der deutschen Wetturnordnung geturnt, sondern nach einer eigenen Turnordnung des Vorarlberger Turngaus. Als Novität stand neben dem Kunstturnen und den „Volkstümlichen Übungen" auch das vor allem in der Schweiz sehr beliebte „Nationalturnen" auf dem Programm: meist eine Kombination mehrerer Sportarten (z.B. Kurzstreckenlauf, Weithochsprung, Steinstoßen und Ringen).

Das 15. Gauturnfest am 17. 7. 1910 in Bregenz – zugleich 40-Jahr-Feier des Turnvereins Bregenz und 60-Jahr-Feier der Turngemeinde Bregenz – war mit 120 teilnehmenden Vereinen und ca. 1.200 teilnehmenden Turnern das größte Turnfest, das je in Vorarlberg stattgefunden hatte.

Das Programm des 18. Gauturnfestes am 28. 6. 1914 in Lustenau beinhaltete zum ersten Mal auch „Allgemeine Freiübungen für Turnerinnen". Die etwa 100 teilnehmenden Turnerinnen ernteten bei ihren Vorführungen laut Vorarlberger Landeszeitung „nicht weniger Anerkennung als die Turner" und korrigierten mit ihrem Auftreten „manch ungerechtes Vorurteil".[198]

Die mit Abstand größten und wichtigsten internationalen Turnfeste für die Vorarlberger Turner waren die „Eidgenössischen Turnfeste" des Schweizer Turnverbandes und die „Deutschen Turnfeste" der Deutschen Turnerschaft. Die erste dokumentierte Teilnahme von Turnern des Vorarlberger Turngaus an einem internationalen Turnfest

Abb. 25:
Der erfolgreichste Turner Vorarlbergs vor dem Ersten Weltkrieg war der Bregenzer Josef Eisen. Er erreichte 1913 beim 12. Deutschen Turnfest in Leipzig im Zwölfkampf unter 1200 Teilnehmern den hervorragenden 11. Rang.

Abb. 26:
Im Vereinswetturnen waren bis zum Zweiten Weltkrieg die Vorarlberger Turnvereine den anderen Turnvereinen Österreichs weit überlegen. Bester Verein beim 3. Bundesturnfest des Deutschen Turnerbundes 1930 in Innsbruck war der TV Dornbirn.

datiert aus dem Jahr 1884, als 23 Turner aus Vorarlberg, davon allein elf vom TV Dornbirn, in Chur am „Eidgenössischen" teilnahmen. Auch in den nächsten Jahren und Jahrzehnten starteten immer wieder Delegationen einzelner Vereine bei diesen Turnfesten und erreichten zum Teil beachtliche Erfolge:

1897: Beim Eidgenössischen Turnfest in Schaffhausen gewinnt Ing. Ferdinand Michalek, der Vorstand des TV Bregenz, den 4. Preis im Säbelfechten. Theodor Welpe (TV Dornbirn) und Josef Birnbaumer (TV Hard) erreichen „Preise im Kunstturnen".

1903: Am 10. Deutschen Turnfest in Nürnberg nehmen mehrere Vorarlberger Turner teil. Über deren Leistungen und Plazierungen ist allerdings nichts bekannt.

1906: Beim Eidgenössischen Turnfest in Bern erreicht Anton Parth vom TV Bregenz als bester Vorarlberger Kunstturner den 22. Rang.

1909: Beim Eidgenössischen Turnfest in Lausanne belegt der TV Hard im Vereinswettturnen der Stärkeklasse 4 den 7. Rang.

1912: Beim Eidgenössischen Turnfest in Basel erreicht der TV Hard im Vereinswettturnen der Stärkeklasse 6 den 5. Rang.

1913: Beim 12. Deutschen Turnfest in Leipzig erreicht Josef Eisen vom TV Bregenz im Turnen-Zwölfkampf als bester ausländischer Turner den hervorragenden 11. Rang; Karl Herburger vom TV Dornbirn wird 15. Bester Vorarlberger Athlet im Volkstümlichen Fünfkampf wird der Lustenauer Adam Bösch als 23.

Am 7. September 1919 trat der Vorarlberger Turngau in Linz dem neugegründeten Deutschen Turnerbund bei. Als vorrangiges Mittel „zur Heranbildung eines an Leib und Seele gesunden, sittlich starken Volkes" diente dem Deutschen Turnerbund das durch Friedrich Ludwig Jahn begründete und im 2. Leitsatz des DTB näher definierte „Deutsche Turnen". Es umfaßte alle Formen von Leibesübungen, die „einer geregelten, gleichmäßigen und allseitigen Leibeserziehung dienen: Ordnungs-, Frei- und Geräteübungen, Fechten und Wehrturnen, alle Arten von volkstümlichen Übungen, Schwimmen, winterliche Übungen, angewandtes Turnen, Ringen, Spiele, Wandern und anderes". Um sich von der Sportbewegung klar abzugrenzen, war den Turnern der Wettbewerb um Wertpreise streng verboten. Bei Wetturnen wurde von den teilnehmenden Turnern überdies der Nachweis „völkischen Wissens" gefordert.[199]

Der Vorarlberger Turngau nahm im Laufe der Jahre die meisten der oben erwähnten Disziplinen in sein Programm auf. Bereits am 16. Mai 1921 veranstaltete der TV Dornbirn in der Enz das erste „Sportfest" eines Vorarlberger Turnvereins, bei dem erstmals auch ein Turnwettkampf für Mädchen zur Austragung kam, an dem sich nicht weniger als 88 Turnerinnen aus zehn verschiedenen Vereinen beteiligten. Beim 2. Kreisturnfest des DTB vom 18. bis 20. Juli 1924 in Bregenz kamen bereits Wettbewerbe im Turnen, in der Leichtathletik, im Nationalturnen, im Fechten, im Schwimmen und verschiedene Ballspiele zur Austragung. Auch in den nächsten Jahren versuchte der Vorarlberger Turngau, der sich rapid entwickelnden Sportbewegung durch die Aufnahme diverser Sportarten in sein Turnprogramm und durch die Veranstaltung von Meisterschaften in verschiedenen Sportdisziplinen entgegenzuwirken. Ab 1928 brachte der Turngau eigene Gaumeisterschaften in verschiedenen Ballspielen zur Ausführung (Handball und Faustball für die Turner; Korbball für die Turnerinnen), ab 1930 veranstaltete er jährlich einen „Gauschneeschuhwettlauf", ab 1931 ein Gauschwimmen und ab 1932 einen Leichtathletiktag. Am 15. März 1931 forderte Gauobmann Alfred Wehner beim Gauturntag in Feldkirch die Vereine auf, sich vermehrt jenen Sportzweigen zu widmen, in denen sie mit der Konkurrenz der Sportvereine zu rechnen hätten. Bei demselben Gautag wurde die Gauleitung um eigene Referenten für „Schneelauf", Schwimmen, Fechten und Spiele erweitert.[200] Die politische Entwicklung ab 1932 schränkte die wettkampfsportlichen Aktivitäten des Gaus und seiner Verbandsvereine bis 1938 allerdings zunehmend ein.

Der folgende Überblick gibt nunmehr in chronologischer Reihenfolge eine Aufzählung und Analyse der wichtigsten Wettkampfaktivitäten des Turngaus und seiner Vereine im Zeitraum 1919 bis 1938:

Der erste öffentliche Auftritt eines deutschnationalen Turnvereins nach dem Ersten Weltkrieg war ein Schauturnen des TV Dornbirn am 27. Juli 1919 auf dem Zanzenberg. Bereits am 14. September 1919 veranstaltete der Turngau ein Gauturnen in Hohenems, an dem sich 16 Vereine beteiligten.

Das erste Gauturnfest nach dem Krieg (insgesamt das 19. des Turngaus) wurde am 7. und 8. August 1920 in Lustenau ausgetragen. 67 Vereine mit ca. 700 Wettturnern nahmen an diesem Turnfest teil. Die Wertung erfolgte wie bei den Turnfesten vor dem Ersten Weltkrieg getrennt „im Gau" und „außer Gau". Die weiteren Gauturnfeste fanden 1923 in Bludenz, 1927 in Bregenz und 1931 in Hard statt. Vor allem das Turnfest in Hard, bei dem erstmals auch Ballspiele zur Austragung kamen, stand schon im Zeichen der verfeindeten politischen Fronten innerhalb der Vorarlberger Turnbewegung oder, wie es Gaudietwart Alexander Seewald in seiner Rede formulierte, der „wilden Stürme", die den Vorarlberger Turngau „umtobten" und „an dem deutschen Baum rüttelten".[201]

Innerhalb des Deutschen Turnerbundes bildete der Vorarlberger Turngau zusammen mit Tirol den Kreis 4. Die insgesamt vier in der Ersten Republik durchgeführten Kreisturnfeste des Kreises Tirol-Vorarlberg zeigten eindeutig den unterschiedlichen Stellenwert auf, den das Turnen in der Ersten Republik in Vorarlberg im Vergleich zu seinem Nachbarland Tirol hatte. Vor allem das erste Kreisturnfest 1921 in Innsbruck, bei dem die Vorarlberger Vereine im Vereinswetturnen die ersten zehn Ränge belegten und auch sämtliche Einzeldisziplinen von Turnern des Turngaus gewonnen wurden, war ein beeindruckender Beweis der Leistungsstärke der Vorarlberger Turngauvereine. Das 2. Kreisturnfest 1924 in Bregenz stand bereits im Zeichen der zunehmenden Verpolitisierung des Turnens. Besonders hervorgehoben wurde von den meisten Festrednern die Wichtigkeit der Wehrhaftigkeit der Turner. Der Bundesobmann des DTB, Dr. Klaudius Kupka, forderte die teilnehmenden Turner auf, für „die große Sache des deutschen Volkes nicht nur zu arbeiten und zu leben, sondern notfalls auch zu sterben".[202] Wie drei Jahre zuvor wurden die Bewerbe der Turner klar von den Vorarlberger Turnern dominiert, während bei den Turnerinnen die beste Vorarlbergerin lediglich den 7. Rang erreichte.

Auch die nächsten beiden Kreisturnfeste (1928 in Kitzbühel; 1932 in Hohenems) brachten ein ähnliches Bild: eine klare Dominanz der Turngauvereine bei den Männern, eine ebenso klare Überlegenheit der Tiroler Vereine bei den Turnerinnen. Auch der Sieg von Magdalena Dax vom TV Bregenz im Siebenkampf der Turnerinnen vor zehn Tiroler Turnerinnen beim Turnfest 1928 in Kitzbühel – der einzige bedeutende Sieg einer Turngauturnerin bei einem überregionalen Turnwettkampf – ändert nichts am einheitlichen Gesamtbild. Magdalena Dax war gebürtige Wienerin, lebte einige Jahre in Bregenz und startete in dieser Zeit für den TV Bregenz.

Athleten des Turngaus nahmen auch an sämtlichen Bundesturnfesten des DTB teil: 1922 in Linz, 1926 in Wien und 1930 in Innsbruck.

Beim 1. Bundesturnfest in Linz starteten aufgrund der hohen Kosten nur zwei Vereine des Turngaus: der TV Bludenz und der TV Bregenz. Besonders erfolgreich war bei diesem Turnfest der TV Bludenz, der im Vereinswetturnen der Stärkeklasse I den ersten Platz belegte und mit Georg Hermann auch den Sieger im Altersturnen stellte.

1926 in Wien war der Vorarlberger Turngau bereits mit sieben Vereinen und 470 Turnern vertreten. In drei Stärkeklassen siegten jeweils Vereine des Turngaus. Den einzigen Sieg eines Turngauturnerns in einer Einzeldisziplin feierte Adolf Ölz (TV Lauterach) im Ringen. Je einen zweiten Platz erreichten Karl Herburger (TV Dornbirn) im Geräte-Zwölfkampf der Turner, Otto Platz (TV Lustenau) im „Volkstümlichen Siebenkampf" und im Hochsprung sowie Franz Schröppel (TV Lustenau) im Fechten. Lediglich bei den Frauen mußte der Turngau wiederum die Überlegenheit der innerösterreichischen Turnerinnen zur Kenntnis nehmen: Paula Amann (TV Hohenems) erreichte als beste Turnerin des Turngaus im Geräte-Sechskampf lediglich den 26. Rang. Die Anerkennung, die dem Vorarlberger Turngau bei diesem Turnfest vom Bundesturnrat des DTB ausgesprochen wurde, freute den Obmann Alfred Wehner nach eigenen Worten umso mehr, als die „Vorarlberger im Bunde immer mehr oder weniger als Eigenbrödler (sic!) angesehen wurden".[203]

Das 3. Bundesturnfest des DTB in Innsbruck im Jahre 1930 zeigte besonders eindrucksvoll die Leistungsstärke des Vorarlberger Turngaus auf. Vor allem im Vereinswetturnen zeigte sich der Vorarlberger Turngau den anderen Gauen weit überlegen. In sämtlichen fünf Stärkeklassen des Vereinswetturnens siegten Vereine des Turngaus.[204] Auch in einigen Einzeldisziplinen waren Vorarlberger Turner bzw. Turnerinnen erfolgreich: Josef Thaler (TV Dornbirn) gewann den Geräte-Zehnkampf der Turner, Magdalena Dax (TV Bregenz) den Siebenkampf der Turnerinnen, Albert Reiner (TV Höchst) die Bundesmeisterschaft im Ringen. Weitere Spitzenränge erreichten Gebhard Ritter (TV Lustenau) als Dritter im Geräte-Zehnkampf, Ernst Mathis (TV Hohenems) als Vierter im Geräte-Zwölfkampf und Otto Bösch (TV Lustenau) als Vierter im Volkstümlichen Neunkampf.

Auf internationaler Ebene bildeten die im Abstand von drei bzw. vier Jahren durchgeführten Eidgenössischen Turnfeste des Schweizer Turnverbandes für die Vereine und Spitzenturner des Turngaus jeweils den Höhepunkt ihrer Wettkampftätigkeit. Allerdings führte gerade die Teilnahme der besten Vereinsturner an den diversen „Eidgenössischen" zu großen Spannungen zwischen dem Vorarlberger Turngau und dem Vorstand des Deutschen Turnerbundes, da aufgrund der Satzungen des DTB ja allen Verbandsvereinen die Teilnahme an Turnfesten, bei denen auch „Nichtarier" am Start waren, nicht erlaubt war. Trotz der im vorigen Abschnitt bereits besprochenen Differenzen waren bei allen Eidgenössischen Turnfesten, die im Zeitraum 1922 bis 1932 stattfanden, Vereine und Athleten des Vorarlberger Turngaus sehr erfolgreich am Start:

1922 in St. Gallen gewannen Jonny Grabher und Fritz Grahammer (beide TV Lustenau) in den leichtathletischen Bewerben Olivenkränze, d.h. die höchste zu vergebende Auszeichnung. Josef Zünd (TV Dornbirn) erreichte im Kunstturnen einen von insgesamt nur drei Kränzen, die von Nichtschweizer Turnern gewonnen wurden.

1925 in Genf erreichte Karl Herburger im Kunstturnen den 5. Rang, Josef Thaler (beide TV Dornbirn) wurde 15.

1928 in Luzern war wiederum Karl Herburger mit einem 13. Rang im Kunstturnen der bestplazierte einheimische Turner. Kaum schlechter gereiht war der Lustenauer Oskar Bösch, der im LA-Mehrkampf den 14. Endrang erreichte.

1932 fand das „Eidgenössische" in Aarau statt. Mit einem 3. Rang im Zehnkampf sorgte Oskar Bösch für die bis dato beste Plazierung eines Turngauturners bei einem internationalen Turnfest.

1934 war die turnerische Tätigkeit der Turngauvereine aufgrund der politischen Verhältnisse stark eingeschränkt, 1935 und 1936 ruhte sie fast gänzlich. Beide Landesturnfeste (1935 in Hohenems; 1936 in Bregenz) fanden ohne die Beteiligung von Turngauturnern statt. Auch zu den Qualifikationsbewerben im Turnen für die Olympischen Spiele 1936 in Berlin wurden die besten Turner des Turngaus wegen ihrer nationalsozialistischen Betätigung nicht zugelassen.[205] Erst 1937 veranstaltete der Turngau wieder zwei Wettbewerbe: einen Gauspieltag und ein „Volkstümliches Leistungsturnen". Der „Gauschneeschuhlauf" des Turngaus am 6. März 1938 mit 506 Teilnehmern war nicht nur das erste Skirennen des Turngaus seit 1934, sondern – laut Vorarlberger Tageszeitung – auch eine „eindrucksvolle nationalsozialistische Kundgebung". Nach dem Skirennen zogen nämlich um die 2000 Menschen von der Rickatschwende über Watzenegg zum Marktplatz nach Dornbirn. Auf dem ganzen Weg standen am Straßenrand „tausende begeisterte Zuschauer, die alle mit dem deutschen Gruß Heil Hitler den Siegern zujubelten".[206] Sechs Tage später erfolgte der Einmarsch der deutschen Truppen und der Anschluß Österreichs an Hitlerdeutschland.

2.2. Die katholische Turnbewegung

2.2.1. Die Anfänge

Die Entwicklung einer weltanschaulich christlich-sozial orientierten Turnbewegung am Ende des 19. Jahrhunderts als Gegenpol zu der das Turnwesen in Vorarlberg alleinbeherrschenden deutschnationalen Turnbewegung ist in engem Zusammenhang mit der Entwicklung der politischen Lage in Vorarlberg zu sehen. Nachdem bei den Landtagswahlen 1870 erstmals die Konservative Partei eine klare Stimmenmehrheit über die bis dahin dominierende Liberale Partei errungen hatte, versuchten die führenden katholisch-konservativen Kräfte Vorarlbergs in der Folge, diese politische Mehrheit auch gesellschaftspolitisch umzusetzen. Mit der Gründung verschiedener Vereine (z.B. christliche Arbeitervereine, Jünglingskongregationen etc.) gelang es den Konservativen auch, ein Gegengewicht zu den bisher den Freizeitsektor alleindominierenden liberalen Vereinen zu setzen.

Die zunehmende Verschärfung des Konflikts zwischen Christlichsozialen und Liberalen spaltete im ausgehenden 19. Jahrhundert auch die sportlich tätige Bevölkerung des Landes in zwei weltanschaulich unterschiedliche Lager. Schon bald war den Repräsentanten der katholischen Arbeitervereine und Jünglingskongregationen klar, daß auch sie ihren jugendlichen Mitgliedern entsprechende Alternativen im sportlichen Bereich zu bieten hatten. Deshalb entstanden noch vor der Jahrhundertwende in mehreren katholischen Arbeitervereinen Turnclubs bzw. Turnsektionen: 1898 im Katholischen Arbeiterverein Hohenems, 1899 im Katholischen Jünglingsverein Rankweil und im Christlichen Arbeiterverein Dornbirn. Diese Turnclubs bildeten die Grundlage für die nach der Jahrhundertwende in verschiedenen Orten des Landes entstehenden katholischen Turnerbünde. Der Turnclub des Arbeitervereins Hohenems wird von Ferdinand Waibel in der Geschichte des Vorarlberger Rheingaus sogar „als erste Turngemeinschaft der christlichen Turnbewegung im damaligen Österreich-Ungarn" bezeichnet.[207]

Die Geschichte des Turnclubs des Katholischen Arbeitervereins Hohenems mag als Beispiel für die Entwicklung und Polarisierung der Vorarlberger Turnbewegung zur Jahrhundertwende gelten. Initiator des Turnclubs war der damalige Lehrer und spätere Bürgermeister August Waibel, der kurz zuvor noch Schriftführer des Turnvereins Hohenems gewesen war, dann jedoch aus weltanschaulichen Gründen den Turnverein verlassen hatte.[208] Schon unmittelbar nach der Gründung des Turnclubs kam es zu einem heftigen Streit zwischen Turnclub und Turnverein, da beide Vereine denselben Trainingsabend im Turnsaal der neu errichteten Knabenvolksschule für sich beanspruchten. Als sich die – mehrheitlich liberale – Hohenemser Gemeindevertretung entschloß, den umkämpften Freitagabend-Termin dem Turnverein zu überlassen, da dieser durch den Erwerb von Turngeräten bereits erhebliche finanzielle Verpflichtungen eingegangen war, führte dies zu heftigen Protesten im Vorarlberger Volksblatt, das die Entscheidung der Gemeindevertreter als „Act der Ungerechtigkeit" und „That der blödesten Inconsequenz" kommentierte.[209] Der sportlichen Weiterentwicklung des Turnclubs tat diese Entscheidung keinen Abbruch: 1902 trat er erstmals mit einem Schauturnen an die Öffentlichkeit, 1903 und 1904 veranstaltete er die ersten internationalen Turnfeste innerhalb der christlich-sozialen Turnbewegung, an denen sich jeweils mehr als 300 Turner aus der Schweiz, Deutschland und Vorarlberg beteiligten. 1905 trennte sich der Turnclub vom Katholischen Arbeiterverein und machte sich als Turnerbund Hohenems selbständig.

Die Gründungsgeschichte der meisten übrigen katholischen Turnvereine Vorarlbergs vor 1906 zeigt sich etwas verworren, da die von den Vereinen angegebenen Gründungsdaten meist nicht mit denen der Sicherheitsdirektion übereinstimmen. Nach Eigendarstellung der Vereine wurden als erste christlich-soziale Turnvereine des Landes 1902 der Arbeiter-Turnerbund Dornbirn und der Turnerbund Rankweil gegründet. 1903 folgten der Turnerbund Altach und der Stemmclub Feldkirch, 1905 der Turnerbund Rieden-Vorkloster und der Turnerbund Hohenems.[210] Diese sechs Vereine schlossen sich – gemeinsam mit dem Turnerbund Bregenz – im November 1906 zu einem gemeinsamen Dachverband zusammen.[211]

2.2.2. Der Vorarlberger Rheingau[212]

Vor allem im Anschluß an die beiden internationalen Turnfeste des Turnclubs des Arbeitervereins Hohenems in den Jahren 1903 und 1904 war in den katholischen Turnvereinen Vorarlbergs vermehrt der Gedanke aufgekommen, sich wie die deutschnationalen Turnvereine in einem gemeinsamen Verband zusammenzuschließen, um so eine bessere organisatorische Basis für die gemeinsame Turnsache zu schaffen. Ein Proponentenkomitee unter der Leitung des Feldkirchers Carl Briem übernahm die entsprechenden organisatorischen Aufgaben, und am 3. August 1906 wurden die Statuten des künftigen „Vorarlberger Turner- und Athletenverbandes" von der Statthalterei für Tirol und Vorarlberg in Innsbruck genehmigt.[213] Die tatsächliche Gründung des Verbandes erfolgte am 18. November 1906 in Bregenz im Restaurant Forster.[214] 23 Delegierte aus sieben Vereinen wählten den folgenden Verbandsvorstand:

Obmann	Alois Amann	Hohenems
Stellvertreter	Dr. Otto Ender	Feldkirch
Schriftführer	Otto Mathis	Hohenems
Turnwart	August Waibel	Hohenems
Stellvertreter	Anton Mader	Bregenz
Kassier	Sales Klien	Hohenems[215]

Bereits bei der Gründungsversammlung des „Vorarlberger Turner- und Athletenverbandes" wurde von den Vereinsvertretern der Beitritt des Verbandes in den 12. Kreis der Deutschen Turnerschaft gefordert. Ein entsprechendes Ansuchen des Verbandes vom September 1907 wurde vom Vorstand der deutschen Turnerschaft zwar grundsätzlich gutgeheißen, allerdings nur unter bestimmten Auflagen. Die wichtigste Forderung der Deutschen Turnerschaft war eine Namensänderung des Verbandes, da es der Deutschen Turnerschaft besonders wichtig war, eine eindeutige Distanz zu der sich immer stärker entwickelnden Sportbewegung einzunehmen. Bei einer Zusammenkunft am 8. Februar 1908 in Hohenems kam der Vorarlberger Turner- und Athletenverband dieser Forderung der Deutschen Turnerschaft auch nach und änderte seinen Namen in „Vorarlberger Rheingau". Am 5. April 1908 wurde der Rheingau offiziell in die Deutsche Turnerschaft aufgenommen und im Jänner 1909 dem Kreis XII, Turnbezirk Schwaben-Neuburg, Schwäbisch-Bayerischer Turnerbund mit Sitz in Augsburg, zugeteilt.[216] Bis zum 12. Oktober 1933 blieb der Rheingau Mitglied der Deutschen Turnerschaft.

Ein Jahr nach der Gründung wies der Vorarlberger Turner- und Athletenverband bereits 228 aktive und 714 passive Mitglieder in acht Vereinen auf. In den folgenden Jahren bis zum Ersten Weltkrieg gelang es dem Vorstand des Rheingaus, durch die Veranstaltung von Schauturnen, Bergturnfesten und Gauturnfesten, durch Werbefahrten in verschiedene Seitentäler des Landes, aber auch durch entsprechende materielle und personelle Unterstützung der Vereine die katholische Turnbewegung in ganz Vorarlberg zu etablieren und die Zahl der Mitgliedsvereine nahezu zu verdreifachen.[217]

Während des Ersten Weltkriegs ruhte im Rheingau jeglicher Turnbetrieb mit Ausnahme des Zöglings- bzw. Jugendturnens. Insgesamt wurden bis Kriegsende 646 Mitglieder des Gaus einberufen, 168 fielen oder galten als vermißt.[218] Eine Standeserhebung am 1. Jänner 1920 wies für den Verband 22 Vereine mit 880 Mitgliedern auf, womit wieder in etwa der Stand der Vorkriegszeit erreicht wurde. Bis 1929 stieg die Anzahl der Mitgliedsvereine kontinuierlich auf 29 Vereine mit 1.032 Mitgliedern an, stagnierte dann jedoch bei knapp über 30 Vereinen.[219] Der Einmarsch der deutschen

Truppen am 12. März 1938 bedeutete faktisch das Ende jeder Turntätigkeit im Vorarlberger Rheingau. Mit Schreiben des Landrats Feldkirch vom 1. August 1939 wurde der Rheingau behördlich aufgelöst und sein Vermögen von der NSDAP beschlagnahmt.

Die personelle Zusammensetzung des Vorstandes des Rheingaus zeigt in den wichtigsten Verbandsfunktionen eine außerordentliche Kontinuität. Die folgende Übersicht soll dies verdeutlichen:

Vorsitzender	1906-1932	Alois Amann (Hohenems)
	1933-1937	Dr. Emil Schneider (Dornbirn)[220]
	1937-1938	Ferdinand Grubhofer (Dornbirn)
Stellvertreter	1906-1914	Dr. Otto Ender (Altach/Bregenz)
	1914-1933	Dr. Emil Schneider (Dornbirn)
	1933-1938	Jakob Amann (Rankweil)
Turnwart	1906-1923	August Waibel (Hohenems)
	1923-1929	August Dietrich (Bregenz)
	1929-1938	Toni Ulmer (Dornbirn)

Obwohl laut Statuten des Rheingaus nur Vereine Mitglied des Verbandes werden konnten, die „parteipolitisch nicht tätig" waren, ist das Nahverhältnis der führenden Funktionärsschicht des Rheingaus zur Konservativen bzw. Christlichsozialen Partei Vorarlbergs offensichtlich. Mit Ausnahme von August Dietrich waren alle oben angeführten Funktionäre in wichtigen politischen Funktionen kommunal-, landes- und zum Teil sogar bundespolitisch tätig: Dr. Otto Ender als Landeshauptmann von Vorarlberg, Bundeskanzler von Österreich und Präsident des österreichischen Rechnungshofes; Dr. Emil Schneider als Bundesminister für Unterricht, Nationalrat und Stadtrat für Bregenz; Franz Grubhofer als Staatssekretär im Innenministerium und Nationalrat; Alois Amann und August Waibel als Bürgermeister von Hohenems und Landtagsabgeordnete; Jakob Amann als Landtagsabgeordneter; Anton Ulmer als Leiter des Heimatdienstes und Landeswehrführer der Vaterländischen Front.

Trotz der eindeutig christlich orientierten Gesinnung der katholische Turnerbünde und der leitenden Verbandsfunktionäre des Rheingaus kam es jedoch immer wieder zu Schwierigkeiten mit den verschiedensten Gesinnungsgenossen. Vor allem in den Anfangsjahren der katholischen Turnbewegung sahen einzelne Arbeiter- und Jünglingskongregationen die Turnvereine als Konkurrenten für ihre eigene Jugendarbeit. In Rankweil etwa eskalierte 1909 das Verhältnis zwischen Turnerbund und Jugendverein derart, daß sogar die Landesleitung der Christlichsozialen Partei Vorarlberg als Friedensstifter eingeschaltet werden mußte.

Auch mit einzelnen Geistlichen gab es immer wieder Probleme. 1910 etwa hatte der TB Lauterach ein großes Schauturnen des Rheingaus übernommen. Der Pfarrer von Lauterach verbot dem Turnerbund jedoch, mit den Wettkämpfen bereits am Sonntagvormittag zu beginnen, obwohl der Verein das Turnen ohnedies mit einem Frühgottesdienst eröffnen wollte. Erst eine persönliche Intervention des Vorstandes des Rheingaus bei Weihbischof DDr. Franz Egger brachte eine gütliche Regelung im Sinne des Vereins.[221] Auch in Altenstadt und Thüringen verschlechterte sich das Verhältnis zwischen dem jeweiligen Ortspfarrer und dem Turnverein derart, daß in beiden Gemeinden mehrmals die Verbandsführung vermitteln mußte.

Ein besonders strittiger Punkt im Verhältnis Rheingau – Amtskirche war die Frage des Frauenturnens. Die meisten Turnerbünde standen dem Frauenturnen grundsätzlich zwar positiv gegenüber, hatten aber lange mit dem Widerstand der katholischen Kirche zu kämpfen. Erst nach dem Ersten Weltkrieg, am 12. September 1920, traten 16 Turnerinnen des TB Dornbirn im Rahmen eines Schauturnens ihres Vereins zum ersten Mal an die Öffentlichkeit. Noch im selben Monat trennte sich der TB Vorkloster vom katholischen Arbeiterverein Bregenz, um eine eigene Mädchenriege gründen zu können. Beim Herbstgautag 1920 befürwortete erstmals auch die Verbandsführung des Rheingaus die Gründung von Damenriegen, empfahl den Vereinen jedoch eine besondere „Rücksichtnahme auf die örtlichen Verhältnise".[222] Der erste offizielle Frauenwettkampf des Rheingaus fand am 7. Juni 1925 anläßlich der Turnhalleneröffnung des Turnerbundes Bludenz statt. Nur wenige Monate später wandte sich der Vorarlberger Weihbischof Dr. Sigismund Waitz in einem Volksblattartikel entschieden gegen das Kunstturnen und Wetturnen von Frauen sowie das öffentliche Auftreten von Mädchen bei Turnfesten.[223] Die von Bischof Dr. Waitz geäußerte Kritik hinderte die Verbandsführung des Rheingaus jedoch nicht, in der Frage des Frauenturnens am bisherigen Kurs festzuhalten. Trotz aller Bemühungen des Verbandes, durch die Einführung eines zusätzlichen Einzelmehrkampfes im Rahmen seiner Gauturnfeste dem Frauenturnen einen höheren Stellenwert zu verschaffen, blieb das Frauenturnen im Rheingau bis 1938 auf einige wenige Vereine beschränkt und führte nur ein Schattendasein. Im Gegensatz zu den Männern, die drei Teilnehmer an den Olympischen Spielen 1936 in Berlin stellten, erreichte keine einzige Turnerin des Rheingaus vor 1945 einen nennenswerten Erfolg bei einem überregionalen Wettkampf.

Während seiner gesamten Verbandstätigkeit behielt der Rheingau innerhalb der Vorarlberger Turnbewegung eine vollkommen eigenständige Position. Eine Zusammenarbeit auf Verbandsebene mit den beiden anderen Vorarlberger Turnbewegungen, dem deutschnationalen Vorarlberger Turngau und der sozialdemokratischen Arbeiterturnbewegung, fand nicht statt.

Bereits anläßlich des 1. Verbandsturnfestes 1907 in Rankweil hatte sich das Vorarlberger Volksblatt bitter über die „besonders im Allgäu und im schweizerischen Rheintal betriebenen, unehrlichen, ekelhaften und hintertückischen Agitationen" führender Funktionäre des Turngaus gegen das Verbandsturnfest beschwert.[224] Kurz vor dem Ersten Weltkrieg beschloß der Vorstand des Rheingaus sogar, sich beim Kreisvertreter Paul Häublein zu beschweren, falls die verschiedensten „Quertreibereien" von Seite des deutschnationalen Vorarlberger Turngaues nicht aufhören sollten. Eine dieser „Quertreibereien" war offensichtlich eine schriftliche Aufforderung des Vorarlberger Turngaus an alle Turnerbünde des Landes, geschlossen dem Turngau beizutreten.[225] Auch unmittelbar nach dem Krieg versuchte der Turngau noch einmal, allerdings vergeblich, einzelne Vereine des Rheingaus mit einem Werbeschreiben für die deutschnationale Turnbewegung zu gewinnen.[226]

Trotz der eindeutig ablehnenden Haltung der Rheingau-Verbandsführung gegenüber dem Turngau kam es gerade in den ersten Nachkriegsjahren auf Vereinsebene immer wieder zu bemerkenswerten gemeinsamen Aktivitäten deutschnational bzw. katholisch gesinnter Turnvereine, wie z.B. zur Gründung einer aus allen Bregenzer Turnvereinen bestehenden „Turngemeinde Bregenz" (1920), zur Teilnahme einiger Rheingauvereine an den Turnwettkämpfen für Mädchen beim Sportfest des TV Dornbirn im Mai 1921 oder zu einem gemeinsamen Schauturnen des TV Dornbirn und des TB Dornbirn im Juli 1922.[227] Die Verbandsleitung sah sich daher mehrmals gezwungen, bei Gauleitersitzungen gegen die eigenen Vereine Stellung zu nehmen. Vor allem das Vorgehen der

Rheingauvereine TB Rieden-Vorkloster und TB Austria Bregenz wurde beim Herbstgautag 1920 in Dornbirn von der Verbandsleitung scharf kritisiert. Drei Jahre später wurde auch das Vorgehen des TB Dornbirn, der ohne Befragen der Gauleitung die Abhaltung eines gemeinsamen Schauturnens mit dem TV Dornbirn beschlossen und durchgeführt hatte, vom Gauvorsitzenden Alois Amann scharf gerügt.[228] In derselben Sitzung wurde dem Turnerbund Feldkirch und dem Turnerbund Lauterach die geplante Durchführung eines gemeinsamen Schauturnens mit den jeweiligen ortsansäßigen Turnvereinen vom Vorstand untersagt. Fast ein Jahrzehnt waren daher die diversen Turnfeste des Turnerbundes Bregenz die einzigen Turnfeste in Vorarlberg, an denen Turner des Rheingaus und des Turngaus teilnahmen.[229] Die einzige Ausnahme bildete die 30-Jahr-Feier des TB Dornbirn am 9. Oktober 1932. Bei dieser Feier trafen die drei stärksten Rheingauvereine (i.e. die Turnerbünde Dornbirn, Lustenau, Ring Bregenz) auf den besten Turngauverein, den TV Dornbirn. Der TV Dornbirn siegte schließlich knapp in der Mannschaftswertung vor seinem Ortsrivalen. In der Einzelwertung teilten sich die beiden Dornbirner Vereine die Gerätesiege: Josef Thaler vom TV Dornbirn gewann die Freiübungen und das Pferdturnen, Franz Winder siegte am Reck, Hermann Böhler am Barren (beide Turnerbund). Meines Wissens war dies der letzte Turnwettkampf in Vorarlberg, an dem Turner beider Dachverbände teilnahmen.

Die Kontakte des Rheingaus zur sozialdemokratischen Arbeiterturnbewegung des Landes beschränkten sich auf ein einziges Ereignis. Als am 9. September 1923 die Arbeiterturnvereine Vorarlbergs in Feldkirch ihr erstes Verbandsturnfest veranstalteten, nahmen an diesem Turnfesten auch einige Athleten des Rheingauverbandvereins Stemmclub Nofels teil. Auf die vom Vorstand geäußerte Kritik am Vorgehen des Clubs reagierte der Stemmclub sofort mit dem Ausschluß dieser Athleten aus dem Verein. Nach diesem Turnfest kam es zu keinen gegenseitigen Kontakten der beiden Turnbewegungen mehr.

Zweck des Rheingaus war laut Statuten „die Pflege des allgemeinen Turnwesens, zur körperlichen und sittlichen Kräftigung sowie zur Förderung der Vaterlandsliebe".[230] Der Begriff „Vaterland" wurde in diesem Zusammenhang allerdings nicht näher definiert. Bis Mitte 1933 war der Rheingau jedoch eindeutig „deutschorientiert". Beim 16. Verbandsturnfest am 2./3. Juli 1932 in Lustenau zum Beispiel kam in den zahlreichen Festreden das Wort Österreich überhaupt nicht vor. Der folgende Auszug aus der von Gauturnwart Anton Ulmer bei diesem Turnfest gehaltenen Festrede zeigt jedoch auf, welche Bedeutung dem Turnen bei der Militarisierung der Gesellschaft in den frühen dreißiger Jahren zukam:

„Turner, Ihr zählt zur Elite der Volksgenossen, Ihr seid die Sturmscharen, wenn eure Banner entrollt werden und wenn die Straßen von eurem Schritt ertönen ... Die Turnstätte ist eine Schmiede unseres Volkes, wo jahrein, jahraus die Werksgesellen unter selbstloser Leitung und Überwachung arbeiten am Gebäude unseres Volkes. Da wird Pünktlichkeit, Unterordnung und Pflichterfüllung von jedem verlangt, Tugenden, die unserem Volke so bitter nottun. Wer in jungen Jahren lernt, zur richtigen Zeit am Platze zu erscheinen, wer sich daran gewöhnt, den Befehlen seiner Führer sich unterzuordnen, wer gelernt hat, auch dann, wenn es hie und da schwer wird, am Platze zu sein und seinen Mann zu stellen, der wird auch später im Leben draußen ein brauchbares Mitglied der menschlichen Gesellschaft werden."[231]

Die verstärkte Militarisierung des Rheingaus hatte beim Herbstgautag 1927 in Hohenems begonnen, an dem erstmals der Landesleiter des Vorarlberger Heimatdienstes, Dr. Wilhelm Mohr, teilnahm und bei dem eine gegenseitige engere Zusammenarbeit der beiden Organisationen beschlossen wurde. Der Vorarlberger Heimatdienst war 1926 als Nachfolgeorganisation der 1919 gegründeten Heimwehren vor allem als bürgerliche Schutzorganisation gegen die Sozialdemokratie entstanden. Bis Anfang 1933 stand der Heimatdienst zwar in einem engen Nahverhältnis zu Landeshauptmann Dr. Otto Ender und zur parteipolitisch dominierenden Christlichsozialen Volkspartei, vereinigte in sich jedoch auch viele Mitglieder aus dem deutschnationalen Lager.[232] Als im April 1933 der deutschnational-nationalsozialistische Flügel des Heimatdienstes den Rücktritt von Landeshauptmann Dr. Ender als Führer des Heimatdienstes forderte und verlangte, der Heimatdienst möge sich ganz in den nationalen Dienst stellen und mit der NSDAP Verhandlungen aufnehmen, vollzog sich die Spaltung des Heimatdienstes innerhalb weniger Wochen. Ender lehnte den geforderten Rücktritt ab, und noch im Mai 1933 traten sämtliche nationalsozialistisch gesinnten Kreise aus dem Heimatdienst aus. Anfang Juni wurde auch Landesleiter Dr. Wilhelm Mohr, ein Anhänger des austrofaschistischen Vizekanzlers Starhemberg, abgelöst. Neuer Heimatführer und zugleich Landeswehrführer wurde der Gauturnwart des Rheingaus, Anton Ulmer, der somit für den Neuaufbau des nunmehr ausschließlich „vaterländischen" Heimatdienstes verantwortlich war. Unter der Leitung von Toni Ulmer wurde der Heimatdienst ab Mitte 1933 mehr und mehr ein Polizeiinstrument gegen die illegalen Nationalsozialisten. Das von Ulmer von seinen Anhängern geforderte „rücksichtslose Zugreifen" gegen nationalsozialistische Aktivisten und sein Versprechen, jeden Heimwehrmann zu decken, der „einem Verbrecher einen entsprechenden Denkzettel versetzt", machte Ulmer zu einem der meistgehaßten Gegner der Nationalsozialisten.[233] Es verwundert daher nicht, daß für die deutschnational gesinnten Turnvereine Vorarlbergs und die Führung des Vorarlberger Turngaus der Zusammenschluß mit dem Rheingau in einer – noch dazu vom Rheingau und der Vaterländischen Front dominierten – Einheitsturnerschaft absolut undenkbar war und auch beharrlich abgelehnt wurde.

Wie bereits am Anfang dieses Kapitels genauer ausgeführt wurde, war der Rheingau am 5. April 1908 in die Deutsche Turnerschaft aufgenommen und dem Kreis XII (Turnbezirk Schwaben-Neuburg, Schwäbisch-Bayrischer Turnerbund) zugeteilt worden. Er blieb der Deutschen Turnerschaft freundschaftlich bis zum Beginn der dreißiger Jahre verbunden. Schon wenige Wochen nach der am 31. Jänner 1933 erfolgten Machtergreifung Adolf Hitlers und der NSDAP beschloß die Deutsche Turnerschaft unter ihrem neuen Vorsitzenden Edmund Neuendorff allerdings, sich der nationalen Erhebung zur Verfügung zu stellen. Bei einer Verbandssitzung am 8./9. April 1933 wurden die DTS-Satzungen im „nationalsozialistischen Sinne" geändert: Einführung des Führerprinzips, Bestellung der Amtsverwalter, Einführung des Wehrturnens in den Vereinen, vollständige „Arisierung" aller Vereine.[234]

Der Rheingau reagierte auf die geänderten Verhältnisse innerhalb der Deutschen Turnerschaft am 8. Juli mit einer außerordentlichen Gauleitersitzung. Trotz der oben erwähnten Satzungsänderungen hielt der Rheingau bei dieser Versammlung seine Mitgliedschaft in der Deutschen Turnerschaft vorerst noch aufrecht, betonte aber, seinen Grundsätzen treu bleiben zu wollen: „Der Heimat und dem Volk zu dienen, das Erbe der Väter zu schützen, die Vorarlberger Heimat frei und stolz zu erhalten."[235] Das deutliche Bekenntnis des Rheingaus zum „Vaterland Österreich" in den nun folgenden Monaten in Zusammenhang mit der im Mai 1933 erfolgten Bestellung des Turnwarts

Abb. 27:
Bereits in den dreißiger Jahren ein Höhepunkt des Dornbirner Faschings: die Varietévorführungen des Turnerbundes Dornbirn.

Abb. 28:
Der Turnerbund Lustenau, einer der leistungsstärksten Vereine des Rheingaus, beim Riegenturnen am Reck (in der Bildmitte Rudolf Hagen).

Abb. 29:
Bei den Olympischen Spielen 1936 in Berlin war der Vorarlberger Rheingau mit drei Turnern vertreten: v.l. Adolf Scheffknecht, Pius Hollenstein (beide Lustenau), August Sturm (Kennelbach).

Abb. 30:
Ein bisher unveröffentlichtes Bilddokument. Pius Hollenstein (TB Lustenau) am Reck im Rahmen der olympischen Turnbewerbe in Berlin.

des Rheingaus, Anton Ulmer, zum Leiter des Vorarlberger Heimatdienstes führte jedoch im Oktober 1933 zum endgültigen Ausschluß des Rheingaus aus der Deutschen Turnerschaft. Beim Herbstgautag des Rheingaus am 12. November 1933 in Dornbirn wurde das mit 12. Oktober datierte und vom Vorsitzenden der Deutschen Turnerschaft, Edmund Neuendorff, unterschriebene Ausschlußschreiben der Deutschen Turnerschaft den einzelnen Vereinsdelegierten zur Kenntnis gebracht. Das Protokollbuch des Rheingaus vermerkt an dieser Stelle:

„Unter vollständiger Stille stellte der Vorsitzende die Frage, wer das Wort wünsche. Niemand meldete sich. Da erklingt aus den Reihen der Turner – man weiß nicht, von wem angestimmt – die Bundeshymne. Alle erheben sich. Wie ein Gebet ist es, als die Turner singen Gott mit Dir, mein Österreich."[236]

Auf Antrag von Gaudietwart Dr. Armin Hämmerle wurde nach kurzer Debatte einstimmig der Beschluß gefaßt, den bisherigen Idealen und Prinzipien des Rheingaus auch in Zukunft treu zu bleiben: als unabhängiger Verband das deutsche Turnen nach Friedrich Ludwig Jahn zum Wohl der Heimat zu pflegen. Als Reaktion auf den ausgesprochenen Ausschluß aus der Deutschen Turnerschaft forderte der Rheingau von der österreichischen Bundesregierung jedoch den besonderen Schutz der heimattreuen Turnverbände und die Auflösung all jener Vereine, die sich nicht offen zu Österreich und seinem Führer Dr. Dollfuß bekannten.[237]

Im Frühjahr 1934 zeitigten die innenpolitischen Streitigkeiten immer gravierendere Auswirkungen auf die österreichischen Turn- und Sportvereine bzw. Verbände. Am 13. Februar 1934 wurde im Anschluß an die blutigen Auseinandersetzungen zwischen der Regierung Dollfuß und Teilen des Republikanischen Schutzbundes der sozialdemokratische „Arbeiterbund für Sport und Körperkultur" verboten und alle ihm angehörenden Vereine und Verbände behördlich aufgelöst. Um auch das immer stärker werdende Problem des Nationalsozialismus in den Griff zu bekommen, beschloß die „austrofaschistische" Regierung Dollfuß mit Wirkung vom 30. April 1934, das gesamte österreichische Sportwesen in einer einheitlichen Organisation zusammenzufassen: in der „Österreichischen Turn- und Sportfront". Die Österreichische Turn- und Sportfront war ein „auf autoritärer Grundlage aufgebauter Verband öffentlichen Rechtes", stand unter der Leitung von Vizekanzler Fürst Ernst Rüdiger von Starhemberg und umfaßte insgesamt 26 Sportarten in 15 Fachgruppen. Mit Wirkung vom 30. Oktober 1934 wurde dem „Obersten Sportführer" Fürst Starhemberg für jedes Bundesland ein Landessportkommissär zur Seite gestellt, der „die Weisungen des obersten Führers in seinem Wirkungskreis zu vollziehen" hatte. Landessportkommissär für Vorarlberg wurde der frühere Sportwart des Rheingaus, der Lustenauer Bürgermeister Josef Peintner.[238]

Der für den Vorarlberger Turnsport wichtigste Punkt der Satzungen der Österreichischen Turn- und Sportfront war der Paragraph 5, Absatz 2: „Bestehen innerhalb eines Sportzweiges zwei oder mehrere voneinander unabhängige Verbände oder Vereine, dann werden sie vom obersten Führer zu einer Dachorganisation zusammengeschlossen." Der geplante Zusammenschluß der ideologisch unterschiedlich orientierten Dachorganisationen Turngau und Rheingau zu einem gemeinsamen Verband, der sogenannten „Einheitsturnerschaft", und die damit erhoffte „Entpolitisierung" des gesamten Turnwesens scheiterten in Vorarlberg jedoch am Anspruchsverhalten beider Verbände.

Die Verbandsführung des Rheingaus nahm erstmals anläßlich des Gauturnfestes am 12. August 1934 in Hard öffentlich zur Neuorganisation des Turn- und Sportwesens

Stellung. Wie Gaudietwart Dr. Armin Hämmerle in seiner Rede ausführte, war der Rheingau zwar bereit, eine gemeinsame Verbindung mit dem Turngau einzugehen, jedoch nur unter der Bedingung, daß der neuen Organisation die Grundprinzipien des Rheingaus zugrunde lägen: ein klares Bekenntnis zum Christentum, zum Deutschtum und zum Vaterland Österreich.[239] Zusätzlich nahm der Rheingau in den folgenden Monaten für sich in Anspruch, der alleinige Träger des Turngedankens in Vorarlberg zu sein. Bei einer Gauleitersitzung am 9. Dezember 1935 in Dornbirn wurde von den Delegierten festgehalten, daß in 16 Orten ohne besondere Schwierigkeiten Turn- und Sportgemeinden gegründet werden könnten. Die Weisung zur Gründung dieser Turn- und Sportgemeinden sollte allerdings durch die Vaterländische Front erfolgen und durch vaterländische Kundgebungen eingeleitet werden.[240]

Diesen Forderungen und Ansprüchen des Rheingaus konnte und wollte der Vorarlberger Turngau naturgemäß nicht nachgeben. Er lehnte beharrlich, zuletzt am 13. Dezember 1936, bei allen Verhandlungen mit der Landesregierung und dem Generalsekretär der Österreichischen Turn- und Sportfront, Baron Theobald von Seyffertitz, die geplante Einheitsturnerschaft ab.[241] Deshalb beschloß der Rheingau bei seinem Frühjahrsgautag am 1. April 1937 einstimmig, den Verband wieder zu aktivieren, ohne jedoch die Idee der Einheitsturnerschaft grundsätzlich aufzugeben. Erst nach dem erneuten Scheitern von Verhandlungen der Landesregierung mit Vertretern des Vorarlberger Turngaus und des Deutschen Turnerbundes im August 1937 in Bregenz beschloß der Rheingau seinen Beitritt zur Christlich-Deutschen Turnerschaft Österreichs (= CDTÖ).

Die Christlich-Deutsche Turnerschaft Österreich war am 22. März 1900 in Wien als Gegenpol zur deutschvölkischen Turnbewegung gegründet worden. Vereinsziel der CDTÖ war laut Statuten die „Ausübung der deutschen Turnerei, Pflege des deutschen Standesbewußtseins, christliche Überzeugung".[242] Bis zum Ersten Weltkrieg kam es zum Beitritt zahlreicher christlich orientierter Turnvereine aus der österreichischen Reichshälfte zur CDTÖ, nicht jedoch aus Vorarlberg. Deshalb trat die CDTÖ im Februar 1923 an den Rheingau heran, ihrem Verband beizutreten. Der Rheingau lehnte beim Verbandstag am 24. Februar 1923 dieses Ansuchen aus zwei Gründen ab: einmal aufgrund der langjährigen Zugehörigkeit zur Deutschen Turnerschaft (seit 1908) und zum zweiten aus geographischen Gründen.[243] Mehrmals jedoch nahmen Turner des Rheingaus erfolgreich an diversen Turnfesten der CDTÖ „außer Gau" teil, so z. B. 1926 am Gauturnfest in Hall oder 1930 am 3. Verbandsturnfest in Salzburg, bei dem der TB Rankweil völlig überraschend die Länderstaffel vor Wien gewinnen konnte.

In den politisch umkämpften dreißiger Jahren bekannte sich die CDTÖ eindeutig zur Christlichsozialen Partei Österreichs unter Bundeskanzler Dr. Engelbert Dollfuß. Als der Rheingau im Oktober 1933 aus der Deutschen Turnerschaft ausgeschlossen wurde, nahm der Vorstand des Gaus wieder intensivere Kontakte mit dem Vorstand der CDTÖ auf. Obwohl bei einer Gauleitersitzung des Rheingaus am 10. November 1934 bereits ein Grundsatzbeschluß gefaßt wurde, der Christlich-Deutschen Turnerschaft Österreichs beizutreten, verzögerte sich der tatsächliche Beitritt noch einige Jahre. Grund der Verzögerung war das, schlußendlich vergebliche, Ringen des Rheingaus um eine einheitliche Lösung der Vorarlberger Turnfrage in einer gemeinsamen Vorarlberger Einheitsturnerschaft. Erst nach dem definitiven Scheitern aller Verhandlungen entschloß sich der Rheingau beim Herbstgautag 1937 in Rankweil, der CDTÖ beizutreten. Anläßlich des Verbandstages der CDTÖ am 27. November 1937 in Wien trat der

Rheingau – vertreten durch Obmann Ferdinand Grubhofer, Oberturnwart Toni Ulmer und Pressewart Willi Granzeuer – der Christlich-Deutschen Turnerschaft Österreichs bei, die damit erstmals in allen Bundesländern Österreichs vertreten war. Der Einmarsch der deutschen Truppen am 12. März 1938 bedeutete schließlich auch das Ende jeglicher Turntätigkeit für die Christlich-Deutsche Turnerschaft Österreichs.

2.2.3. Wettkampfwesen

Für die ersten öffentlichen Veranstaltungen im Rahmen der katholischen Turnbewegung zeichnete sich der Turnclub des Arbeitervereins Hohenems unter der Leitung des späteren langjährigen Turnwarts des christlichen Vorarlberger Rheingaus, Lehrer August Waibel, verantwortlich. Er trat am 7. September 1902 erstmals mit einem Schauturnen an die Öffentlichkeit. In den nächsten beiden Jahren wagte sich der Turnclub bereits an die Organisation von zwei internationalen Turnfesten, an denen sich jeweils bis zu 300 Athleten aus der Schweiz, aus Deutschland und aus Vorarlberg beteiligten. Auf dem Programm dieser beiden Turnfeste standen Bewerbe im Einzel-Wettturnen, im Kürturnen, im Nationalturnen und verschiedene Turnspiele.

Ab 18. November 1906 war der Vorarlberger Turner- und Athletenverband respektive der Vorarlberger Rheingau (ab 1908) für die Organisation der Turnfeste auf Verbandsebene verantwortlich. Wie im Vorarlberger Turngau bildete auch im Rheingau das durch Friedrich Ludwig Jahn begründete „Deutsche Turnen" die Grundlage jeder Turntätigkeit. Bei allen 17 Verbandsturnfesten von 1907 bis 1937 kamen daher ausschließlich Wettbewerbe im Turnen, Volkstümliche Mehrkämpfe und Ringbewerbe zur Austragung.

Das erste Verbandsturnfest des Rheingaus fand am 13. August 1907 in Rankweil statt. Trotz der ungünstigen Witterung traten mehr als 200 Turner aus 40 ausländischen und zehn Vorarlberger Vereinen vor geschätzten 4.000 Zuschauern zu den Bewerben im Kunstturnen, im Nationalturnen und im Volkstümlichen Mehrkampf an.[244] Bis zum Ausbruch des Ersten Weltkrieges führte der Rheingau laut Eigendarstellung drei weitere Verbandsturnfeste durch: 1909 in Dornbirn, 1911 in Altach, 1913 in Hohenems.[245] Bereits 1908 nahm auch eine zwölf Turner starke Abordnung des Rheingaus am Deutschen Turnfest in Frankfurt teil. 1913 erturnten die beiden Lauteracher Turnerbundathleten August Dietrich und Rudolf Knittel beim Deutschen Turnfest in Leipzig als erste Rheingauturner einen Lorbeerkranz.

Das erste Verbandsturnfest des Rheingaus nach dem Krieg fand am 7. September 1919 in Götzis statt. Mit Ausnahme von 1922, 1925 und 1929 veranstaltete der Rheingau bis 1937 jährlich ein Gauturnfest, wobei die Turnfeste 1935 und 1936 als sogenannte „Landesturnfeste" auch den Turnern des deutschnationalen Turngaus offenstanden.[246] Im Laufe der Jahre kamen bei diesen Verbandsturnfesten immer wieder unterschiedliche Wettbewerbe zur Austragung. Grundsätzlich lassen sich bei den Turnern jedoch die folgenden vier Gruppen unterscheiden: Turnwettkämpfe (z.B. Zehnkampf bzw. Zwölfkampf); Volkstümliche Mehrkämpfe (z.B. Fünfkampf, Sechskampf oder Zehnkampf); Riegenturnen für Vereine und Ringen. Ab 1924 wurde auch eine gesonderte Vereinswertung im Riegenturnern der Turnerinnen durchgeführt. Seit 1932 durften die Turnerinnen auch in Einzeldisziplinen an den Start gehen. Sie absolvierten ausschließlich volkstümliche Mehrkämpfe, und zwar Vier-, Fünf- oder Sechskämpfe.

Ab 1922 beteiligten sich Athleten des Rheingaus auch wieder verstärkt an Wettkämpfen außerhalb Vorarlbergs. Bis zum Ausschluß des Rheingaus aus der Deutschen Turnerschaft im Oktober 1933 bildeten die Deutschen Turnfeste der Deutschen Turnerschaft bzw. die Eidgenössischen Turnfeste des Schweizer Turnverbandes auf internationaler Ebene den eindeutigen Höhepunkt für die Vereine des Rheingaus. Der mit Abstand erfolgreichste Rheingauverein bei diesen Turnfesten war der TB Lustenau, der 1928 in Luzern beim Eidgenössischen Turnfest im Vereinsturnen der Stärkeklasse III (25-32 Turner) den 8. Rang belegen konnte, erfolgreichster Einzelturner war der Dornbirner Franz Winder mit einem 14. Rang im Zehnkampf der Turner beim Deutschen Turnfest 1923 in München.

Bereits 1926 nahmen einige Turner des Rheingaus am 11. Gauturnfest der Christlich-Deutschen Turnerschaft Österreichs in Hall „außer Gau" teil. Nach dem Ausschluß aus der Deutschen Turnerschaft im Herbst 1933 und dem nachfolgenden eindeutigen Bekenntnis des Rheingaus zum „Vaterland Österreich" bildeten die diversen Turnveranstaltungen der Christlich-Deutschen Turnerschaft Österreich für die leistungsstärksten Turner des Rheingaus die wichtigste Möglichkeit, auch überregional auf sich aufmerksam zu machen. 1935 nutzte der Rheingau beim 4. Verbandsturnfest der CDTÖ in Linz erstmals diese Gelegenheit. August Sturm (TB Kennelbach) gewann mit der absolut höchsten Wertung dieses Turnfestes den Gerätemehrkampf, Gottfried Peintner (TB Lustenau) siegte im Volkstümlichen Siebenkampf. Im Riegenturnen zeigte sich die Musterriege des TB Lustenau allen anderen Vereinen weit überlegen.[247]

Am 1. Februar 1936 brachte die Christlich-Deutsche Turnerschaft Österreich in Wien einen Turnländerkampf gegen Italien zur Durchführung, der von der italienischen Mannschaft überlegen gewonnen wurde. Drei der sechs österreichischen Turner gehörten jedoch dem Rheingau an: August Sturm (TB Kennelbach), Rudolf Hagen (TB Lustenau) und Hans Haselwander (TB Ring Bregenz). Auch die diversen Ausscheidungskämpfe im Turnen für die Olympischen Spiele 1936 in Berlin endeten für den Rheingau mit einem großen Erfolg: Pius Hollenstein, Adolf Scheffknecht (beide TB Lustenau) und August Sturm (TB Kennelbach) qualifizierten sich für die sechsköpfige österreichische Olympiaauswahl und belegten bei der Olympiade selbst in der Mannschaftswertung den 11. Rang.[248] Die Teilnahme von insgesamt drei Turnern an Olympischen Spielen bildete für den Rheingau den absoluten sportlichen Höhepunkt in einer Entwicklung, die 1898 mit der Bildung des ersten katholischen Turnclubs in Hohenems ihren Anfang genommen hatte.

Am 27. November 1937 bewiesen die Turner des Rheingaus bei einem Länderkampf gegen Ungarn in Wien noch ein letztes Mal ihre sportliche Ausnahmestellung innerhalb der katholischen Turnbewegung in Österreich. Adolf Scheffknecht belegte in der Einzelwertung den 2., Pius Hollenstein den 3. und Rudolf Hagen den 6. Rang (alle TB Lustenau). Sie waren damit die drei bestplazierten österreichischen Turner. Nach diesem Länderkampf trat der Rheingau bis zu seiner Auflösung am 12. März 1938 wettkampfmäßig nicht mehr in Erscheinung.

Obwohl der Rheingau in all den Jahren seiner Existenz primär ein Turnverband blieb, konnten sich die einzelnen Verbandsvereine und die Verbandsführung der nach der Jahrhundertwende immer stärker werdenden Sportbewegung nicht verschließen. Schon im April 1914 hatte sich innerhalb des Turnerbundes Lustenau eine eigene Fußballabteilung gebildet, die sich bis April 1935 mit dem Ortsrivalen FC Lustenau um die Vorherrschaft im Vorarlberger Fußballgeschehen duellierte. 1930 erreichte der TB

Lustenau sogar den 2. Endrang in der Bundesamateurmeisterschaft des Österreichischen Fußballbundes.[249]

1921 befürwortete der Gautag die Gründung von Fußballriegen, 1924 auch die Gründung von Skiriegen. 1925 wurde auf dem Frühjahrsgautag in Hohenems neben dem Gauturnwart mit dem Lustenauer Josef Peintner erstmals ein eigener Sportwart bestellt. Ab 1931 veranstaltete der Gau jährlich ein eigenes Gauskirennen, und 1933 kam erstmals ein eigenes Gauringen zur Austragung.

Ab 1922 nahmen Athleten des Rheingaus auch sehr erfolgreich an nationalen und internationalen Leichtathletiksportfesten teil. Von den insgesamt 198 Meistertiteln, die im Zeitraum 1922 bis 1937 bei Vorarlberger Meisterschaften vergeben wurden, gingen nicht weniger als 97 auf das Konto von Rheingauvereinen bzw. Athleten des Rheingaus.[250] Vor allem zwei Athleten waren es, die mit ihren Leistungen auch international auf sich aufmerksam machten und zum Teil ihren Sportkameraden um Jahrzehnte voraus waren: Gottfried Peintner vom TB Lustenau und Josef Neumann vom TB Ring Bregenz.

Gottfried Peintner gewann im Zeitraum 1925 bis 1937 nicht weniger als 28 Vorarlberger Leichtathletikmeistertitel in sieben verschiedenen Disziplinen. Achtmal wurde er in die österreichische Nationalmannschaft berufen, dreimal hielt er die österreichische Jahresbestleistung im Weitsprung. Sein legendärer Vorarlberger Weitsprungrekord von 7,14 m aus dem Jahre 1930 wurde erst 34 Jahre später verbessert. Sechsmal gewann er bei den Turnfesten des Rheingaus den Volkstümlichen Mehrkampf. Peintners international herausragendste Leistung war jedoch der 3. Rang im Sechskampf beim Deutschen Turnfest 1930 in Leipzig. Im Weitspringen (Einzeldisziplin) erreichte Peintner mit 7,04 m sogar den 2. Rang.

Josef Neumann war Schweizer Staatsbürger, lebte aber in Vorarlberg und startete für den TB Ring Bregenz. Von 1929 bis 1934 gewann er 17 Leichtathletikmeistertitel in der Allgemeinen Klasse in sechs verschiedenen Disziplinen. Sein Vorarlberger Speerwurfrekord von 62,22 m aus dem Jahre 1934 wurde erst 1983 verbessert. 1933 erreichte er mit einem 2. Platz im Speerwerfen die beste Plazierung eines Vorarlberger Leichtathleten bei Österreichischen Meisterschaften vor dem Zweiten Weltkrieg. Ab 1936 startete Neumann für den Stadtturnverein St. Gallen und vertrat die Schweiz bei den Olympischen Spielen 1936 in Berlin im Speerwerfen.[251]

2.3. Die sozialdemokratische Arbeiter-Turn- und Sportbewegung

2.3.1. Organisation und Grundsätze der sozialdemokratischen Arbeiter-Turn- und Sportbewegung in Österreich

Die sozialdemokratische österreichische Arbeiter-Turn- und Sportbewegung entstand im letzten Jahrzehnt des 19. Jahrhunderts. Sie wurde im wesentlichen von drei Gruppen getragen: den Arbeiterturnern, den Arbeiterradfahrern und den Naturfreunden.

Diese drei Gruppen organisierten sich noch vor der Jahrhundertwende in einheitlichen, nationalen Verbänden, die jedoch – abgesehen von persönlichen Beziehungen einzelner Funktionäre untereinander – zunächst keinen engeren Kontakt unterhielten. Mit Parolen wie „Heraus aus den Wirtshäusern" und „Kampf dem Alkoholismus und der physischen Degeneration" boten diese Organisationen den Arbeitern nunmehr in ihrer Freizeit ein wichtiges Gegengewicht zur Arbeitswelt, die zunehmend von Gleichförmigkeit und Monotonie geprägt war.[252] Erst nach der Jahrhundertwende entstanden weitere Arbeitersportorganisationen: Fußball (1905), Stemmen (1906), Schwimmen (1907).

Als „Wiege" der österreichischen Arbeiterturnbewegung gilt der Arbeiterbildungsverein Mariahilf Wien. Ab 1891 wurde in diesem Verein geturnt, und der Jahresbericht 1892 des Leiters der Turnabteilung, Emil Renelt, wird von Gastgeb als „die erste nachweisbare Statistik über einen regelmäßigen Turnunterricht eines Arbeitervereins" bezeichnet.[253] 1894 entstand aus der Turnsektion des Arbeiterbildungsvereins Mariahilf der „Allgemeine Turnverein Wien", der erste Arbeiterturnverein Österreichs.[254] Die immer größer werdende Zahl von Neugründungen von Arbeiterturnvereinen – nach 1900 auch in den Bundesländern – führte 1905 zur Gründung des „Verbands der Arbeiter-Turnvereine Österreichs", der sich als Kreis 8 dem seit 1893 bestehenden „Deutschen Arbeiter-Turnerbund" anschloß.

Der erste Arbeitersportverein Österreichs war bereits 1893 gegründet worden. Es war dies der Wiener Arbeiterradfahrerverein „Die Biene", dem u.a. auch Viktor Adler, der Gründer und Führer der Sozialdemokratischen Partei Österreichs, als Mitglied angehörte.[255] Gerade das Radfahren als verhältnismäßig billiges Fortbewegungsmittel erlebte innerhalb der Arbeiterschaft einen gewaltigen Aufschwung. 1898 wurde ein österreichweiter Dachverband, der „Arbeiter-Radfahrerverband", ins Leben gerufen, und 1914 zählte die Arbeiterradfahrerbewegung in Österreich bereits 423 Vereine mit rund 24.000 Mitgliedern.[256]

Die Gründung des Arbeiter-Touristenvereins „Die Naturfreunde" erfolgte am 16. September 1895 in Wien unter Mitwirkung des späteren Bundespräsidenten Karl Renner.[257] Vorrangiges Ziel der Naturfreunde war es, den Arbeitern eine gesunde Freizeitgestaltung in der Natur zu ermöglichen. Kurz vor und nach der Jahrhundertwende kam es zu weiteren Vereinsgründungen in verschiedenen Bundesländern, und ab 1905 breitete sich die Naturfreundebewegung in ganz Europa und sogar bis in die Vereinigten Staaten von Amerika aus.[258]

Der Erste Weltkrieg und der Zusammenbruch der Monarchie brachten tiefe Einschnitte für die Arbeitersportbewegung. In fast allen Sportarten war die Zahl der Mitglieder drastisch gesunken, und die noch nicht sehr gefestigten Organisationsstrukturen waren zerstört. Nach mehreren Gesprächen von Vertretern der einzelnen Sportarten – u.a. auch mit der Gruppe der Soldatensportler – wurde am 19. Mai 1919 eine neue gemeinsame Dachorganisation für alle österreichischen Arbeiter-Turn- und Sportvereine ins Leben gerufen: der „Verband der Arbeiter- und Soldatensportvereinigungen Österreichs" (= VAS). Dem VAS gehörten bei der Gründung fünf Fachverbände an: Fußball, Radfahren, Schwimmen, Turnen und der Touristenverein „Die Naturfreunde".

Die Tätigkeit des VAS verlief in den ersten Jahren allerdings alles andere als konfliktfrei, da sich die verschiedenen Dachverbände innerhalb des VAS in ihrer Einstellung zu den bürgerlichen Turn- und Sportverbänden durchaus nicht einig waren. Schon bald nach der Gründung kam es zu massiven ideologischen Gegensätzen zwischen den

Arbeiterturnern, die eine klare Trennung von den bürgerlichen Turnvereinen verlangten, und den Arbeiterfußballern, die sich weigerten, aus dem bürgerlichen „Österreichischen Fußballbund" auszutreten. Der Bruch der Regierungskoalition zwischen Christlichsozialen und Sozialdemokraten im Oktober 1920 führte nicht nur auf politischer Ebene, sondern auch in der Arbeitersportbewegung immer öfter zu einer offenen Konfrontation zwischen dem bürgerlichen und dem sozialistischen Lager und in weiterer Folge zur vollständigen Isolation sämtlicher Arbeitersportorganisationen. Lediglich die Arbeiterfußballer scherten aus der gemeinsamen Linie aus. Sie blieben Mitglied des Österreichischen Fußballbundes, sorgten so für manchen Konfliktstoff innerhalb der Arbeitersportbewegung und verursachten schließlich sogar das Auseinanderbrechen des VAS.

Am 26. Oktober 1924 wurde der VAS durch einen neuen Dachverband abgelöst: den „Arbeiterbund für Sport und Körperkultur" (= ASKÖ). Dem ASKÖ gehörten bei seiner Gründung 110.355 Mitglieder an, nicht jedoch die Arbeiterfußballer.[259] Im Laufe der nächsten fünf Jahre verdoppelte der ASKÖ seinen Mitgliedsstand und erreichte 1931 seinen Höchststand mit 16 Verbänden, 2.735 Vereinen und 240.216 Mitgliedern. Die größten Teilorganisationen innerhalb des ASKÖ waren dabei die Naturfreunde (90.725 Mitglieder), die Turner (43.132) und die Radfahrer (18.841). Allerdings waren auch 1931 noch mehr als die Hälfte (= 54 %) aller Arbeitersportvereine im „roten Wien" beheimatet.[260]

1927 veröffentlichte die „Vorarlberger Wacht" einen Aufsatz von Hans Gastgeb, dem Sekretär des Arbeiterbundes für Sport und Körperkultur, in dem die „Aufgaben der Arbeitersportbewegung in Österreich" ausgiebig besprochen wurden. Gastgeb führte im wesentlichen die folgenden Punkte an:

Alle „Kulturbedürfnisse der Arbeiterschaft" müssen in den „eigenen Reihen befriedigt werden können".

Kein Parteimitglied darf „Mitglied einer bürgerlichen Sportvereinigung sein". Bürgerlicher Sport ist für die Arbeitersportler lediglich „ein getreues Abbild jener Mechanismen, die sie täglich am eigenen Leib verspüren: Hier wie da siegt der Stärkere über den Schwächeren".

Nur eine „Massensportbewegung" kann „im Sinne der Volksgesundheit Nützliches leisten".

Die sportliche Betätigung des Arbeiters darf nie „Selbstzweck sein", sondern muß den Interessen der sozialdemokratischen Bewegung dienen.

Die „Wehrhaftmachung der Arbeiterschaft" durch körperliche Übungen ist ebenso eine Notwendigkeit der Arbeitersportbewegung wie die „Kräftigung und Stärkung für den täglichen Arbeitskampf".

Körperliche Betätigung muß „insbesondere den Arbeiterkindern und der Arbeiterjugend zugänglich" gemacht werden.[261]

Vor allem die von Gastgeb angesprochene „Wehrhaftmachung der Arbeiter" wurde aufgrund des sich ständig verschärfenden innenpolitischen Klimas für den ASKÖ eine der vordergründigsten Aufgaben. Arbeitersport wurde nach 1927 zunehmend zum „Wehrsport", eine Entwicklung, die schließlich in der „de-facto-Eingliederung der Arbeitersportler in den Republikanischen Schutzbund" gipfelte.[262] Die blutigen Auseinandersetzungen im Februar 1934 zwischen der Regierung Dollfuß und dem sozialdemokratischen Republikanischen Schutzbund bedeuteten auch das Ende der Arbeiter-

Turn- und Sportbewegung. Einen Tag, nachdem die Sozialdemokratische Partei verboten worden war, wurde am 13. Februar 1934 auch der „Arbeiterbund für Sport und Körperkultur" mit allen ihm angehörenden Vereinen und Verbänden behördlich aufgelöst.

2.3.2. Die sozialdemokratische Arbeiter-Turn- und Sportbewegung in Vorarlberg

Am 31. Dezember 1889 hatte sich im niederösterreichischen Hainfeld die österreichische Arbeiterbewegung in der „Sozialdemokratischen Partei" zusammengeschlossen. Knapp ein Jahr später konstituierte sich in Telfs in Tirol die „Landesorganisation Tirol und Vorarlberg" der Sozialdemokratischen Partei. Trotz des raschen Anwachsens und der zunehmenden Bedeutung der Arbeiterbewegung innerhalb von Vorarlberg dauerte es bis zum 1. April 1899, bis eine eigenständige sozialdemokratische Landesorganisation Vorarlberg ihre Tätigkeit aufnahm.

Etwa um dieselbe Zeit begann sich die zu Beginn der neunziger Jahre in Wien entstandene Arbeiter-Turn- und Sportbewegung auch in die einzelnen Bundesländer auszubreiten, stieß jedoch bei der Bevölkerung – vor allem im ländlichen Raum – vorerst nur auf wenig Verständnis und Resonanz: auch in Vorarlberg. Mittersteiner bezeichnet in seiner Arbeit über die Arbeiterbewegung in Vorarlberg die Gründung von Sportorganisationen als ein „relativ spät einsetzendes Phänomen in der Konstituierungsphase der Vorarlberger Sozialdemokratie".[263] Relativ spät bedeutet in diesem Fall die Jahre 1903 bis 1907. In diesem Zeitraum konstituierten sich auch in Vorarlberg Ortsgruppen jener drei Sportarten, die vor der Jahrhundertwende die österreichische Arbeiter-Turn- und Sportbewegung begründet hatten: die Arbeiterradfahrer (1903, Dornbirn), die Naturfreunde (1905, Dornbirn) und die Arbeiterturner (1907, Dornbirn). Noch vor dem Ersten Weltkrieg kam es in Vorarlberg zur Gründung von je vier weiteren Arbeiterradfahrvereinen bzw. Ortsgruppen der Naturfreunde und zwei weiteren Arbeiterturnvereinen.[264] Bei all diesen Vereinen lag der Schwerpunkt der Vereinstätigkeit jedoch weniger im sportlichen als im geselligen und gesellschaftspolitischen Bereich. Vor allem die Radfahrer pflegten bei ihren Radausflügen ins benachbarte Deutschland oder in die Schweiz regen Kontakt mit den dort ansässigen sozialistischen Organisationen und sorgten so für eine Verbreitung des sozialdemokratischen Gedankenguts auch im Ausland.

Nach dem Ersten Weltkrieg wurde das Spektrum der Sportarten um drei erweitert: Fußball, Eisschießen und Skilaufen. Trotz regelmäßiger Appelle der Vorarlberger Wacht, die „Genossen, Genossinnen und Jugendlichen" für eine Mitgliedschaft in den Arbeitersportvereinen zu gewinnen und den Sport als „Gegenpol zu einseitiger Beschäftigung, rauchgeschwängerten Lokalen, seichtem Vergnügen oder Alkoholgenuß" zu etablieren, blieb der Anteil der Vorarlberger Vereine an der gesamtösterreichischen Arbeiter-Turn- und Sportbewegung verschwindend gering.[265] 1931, als der ASKÖ, der Dachverband aller österreichischen Arbeiter-Turn- und Sportvereine, mit 240.216 Mitgliedern seinen Höchststand erreichte, betrug der Prozentsatz der Vorarlberger Teilorganisationen an der Gesamtorganisation mit ca. 1.650 Mitgliedern lediglich bescheidene 0,7 Prozent.[266]

Die behördliche Auflösung des ASKÖ mit all seinen ihm angehörenden Vereinen und Verbänden am 13. Februar 1934 im Anschluß an die blutigen Auseinandersetzungen zwischen der Regierung Dollfuß und dem sozialdemokratischen Republikanischen Schutzbund bedeutete faktisch auch das Ende der Arbeiter-Turn- und Sportbewegung in Vorarlberg bis 1945.

Der folgende Abschnitt gibt einen Überblick über den Aufbau und die Tätigkeit aller in Vorarlberg vor 1934 tätigen Arbeiter-Turn- und Sportorganisationen.

Radfahren

Als erster Arbeiterradfahrerverein Vorarlbergs wurde am 13. Juli 1903 in Dornbirn der „Arbeiter-Radfahrer-Club Bruderbund" durch den Landesparteisekretär Hermann Leibfried gegründet.[267] Als Mitglied des 1898 gegründeten „Verbandes der Arbeiter-Radfahrer-Vereine Österreichs" konnte der „Radfahrer-Club Bruderbund Dornbirn" seinen Mitgliedern von allem Anfang an auch ein umfassendes Serviceangebot bieten: z.B. Verdienstentgang bei einem Radunfall, Entschädigung im Falle eines Raddiebstahls, Rechtsschutz.[268] Noch vor dem Ersten Weltkrieg kam es zur Gründung weiterer proletarischer Radfahrvereine in Bregenz (1907), Hard (1910), Feldkirch und Höchst (jeweils 1911). Neben dem Erwerb und der Perfektionierung des Radfahrens war die Pflege der Kollegialität eine der Hauptaufgaben dieser Arbeiterradfahrervereine. Zahlreiche Radtouren führten die Arbeiterradfahrer zum Teil weit ins benachbarte Ausland. Die Radfahrer wurden somit zur „mobilen Truppe der Bewegung", die mehr als alle anderen Gruppen den Kontakt zu ausländischen sozialdemokratischen Organisationen herstellten und so einen wertvollen Beitrag zur Verbreitung sozialdemokratischen Gedankenguts leisteten.[269]

Unmittelbar nach dem Ersten Weltkrieg kam es zur Gründung zahlreicher neuer Arbeiterradfahrervereine in ganz Vorarlberg, die sich alle dem „Verband der Arbeiter-Radfahrer-Vereine Österreichs" (= VARÖ) anschlossen. 1922 jedoch kam es im Anschluß an den Verbandstag des VARÖ zur Spaltung der Vorarlberger Arbeiterradfahrbewegung in zwei verfeindete Lager. Auslösender Faktor für die Trennung war der Vorstandsbeschluß des österreichischen Fachverbandes, den Mitgliedsbeitrag für die einzelnen Vereine ab dem kommenden Jahr geringfügig zu erhöhen. Dieser Beschluß stieß auf den erbitterten Widerstand einiger Vorarlberger Vereine, die der Zentrale in Wien vorwarfen, die Vorarlberger Vereine stiefmütterlich zu behandeln und sie lediglich als „Melkkuh des Verbandes" zu sehen. Vor allem der Koblacher Lehrer Johann Josef Dietrich, der Sprecher dieser Vereine, betrieb ab 1923 konsequent die Loslösung von Wien mit dem Slogan „Vorarlberg den Vorarlbergern" und bemühte sich um die Aufnahme der abtrünnigen Vereine in den reichsdeutschen Radfahrerbund „Solidarität".[270] Als ein entsprechendes Ansuchen Dietrichs vom Radfahrerbund Solidarität jedoch abgelehnt wurde, gründete Dietrich Ende Dezember 1923 einen eigenen Landesverband: den „Verband der Arbeiter-Radfahrer von Vorarlberg" (= VARV).[271]

Der Verband der Arbeiter-Radfahrer von Vorarlberg

Der VARV nahm seine Tätigkeit offiziell am 1. März 1924 auf. Mit Datum 25. Jänner 1925 gehörten dem VARV zehn Mitgliedsvereine mit ca. 300 Mitgliedern an: die Radfahrvereine Altenstadt, Bludenz, Bürs, Klaus, Koblach, Levis, Rankweil, Satteins, Sulz und Vandans. Obmann des Verbandes war Johann Josef Dietrich (Koblach). Von Mai

1925 bis März 1929 gab der VARV eine eigene Verbandszeitung unter dem Titel „Der freie Radler" heraus. Schriftführer dieser Zeitung war der Feldkircher Hans Rohrer.

Unmittelbar nach der Gründung des VARV eskalierte der Vorarlberger „Bruderzwist". Dietrich forderte von der Vorarlberger Landesparteileitung der Sozialdemokratischen Partei die offizielle Anerkennung seines Verbandes und drohte, im Falle der Nichtanerkennung die Parteizeitung Vorarlberger Wacht abzubestellen und bei den Feiern zum 1. Mai nicht mehr mitzuwirken. Alle Versuche der Landesparteileitung, eine Aussöhnung des VARV mit den verbliebenen „wientreuen" Arbeiter-Radfahrvereinen zu erreichen, führten zu keinem Ergebnis. Damit gab es in Vorarlberg ab Herbst 1924 innerhalb der Arbeiterradfahrer zwei verfeindete Organisationen: den Landesverband Vorarlberg des Verbands der Arbeiter-Radfahrer Österreichs (= LV/VARÖ) und den Verband der Arbeiter-Radfahrer von Vorarlberg (= VARV).[272]

Die auf sportlicher Ebene erbrachten Leistungen des VARV waren recht bescheiden. Da es den einzelnen Vereinen des VARV laut Paragraph 15 der Statuten verboten war, an Radkonkurrenzen des bürgerlichen „Radfahrverbandes für Tirol und Vorarlberg" teilzunehmen, beschränkte sich die Wettkampftätigkeit auf wenige verbandsinterne Veranstaltungen, bei denen allerdings das gesellschaftliche Element gegenüber dem sportlichen klar dominierte: Gründungsfeste, Gartenfeste, Bannerenthüllungen und das alljährlich durchgeführte Verbandsfest.[273] 1928 allerdings veranstaltete der VARV – ähnlich wie die beiden anderen Vorarlberger Radfahrverbände – erstmals zwei „Meisterschaftsrennen", bei denen das Teilnehmerfeld sich jedoch nur auf ganz wenige Fahrer beschränkte.

Im März 1929 erschien die letzte Nummer der Verbandszeitschrift „Der freie Radler". Sie weist mit Stand 1. Februar für den Verband 420 Mitglieder auf und führt als Obmann nach wie vor Johann Josef Dietrich an. Über die weitere Tätigkeit des VARV ist praktisch nichts bekannt. Er wurde wie alle anderen sozialdemokratischen Vereine im Februar 1934 behördlich aufgelöst und sein Vermögen beschlagnahmt. Gegen die Auflösung und Vermögensbeschlagnahme legte Johann Josef Dietrich am 28. Februar 1934 allerdings Berufung ein, da der VARV – wie Dietrich argumentierte – nie in einem organisatorischen Zusammenhang mit der Sozialdemokratischen Partei gestanden hätte, sondern diese sogar zu den größten Gegnern des VARV gezählt habe. Trotz der Argumente von Dietrich, der Verband sei unpolitisch und neutral gewesen und habe nie an sozialdemokratischen Veranstaltungen teilgenommen, blieb die Sicherheitsdirektion bei ihrem Auflösungsbescheid. Das Vermögen des VARV wurde Dietrich allerdings von der BH Feldkirch zurückerstattet.[274]

Der Landesverband Vorarlberg des Verbands der Arbeiter-Radfahrervereine Österreichs bzw. des Arbeiter-Radfahrerbundes für Österreich

Auch der zweite Vorarlberger Verband, der LV/VARÖ, fristete innerhalb der österreichischen Radfahrerbewegung nur ein Schattendasein. Bis 1927 war er Mitglied des Verbandes der Arbeiter-Radfahrvereine Österreichs, nach 1927 des Arbeiter-Radfahrerbundes für Österreich. Anläßlich der Jahreshauptversammlung 1928 beklagte sich der Vorsitzende Hans Draxler, daß dem Verband zum einen die finanziellen Mittel fehlten, um sportliche Wettbewerbe durchführen zu können, zum anderen aber auch, daß die Landespartei und das Landesparteiblatt Vorarlberger Wacht dem Radfahren als Wettkampfsport kein Interesse entgegenbringen.[275] Trotz mehrerer Werbeaktionen blieb der Landesverband Vorarlberg innerhalb des Arbeiter-Radfahrerbundes für Österreich (= ARBÖ) bis 1934 prozentuell gesehen der Landesverband mit den wenigsten Mitgliedern.[276]

1926 veranstaltete der Verband erstmals ein landesweit ausgeschriebenes Straßenrennen. Ein Jahr später wagte sich der Arbeiter-Radfahrverein Bregenz anläßlich seines 20jährigen Gründungsfestes an die Durchführung mehrerer Saalradsportbewerbe, bei denen auch ausländische und innerösterreichische Vereine am Start waren. 1929 brachte der Landesverband nach dem Vorbild anderer Verbände erstmals ein Meisterschaftsrennen auf der Strecke Bregenz – Brederis und zurück zur Austragung, an dem allerdings nur sechs Fahrer teilnahmen. Ein Ansuchen des Kreises Bregenz bei der Bundesleitung in Wien, bei Radrennen als Siegespreis künftig „Kränze geben zu dürfen", wurde von der Bundesleitung jedoch abgelehnt. Die Verbandszeitung „Der Arbeiter-Radfahrer" kommentierte das Bregenzer Ansuchen wie folgt: „Das aber ist der blühende Unsinn, daß man jemanden, dem man die Möglichkeit zu sportlicher Betätigung verschafft, noch obendrein beschenkt. Das ist nicht der rechte Sportler, dem seine Tätigkeit nicht auch gleich Lohn selbst ist."[277]

1930 fanden zum ersten und einzigen Mal die Bundesmeisterschaften des ARBÖ in Vorarlberg statt. Am Rennen auf der Strecke Bregenz – Feldkirch und retour nahmen insgesamt 38 Fahrer teil, darunter fünf Fahrer aus Vorarlberg. ASKÖ-Bundesmeister wurde der Wiener Karl Stoll. Alle fünf Vorarlberger Teilnehmer wurden gemeinsam auf dem vierten Rang gewertet, da ab dem 3. Rang keine gesonderte Wertung mehr vorgenommen wurde. Von 1930 bis 1933 führte der Landesverband jährlich je eine Straßen- und Bergmeisterschaft durch. Wie beim VARV waren bei diesen Meisterschaften jedoch nur Fahrer der Verbandsvereine startberechtigt, sodaß die Qualität der dort gebotenen Leistungen wenig aussagekräftig ist. Österreichweit gelang es bis 1933 keinem Fahrer aus Vorarlberg, ein Resultat in den Medaillenrängen zu erringen. Ein Pokalrennen des Verbandes am 27. August 1933 dürfte die letzte Radsportveranstaltung innerhalb der Vorarlberger Arbeiterradfahrerbewegung bis 1945 gewesen sein.

Naturfreunde

Die Initiative zur Gründung selbständiger Arbeiter-Touristengruppen ging auf den Wiener Lehrer und späteren Schulinspektor Georg Schmiedl zurück. Das vorrangige Ziel der von Schmiedl zusammen mit dem damaligen Studenten und nachmaligen Bundespräsidenten Karl Renner sowie dem Buchdrucker Leopold Happisch 1895 gegründeten „Naturfreunde"-Bewegung war es, Arbeiter und Arbeiterinnen zu einer sinnvollen Freizeitgestaltung in der Natur zu animieren:

> *„Wir wollen vor allem die Arbeiter losreißen von den Stätten des Alkohols, vom Würfel- und Kartenspiel. Wir wollen sie aus der Enge der Wohnungen, aus dem Dunst der Fabriken und Wirtshäuser hinausleiten in unsere herrliche Natur, sie der Schönheit und der Freude entgegenführen. Wir wollen sie in die Lage versetzen, ihren Körper und Geist frei zu machen von dem trüben und öden Allerlei des Alltags. Wir wollen sie der frischen Luft, dem Licht und der Sonne zuführen."[278]*

Die erste Vorarlberger Ortsgruppe der Naturfreunde entstand am 4. Juni 1905 in Dornbirn. Allerdings war diese Ortsgruppe anfänglich selbst innerhalb der Arbeiterbewegung relativ isoliert. Sie verzichtete fast vollkommen auf jede publizistische Arbeit, hatte innerhalb von nur zehn Jahren sieben verschiedene Obmänner und war die einzige Dornbirner Parteiorganisation, zu der Parteisekretär Hermann Leibfried, der bedeutendste Vorarlberger Sozialdemokrat vor dem Ersten Weltkrieg, kein Nahverhältnis hatte. Erst mit der Gründung weiterer Ortsgruppen in Feldkirch und Bregenz (beide 1907), Rankweil (1911), Bludenz (1913) und Hohenems (1919) konnte sich die Naturfreundebewegung in der Vorarlberger Arbeiterschaft stärker etablieren.

Nach dem Ersten Weltkrieg entwickelte sich die Naturfreundebewegung in ganz Österreich zunehmend zu einem politischen Instrument der Arbeiterbewegung. Vor allem zu Wahlzeiten erwanderten die Naturfreunde mit Aufklärungs- bzw. Werbeschriften auch die abgelegensten Täler des Landes und erreichten so ein „Proletariat, das verstreut in Täler und auf Hochflächen nur schwer imstande war, seine kulturelle Lebensführung auf dieselbe Höhe zu bringen wie die Arbeiterschaft in den Städten mit ihren ausgebreiteten Industrieanlagen".[279] Durch ihre Kontakte mit der Land- und Bergbevölkerung konnten die Naturfreunde nach Eigendarstellung auch manches noch immer vorhandene Vorurteil gegen die Sozialdemokratie zerstören.[280]

Ein Problem, das vor allem in Vorarlberg zu Konfliktsituationen führte, war das neue „Körpergefühl" und „Körperbewußtsein" einzelner sozialdemokratischer Turn- und Sportorganisationen. Besonders die Naturfreunde standen mit ihrem Motto „Körperlust statt Körperfrust" in krassem Gegensatz zu den von den katholisch-konservativen Kräften des Landes vertretenen Ansichten. Während für die Sozialdemokraten Körperlichkeit die Befreiung von sexuellen Ängsten und damit verbunden „glückliche, freie, leistungsfähige und politisch wache" Menschen bedeutete, war für die katholische Kirche der Körper „ein Sitz der Sünde" und eine Last, die es sorgsam zu verbergen galt.[281] Vor allem in den öffentlichen Schwimmbädern des Landes verlangte die Kirche eine strenge Trennung der Geschlechter, sowohl bei den Erwachsenen als auch bei den Kindern. Nicht selten führte dieser Gegensatz zu scharfen ideologischen Auseinandersetzungen in den jeweiligen Parteiblättern. 1929 zum Beispiel beschwerte sich das Volksblatt in einem Artikel, daß in höhergelegenen Regionen von Dornbirn „Unholde" herumliefen, die nicht nur „unverschämt die Naturuniform der Neger von Senegal und Kongo zur Schau tragen", sondern auch in den Bergen jeden Sinn für Ordnung, Zucht und Sittlichkeit zügellos ablegten und wüst herumhausten, „als wäre ein Trieb von Wildschweinen in sie gefahren".[282] Die Replik der Vorarlberger Wacht ließ nicht lange auf sich warten. Sie belehrte das Volksblatt, daß die sozialdemokratischen Arbeiter Sonnenbäder „nicht aus geiler Absicht" nähmen, sondern ausschließlich, um den Körper für den Arbeitskampf zu stählen und die Gesundheit zu fördern. Die Wacht berichtete in diesem Zusammenhang auch über eine Nacht auf der Alpe Binnel, wo die Frauen von Leuten aus dem „klerikalen Lager" auf die unflätigste Weise belästigt wurden und die „Suglogo geläutet wurde, daß einem die Schamröte ins Gesicht gestiegen ist".[283]

Turnen

Vor dem Ersten Weltkrieg wurden in Vorarlberg drei Arbeiterturnvereine gegründet: der „Arbeiter-Turnverein Freiheit Dornbirn" (1907), der „Arbeiter-Turn- und Sportverein Bludenz" (1912) und der „Arbeiter-Turnverein Bregenz-Vorkloster" (1913).[284] Diese drei Vereine schlossen sich am 20. April 1915 in Dornbirn zum „Dachverband aller Arbeiter-Turnvereine Vorarlbergs" zusammen. Nach dem Ersten Weltkrieg kam es zur Gründung von weiteren Arbeiterturnvereinen in Feldkirch, Hard, Hohenems, Höchst, Kennelbach, Lustenau, Rankweil und Thüringen.

In einem am 19. Mai 1923 in der Vorarlberger Wacht veröffentlichten Artikel analysierte Fritz Stadler, der Landesleiter der Arbeiterturnvereine, die wichtigsten Probleme, mit denen die Arbeiter-Turnbewegung im Ländle zu kämpfen hatte: die hohe Fluktuation der Mitglieder; die Weigerung vieler Genossen, ihre Mitgliedschaft in deutschnationalen Turnvereinen aufzugeben; die Beschaffung der nahezu unerschwinglichen Geräte und die Turnhallenfrage.[285]

Als Beispiel für die oben angeführten Punkte soll exemplarisch der Arbeiter-Turnverein Freiheit Dornbirn angeführt werden. Obwohl die Dornbirner Turner fünf Jahre lang der einzige Arbeiterturnverein Vorarlbergs waren, blieb die Mitgliederzahl des Vereins mit maximal 30 erschreckend gering. Drei Gründe waren dafür ausschlaggebend: zum einen gelang es den Funktionären des Arbeiterturnvereins trotz regelmäßiger Appelle in den Parteizeitungen Volksfreund und Vorarlberger Wacht nie richtig, die einheimischen Arbeiter in den Turnverein einzugliedern, zum anderen zogen viele Arbeiter aus beruflichen oder persönlichen Gründen oft schon nach kurzer Zeit wieder aus Dornbirn weg. Viele Dornbirner Arbeiter waren auch nicht bereit, ihre Mitgliedschaft beim deutschnationalen Turnverein Dornbirn aufzugeben. Vor allem die leistungssportlich orientierten jungen Arbeiterturner wollten nicht auf all die Annehmlichkeiten verzichten, die ihnen der in der Dornbirner Gesellschaft bestens etablierte Turnverein im Gegensatz zum Arbeiter-Turnverein Freiheit bieten konnte: eine hervorragend ausgestattete, vereinseigene Turnhalle mit all den erforderlichen Geräten; ausgebildete Übungsleiter; hohes, sportliches Niveau der Gruppenübungen. Vor allem die Beschaffung einer geeigneten Übungsstätte wurde für den Arbeiterturnverein Freiheit viele Jahre lang ein fast unüberwindliches Problem. 1923 mußte der Turnverein sogar kurzfristig seine Tätigkeit einstellen, da es ihm trotz aller Bemühungen nicht gelungen war, das Recht auf die Benützung einer Schulturnhalle zu erhalten. Deshalb beschloß der Arbeiter-Turnverein Freiheit im Herbst 1923, selbst den Bau einer Arbeiter-Turnhalle in Angriff zu nehmen, ein Projekt, das durchaus erfolgreich verlief. Innerhalb von nur wenigen Monaten wurde ein großer Raum im Arbeiterheim Dornbirn als Turnsaal adaptiert und über eine Effektenlotterie finanziert.[286]

Mit ähnlichen Problemen wie der Arbeiter-Turnverein Dornbirn hatten auch andere Arbeiterturnvereine des Landes zu kämpfen. Als mit Wirkung vom 1. September 1926 dem Arbeiter-Turnverein Bregenz von der Stadt die Mitbenutzung der Turnhalle des Bundesgymnasiums Bregenz aufgekündigt wurde, ortete die Vorarlberger Wacht dies als einen „brutalen Vorstoß gegen den Arbeiter-Turnverein und damit auch gegen die gesamte Arbeiterklasse". Die Kündigungsgründe waren laut Vorarlberger Wacht, daß ein Turnwart des Arbeiter-Turnvereins insgesamt dreimal an einem Sonntag mit seinen Kindern in der Turnhalle gespielt hatte bzw. daß in der Turnhalle Flugblätter mit Einladungen zu einer Bergfeier der sozialistischen Arbeiterjugend verteilt worden waren.[287] Trotz ständiger Urgenzen der sozialdemokratischen Stadtvertreter in den nächsten Stadtratsitzungen dauerte es bis zum Juli 1929, bis der Arbeiter-Turnverein Bregenz wieder die Turnhalle des Bundesgymnasiums mitbenutzen durfte.

Vor und unmittelbar nach dem Ersten Weltkrieg kam es aufgrund der fehlenden Infrastruktur vorerst zu keinerlei sportlichen Wettkämpfen der Arbeiterturner auf Landesebene. Allerdings nahmen 1919 zum ersten und einzigen Mal nach dem Ersten Weltkrieg einige Arbeiterturner am Gauturnfest des deutschnationalen Vorarlberger Turngaus teil, wobei dem Höchster Hermann Nagel mit dem vierten Rang im Kunstturnen der Oberstufe eine ansehnliche Leistung gelang.

Abb. 31:
Für die Arbeiter-Turnvereine des Landes war die Konkurrenz der deutschnationalen und christlich-sozialen Turnvereine übermächtig. Der Arbeiter-Turnverein Dornbirn zum Beispiel mußte jahrelang mit der Stadtvertretung um eine Turnhalle kämpfen.

Abb. 32:
Die Damenriege des ATV Dornbirn Mitte der zwanziger Jahre.

Das erste gemeinsame Gruppenturnfest aller Vorarlberger Arbeiterturnvereine fand am 8. und 9. September 1923 in Feldkirch statt. Es war dies – wie die Vorarlberger Wacht zwei Jahre später in einem Rückblick auf das Turnfest schrieb – der Versuch, „das Proletariat aufzurufen, eigene Wege zu gehen, sich auch im Sport zu emanzipieren" und somit der Beginn „der Loslösung von bürgerlich-ideologischer Körperertüchtigung".[288] Das Wettkampfprogramm des Turnfestes beinhaltete Freiübungen, ein Kürturnen an sämtlichen Geräten, einen Stabreigen der Bregenzer Turnerinnen und mehrere leichtathletische Übungen. Wie bei sozialdemokratischen Turnfesten üblich, wurden im Bericht über das Turnfest keine Einzelergebnisse angeführt.

Das 2. Gruppenturnfest am 3. August 1924 in Dornbirn wurde schon im Vorfeld der Veranstaltung von Auseinandersetzungen der Arbeiterturner mit den Bürgerlichen beeinträchtigt. Als dem Arbeiter-Turnverein Dornbirn im Juli der Übungsbetrieb auf dem Viehmarktplatz von der Stadtpolizei unterbunden wurde, beklagte sich der Verein, daß die Mehrheitsfraktion in der Stadt zwar „die Geldsackinteressen einiger weniger Leute" schütze, der „unterstützungsbedürftigen Mehrheit der Bevölkerung" andererseits aber jedes Entgegenkommen versage.[289]

Weitere Gruppenturnfeste fanden 1925 in Höchst, 1926 in Bregenz, 1928 in Rankweil, 1930 in Lustenau und 1932 in Feldkirch statt. Ab 1927 wurde alternierend zum Gruppenturnfest jedes zweite Jahr ein Bezirksturnfest des neugeschaffenen Turnbezirks Tirol-Vorarlberg durchgeführt: 1927 in Bludenz, 1929 in Feldkirch, 1931 in Höchst und 1933 in Dornbirn.

Anläßlich des 6. Arbeiter-Gruppenturnfests am 2. und 3. August 1930 in Lustenau strich der sozialdemokratische Landtagsabgeordnete Jakob Bertsch in seiner Festrede die Unterschiede zwischen sozialdemokratischen und bürgerlichen Turnfesten hervor: bei den Arbeitersportlern die „allgemeine Durchbildung des Körpers, Massensport, Erziehung der Jugend für den Befreiungskampf aus dem Joch der kapitalistischen Barbarei", bei den Bürgerlichen eine „Rekordjägerei, wo nur einige zur Geltung kommen" bzw. die Erziehung zur „Kriegsbegeisterung, zur Revanchepsychose, zum gegenseitigen Völkerhaß im wahrsten Sinne des Wortes".[290] Allerdings hätte ein Vergleich der erzielten Leitungen bei diesen Sportfesten, selbst bei Berücksichtigung etwaiger Ungenauigkeiten beim Messen/Stoppen bzw. unterschiedlicher Wettkampfbedingungen, eindeutig die klare Überlegenheit der bürgerlichen Sportler gezeigt. Beim Bezirksturnfest Tirol-Vorarlberg 1929 in Feldkirch wurden zum Beispiel in den leichtathletischen Bewerben bei den Männern folgende Einzelleistungen erzielt: 100 m: 12,0 sec; Weitsprung: 5,58 m; Kugelstoßen: 10,48 m. Die vergleichbaren Vorarlberger Rekorde des Jahres 1929 lauteten: 100 m: 11,2 sec; Weitsprung: 6,82 m; Kugelstoßen: 11,95 m.

Nicht nur die Naturfreunde, auch die Arbeiterturner und -turnerinnen erregten öfters wegen ihrer Kleidung das Mißfallen der konservativen Kreise des Landes. 1932 zum Beispiel übte das Volksblatt im Anschluß an das 7. Gruppenturnfest der Arbeiterturner in Feldkirch heftige Kritik an der Kleidung der Teilnehmer:

„Im Festzug marschierten auch einige Turner mit nichts anderem bekleidet als mit einem windigen Höslein – kein Hemd! ... Das Niedrigste und Unverschämteste aber im Festzug bildeten ein paar Weibspersonen, angetan mit kurzen Höslein und Trikotleibchen. Diese Weiber waren bereits so schamlos, daß sie es am hellichten Tage wagten, in diesem, einer anständigen Frau aber total unwürdigen Kleid, das schon eher kein Kleid mehr genannt werden darf, durch die Straßen

der Stadt zu marschieren und hiedurch deutsche Frauenehre öffentlich in den Kot zu ziehen."[291]

Nach 1930 litten die Arbeiterturnfeste zunehmend unter der schweren Wirtschaftskrise. Zum letzten Bezirksturnfest am 20. August 1933 in Dornbirn kamen keine Abordnungen aus Tirol und Deutschland mehr und nur noch vereinzelt ein paar Sportler aus der Schweiz. Trotz der widrigen Umstände erzielten die Vorarlberger Arbeiterturner im Oktober 1933 noch einen bemerkenswerten Erfolg. Bei den erstmals durchgeführten „Meisterschaften im Geräteturnen der alpenländischen Arbeiterturner" in Salzburg gewannen die Vorarlberger Arbeiterturner die Mannschaftswertung vor den Mannschaften aus Steyr und Salzburg und belegten auch in der Einzelwertung mit den Turnern Hermann Nagel (Höchst) und Alois Pichlkostner (Feldkirch) die ersten beiden Ränge. Es war dies der letzte offizielle Turnwettkampf von Vorarlberger Arbeiterturnern bis nach dem Zweiten Weltkrieg.

Fußball

Im Frühjahr 1923 wurde im Arbeiter-Turnverein Feldkirch eine eigene Fußballriege gegründet. Dieser Sektionsgründung kam innerhalb der Vorarlberger Arbeitersportbewegung insofern eine große Bedeutung zu, da der ATV Feldkirch als einziger Vorarlberger sozialdemokratischer Sportverein über einen Zeitraum von mehreren Jahren (insgesamt sechs) am Meisterschaftsbetrieb eines bürgerlichen Verbandes teilnahm und damit eines der wichtigsten Gesetze der Arbeitersportbewegung boykottierte: die klare Trennung des Arbeitersports von bürgerlichen Sportvereinen oder Verbänden.

Die Fußballriege des ATV Feldkirch war während des Verbandsjahrs 1923/24 dem Vorarlberger Fußballverband beigetreten und nahm ab dem Verbandsjahr 1924/25 am Meisterschaftsbetrieb des VFV teil. Die ersten drei Saisonen spielte der ATV in der zweigeteilten C-Klasse des Verbandes und erreichte einmal den ersten und zweimal den zweiten Endrang im Bezirk Oberland.[292] 1928 gelang es dem ATV zum ersten Mal, durch ein 4:3 gegen den FC Lustenau IV, den Meister des Bezirks Unterland, den Meistertitel in der C-Klasse zu erringen. Im entscheidenden Aufstiegsspiel in die nächsthöhere Gruppe besiegte der ATV den FC Bludenz mit 4:3 Toren und spielte somit in der Saison 1929 erstmals in der B-Klasse.

Nachdem die Teilnahme des ATV am Meisterschaftsbetrieb des VFV viele Jahre völlig problemlos vor sich gegangen war, kam es im Verlauf der Saison 1929 bei mehreren Spielen zu Ausschreitungen, die in den verschiedenen Tageszeitungen sehr unterschiedlich dargestellt wurden. Laut Darstellung des Vorarlberger Tagblattes quittierten die ATV-Spieler bei einem Spiel gegen die zweite Mannschaft des christlich-sozialen Turnerbundes Lustenau am 25. Mai 1929 die Überlegenheit der Lustenauer mit unglaublicher Rohheit. Ein Spieler des Turnerbundes wurde angeblich durch einen Fausthieb niedergestreckt, während gleichzeitig etwa 40 ATV-Anhänger den Platz stürmten und mit Spazierstöcken und Fausthieben auf die Lustenauer Anhänger einprügelten. Das Tagblatt meinte, daß es allerhöchste Zeit sei, dem „Treiben des ATV Feldkirch, eines rein marxistischen Vereins", durch Ausschluß aus dem Verband ein Ende zu bereiten.[293] Ganz anders die Darstellung der Vorarlberger Wacht. Laut Wacht war die Kritik des Tagblattes nur ein Ausdruck der „ohnmächtigen Wut der Bürgerlichen, daß in Feldkirch ein Spieler nach dem anderen zum ATV wechselt". Außerdem seien beim Spiel des ATV gegen den Turnerbund auch mehrere Spieler des ATV derart schwer verletzt worden, daß sie vom Platz getragen werden mußten und einige Wochen später noch immer an den Nachwirkungen der Verletzungen litten.[294]

Trotz der erwähnten Schwierigkeiten konnte der ATV das Meisterschaftsjahr 1929 auf dem 7. Endrang beenden und entging damit knapp dem Abstieg in die C-Klasse. Auch 1930 nahm der ATV als einer von ganz wenigen Arbeiterturnvereinen in Österreich an der Meisterschaft eines nichtsozialdemokratischen Verbandes teil und erreichte in der Schlußtabelle Rang sechs, das seit Bestehen des Vereins beste Ergebnis bei einer Vorarlberger Meisterschaft.[295] Am 3. Februar 1931 trat der ATV Feldkirch allerdings aus dem Vorarlberger Fußballverband aus und schloß sich dem „Deutschen Bodenseeverband der Arbeiter-Turn- und Sportvereine" an.

Insgesamt kam dem Fußballsport innerhalb der Vorarlberger Arbeitersportbewegung nur eine geringe Bedeutung zu. Von 1923 bis 1929 gab es mit dem ATV Feldkirch lediglich einen Verein, ehe auch in Lustenau (1929) und Bregenz (1931) sozialdemokratische Fußballvereine entstanden. Diese drei Vereine gründeten am 31. Februar 1932 eine Landesgruppe des „Verbandes der Amateur-Fußballvereine Österreichs" (= VAFÖ), wohl weniger, weil eine organisatorische Notwendigkeit zur Gründung eines solchen Verbandes bestand, sondern weil Vorarlberg zu diesem Zeitpunkt das einzige Bundesland Österreichs ohne eigenen VAFÖ-Landesverband war. Bis zum Zeitpunkt der Landesverbandsgründung hatten diese drei Vereine kein einziges Spiel unter- bzw. gegeneinander ausgetragen.

Im Laufe des Frühjahrs 1932 kam es zur Gründung von weiteren Arbeiter-Fußballvereinen in Dornbirn und Hard. Diese fünf Mannschaften trugen noch im Laufe des Jahres 1932 eine „Landesmeisterschaft" aus, die vom ATV Lustenau vor dem ATV Feldkirch, dem AFC Bregenz, dem ATV Dornbirn und dem ATV Hard gewonnen wurde.

Für das Spieljahr 1933/34 plante die Landesgruppe Vorarlberg des VAFÖ eine Meisterschaft mit einer Herbst- und einer Frühjahrsrunde. Die Abschlußtabelle der Herbstmeisterschaft (ATV Feldkirch vor dem AFC Bregenz und dem ATV Lustenau) bedeutete gleichzeitig das Ende der Meisterschaft, da die Frühjahrsmeisterschaft aufgrund der behördlichen Auflösung aller Arbeiter-Turn- und Sportvereine nicht mehr ausgetragen werden konnte.

Eisschießen

Der Eisschützensport war in der Zwischenkriegszeit auf Vereinsebene eine sozialdemokratische Domäne. Sämtliche zwischen 1929 (Eisschützenclub Bludenz) und 1935 (Eisschießclub Nenzing) in Vorarlberg gegründeten Eisschießvereine standen in einem Nahverhältnis zur Sozialdemokratischen Partei. Besonders interessant ist die Tatsache, daß die Sicherheitsdirektion Vorarlberg nach dem 16. Februar 1934 (i.e. Auflösung aller Arbeiter-Turn- und Sportvereine in Vorarlberg) der Neugründung von Eisschützenclubs in Bludenz, Feldkirch und Nenzing zustimmte, obwohl sämtliche Proponenten der Clubs in Bludenz und Feldkirch nachweislich der Sozialdemokratischen Partei angehörten.[296]

Skifahren

Ab 1927 entstanden innerhalb der meisten Arbeiterturn-und -sportvereine eigene Skiriegen, die sich vorerst jedoch kaum wettkampfmäßig betätigten. Erst am 16. März 1930 organisierte der Arbeiterturnverein Bregenz ein Skirennen für alle Vorarlberger Arbeitersportler, an dem 26 Männer und zehn Frauen teilnahmen. 1932 stellten sich bei der dritten Austragung dieses Rennens dem Starter bereits über 80 Fahrer. Die Skimeisterschaft des Bezirks Feldkirch am 11. Februar 1934 auf der Tschengla war die letzte sportliche Veranstaltung eines Arbeitervereins in Vorarlberg vor der Auflösung aller Vereine durch die Sicherheitsdirektion Vorarlberg am 16. Februar 1934.

3. GESCHICHTE DER IN VORARLBERG VOR 1945 BETRIEBENEN WETTKAMPF-SPORTARTEN

Der Sport hat in den letzten Jahrzehnten eine ungeahnte gesellschaftliche Bedeutung erlangt. Er umfaßt heute den hochspezialisierten, möglichst allzeit medienpräsenten Hochleistungssport der Profis ebenso wie den Wettkampfsport von Kindern, Jugendlichen oder Senioren, den Breiten-, Freizeit- oder Alternativsport, aber auch den Gesundheits- und Schulsport. Die Zahl der in Vereinen registrierten Sportler und Sportlerinnen ist in Vorarlberg von ca. 56.000 zu Beginn der siebziger Jahre kontinuierlich auf über 120.000 zu Beginn des Jahres 2001 angewachsen.[297] Viele tausende Sportler betätigen sich, ohne einem Verein anzugehören, auf Skipisten, bei Skitouren, in Fitneßstudios, Tennis- oder Squashhallen, joggen, radeln oder mountainbiken durch die Natur, schwimmen oder erwandern unsere Bergwelt. Der Vielfalt an neuen, sogenannten „Trendsportarten" scheinen dabei kaum Grenzen gesetzt zu sein. War noch vor wenigen Jahrzehnten ausschließlich vom Skifahren die Rede, so unterscheidet der Fachmann heute zwischen Skifahren, Skibobfahren, Snowboarden, Carven, Freestyle und Big Foot. In den Schulen wird weniger oft Fußball und Handball, dafür aber Baseball, Squash oder Volleyball gespielt, kaum mehr Gymnastik betrieben, dafür aber ausgiebig „gestretcht". Schwebebalken, Reck und Barren sind „out", Feldenkrais und Qi Gong „in".

Was heute unter Sport verstanden wird, entspricht kaum mehr dem Sport, wie er im 18. und 19. Jahrhundert im Mutterland des Sports, in England, betrieben wurde. Damals wie heute jedoch ist Sport ein Sammelbegriff, mit dem unterschiedliche Tätigkeiten, Spiele, Wettkämpfe oder Übungen zusammengefaßt werden. Im Gegensatz zum „Deutschen Turnen" (untrennbar mit „Turnvater" Friedrich Ludwig Jahn verbunden), kann der Beginn der Sportbewegung mit keiner einzelnen Person oder einem singulären Ereignis verbunden werden. Vielfach verliefen die Übergänge von Leibesübungen zum Sport fließend.

In Vorarlberg wurde der Bereich Wettkampfsport bis 1900 von einer einzigen Sportart beherrscht: dem Radfahren. Nach 1900 wurde das Spektrum an Wettkampfsportarten sukzessive erweitert: Ringen, Stemmen, Skisport, Segeln, Fußball, Rudern, Leichtathletik. Noch vor dem Ersten Weltkrieg sorgten mehrere Vorarlberger Sportler für herausragende sportliche Leistungen: Otto Madlener belegte bei den Europameisterschaften 1904 im Ringen in Wien den 5. Rang; Dr. Karl Blodig bestieg alle 66 Viertausender der Alpen; Josef Bildstein erreichte 1913 mit 41 m einen neuen österreichischen Rekord im Skispringen und gewann im selben Jahr den ersten österreichischen Meistertitel eines Vorarlberger Sportlers (Skifahren).

Unabhängig von der Turnbewegung entwickelte sich in Vorarlberg ab Beginn der zwanziger Jahre immer mehr eine eigenständige Sportbewegung. Obwohl sich die beiden Turnverbände Turngau und Rheingau sehr bemühten, der zunehmenden Konkurrenz der Sportvereine entgegenzuwirken und immer mehr Sportarten in ihren Aufgabenbereich übernahmen, war der Siegeszug der „Weltreligion des 20. Jahrhunderts" auch in Vorarlberg nicht aufzuhalten.[298] 1920 wurde mit dem Vorarlberger Fußballverband der erste Sportfachverband des Landes gegründet. Bis 1938 folgten elf weite-

re. Von 1924 bis 1934, den „goldenen Jahren" des Sports, wurde das Angebot an Sportarten immer vielfältiger, die Mitgliederzahlen der Vereine und Verbände vervielfachten sich, der Sport wurde zu einem Massenphänomen, das alle Bevölkerungsschichten erfaßte. Immer mehr wurde der Sport auch zum Zuschauersport. Einzelnen Sportveranstaltungen, wie zum Beispiel den Motorradrennen in Lustenau, wohnten mehr als 10.000 Zuschauer bei.

1925 nahm der Lustenauer Adolf Haug als erster Vorarlberger an einer Weltmeisterschaft teil. In den folgenden dreizehn Jahren starteten Vorarlberger Sportler bei fünf Europa- und neun Weltmeisterschaften. Bei den Olympischen Spielen in Berlin 1936 war Vorarlberg mit drei Sportlern vertreten, wobei der Lustenauer Ernst Künz mit der österreichischen Fußballnationalmannschaft Silber gewann, die erste Olympiamedaille eines Vorarlberger Sportlers. Ebenfalls Silber gewannen Alfred Alge (Lustenau) bei den Europameisterschaften 1931 in Bern im Saalradsport (Einerkunstfahren) sowie der Stubener Willi Walch bei den Skiweltmeisterschaften 1937 im Slalom. Auch auf nationaler Ebene waren Vorarlbergs Sportler sehr erfolgreich. Von 1924 bis März 1938 gewannen Vorarlberger Sportler und Sportlerinnen nicht weniger als 25 Gold-, 33 Silber- und 22 Bronzemedaillen allein in Einzeldisziplinen.[299]

Im folgenden Überblick werden all jene Sportarten näher behandelt, die vor 1945 in Vorarlberg wettkampfmäßig betrieben wurden. Die Besprechung der einzelnen Sportarten erfolgt in alphabetischer Reihenfolge, beginnend mit dem Boxen.

3.1. Boxen

Erste Anfänge des Boxens lassen sich in Vorarlberg bis auf das Jahr 1924 zurückverfolgen, als in Bregenz der erste Boxclub Vorarlbergs gegründet wurde. Zweck des Boxclubs Bregenz war – wie den Satzungen des Vereins zu entnehmen ist –, durch verschiedenste boxsportspezifische Übungen den Körper zu stählen und die eigene Persönlichkeit zu entwickeln, um dadurch zu lernen, „einen Schlag auszuhalten und zwei dafür zu geben". Charaktereigenschaften wie Mut, Fairness und Intelligenz wurden in den Statuten des Vereins ebenfalls angesprochen.[300] Der Boxclub Bregenz dürfte allerdings nicht allzulange bestanden haben, jedenfalls ließen sich nach 1924 keinerlei Aktivitäten des Vereins in der Öffentlichkeit eruieren.

Der erste namentlich zu erwähnende „Vorarlberger" Boxer machte nicht in Vorarlberg selbst, sondern im Ausland Karriere. In den Jahren 1927 bis 1929 berichtete das Vorarlberger Tagblatt mehrmals von siegreichen Boxkämpfen des „Austro-Amerikaners" Freddie Huber. Der 1907 in Amerika geborene Freddie Huber war der Sohn des Lustenauer Auswanderers Hilar Huber, der in New Jersey eine Gastwirtschaft betrieb, die viele Jahre ein beliebter Treffpunkt für alle sportinteressierten Vorarlberger Auswanderer war.[301] Huber gewann 1927 mehrere Kämpfe im Playground von New York, u.a. auch gegen den in Europa unbekannten US-Amerikaner Al Maresco in einer – wie das Vorarlberger Tagblatt schrieb – „erbitterten Schlacht, in der beide Gegner rücksichtslos von ihren Fäusten Gebrauch machten".[302] 1928 war Freddie Huber durch Krankheit fast neun Monate außer Gefecht, feierte jedoch im Herbst ein gelungenes Comeback mit zwei Siegen gegen amerikanische Boxer. Im Februar 1929 besiegte Huber im Mekka des Boxsports, dem New Yorker Madison Square Garden, vor 17.000

Zuschauern den argentinischen Meister Edward Peyrade und stellte sich mit diesem Sieg laut Tagblatt „in die allererste Reihe der gesamten Boxwelt", da es bis dahin noch keinem deutschsprachigen Sportler gegönnt war, „das Interesse der gesamten amerikanischen Sportwelt in solch einer begeisterten Weise auf sich zu lenken, als es der Vorarlberger Freddie Huber mit seinen zwei tapferen Fäusten vermochte".[303] Nur eine Woche nach diesem Kampf besiegte Huber im Grotto Auditorium von Jersey City den mehrfachen Meister von New Jersey, George Woods. Über weitere Kämpfe von Freddie Huber wurde im Vorarlberger Tagblatt in der Folge nicht mehr berichtet. Nach Auskunft einer noch in Lustenau lebenden Verwandten wurde Freddie Huber bei einem Training schwer verwundet und erblindete sogar auf einem Auge.[304]

In Vorarlberg selbst kam es bis Mitte der dreißiger Jahre zu keinerlei boxsportlichen Aktivitäten. Erst im Sommer 1935 wurde innerhalb des Fußballclubs Bregenz eine eigene Sektion Boxen gegründet, die nach wenigen Wochen bereits 20 Mitglieder zählte. Auch in Feldkirch kam es 1936 zur Gründung eines Boxclubs. Beide Clubs entwickelten jedoch in den nächsten Jahren keinerlei öffentliche Aktivitäten.

Boxen als Zuschauersport feierte in Vorarlberg am 25. Oktober 1936 in Götzis Premiere, als im Anschluß an einen Clubvergleichskampf im Ringen zwischen Götzis und Friedrichshafen einige Schaukämpfe deutscher Boxer stattfanden. Zwei Monate später veranstaltete auch der Kraftsportverein Bregenz einen Kraftsportabend mit Wettkämpfen im Ringen, Stemmen und Boxen. Auch bei dieser Veranstaltung wurden die Boxkämpfe jedoch ausschließlich von Athleten der deutschen Vereine Lindau und Konstanz bestritten.

Obwohl das Boxen 1936 in Vorarlberg ein ausgesprochenes Schattendasein fristete, gelang es trotzdem einem Vorarlberger Boxer, für Aufsehen zu sorgen: dem gebürtigen Göfner Richard Mayer. Unter dem Titel „Ein Vorarlberger als neue österreichische Boxer-Hoffnung?" berichtete das Vorarlberger Tagblatt am 5. Mai 1936 über den Beginn der Boxlaufbahn von Richard Mayer:

„Eine Wiener Sportzeitung brachte letzthin ein Bild des 18jährigen Richard Mayer, der gegenwärtig beim Boxclub Rapid in Wien unter fachmännischer Leitung trainiert und am 5. Mai zum ersten Male als Amateurboxer im Schwergewicht antritt. Mayer ist etwa 2 Meter groß und 112 Kilo schwer, war eine Zeitlang beim Sportverein Feldkirch in dessen zweiter Mannschaft als Tormann tätig, ist von Beruf Bäcker, verlor seine Stellung und wurde von einem Wiener in Frastanz entdeckt, der glaubt, daß aus Mayer ein österreichischer Carnero werden könne. Wir wünschen dem Vorarlberger Sportsmann eine erfolgreiche Laufbahn; vielleicht macht er noch einmal das Ländle als Boxer in der Welt bekannt."[305]

Leider verlief die Karriere von Richard Mayer nicht ganz so erfolgreich, wie erhofft. Im Dezember 1936 startete Mayer erstmals international bei einem Anfänger-Schwergewichtsturnier in Paris, allerdings mit nur mäßigem Erfolg. Er verlor seinen ersten Kampf gegen den Franzosen Lelang und ging in der Trostrunde gegen Martin, einen weiteren französischen Boxer, schwer k.o. Auch 1937 war Mayer nicht viel erfolgreicher. In seinem ersten Kampf im Februar mußte er gegen seinen Gegner, den Wiener Wernikowski, schon nach 50 Sekunden w.o. geben. Anfang Mai startete er für die Innsbrucker Boxstaffel und verlor in der ersten Runde gegen einen Boxer aus Prag. Die Innsbrucker Nachrichten kommentierten Mayers Leistung hämisch: „Nichts da, einfach gar nichts, was an einen Boxer auch nur im Schlummer erinnern könnte. ... Man wird im Innsbrucker Boxring so bald nichts mehr von einem Vorarlberger Riesenbaby zu sehen bekommen. Und die Innsbrucker werden es verschmerzen."[306]

Wenige Wochen nach dem Innsbrucker Boxmeeting fand in Feldkirch auch die erste „echte" Boxsportveranstaltung Vorarlbergs statt, bei der ausschließlich Boxkämpfe zu sehen waren. Dieser Boxabend war von den Veranstaltern ursprünglich schon für den 1. Mai terminisiert gewesen, wurde von der Vorarlberger Landesregierung zunächst jedoch untersagt. Erst nach Aufhebung des Boxverbots, das auf Initiative von Landessportkommissär Josef Peintner zustande kam, konnte dieser Abend schließlich am 29. Mai 1937 mit Schaukämpfen des Innsbrucker Boxclubs doch noch stattfinden. Einziger Vorarlberger Teilnehmer war Richard Mayer, der allerdings auch vor heimischem Publikum nicht reüssieren konnte.

Über die weitere boxsportliche Karriere von Richard Mayer ist nicht allzuviel bekannt. Ende 1937 zog Mayer nach Stuttgart, wo er sich kurz darauf verehelichte. Kurz nach Kriegsbeginn wurde Mayer einberufen. Ob er in der Zwischenzeit in Deutschland an Boxwettkämpfen teilnahm, ließ sich nicht mehr eruieren, da bei Bombenangriffen auf sein Stuttgarter Haus sämtliche Unterlagen verlorengingen. Vom Kriegseinsatz in Rußland kam Mayer mit einem Herzleiden zurück, sodaß er nach dem Krieg seine Boxlaufbahn nicht mehr fortsetzen konnte.[307]

Abb. 33:
Der Göfner Richard Mayer war Mitte der dreißiger Jahre der einzige Boxer Vorarlbergs, der versuchte, außerhalb des Landes Karriere zu machen.

Mit der Machtübernahme der Nationalsozialisten im März 1938 wurde das Boxen auch in Vorarlberg „salonfähig". Unter dem Motto „Jeder deutsche Junge lerne boxen" wurde das Boxen nunmehr systematisch gefördert. Im Laufe des Jahres 1938 kam es zur Gründung von Boxriegen in Bludenz, Dornbirn und Feldkirch und zur Veranstaltung mehrerer Schaukämpfe. Die erste derartige Veranstaltung – ein Vergleichskampf einer südbadischen Auswahl gegen eine Allgäuer Auswahl – fand auf Initiative des Landessportführers Ing. Theodor Rhomberg und des Bregenzer Bürgermeisters Ing. Karl Solhardt am 15. Oktober 1938 in Bregenz statt. Weitere Propagandakämpfe gab es am 16. Oktober in Bludenz und am 4. Dezember in Dornbirn. Bei all diesen Veranstaltungen waren vereinzelt auch schon Vorarlberger Boxer im Einsatz.

Die letzte größere Boxveranstaltung in Vorarlberg vor 1945 wurde am 23. April 1939 in Dornbirn durchgeführt. Es war dies ein internationales Boxmeeting mit Boxern aus Innsbruck, Friedrichshafen, Bludenz und Dornbirn. Drei Vorarlberger Boxer – der

Bludenzer Mühlbacher (Bantamgewicht) sowie die beiden Dornbirner Berlinger (Federgewicht) und Holzmüller (Weltergewicht) – konnten bei diesem Boxmeeting sogar ihre Gewichtsklasse gewinnen. Nach dieser Dornbirner Propagandaveranstaltung fanden in Vorarlberg nur noch Boxkämpfe von lokaler Bedeutung statt.

3.2. Eishockey

Eishockey faßte in Vorarlberg erst Mitte der dreißiger Jahre Fuß und blieb bis 1945 eine Sportart von ausschließlich lokaler Bedeutung. Bis 1938 wurde Eishockey in Vorarlberg gerade nur von drei Mannschaften gespielt: von je einer Mannschaft der Stella Matutina, des Wintersportvereins Feldkirch und des Fußballclubs Rankweil. Es kam weder zur Gründung eines auf den Eishockeysport spezialisierten Vereines noch zu einer Verbandsgründung.

Das erste offizielle Eishockeyspiel Vorarlbergs fand am 5. Februar 1934 in Feldkirch statt. Vor 500 Zuschauern besiegte die Mannschaft des Wintersportvereins Feldkirch ein Team des Fußballclubs Rankweil mit 9:0 Toren.

Das einzige größere Turnier, an dem alle drei Vorarlberger Mannschaften teilnahmen, wurde am 27. Jänner 1935 in Feldkirch durchgeführt. Die Studenten der Stella Matutina schlugen dabei den FC Rankweil klar mit 7:1 und gewannen auch gegen die Mannschaft des WSV Feldkirch knapp mit 3:2. Nachträglich wurde dieses Turnier in den Vorarlberger Printmedien sogar als „Vorarlberger Meisterschaft" bezeichnet.

Abb. 34:
Eishockey faßte in Vorarlberg erst zu Beginn der dreißiger Jahre Fuß. Im Bild ein Wettspiel in Feldkirch etwa um 1934.

1936 fand in Vorarlberg lediglich ein einziges Freundschaftsspiel zwischen den beiden Feldkircher Mannschaften statt, wobei diesmal der Wintersportverein knapp mit 5:4 die Oberhand behielt.

1937 kam es in Rankweil erstmals zu einem Vergleich eines Vorarlberger Eishockeyteams mit einer auswärtigen Mannschaft. Eine „Vorarlberger Auswahl" mit Spielern aus Feldkirch und Rankweil verlor gegen den in der zweithöchsten Schweizer Liga spielenden FC Chur klar mit 1:15. Das Ergebnis dieses Spieles zeigt deutlich den Stellenwert auf, den der Eishockeysport in den dreißiger Jahren in Vorarlberg hatte.

Auch während der Zeit des Nationalsozialismus kam es kaum zu größeren sportlichen Aktivitäten. Eishockey wurde lediglich noch in Bregenz und Feldkirch betrieben. Gelegentliche Vergleichskämpfe dieser Mannschaften endeten regelmäßig mit überlegenen Siegen der Feldkircher Mannschaft. Ab 1941 kam der Eishockeysport in Vorarlberg vollständig zum Erliegen.

3.3. Eislaufen

Die Anfänge des Eislaufens in Vorarlberg gehen bis ins 18. Jahrhundert zurück. Richtig populär wurde das Schlittschuhlaufen allerdings erst in der zweiten Hälfte des 19. Jahrhunderts, einmal durch die Einführung von Ganzmetallschlittschuhen, zum anderen durch die „Bodenseegfrörne" des Jahres 1880. In ganz Vorarlberg entstanden nunmehr Eisplätze, auf denen sich ein beträchtlicher Teil des gesellschaftlichen Lebens der jeweiligen Kommune abspielte. Der folgende Bericht der Vorarlberger Landeszeitung über die Inbetriebnahme einer elektrischen Bogenlampe am Dreikönigstag 1885 auf dem Eislaufplatz der Firma Franz Martin Hämmerle in Dornbirn soll dies verdeutlichen:

„Schon in den Nachmittagsstunden begann sich der Eisplatz mit theils Einheimischen, theils von allen Seiten herbeigeströmten Schlittschuhläufern zu füllen, und die Rampe des Platzes war von einer mehr als tausendköpfigen Menge fröhlicher Zuschauer bedeckt. Als die Dämmerung hereinbrach, wurde die inmitten des Platzes an hoher Stange angebrachte elektrische Bogenlampe mit einer Lichtstärke von 1000 Kerzen ... eingeschaltet und ein Meer von weißem, ruhigem Licht badete die ganze Gegend in feenhaftem Glanze. Mehr als 200 buntfarbene Lampions an der Rampe des Eisplatzes aufgesteckt und beinahe ebensoviele an den Köpfen vieler Eissportjünger machten den Eindruck von unzähligen Irrlichtern und erhöhten den Effekt außerordentlich. Dazu trugen auch die heiteren Klänge der Dornbirner Musikkapelle und ein niedliches Feuerwerk sehr viel bei."[308]

Abb. 35:
Die „Bodenseegfrörne" des Jahres 1870 beschleunigte die Entwicklung des Eislaufsports im Lande gewaltig. Eislaufen war allerdings mehr ein gesellschaftliches als ein sportliches Ereignis. Im Bild Schlittschuhläufer am Emsbach in Hohenems, vermutlich im Jahr 1887.

Auch in den nächsten Jahrzehnten blieb das Eislaufen größtenteils ein „Vergnügungssport". Es gab Publikumslauf mit Konzerten, Musikfeste mit Lampions bzw.

Fackelbeleuchtung, Kostümfeste mit „Erfrischungsbuden" für das leibliche Wohl, Faschingskränzchen auf dem Eis oder Eispicknicks mit „lukullischen Genüssen aller Art". Der sportliche Teil des Eislaufens beschränkte sich vor allem auf das Figurenlaufen und auf einzelne private Wettrennen im Kreis.

Die einzige Gründung eines Eislaufvereins in Vorarlberg vor dem Ersten Weltkrieg erfolgte in Bregenz kurz nach der Jahrhundertwende. Nach der Bodenseegfrörne 1880 wurde in Bregenz hauptsächlich auf einem Platz im städtischen Ried Schlittschuh gelaufen. Dieser Platz wurde zuerst vom Ruder- und Segelclub Wasserwehr betreut, ab Ende der achtziger Jahre dann vom Radfahrclub Bregenz. Ein Projekt des Radfahrclubs, den Mittelraum der vereinseigenen Radrennbahn im Winter in einen komfortablen Eislaufplatz zu verwandeln, scheiterte jedoch an den zu hohen Kosten. Mitte der neunziger Jahre wurde von der Stadt ein neuer Eislaufplatz beim Gondelhafen errichtet. Da dieser Platz allerdings beim Zurückgehen des Seewasserstandes Risse und Unebenheiten zeigte, kam es zur Gründung eines provisorischen Komitees, das beauftragt wurde, die notwendigen Vorarbeiten zur Gründung eines Eislaufvereins und zur Anlage eines geeigneten Platzes in die Wege zu leiten. Schließlich sollte es aber noch sieben Jahre dauern, bis am 13. Dezember 1902 im Café Zentral der Eislaufverein Bregenz als erster Eislaufverein des Landes gegründet wurde. Der Bregenzer Bürgermeister Carl Pedenz übernahm die Schirmherrschaft über den Club, Obmann wurde Hauptmann Staskijewitsch.[309] Nach mehreren Querelen mit der Stadt stellte der Eislaufverein Bregenz allerdings bereits Ende Februar 1904 seine Tätigkeit wieder ein.[310]

Abb. 36:
Eine „Eiskünstlerin" Mitte der dreißiger Jahre in Dornbirn.

Eislaufen blieb in Vorarlberg auch in der Ersten Republik fast ausschließlich ein Breitensport ohne Wettkampftätigkeit, geriet jedoch ab Mitte der zwanziger Jahre gegenüber dem sich rapid zum Volkssport entwickelnden Skisport immer mehr ins Hintertreffen. Einzig der Wintersportverein Feldkirch versuchte mit der Durchführung mehrerer Schaulaufveranstaltungen, das Eislaufen einer breiteren Zuschauerschicht näherzubringen. Das erste derartige Schaulaufen fand am 1. Februar 1934 anläßlich des 25-Jahr-Jubiläums des Wintersportvereins statt. Vor 2.500 Zuschauern aus allen Teilen des Landes demonstrierten mehrere Athleten des auch europaweit bekannten Wiener Eislaufvereins Eislaufen auf einem bis dato in Vorarlberg noch nie gesehenen Niveau, wobei vor allem die mehrfache österreichische Meisterin und frischgebackene Vizeeuropameisterin Liselotte Landbeck mit ihren Leistungen die mehr als 2.500 Zuschauer restlos begeisterte.

Auch in den nächsten Jahren zeigten Athleten des Wiener Eislaufvereins bei mehreren Schaulaufen in Vorarlberg ihr großes Können: 1935 und 1936 in Feldkirch, 1937 in Bludenz. Diese Propagandaveranstaltungen brachten jedoch nicht den gewünschten positiven Effekt auf die Entwicklung des Eislaufens als Wettkampfsport in Vorarlberg. Es kam zwar 1934 in Dornbirn und 1936 in Bregenz und Hard zur Gründung von Eislaufvereinen, allerdings entwickelten alle drei Clubs kaum Aktivitäten in der Öffentlichkeit. Den Statuten des Eislaufvereins Dornbirn ist allerdings auch zu entnehmen, daß die Mitgliederanzahl auf das „unumgänglich notwendige Maß" beschränkt wurde, um „speziell das Eindringen schädlicher Elemente hintanzuhalten".[311]

Vor 1938 trat lediglich ein einziger Vorarlberger Eisläufer wettkampfmäßig in Erscheinung: der Feldkircher Schüler Gernot Zingerle. Er durfte 1936 als 12jähriger auf Einladung des Wiener Eislaufvereins an einem mehrwöchigen Kunstlauftraining in Wien teilnehmen und wurde von Fachleuten als außergewöhnliches Talent bezeichnet. Im Jänner 1938 zeigte Zingerle in der Pause des Eishockeypropagandaspiels Wintersportverein Feldkirch gegen Eishockeyclub Konstanz auf dem Leonhardsplatz erstmals vor Publikum sein Können. Leider beendete Gernot Zingerle 1938 seine Eislaufkarriere noch bevor sie richtig begonnen hatte.[312]

Auch während der Zeit des Nationalsozialismus blieb der Eislaufsport in Vorarlberg eine rein lokale Angelegenheit. Ein Eisschaulaufen in Lustenau am 22. Februar 1942 mit Läufern aus Bregenz, Dornbirn und Feldkirch war die letzte bekannte Veranstaltung bis 1945.

3.4. Eisschießen

Eisschießen wurde in Vorarlberg offensichtlich schon einige Jahre vor dem Ersten Weltkrieg als Freizeitvergnügen betrieben, erlangte jedoch erst in den dreißiger Jahren eine zumindest regionale Verbreitung.

Als erster Eisschützenverein des Landes wurde 1929 der Eisschießclub Bludenz gegründet. Weitere Eisschützenvereine entstanden 1930 in Bregenz, 1932 in Nenzing und 1933 in Frastanz. Diese vier Vereine trafen sich am 15. Jänner 1933 erstmals zu einem gemeinsamen Wettkampf, der dann auch gleich als „Vorarlberger Meisterschaft" betitelt wurde. Sieger dieser „Landesmeisterschaft" wurde der Eisschützenclub Nenzing vor den Vereinen aus Bregenz, Bludenz und Frastanz.

In Bludenz hatten mehrere Bundesbahnbedienstete schon seit 1924 regelmäßig auf einem Platz vor dem sozialdemokratischen Arbeiterheim Mokry den Eisschießsport betrieben. 1929 konstituierten sie sich zu einem Club und wählten das Arbeiterheim Mokry als Vereinslokal. Der gesamte Vorstand des Vereins mit Obmann Georg Kaulbersch an der Spitze war bei den Österreichischen Bundesbahnen beschäftigt. Am 14. Februar 1934 wurde der Eisschießclub Bludenz aufgrund seines Nahverhältnisses zur Sozialdemokratischen Partei behördlich aufgelöst.[313] Die Berufung des Vereins gegen diesen Bescheid wurde vom Bundeskanzleramt am 5. Mai 1934 abgelehnt, die Auflösung bestätigt. Doch schon vier Wochen später (am 8. Juni 1934) stellte der Eisschießclub einen Antrag auf Neugründung, der am 15. Juni auch genehmigt wurde. Obmann des Vereins blieb Georg Kaulbersch.[314] Im November 1934 kam es auf Initiative von Kaulbersch sogar zur Gründung eines „Landes-Eisschießverbandes". Obmann des Verbandes wurde Georg Kaulbersch, Obmannstellvertreter Josef Michlbauer (Bregenz). Sämtliche weiteren Funktionen im Vorstand wurden von Mitgliedern des Eisschützenclubs Bludenz bestellt.[315]

1935 kamen zu den bestehenden vier Vereinen zwei weitere in Feldkirch und Nenzing hinzu. Sämtliche Proponenten des „Eisschießclubs der Bediensteteten der österreichischen Bundesbahnen Feldkirch" hatten vor 1934 der Sozialdemokratischen Partei angehört, dennoch wurde das Ansuchen von der Sicherheitsdirektion positiv erledigt, da den Behörden „über ihr Verhalten nichts Nachteiliges bekannt" war.[316] Der Eisschießclub Nenzing bestand ausschließlich aus „Hilfsarbeitern", die mehrheitlich bei der Bundesstraßenverwaltung beschäftigt waren. Damit gab es in Nenzing zwei Eisschützenclubs, die getrennte Spielplätze benutzten.

Auf sportlicher Ebene fanden in Vorarlberg von 1934 bis 1938 fünf weitere Landesmeisterschaften statt, die allerdings zum Teil nur eine sehr schwache Beteiligung aufwiesen und mehr interne Vergleichskämpfe der einzelnen Clubs als echte Meisterschaften waren. Lediglich die Meisterschaft 1937 war laut Vorarlberger Tagblatt „eine organisierte Meisterschaft".[317] Mit 16 teilnehmenden „Moorschaften zu je vier Mann" wies diese Meisterschaft erstmals auch eine stärkere Beteiligung auf und sah den Eisschützenclub Frastanz vor den Mannschaften aus Feldkirch und Bregenz erfolgreich.

Abb. 37:
Ein Fotounikat: Eisschießen auf dem Bödelesee im Jahr 1906.

Nur ganz selten starteten einzelne Vorarlberger Vereine auch außerhalb der Landesgrenzen. 1935 belegte der Eisschützenclub Bludenz bei den Alpenländischen Meisterschaften in Weiz in der Steiermark unter 68 Mannschaften den 6. Rang, 1936 nahmen gleich fünf Vorarlberger Teams an den ersten Österreichischen Meisterschaften in Innsbruck teil, konnten sich jedoch nicht im Vorderfeld plazieren. Lediglich 1938 gelang dem Bludenzer Schartner mit dem 9. Rang bei den Österreichischen Meisterschaften in Klagenfurt ein national recht beachtliches Resultat.

Nach der Übernahme der Nationalsozialisten dürfte der Eisschützensport vollkommen zum Erliegen gekommen sein, jedenfalls waren zwischen 1938 und 1945 keine Ergebnisse zu eruieren.

3.5. Fechten

Über die Anfänge des Fechtsports in Vorarlberg ist nur wenig bekannt. Aus der kargen Quellenlage geht lediglich hervor, daß das Fechten schon zu Beginn der sechziger Jahre des 19. Jahrhunderts ein Teil der körperlichen Erziehung der Feldkircher Jesuitenschule Stella Matutina war und daß im Turnverein Bregenz ab Mitte der achtziger Jahre eine eigene Fechtriege bestand.

Im Jubiläumsband „75 Jahre Stella Matutina" schreibt Pater Josef Thüssing über die Jahre 1861 bis 1865: „An der Stelle, an der heute der Haupteingang mit seinem Vorbau zum Eintritt einlädt, war freilich ein großes Tor, doch nur für Fuhrwerke zugänglich. In der Halle hinter ihm erhielten wir unseren Fechtunterricht von Herrn Härtenberger, der auch Zeichenlehrer war."[318] Auch in den nächsten Jahren finden sich immer wieder Hinweise auf den „freien Unterrichtsgegenstand" Fechten. Wie beliebt das Fechten an der Stella war, zeigt der Jahresbericht aus dem Schuljahr 1910/11 auf: In diesem Schuljahr mußten aufgrund des großen Interesses, das die Schüler diesem Freigegenstand entgegenbrachten, sogar vier Kurse gleichzeitig geführt werden.

Der einzige Turnverein Vorarlbergs, der vor dem Ersten Weltkrieg das Fechten wettkampfmäßig betrieb, war der Turnverein Bregenz. 1887 kam es innerhalb des TV Bregenz zur Gründung einer eigenen Fechtriege, die zunächst von Turnwart August Wagner und später vom nachmaligen Vorstand des Vereins, Ing. Ferdinand Michalek, betreut wurde. Von sportlichen Erfolgen dieser Fechtriege ist allerdings nur bekannt, daß Ing. Ferdinand Michalek 1897 beim Eidgenössischen Turnfest in Schaffhausen den vierten Preis im Säbelfechten errang.

Auch während der gesamten Ersten Republik beschränkte sich der Fechtsport in Vorarlberg auf gerade nur drei Vereine des deutschnationalen Vorarlberger Turngaus: den Turnverein Dornbirn (eigene Fechtriege ab 1920 unter der Leitung des diplomierten Militär-Fechtlehrers Engelbert Diem), den Turnverein Lustenau (eigene Fechtriege

Abb. 38:
Die Fechtriege der Fußballabteilung des TB Lustenau im Gründungsjahr 1914.

ab 1921 unter der Leitung von Oskar Hämmerle) und den Turnverein Bregenz, in dem Ing. Ferdinand Michalek die schon vor dem Krieg bestandene Fechtriege wieder aktivierte.

Die ersten dokumentierten sportlichen Erfolge von Vorarlberger Fechtern nach dem Ersten Weltkrieg datieren aus dem Jahr 1922. Bei einem internationalen Fechtturnier in Friedrichshafen gewann Engelbert Diem den Bewerb „Leichter Säbel", während Oskar Hämmerle im Bewerb „Schwerer Säbel" siegreich blieb. 1923 erreichte Oskar Hämmerle bei einem Turnier in Innsbruck im Florettfechten den dritten Rang, 1924 siegte er beim 2. Kreisturnfest des Vorarlberger Turngaus in Bregenz sowohl im Florett- als auch im Säbelfechten.

1925 begann für den Fechtsport in Vorarlberg eine neue Epoche. Auf Initiative des Präsidenten des Turnvereins Lindau, Herrn Schneider, kam es am 15. November in Lindau zur Gründung eines gemeinsamen deutsch-österreichischen Dachverbandes, der „Bodensee-Fechterschaft", dem sich die Fechtabteilungen von fünf deutschen und drei Vorarlberger Turnvereinen anschlossen.[319] Hauptziel dieses Verbandes war es, eine bessere Infrastruktur für die bestehenden Vereine zu schaffen, um so „dem Fechtsport im Bodenseegebiet den nötigen Einfluß zu verschaffen".[320] Ein weiterer wichtiger Beschluß war, jährlich ein „Bodensee-Wettfechten" zu veranstalten, um auch die sportlichen Kontakte zu intensivieren.

Das erste derartige Wettfechten fand nur einen Tag nach der Verbandsgründung in Lindau statt und wurde von der Fechtabteilung des TV Lustenau organisiert. Der überragende Fechter dieses Turniers war der Lustenauer Oskar Hämmerle, der sowohl das Säbel- als auch das Florettfechten gewann. Auch in den nächsten beiden Jahren wurde das „Bodensee-Wettfechten" ganz klar von den Lustenauer Fechtern dominiert.

Im November 1927, zwei Jahre nach Gründung der „Bodensee-Fechterschaft", schlossen sich auch die drei Vorarlberger Fechtriegen des TV Bregenz, des TV Dornbirn und des TV Lustenau zu einem gemeinsamen Dachverband zusammen: dem „Vorarlberger Fechtclub". Die Obmannschaft des Vorarlberger Fechtclubs übernahm der Bregenzer Landesgendarmeriekommandant Hugo Strauß, das Amt des Fechtwartes wurde vom Dornbirner Engelbert Diem bekleidet. Laut Statuten stand der Vorarlberger Fechtclub zwar auf „vaterländischer, unpolitischer" Grundlage, trotzdem konnten „nur Arier" Mitglied des Fechtverbandes werden.[321]

1928 veranstaltete der Vorarlberger Fechtclub in Bregenz unter der Leitung von Landesfechtwart Engelbert Diem die ersten „Vorarlberger Meisterschaften". Landesmeister in den Bewerben Florett und Schwerer Säbel wurde Oskar Hämmerle, im Bewerb Leichter Säbel siegte der Bregenzer Fritz Hanl. Sieger der Mannschaftswertung wurde – wenig überraschend – die Fechtriege des Turnvereins Lustenau.

Die 2. Landesmeisterschaften fanden als internationales Fechtturnier am 7. und 8. September 1929 in Lustenau statt und waren mit Sicherheit die mit Abstand größte Fechtveranstaltung, die vor 1945 in Vorarlberg ausgetragen wurde. 56 Fechter, u.a. aus München, Ulm, Frankfurt, Kempten und Innsbruck, absolvierten insgesamt 360 Gefechte und zeigten in Vorarlberg noch nie gesehene sportliche Fechtleistungen. Klar bester Einzelfechter des Turniers war der oftmalige bayrische Meister Karl Kolbinger aus München, der drei Bewerbe (Florett, Degen, Leichter Säbel) gewinnen konnte. Den einzigen Vorarlberger Sieg dieser Meisterschaften erreichte der Lustenauer Hugo Grahammer, der im Bewerb Schwerer Säbel vor dem Ulmer Emil Poulanger erfolgreich blieb. Einen beachtlichen Erfolg verbuchen konnte auch Ewald Peschl vom TV Lustenau, der im Florettbewerb den 3. Endrang belegte und in der Schlußrunde sogar den deutschen Nationalmannschaftsfechter Paul Hartwig aus München besiegte. Einige Jahre später (1933) demonstrierte Ewald Peschl, der nach Barcelona ausgewandert war, auch in Spanien den hohen Standard des Vorarlberger Fechtsports, als er die Katalanischen Meisterschaften im Florettfechten gewann.

Das Wettkampfjahr 1930 stand für die Vorarlberger Fechtvereine, die ja alle dem Vorarlberger Turngau angehörten, ganz im Zeichen des 3. Bundesturnfestes des Deutschen Turnerbundes 1919, das am 12. und 13. Juli in Innsbruck stattfand. Bei diesem Turnfest, an dem insgesamt 9.000 Turner und 3.000 Turnerinnen aus ganz Österreich teilnahmen, war der Vorarlberger Turngau mit 18 Vereinen und ca. 400 Wettkämpfern vertreten. Während die Turngauvereine im Vereinswetturnen den anderen Turnvereinen hoch überlegen waren, waren die Vorarlberger Fechter nicht ganz so erfolgreich. Lediglich Oskar Hämmerle gelang mit einem 5. Rang im Degenfechten eine Plazierung im Vorderfeld.

Nach dem Bundesturnfest des Deutschen Turnerbundes im Jahr 1930 entwickelte sich das Fechten in Vorarlberg nur noch rückläufig. Es wurden weder Vorarlberger Meisterschaften veranstaltet, noch war nach 1930 irgendeine Tätigkeit des Vorarlberger Fechtclubs zu eruieren. Die Wettkampftätigkeit der Vorarlberger Fechter beschränkte sich mehr oder weniger auf die jeweiligen Turnfeste des Vorarlberger Turngaus: das Gauturnfest 1931 in Hard und das Kreisturnfest 1932 in Hohenems. Lediglich in Dornbirn fand im Oktober 1931 noch ein internationales Turnier statt, bei dem Oskar Hämmerle das Degenfechten für sich entscheiden konnte. Alle anderen Bewerbe wurden bei diesem Fechtturnier von ausländischen Fechtern gewonnen.

Von 1933 bis 1938 wurden in Vorarlberg keine offiziellen Fechtveranstaltungen mehr durchgeführt.[322] Hauptgrund für den Niedergang des Fechtsports war das politische Umfeld der Turnvereine des Vorarlberger Turngaus, und hier vor allem des Turnvereins Lustenau. Mehr als ein Jahrzehnt war der Fechtsport in Vorarlberg fast nur von einer einzigen Gruppe dominiert worden: der Fechtabteilung des TV Lustenau unter der Leitung von Oskar Hämmerle. Das zunehmende Engagement führender Funktionäre des TV Lustenau für die verbotene Nationalsozialistische Arbeiterpartei Deutschlands brachte den Turnverein in immer größere Schwierigkeiten mit den Behörden und wirkte sich auch auf den sportlichen Betrieb des Vereins negativ aus. Bis zum 10. November 1933 wurden nicht weniger als 22 Turner des TV Lustenau wegen illegaler politischer Betätigung behördlich angezeigt und verurteilt, unter ihnen auch Oskar Hämmerle, der Leiter der Fechtabteilung, der 1933 die Führung der Lustenauer Ortsgruppe der NSDAP übernommen hatte.[323] Am 1. Jänner 1934 wurde die Turnhalle des TV Lustenau gesperrt, am 17. Juni 1935 wurde der Verein behördlich aufgelöst.

Nach der Machtübernahme der Nationalsozialisten im März 1938 wurde das Fechten in den Turnvereinen Dornbirn und Lustenau zwar wieder aufgenommen, es fanden bis 1945 jedoch keine Wettkämpfe von mehr als lokaler Bedeutung in Vorarlberg statt.

3.6. Flugsport

Die ersten Kontakte der Vorarlberger Bevölkerung mit dem Flugsport waren rein passiver Natur. Am 19. August 1911 veröffentlichte die Vorarlberger Zeitung „s'Ländle" unter „Schauflüge in Bregenz" die folgende Einschaltung:

„Am nächsten Sonntag wird der am Bodensee bereits rühmlichst bekannte Aviatiker Paul Fiedler mit seinem Monoplan einige Aufstiege unternehmen. Die Flugrichtung ist gedacht vom alten Exerzierplatz über die Seebucht vor den städtischen Parkanlagen: ein recht schönes Flugfeld, das nicht nur für den Flieger, sondern auch für den Zuschauer viele Annehmlichkeiten bietet. Jedenfalls dürfen wir den Schauflügen Fiedlers mit Interesse entgegensehen."

Paul Fiedler stammte aus Mähren und hatte sich schon mehrere Jahre intensiv mit Flugversuchen befaßt. Er hatte zwei Wochen zuvor in Deutschland einiges Aufsehen erregt, als er mit seinem selbstgebauten „Monoplan" den Bodensee von Konstanz über die Insel Mainau nach Heiligenberg überflog. Fiedlers Flugschau am 28. August 1911 lockte deshalb einige tausend Zuschauer an, die bei idealem Flugwetter anstelle eines Rekordfluges allerdings eine spektakuläre Bruchlandung in den See beobachten konnten. Fiedler hatte schon beim Start große Schwierigkeiten und plumpste nach nur wenigen Sekunden Flugzeit in den See. Fiedler selbst konnte unverletzt geborgen werden, sein „Flugapparat" allerdings war weitgehend zerstört und nicht mehr zu gebrauchen.

Während des Ersten Weltkrieges waren einige Vorarlberger als Kriegsflieger im Einsatz. Nach Kriegsende mußten Deutschland und Österreich aufgrund des Friedensvertrags von St. Germain ihre gesamte Luftwaffe zerstören. Das Verbot des Motorflugsports bildete in Deutschland und Österreich jedoch die Basis für eine beschleunigte Entwicklung des Segelflugsports. Auch in Vorarlberg begannen nach dem Krieg einige am Flugsport interessierte „Tüftler", sich näher mit dem motorlosen Fliegen auseinanderzusetzen. Als „Bahnbrecher" des Flugsports im Land gilt heute der Bregenzer Walter Kittelberger.[324]

Walter Kittelberger war erst 17 Jahre alt, als er 1918 sein erstes Gleitflugzeug erbaute. Vier Jahre später konstruierte er bereits ein Segelflugzeug ohne Überspannung, das er nach Lindau verkaufte. Von 1922 bis 1927 war Kittelberger Vorstand des in Konstanz ansässigen „Vereins für Luftfahrt am Bodensee", der ersten engeren Verbindung mehrerer Flugsportpioniere im Bodenseeraum. Als am 20. November 1925 auf Initiative von Walter Kittelberger im „Bregenzerhof" der Verein „Flugsport Bregenz" gegründet wurde, war es logisch, daß Walter Kittelberger zum ersten Vorstand dieses Vereins gewählt wurde.

Einige Mitglieder des Vereins bauten über den Winter unter der Anleitung Kittelbergers einen Hängegleiter, mit dem sie am 30. Mai 1926 Übungsversuche auf dem Pfänder unternahmen, bis bei einer Bruchlandung die Maschine zerstört wurde. Diese Übungsflüge des Flugsportvereins Bregenz waren allerdings nicht die ersten Flugversuche in Vorarlberg nach dem Krieg. Bereits am 21. Juni 1925 hatte die Jugendgruppe Lindau des „Vereins für Luftfahrt am Bodensee" mit einem selbstgebauten Hängegleiter Übungsflüge auf dem Pfänder unternommen. Auch bei diesem „Flugtag" wurde die Maschine bei einem Sturz derart in Mitleidenschaft gezogen, daß das Übungsfliegen abgebrochen werden mußte.

Walter Kittelberger war jedoch nicht der einzige Flugpionier Vorarlbergs. Bereits 1922 hatte der Lustenauer Schlosser Willi Scheffknecht ein Einsitzer-Motorflugzeug erbaut, das jedoch bei zwei Probeflügen schwer beschädigt wurde. Doch Scheffknecht ließ sich nicht entmutigen. 1925 baute er ein zweisitziges Motorflugzeug mit zehn Meter Spannweite und verkaufte es noch im selben Jahr an einen Schweizer Geschäftsmann. Im Winter 1926/27 baute Scheffknecht einen Doppeldecker mit sieben Meter Spannweite und fünf Meter Länge, der bei der Gewerbeausstellung 1927 in Feldkirch ausgestellt wurde. Nach der Ausstellung absolvierte der frühere Militärpilot Franz Ziehaus aus Bregenz im Rheinvorland einige Probeflüge, die zunächst sehr zufriedenstellend ausfielen. Bei einem dieser Flüge fabrizierte Ziehaus allerdings eine veritable Bruchlandung, als er in der Nähe des Rheindammes bei Lustenau infolge Benzinmangels notlanden mußte und sich mehrmals überschlug.

1929 konnte auch Walter Kittelberger sein erstes Motorflugzeug fertigstellen. Die zweisitzige Maschine von zehn Meter Spannweite und 6,40 Meter Länge wurde auf den Namen „Bregenz" getauft und konnte im August 1929 im Austriahaus in Bregenz besichtigt werden. Im Oktober desselben Jahres wurde die Maschine vom Schweizer Piloten Heinrich Wichser ohne irgendwelche Probleme eingeflogen. Allerdings erlitt auch die „Bregenz" später ein ähnliches Schicksal wie alle anderen zuvor erbauten Flugobjekte. Auch sie wurde bei einem Flug schwer beschädigt.

Der erste Flug mit einem Segelflugzeug in Vorarlberg fand im Juli 1929 statt. Anläßlich des Lindauer Flugtages flog der Wangener Blessing mit einem Segelflugzeug vom Pfänder nach Lindau. Die entscheidenden Impulse für den Segelflugsport in Vorarlberg erbrachte allerdings erst ein fast dreistündiger Rekordflug von Ingenieur Fritz Schwarz (Friedrichshafen) zu Ostern 1932. Schwarz war am 29. März vom Pfänder gestartet, nicht ganz drei Stunden in der Luft geblieben und schließlich in der Nähe der Mehrerau gelandet. Mit diesem Flug war der Pfänder als ideales Gelände für Hochleistungsflüge entdeckt worden.

Noch im Sommer 1932 entstanden in Vorarlberg drei Flugsportvereine: der „Flugsportverein Feldkirch" unter der Leitung von Josef Raudaschl; die „Segelfliegergruppe Bregenz" unter Obmann Hermann Mauer; die „Segelfliegergruppe Frastanz" unter Obmann Josef Linher. Josef Raudaschl vor allem war es, der die Durchführung einer internationalen Segelflugwoche am Pfänder anregte, um den Segelfluggedanken in Vorarlberg zu verbreiten. Diese „Pfänder-Segelflugwoche" fand vom 21. bis zum 28. August 1932 statt und war die erste derartige Veranstaltung in ganz Österreich. Der (nicht vorhandene) Wind machte allerdings den hochtrabenden Plänen der Veranstalter einen Strich durch die Rechnung. An sieben der acht Tage konnten nur Gleitflüge durchgeführt werden, lediglich am letzten Tag ließen die Windverhältnisse Hochleistungsflüge zu. Gesamtsieger der Veranstaltung wurde Ing. Fritz Schwarz aus Friedrichshafen.

Das Jahr 1933 stand ganz im Bemühen um die Gründung eines gemeinsamen Vorarlberger Dachverbandes. Für das Zustandekommen dieses Verbandes zeichneten sich vor allem der Österreichische Aeroclub (= ÖAeC) und der Vorarlberger Automobilclub (= VAC) verantwortlich. Auf Initiative des Präsidenten des ÖAeC, Fürst Ulrich Ferdinand Kinsky, kam es zu mehreren Gesprächen zwischen führenden Proponenten der Flugsportbewegung in Vorarlberg und der Führung des VAC, Präsident Ing. Emil Doppelmayr und Vizepräsident Amtsrat Otto Madlener. Bei einer Sitzung am 23. Juli in Dornbirn wurde vereinbart, die vier bestehenden Flugsportgruppen Vorarlbergs in einem Dachverband zu vereinen und diesen Verband dann dem VAC als eigenständige Sektion einzugliedern.

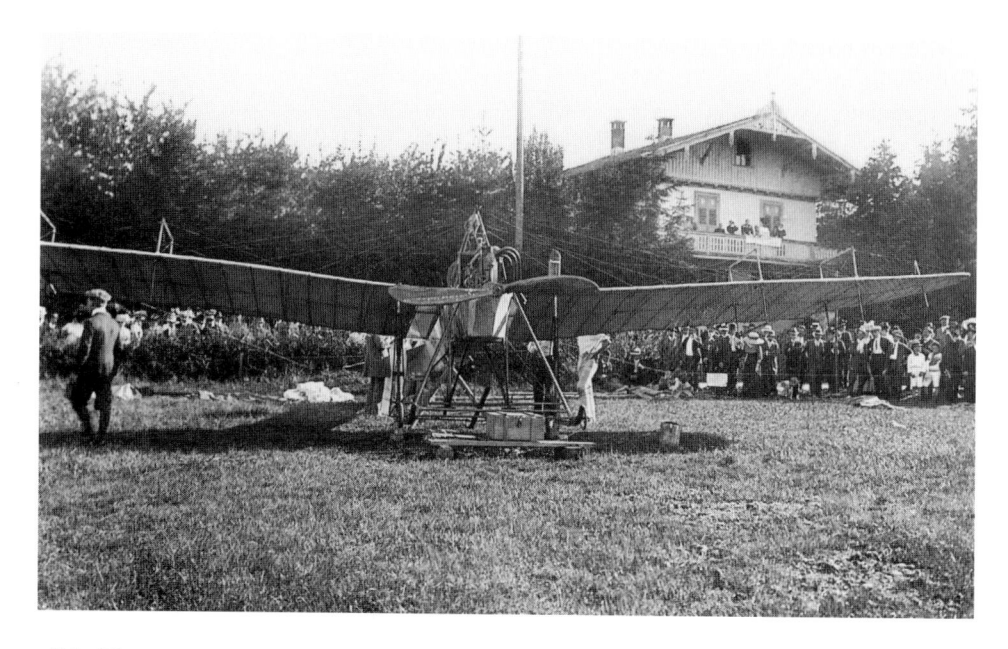

Abb. 39:
Unglücklich mit einer Bruchlandung im See endete die Flugschau des Aviatikers Paul Fiedler 1911 in Bregenz.

Abb. 40:
Bereits Anfang der zwanziger Jahre baute der Lustenauer Schlosser Willi Scheffknecht (Bildmitte) mehrere Segel- und Motorflugzeuge.

Die Gründung des „Vorarlberger Luftsportverbandes" erfolgte am 4. August in Hohenems im Gasthaus „Zum Freschen". Josef Raudaschl, der Mentor des Flugsports in Vorarlberg, wurde zum ersten Vorsitzenden des Verbandes gewählt. Wie zuvor besprochen, wurde der Vorarlberger Flugsportverband als eigenständige Sektion in den Vorarlberger Automobilclub eingegliedert. Gleichzeitig wurde vom Österreichischen Aeroclub im Vorarlberger Automobilclub eine Geschäftsstelle eingerichtet, die vom Präsidenten des VAC, Ing. Emil Doppelmayr, geleitet wurde.

Vom Oktober 1933 bis Jänner 1935 erfuhr der Vorarlberger Luftsportverband vereinsmäßig eine gewaltige Ausweitung. Noch im Oktober 1933 wurde der „Flugsportverein Dornbirn" gegründet. 1934 folgten Vereine in Hard, Nüziders, Hohenems, Bregenz (Gebirgs-Haubitzbatterie 4/6), Altenstadt und Rankweil. Im Jänner 1935 folgte als letzte Gruppe die „Segelfliegergruppe Lustenau". Im ganzen Land wurden nunmehr Flugversuche unternommen: Willi Haider, Karl Glatz und Hans Künz (alle Segelfliegergruppe Hard) absolvierten als erste Vorarlberger Segelflüge vom Pfänder, Franz Linher (Segelfliegergruppe Frastanz) betätigte sich als Flugsportpionier im Oberland (u.a. Flüge vom Vorderälpele bei Feldkirch, von der Bazora, von Furx, vom Hohen Freschen nach Rankweil). Bei einigen dieser Flüge mußte allerdings Göttin Fortuna den Piloten hilfreich zur Seite stehen. So landete Franz Linher bei einem Flug von der Hohen Kugel nicht wie geplant auf dem Hohenemser Fußballplatz, sondern in der Hochspannungsleitung der Österreichischen Bundesbahnen. Dank der Geistesgegenwart der Bediensteten, die in letzter Sekunde den Strom ausschalteten, konnte Linher unversehrt aus seiner unangenehmen Lage befreit werden. Eugen Schalber (Segelfliegergruppe Hohenems), der nach Linher gestartet war, landete etwa 100 Meter vom Sportplatz entfernt in den Bäumen.

Auch im methodischen Bereich wurden 1934 starke Fortschritte gemacht. Mehrmals weilte der Fluglehrer des Österreichischen Aeroclubs, Hans Pritzl, in Vorarlberg und führte Schulungsflüge am Hang und an der Winde durch. Willi Haider, Karl Glatz und Hans Künz legten als erste Vorarlberger am 10. Juni die A-Prüfung und am 1. Juli die B-Prüfung für den Segelflugschein erfolgreich ab.[325] Dr. Fritz Schindler (Kennelbach) und Walter Lorünser (Bludenz) absolvierten die Motorfliegerprüfung und erwarben die Berechtigung für das Sportfliegen. Im November 1935 erwarben der Dornbirner Siegfried Feßler und der Bregenzer Korporal Arthur Amann die ersten C-Flugscheine Vorarlbergs. Feßler absolvierte seine Prüfungen in der Segelfliegerschule am Gaisberg (Salzburg), Amann am Pfänder. Arthur Amann erreichte dabei mit einer Startüberhöhung von 450 m und einer Gesamtflugzeit von drei Stunden und 15 Minuten zwei in Vorarlberg bis dato noch nie erreichte Werte.

Im März 1935 führten neue gesetzliche Bestimmungen bezüglich der Zulassung der Flugzeuge, der Überprüfung der Fluggelände, der amtsärztlichen Untersuchung der Piloten etc. zu einer mehrmonatigen Unterbrechung des Flugbetriebs. Erst nachdem alle behördlichen Auflagen erfüllt waren, konnte der Flugbetrieb Ende Juli eingeschränkt wiederaufgenommen werden. Der Pfänder (wegen des Überfliegens der Bundesbahn) und die Schwende bei Dornbirn blieben als Fluggelände allerdings vorerst gesperrt. Das Jahr 1935 war für Vorarlberg auch insofern von Bedeutung, als nach fünf Jahren behördlicher Sperre die Flugverbindung Altenrhein (Schweiz) – Innsbruck wieder eröffnet wurde. Am 1. Juli flog die erste österreichische Maschine, u.a. mit dem Vorarlberger Landesstatthalter Dr. Alfons Troll an Bord, nach Innsbruck. Die nächsten drei Monate wurde Innsbruck täglich (mit Ausnahme des Sonntags) von einer viersitzigen Maschine angeflogen.

Organisatorische Änderungen im Österreichischen Aeroclub (z.B. Neugliederung in Segelfliegergruppen, Motorfliegergruppen, Modellbaugruppen, Fallschirmspringergruppen) führten Ende Dezember 1935 zur Auflösung des „Vorarlberger Flugsportverbandes". Die bestehenden neun Segelfliegergruppen des Landes blieben Mitglied des Vorarlberger Automobilclubs und wurden vom Sekretär des VAC, Dr. Helmut Lanzl, betreut.

Am 3. Mai 1936 organisierte der VAC in Bregenz den „Ersten Vorarlberger Segelflugtag" mit folgendem Programm: Flug von sechs Segelflugzeugen nach Neu-Amerika bei Bregenz; Eröffnungsflug von einer Motorwinde; Vorführung eines B-Prüfungsfluges; Schaufliegen. Höhepunkt der Veranstaltung war sicher das erste Schaufliegen verschiedener Segelfliegergruppen des Landes, an dem sich acht Vereine mit 13 Maschinen beteiligten.

In Bregenz hatte in der Zwischenzeit Walter Kittelberger zusammen mit seinem Bruder Karl in Neu-Amerika eine 30 Meter lange Flugwerkstatt errichtet und mit dem Bau eines Hochleistungssegelflugzeuges begonnen. Am 10. Februar 1935 absolvierte Karl Kittelberger den ersten Winterstart vom Pfänder. Nach gewissen Anfangsschwierigkeiten und einigem unvorhergesehenen „Kleinholz" sorgte Karl Kittelberger 1936 und 1937 mit einer weiterentwickelten Version dieses Flugzeuges jedoch für einige in Vorarlberg noch nie erreichte Bestleistungen: 700 m Startüberhöhung und 13 km Flugstrecke am 8. September 1936; 1.050 m Startüberhöhung am 21. Februar 1937; vier Stunden und 40 Minuten Gesamtflugzeit am 6. März 1937. Alle Flüge wurden vom Pfänder aus durchgeführt.[326]

Der 2. Vorarlberger Segelflugtag fand am 26. September 1937 in Donbirn statt. Der Wettbewerb mit Flügen von der Schwende wurde von Karl Kittelberger vor Michael Sulzbacher (beide Bregenz) und Josef Linher (Frastanz) gewonnen. Anschließend an das Leistungsfliegen fand im Bereich Gleggen beim Sender ein Schulfliegen mit Hochleistungsmaschinen, demonstriert von mehreren Vorarlberger Segelfliegergruppen, statt.

Ende 1937 gab es in Vorarlberg acht Segelfliegergruppen mit ca. 120 aktiven Segelfliegern und 17 flugfähigen Maschinen.[327] Elf Segelflieger hatten die amtliche C-Prüfung abgelegt: Karl und Walter Kittelberger, Rudolf Rödhammer, Michael Sulzenbacher, Willi Haider, Arthur Amann (alle Bregenz), Hans Künz, Siegfried Feßler (Dornbirn), Hans Ludescher (Bludenz) sowie Franz und Josef Linher (Frastanz). Als einzige Gruppen im Land verfügten Bregenz und Dornbirn über Motorwinden. Vorarlberg war 1937 jedoch auch das einzige Bundesland Österreichs, das über keinen eigenen Flugplatz verfügte.

Nach Einmarsch der deutschen Truppen bildete Österreich die Gruppe 17 des Nationalsozialistischen Fliegerkorps (= NSFK) mit Sitz in Wien. Bis April 1939 war das Gebiet Tirol-Vorarlberg Teil der Gruppe 17 des NSFK, wurde dann jedoch der Gruppe 14/Bayern-Süd mit Sitz in München eingegliedert. Sturmführer der Standarte 114 war der Lustenauer Obertruppenführer Edi Grabher.

Im Juni 1938 sorgte Karl Kittelberger noch einmal für eine sportliche Höchstleistung. Bei einem Flug vom Pfänder blieb er neun Stunden und 35 Minuten in der Luft. Ab Juli 1938 fanden in Vorarlberg keine flugsportlichen Veranstaltungen mehr statt.

3.7. Fußball

3.7.1. Beginn des Vereinssportwesens

1906 verlegte der damalige Vorsitzende des Schweizer Fußballclubs FC Romanshorn, Emil Brüschweiler, berufsbedingt seinen Wohnsitz nach Lustenau und trat eine neue Stelle als Stickereiangestellter der Firma Alge & Co. an. Er trat dem Turnverein Lustenau 1880 bei und suchte unter seinen Turnkameraden Gleichgesinnte, mit denen er Fußball spielen konnte. Das Interesse war so groß, daß sich schon bald ein Dutzend begeisterter Fußballanhänger zu einer eigenen Fußballriege innerhalb des Turnvereins zusammenfanden.

Am 18. August 1907 trug diese neugegründete Fußballriege des TV Lustenau auf dem Turnvereinsplatz ihr erstes Wettspiel gegen den FC Romanshorn aus. Der Chronist des TV Lustenau, Rudolf Hagen, schrieb über dieses Spiel:

"Schon um 5 Uhr früh waren wir eifrig damit beschäftigt den Platz gehörig herzurichten. Nachmittags um 4 Uhr kamen die Romanshorner Spieler und es wurde gleich der Marsch zum Sportplatz angetreten, auf dem sich schon eine ziemliche Menge schaulustiges Publikum eingefunden hatte. Wir hatten Anstoß und drangen mit dem Ball sofort gegen das gegnerische Tor. Es gelang uns, in der ersten Halbzeit zwei Tore zu schießen, wogegen Romanshorn nur eines erzielte. In der zweiten Halbzeit wurde bedeutend hitziger gespielt und wir mußten noch drei Tore in Kauf nehmen, so daß es am Ende 2:4 für Romanshorn hieß. In Anbetracht, daß es das erste Spiel mit einem fremden Gegner war, konnte das Ergebnis als sehr günstig bezeichnet werden, und es sprachen sich auch sämtliche Zuschauer lobend über das Spiel aus."[328]

Im September spielte die Fußballriege des Turnvereins noch zweimal gegen Schweizer Vereine, und zwar am 8. September gegen Blue Stars St. Gallen und am 16. September gegen Concordia St. Gallen. Obwohl auch diese beiden Spiele verlorengingen, war das Fußballspielen innerhalb des Turnvereins so beliebt geworden, daß es zu unvermeidlichen Auseinandersetzungen zwischen Turnern und Fußballern kam. Diese internen Spannungen im Verein führten schon sehr bald zur Gründung des ersten Fußballvereins in Vorarlberg, des FC Lustenau.

Die Gründung des FC Lustenau erfolgte am 20. September 1907 im Gasthaus zur Sonne. Eduard Bösch (vulgo „Leibs Ferdis") übernahm das Amt des Präsidenten, Emil Brüschweiler wurde zum „1. Spielleiter" – nach heutigem Sprachgebrauch Trainer – gewählt. 21 „Turner" traten am Gründungstag dem Fußballclub bei, blieben aber auch Mitglied des Turnvereins Lustenau 1880.[329]

Im Mai 1908 veranstaltete der FC Lustenau bereits sein erstes internationales Fußballturnier mit insgesamt 28 Mannschaften, u.a. aus Zürich, St. Gallen, Konstanz, Romanshorn und Innsbruck. Gespielt wurde mit Sechsermannschaften in drei Gruppen mit jeweils 2 x 15 Minuten Spielzeit. Vor ca. 1.500 Zuschauern errangen die Mannschaften von Servette Zürich, Fußball Innsbruck und des FC Konstanz in ihren Gruppen den ersten Gesamtrang. Noch im selben Jahr spielten die Lustenauer auf dem Zanzenberg bei Dornbirn auch gegen eine Dornbirner Mannschaft.

Im Februar 1909 kam es – vor allem auf Initiative des FC Lustenau – zur Gründung eines überregionalen Fußballdachverbandes, der „Bodenseevereinigung", der sich außer dem FC Lustenau alle am Bodenseeufer liegenden Vereine aus der Schweiz und aus Süddeutschland anschlossen. Der Obmann des FC Lustenau, Eduard Bösch, wurde zum Gründungsobmann dieser Vereinigung gewählt. Nunmehr waren erstmals alle organisatorischen Voraussetzungen gegeben, um einen geregelten Meisterschaftsbewerb auszutragen, die sogenannte „Bodenseemeisterschaft".

Vom Herbst 1909 bis zum Sommer 1913 wurde diese Meisterschaft insgesamt viermal durchgeführt. Dreimal siegte die Mannschaft des FC Lustenau, einmal gewann der FC Konstanz. Im Herbst 1913 kam es zur Auflösung des Bodenseeverbandes, da die Schweizer und deutschen Verbände bestrebt waren, ihre Vereine in eigenen Verbänden zu sammeln und eigene Meisterschaften auszutragen. Die Bemühungen der Vereinsleitung des FC Lustenau, an den Meisterschaftsspielen der Schweizer Vereine teilnehmen zu können, wurden durch den Ausbruch des Ersten Weltkriegs zunichte gemacht. Es dauerte nicht weniger als 13 Jahre, bis es 1926 wieder zu einer grenzüberschreitenden Meisterschaft im Bodenseeraum kam.

Abb. 41:
Am 31. 5. 1909 besiegte der FC Lustenau in einem Freundschaftsspiel den FC Bayern München mit 3:1 Toren (Sportplatz an der Schützengartenstraße).

Von allem Anfang an versuchte der Vorstand des FC Lustenau auch, prominente Gegner für den Club zu verpflichten, zum einen, um die Spielstärke der eigenen Mannschaft zu heben, zum anderen, um durch attraktive Spiele die Popularität des Fußballsports in der Öffentlichkeit zu steigern. Das absolute „Highlight" unter diesen Freundschaftsspielen war das Spiel gegen den Wiener Sportclub am 9. Juli 1911 auf dem Sportplatz an der Schützengartenstraße, das vor mehreren tausend Zuschauern von der Wiener Mannschaft eindeutig mit 5:1 gewonnen wurde. Vor und nach dem Spiel konzertierte die Musikkapelle Harmonie und trug wesentlich dazu bei, daß dieses Spiel ein richtiges Volksfest in Lustenau wurde. Weitere prominente internationale Mannschaften, die in Lustenau gastierten, waren die Reserve des FC Bayern München, der FC

Concordia Basel, Union Sportive Paris, Young Fellows Zürich und der FC Germania München.

Noch vor dem Ersten Weltkrieg kam es in Vorarlberg zur Gründung von zwei weiteren Fußballvereinen. Auf Anregung des Fabrikanten Siegfried Hämmerle wurde am 12. März 1913 der FC Dornbirn als zweiter Fußballclub des Landes gegründet. Gespielt wurde beim FC Dornbirn zunächst mit Sechsermannschaften auf dem Zanzenberg, doch schon im Mai 1913 pachtete der Verein ein Grundstück an der Ecke Bildgasse – Mozartstraße, das im Volksmund abschätzig als „Krottoloch" bekannt war. In vielen Arbeitsstunden gelang es den Vereinsmitgliedern, den Platz im Frühjahr 1914 spielfertig zu machen. Der Ausbruch des Ersten Weltkriegs verhinderte jedoch die Inbetriebnahme des Platzes.

Im April 1914 wurde auch noch innerhalb des katholischen Turnerbundes Lustenau eine eigene Fußballriege gegründet, die von der Vereinsleitung des Turnerbundes weitgehend unabhängig war. Den ersten öffentlichen Auftritt absolvierte die erste Mannschaft des TB Lustenau im Rahmen eines Schauturnens, bei dem die zweite Mannschaft des Vereins klar besiegt wurde. Noch vor dem Ausbruch des Ersten Weltkriegs blieb die TB-Mannschaft bei zwei weiteren Spielen in der Schweiz siegreich.

Während des Ersten Weltkriegs ruhte in Vorarlberg jeglicher Fußballbetrieb, doch schon am 21. April 1919 wurde wieder „offiziell" Fußball gespielt. Vor 2.000 Zuschauern trennte sich der FC Lustenau vom Sportverein Innsbruck mit einem torlosen Unentschieden. Weitere Gegner des FC in den nächsten Monaten waren der FC Konstanz, der FC Brühl St. Gallen, der FC St. Gallen, der SV Innsbruck und der FC Wacker Innsbruck, ehe es im September 1919 erstmals zu einem Aufeinandertreffen der Lustenauer Ortsrivalen Turnerbund und Fußballclub kam. Der TB Lustenau gewann dieses Spiel gegen die 2. Mannschaft des FC mit 1:0. Auch der FC Dornbirn nahm während des Sommers 1919 wieder seinen Spielbetrieb auf und spielte zweimal gegen die zweite Mannschaft des FC Lustenau.

Zu den drei bereits bestehenden Fußballvereinen des Landes kamen 1919 drei weitere hinzu: der FC Bregenz, der FC Bludenz und die Fußballabteilung des Turnvereins Jahn Lustenau. Damit existierten in Vorarlberg sechs Vereine, und es kam auf Initiative der Lustenauer Vereine zu ersten Vorgesprächen bezüglich der Gründung eines eigenen Vorarlberger Fußballverbandes. Bei einer gemeinsamen Sitzung am 28. September 1919 in Dornbirn wurde vorerst der Lustenauer Gebhard Grabher mit der Ausarbeitung der Satzungen betraut und die Gründung des Verbandes für 1920 ins Auge gefaßt.

3.7.2. Gründung und Tätigkeit des „Vorarlberger Fußballverbandes"

Die offizielle Gründung des Vorarlberger Fußballverbandes (= VFV) erfolgte am 4. Juli 1920 im Hotel Rhomberg in Dornbirn. Sämtliche sechs bestehenden Fußballvereine Vorarlbergs mit ihren insgesamt 322 Mitgliedern traten dem Verband bei und wählten folgenden Verbandsvorstand:

Vorsitzender	Gebhard Grabher (vulgo „Nauß"; FC Lustenau)
Schriftführer	Franz Hämmerle (FC Dornbirn)
Kassier	Ferdinand Marte (FC Bregenz)
Beisitzer	Dr. Franz Seeberger (FC Bludenz); Albert Vetter (TB Lustenau)[330]

Eine der Hauptaufgaben des Vorstands des VFV war die Organisation eines geregelten Meisterschaftsbetriebes. Schon im September 1920 wurde mit der Austragung der ersten Vorarlberger Fußballmeisterschaft begonnen, wobei die teilnehmenden Mannschaften entsprechend ihrer Spielstärke in verschiedene Leistungsgruppen eingeteilt wurden. Am 7. November 1920 trat der FC Hag Lustenau als siebter Verein dem Fußballverband bei und sorgte für eine noch stärkere Dominanz der Lustenauer Vereine, die nunmehr mehr als die Hälfte der Verbandsvereine stellten.

Am 19. Juni 1921 wurde die erste Vorarlberger Fußballmeisterschaft abgeschlossen. Vorarlberger Meister wurde kampflos die erste Mannschaft des FC Lustenau. Sieger der B-Klasse wurde der TB Lustenau, der damit in die A-Klasse aufrückte, womit für die nächste Saison zumindest zwei Meisterschaftsspiele garantiert waren.

Ab 1921 erfuhr der Fußballbetrieb kontinuierlich eine ständige Ausweitung. Im März 1921 trat der VFV dem Österreichischen Fußballverband bei, ab 1922 betreute der VFV auch das gesamte Leichtathletikgeschehen im Land.[331] 1925 – nur fünf Jahre nach seiner Gründung – gehörten dem Vorarlberger Fußballverband bereits 15 Vereine mit 735 aktiven Mitgliedern an, 1930 war die Zahl der Vereine auf 17, die Zahl der Mitglieder auf 765 gestiegen. 1934 erreichte der Vorarlberger Fußballverband mit 24 Vereinen und 1.573 Mitgliedern seinen Höchststand vor dem Zweiten Weltkrieg.

Als einzigem Sportverband Vorarlbergs gehörte dem Vorarlberger Fußballverband mit dem Arbeiterturnverein Feldkirch viele Jahre auch ein sozialdemokratischer Sportverein an. Vom Herbst 1924 bis zum Frühjahr 1931 beteiligte sich der ATV Feldkirch regelmäßig am Meisterschaftsbetrieb des Vorarlberger Fußballverbandes und erreichte seine beste Plazierung 1930 mit einem sechsten Rang in der B-Klasse unter elf Mannschaften. Verlief die Teilnahme des ATV Feldkirch an der Meisterschaft zunächst völlig reibungslos, so kam es ab 1929 doch zu etlichen Spannungen zwischen dem einzigen sozialdemokratischen Fußballverein des Verbandes und einzelnen „bürgerlichen" Vereinen. Dennoch trat der ATV Feldkirch erst 1931, vor allem auch auf Betreiben der Sozialdemokratischen Partei Vorarlbergs, aus dem Verband aus und schloß sich dem „Verband der Arbeitersportvereine Süddeutschlands" an.

Auch der sportliche Bereich erfuhr ab Mitte der zwanziger Jahre eine ständige Ausweitung. Im September 1925 wurde vom VFV zusätzlich zum Meisterschaftsbewerb noch ein eigener Cupbewerb geschaffen, ab 1928 wurde auch eine eigene Vorarlberger Jugendmeisterschaft ausgetragen. Die besten Vorarlberger Mannschaften waren zusätzlich zum heimischen Meisterschaftsbetrieb auch in grenzüberschreitenden Meisterschaften engagiert: in der „Bodensee-Meisterschaft" (1926-1928), in der „Kreisliga Bodensee-Vorarlberg" (1932; 1933) und in der Meisterschaft „Tirol-Vorarlberg" (1934/35; 1935/36). Der jeweilige Sieger der Landesmeisterschaft vertrat ab 1928 Vorarlberg auch in der Bundesamateurmeisterschaft des Österreichischen Fußballbundes.

Als der Vorarlberger Fußballverband anläßlich seines 15-Jahr-Jubiläums im Juli 1935 eine Bilanz seiner Verbandstätigkeit zog, zeigte sich, welche gewaltige organisatorische Aufgaben der Verband in diesen 15 Jahren bewältigt hatte: 2.771 Meisterschaftsspiele in der Allgemeinen Klasse, 180 Cupspiele, 372 Meisterschaftsspiele in der Jugend, zwölf Jugendcupspiele, 27 Spiele in der österreichischen Amateurmeisterschaft, 52 Spiele in der Bodenseemeisterschaft, zwölf Spiele in der Meisterschaft Tirol – Vorarlberg, 24 Aufstiegsspiele zur Süddeutschen Verbandsliga, 38 Länderspiele einer Vorarlberger Auswahl, vier Städtekämpfe, 48 Pokalturniere und nicht weniger als

2.406 Freundschaftsspiele waren in diesen fünfzehn Jahren vom VFV organisatorisch betreut worden.[332]

Mitte der dreißiger Jahre durchlief der Vorarlberger Fußball aber auch eine schwierige Zeit. Noch während der Aufstiegsspiele des FC Lustenau zur Süddeutschen Verbandsliga kam es zum Abbruch der sportlichen Beziehungen mit Deutschland aufgrund der geänderten politischen Verhältnisse in Deutschland.[333] Die schwierigen wirtschaftlichen Verhältnisse mit ständig steigenden Arbeitslosenzahlen führten zu einer rückläufigen Mitgliederentwicklung im VFV. Die Zahl der Vereine sank von 1934 bis 1937 von 24 auf 17, die Zahl der Mitglieder von 1.573 auf 1.170.

Ab 1933 gerieten auch zwei Vereine des VFV in den politischen Strudel. Bereits im Frühjahr 1933 bekannte sich der FC Hag Lustenau bei einer gemeinsamen Sitzung mit dem damaligen Leiter der Lustenauer Ortsgruppe der NSDAP, Oskar Hämmerle, vorbehaltlos zur nationalsozialistischen Ideologie und hißte als Bestätigung am Hagplatz die Hakenkreuzfahne. Obwohl wenig später die NSDAP offiziell verboten wurde, blieben Vorstand und Spieler des FC Hag ihrer Gesinnung treu. Am 1. August 1934 wurden der gesamte Vorstand des FC Hag und 20 Spieler des Vereins verhaftet und in Feldkirch inhaftiert, am 13. August erfolgte die behördliche Auflösung des Vereins. Im Mai 1935 wurde als zweiter Verein des VFV auch der FC Rankweil behördlich aufgelöst.

1936 konnte der Vorarlberger Fußballverband seinen sportlich größten Erfolg feiern. Ernst Künz, der Verteidiger des FC Lustenau, wurde in die österreichische Olympiaauswahl für die Olympischen Spiele in Berlin berufen. Bei der Olympiade selbst schlug sich die österreichische Fußballauswahl mit Ernst Künz ganz ausgezeichnet und verlor erst das Finale gegen Italien nach Verlängerung mit 1:2 Toren. Die Silbermedaille von Ernst Künz war die einzige Medaille, die ein Vorarlberger Sportler vor dem Zweiten Weltkrieg bei Olympischen Spielen erringen konnte.

Die Machtübernahme der Nationalsozialisten im März 1938 bedeutete das Ende der Selbständigkeit des Vorarlberger Fußballs. Am 7. Juni 1938 beschloß der Österreichische Fußballbund seine Auflösung und die Auflösung seiner Regionalverbände. Die abschließende Sitzung des Vorarlberger Fußballverbandes fand am 19. Juni 1938 statt, wobei Präsident Oswald Achatz in seinem Rückblick auch eine beeindruckende organisatorische Bilanz über 18 Jahre Vorarlberger Fußballverband zog. Insgesamt wurden seit der Verbandsgründung am 4. Juli 1920 von Vereinen des Vorarlberger Fußballverbandes 7.273 Spiele ausgetragen, davon 3.190 Meisterschaftsspiele, 549 Spiele in der Jugendmeisterschaft, 255 Cupspiele, 45 Auswahlspiele der Verbandsauswahl, 171 weitere Pflichtspiele und 3.063 Freundschaftsspiele. Zusätzlich zur Gesamtorganisation des Bereichs Fußball hatte der VFV in diesem Zeitraum auch die Organisation des gesamten Leichtathletikgeschehens in Vorarlberg übernommen.

Abb. 42:
Ernst Künz (FC Lustenau) gewann 1936 bei den Olympischen Spielen mit der österreichischen Fußballnationalmannschaft Silber.

Die sportliche Bilanz der nicht ganz achtzehn Jahre Vorarlberger Fußballverband zeigt eine klare Dominanz des FC Lustenau. Kein anderer Verein war auch nur annähernd so erfolgreich wie Vorarlbergs ältester Fußballclub: vierzehnmal gewann der FC den Vorarlberger Meistertitel, je zweimal den Titel in der Bodensee-Meisterschaft, in der Kreisliga Bodensee-Vorarlberg und in der Meisterschaft von Tirol–Vorarlberg. Ebenfalls zweimal erreichte der FC die Endrunde der Bundesamateurmeisterschaft des Österreichischen Fußballbundes. Als einziger Verein Vorarlbergs konnte der FC Lustenau auch auf einen olympischen Medaillengewinner in seinen Reihen verweisen.

Einziger ernsthafter Rivale des FC in der Ersten Republik war der Turnerbund Lustenau. Die Turnerbund-Mannschaft belegte nicht weniger als siebenmal den zweiten Platz in der Vorarlberger Meisterschaft, bevor sie 1930 erstmals den Meistertitel erringen konnte. Als Landesmeister 1929/30 nahm der Turnerbund an der Bundesamateurmeisterschaft des ÖFB teil und errang mit dem zweiten Endrang hinter dem SC Krems den größten Erfolg seiner Vereinsgeschichte.

Nach der Auflösung des Vorarlberger Fußballverbandes wurden die Fußballvereine des Landes dem Deutschen Reichsbund für Leibesübungen, Gau 15 (Württemberg), zugeteilt. In jedem Ort durfte künftig nur noch ein Verein bestehen, offiziell, um dadurch eine Stärkung des Fußballgeschehens zu erreichen. Aufgrund dieser Anordnung schieden von den 16 Vereinen des Vorarlberger Fußballverbandes mit 1. Juli 1938 sechs Vereine aus, darunter auch so traditionsreiche Vereine wie die Lustenauer Austria, der frühere Turnerbund Lustenau.

Ab 1938 verlief das Fußballgeschehen in Vorarlberg nur noch rückläufig. An der Meisterschaft 1938/39 waren aus Vorarlberg noch neun Mannschaften beteiligt, an der Meisterschaft 1940/41 nur noch sechs. Für einiges Aufsehen sorgte 1940 lediglich der frühere FC-Dornbirn-Spieler Josef Saxenhammer, der als Spieler des FC Singen vom legendären deutschen Nationaltrainer Sepp Herberger zu einem Probespiel der deutschen Nationalmannschaft in Stuttgart eingeladen wurde. Aufgrund seiner Leistung bei diesem Spiel wurde Saxenhammer von Herberger auch für das Länderspiel Deutschland – Spanien nominiert. Saxenhammer konnte an diesem Länderspiel jedoch nicht teilnehmen, da er schon vorher einrücken mußte.

An der geplanten Meisterschaft 1941/42 nahmen zu Beginn im Herbst zwar noch vier Vorarlberger Mannschaften teil, die Meisterschaft konnte im Frühjahr jedoch nicht mehr zu Ende gespielt werden. Das Freundschaftsspiel des Deutschen Turnerbundes Bregenz gegen den FC Lustenau am 5. April 1942 in Bregenz dürfte das letzte Fußballspiel in Vorarlberg vor 1945 gewesen sein.

Der folgende Abschnitt gibt nunmehr einen detaillierteren Überblick über die sportlichen Aktivitäten innerhalb des Vorarlberger Fußballverbandes im Zeitraum 1920 bis 1942.

Vorarlberger Meisterschaft

Die erste offizielle Vorarlberger Meisterschaft fand im Verbandsjahr 1921/22 mit zwei teilnehmenden Mannschaften statt. Dabei besiegte der FC Lustenau seinen Ortsrivalen Turnerbund mit 1:0 und 4:0 und gewann somit seinen ersten Meistertitel. Das Duell Fußballclub Lustenau gegen Turnerbund Lustenau bestimmte auch das Meisterschaftsgeschehen in den nächsten beiden Jahren, wobei jeweils der FC das bessere Ende für sich hatte.

Die Rivalität zwischen Fußballclub Lustenau und Turnerbund Lustenau spielte sich nicht nur auf dem Fußballfeld ab, sie war auch weltanschaulich begründet. Der FC und seine Anhänger gehörten dem liberalen, großdeutschen Lager an, der Turnerbund war weltanschaulich eindeutig christlich-sozial. 1924 fand der Wettstreit um die Vorherrschaft in Lustenau erstmals auch in der Gemeindestube statt. Die mehrheitlich christlich-soziale Gemeindevertretung Lustenaus beschloß im Frühjahr 1924 den Bau eines neuen Armenhauses ausgerechnet auf dem Spielplatz des FC an der Schützengartenstraße und kündigte dem FC den Platz mit der Begründung, die anderen Vereine hätten auch keinen Platz innerhalb des Rheindammes. Der FC empfand die Sportplatzkündigung allerdings als klaren Affront der politischen Mehrheitspartei gegen den Verein mit dem alleinigen Zweck, den gegenüber dem Turnerbund sportlich weit erfolgreicheren FC wirtschaftlich und sportlich zu schädigen. Alle Versuche der Vereinsführung des FC, den traditionsreichen Platz zu behalten (u.a. durch eine Unterschriftenaktion und durch einen Einspruch bei der Landesregierung), scheiterten jedoch am Widerstand der Christlichsozialen unter Bürgermeister Josef Hollenstein. Die Übergabe des Platzes an die Gemeinde am 4. August 1924 vertiefte die Gräben zwischen Fußballclub und Turnerbund für Jahrzehnte. Innerhalb weniger Wochen erwarb der FC zwei Grundstücke an der Holzstraße um insgesamt 20.000 Schweizer Franken und begann noch im Herbst mit dem Ausbau der Sportanlage. Bis heute ist der Sportplatz an der Holzstraße die Heimstätte des FC Lustenau geblieben.[334]

Trotz der Querelen um die Sportplatzfrage gewann der FC Lustenau auch in den nächsten beiden Jahren den Meistertitel. Im Spieljahr 1927/28 wurde die Serie des FC Lustenau allerdings erstmals unterbrochen. Der FC belegte hinter dem FC Bregenz und dem TB Lustenau nur den dritten Platz und mußte sogar gegen seine eigene zweite Mannschaft, den Sieger der B-Klasse, ein Entscheidungsspiel um den Verbleib in der A-Klasse bestreiten, bei dem sich „das Eins" mit einem deutlichen 3:0-Sieg allerdings keine Blöße gab.

1928/29 war die alte Hierarchie wiederhergestellt. Der FC Lustenau sicherte sich seinen insgesamt siebten Meistertitel vor dem Ortsrivalen Turnerbund und dem FC Bregenz. Als vierter Verein stieg der Sieger der B-Klasse, der FC Dornbirn, erstmals in die A-Klasse auf.

In der Saison 1929/30 gelang es dem Turnerbund zum ersten Mal, den FC in der Meisterschaft hinter sich zu lassen. In einem heißumkämpften Meisterschaftsspiel besiegte der Turnerbund am 5. Mai 1923 den Erzrivalen vor ca. 3.500 Zuschauern mit 3:2, wobei es bei diesem Spiel erstmals zu schweren Zerwürfnissen zwischen den Anhängern der beiden Vereine kam.

Die Rivalität zwischen dem „liberalen" FC Lustenau und dem „schwarzen" Turnerbund erreichte in der Meisterschaft 1930/31 ihren absoluten Höhepunkt. Schon der Sieg des FC im Meisterschaftsspiel der Herbstrunde am 26. Oktober 1930 löste in den Printmedien einigen Wirbel aus. Laut Vorarlberger Tagblatt wurden bei diesem Spiel dem FC-Spieler Hermann Grabher von Anhängern des Turnerbundes Steine ins Gesicht geworfen, andere Spieler des FC mit Schmutz beworfen und wurde der Zaun um das Spielfeld von Anhängern des Turnerbundes mutwillig zerstört.[335] Das Volksblatt konterte in einer Replik, daß in jenem Spiel zwei Spieler des Turnerbundes so schwer verletzt wurden, daß sie mehrere Wochen spielunfähig waren. Die FC-Verantwortlichen sollten, laut Volksblatt, endlich zur Kenntnis nehmen, daß ihr Wunsch, „den

Turnerbund Lustenau vom Erdboden verschwinden zu sehen", nicht in Erfüllung gehen werde.[336]

Das Frühjahrsmeisterschaftsspiel zwischen dem FC und dem Turnerbund endete vor einer Rekordzuschauermenge von mehr als 4.000 Zuschauern mit einem klaren 3:1-Sieg der Turnerbundmannschaft, der innerhalb des FC Lustenau für einigen Wirbel sorgte. Der beste FC-Spieler Ernst Hollenstein sah sich von den eigenen Anhängern mit dem Vorwurf konfrontiert, für dieses Spiel „gekauft" worden zu sein. Tatsächlich war an Hollenstein im Vorfeld des Spiels das Ansinnen gestellt worden, beim Spiel gegen den Turnerbund nicht anzutreten, und ihm war dafür ein Betrag von 100 Schilling in Aussicht gestellt worden. Hollenstein hatte das Angebot jedoch abgelehnt, und bei einer Monatsversammlung des FC wurde ihm von seiten der Spieler und des Vorstandes das volle Vertrauen ausgesprochen.[337]

Abb. 43:
Die erfolgreiche Mannschaft des FC Lustenau zu Beginn der dreißiger Jahre. V. l. n. r., stehend: Vorstand Rudolf Grabher, Hans Riedmann, Hans Peterlunger, Richard Grabher, Arthur Grahammer, Anton Grabher; kniend: Franz Vogel; Rudolf Fitz, Pepi Küng, Oski Hämmerle, Karl Kanalz, Rudolf Grabher (Stugges); sitzend: Ernst Künz, Benno Thönig, Hermann Grabher (Jäger).

Ab der Saison 1931/32 war der FC Lustenau jedoch für mehrere Jahre wieder ungefährdet die absolute Nummer eins im Land. Weitere fünf Mal gewann der Traditionsclub in Folge den Vorarlberger Meistertitel und war dabei der Konkurrenz meist weit überlegen. 1933/34 etwa blieb der FC in allen zehn Meisterschaftsspielen ungeschlagen und erreichte ein Torverhältnis von 46:5, obwohl aufgrund der schlechten Wirtschaftslage einige Stammspieler des FC zu Schweizer Vereinen abgewandert waren. Der prominenteste Abgang des FC in diesen Jahren war wohl Ernst Künz, der nur wenige Monate nach dem Gewinn der Silbermedaille bei den Olympischen Spielen in Berlin zum FC Brühl St. Gallen wechselte.[338]

Am 7. April 1936 trennte sich die Fußballriege des Turnerbundes Lustenau vom Stammverein und gründete den Sportclub Austria Lustenau. Gleich im zweiten Jahr seines Bestehens gelang dem SC Austria mit der Erringung des Vorarlberger Meistertitels 1936/37 ein großer Erfolg.

Die Meisterschaft 1937/38 wurde nach der Machtübernahme der Nationalsozialisten vorerst bis zur Volksabstimmung am 10. April 1938 unterbrochen, wurde dann jedoch regulär zu Ende gespielt. Vorarlberger Meister wurde ein weiteres Mal die Mannschaft des FC Lustenau.

An der Meisterschaft 1938/39 in der neu formierten Bezirksliga „Bodensee-Vorarlberg" nahmen neun Mannschaften teil, davon fünf aus Vorarlberg (der FC Lustenau, der FC Bregenz, der FC Dornbirn, der FC Bludenz, der SpV Feldkirch). Wie schon in den dreißiger Jahren zeigte sich der FC Lustenau den deutschen Mannschaften überlegen und gewann seinen insgesamt schon zehnten „internationalen" Titel. In den Aufstiegsspielen zur Süddeutschen Liga schied der FC nach einem Erstrundensieg gegen den FC Aalen in der zweiten Runde gegen den FC Schwenningen allerdings schon frühzeitig aus.

Die Meisterschaft 1939/40 wurde als sogenannte „Kriegsmeisterschaft" in einer Bezirksliga und einer Kreisliga ausgetragen. In der Bezirksliga spielten der FC Lustenau, der Sportverein Feldkirch, der Deutsche Turnerbund Bregenz (früher der FC Bregenz), der Turn- und Sportverein Dornbirn (früher der FC Dornbirn) und als einziger deutscher Verein der VfL Lindau. Sieger dieser Kriegsmeisterschaft wurde der FC Lustenau vor dem Sportverein Feldkirch.

1940/41 nahmen insgesamt elf Mannschaften an der Meisterschaft der wieder einmal neu zusammengestellten Bezirksliga Bodensee-Vorarlberg teil. Obwohl es für die teilnehmenden Mannschaften aufgrund der zunehmenden Anzahl an Einberufungen immer schwieriger wurde, eine „vollständige" Mannschaft aufs Spielfeld zu schicken, konnte diese Meisterschaft noch zu Ende gespielt werden. Die Mannschaft des VfB Friedrichshafen siegte vor den punktegleichen Mannschaften des FC Lustenau und des VfL Lindau.

Im Herbst 1941 wurde zwar noch mit einer Vorarlberger Meisterschaft mit dem FC Lustenau, dem DTB Bregenz, dem TSPV Dornbirn, dem SpV Feldkirch und dem VfL Lindau begonnen, diese Meisterschaft konnte jedoch nicht mehr zu Ende gespielt werden, da die meisten Mannschaften noch 1941 ihren Spielbetrieb einstellen mußten. Das Freundschaftsspiel DTB Bregenz gegen FC Lustenau am 5. April 1942 (5:0-Sieg der Bregenzer) war das letzte offizielle Fußballspiel auf Vorarlberger Boden bis 1945.

Bodensee-Meisterschaft

Bereits vor dem Ersten Weltkrieg war es zur Gründung eines Bodenseefußballverbandes gekommen, dem als einziger Vorarlberger Verein der FC Lustenau angehörte. 1913 kam es zur Auflösung dieses Verbandes, da die Schweizer und deutschen Vereine nun in eigenen Verbandsligen engagiert waren und kein Interesse mehr an einer gemeinsamen Meisterschaft zeigten.

1925 wurde der Gedanke einer überregionalen, grenzüberschreitenden Meisterschaft jedoch wieder aktuell und die Gründung einer „Bodensee-Fußball-Vereinigung" ins Auge gefaßt. Bei einer gemeinsamen Tagung der interessierten Vereine am 7. Februar 1926 in Romanshorn, bei der Vorarlberg durch den FC-Lustenau-Präsidenten

Gebhard Grabher vertreten war, wurde dieser gemeinsame Verband tatsächlich gegründet und die Austragung einer gemeinsamen Meisterschaft beschlossen.

An der ersten „Bodensee-Meisterschaft" 1926 nahmen zehn Mannschaften teil, wobei Vorarlberg mit vier Vereinen vertreten war: dem FC Lustenau, dem TB Lustenau, dem FC Hag Lustenau und dem FC Bregenz. Im Endspiel dieser Meisterschaft besiegte der FC Lustenau am 15. August in Konstanz den dortigen Fußballclub in einem dramatischen Spiel mit 4:3 und zeigte auf, daß er nicht nur in Vorarlberg, sondern im ganzen Bodenseeraum die Nummer eins war.

Auch 1927 hieß der Sieger der Bodenseemeisterschaft FC Lustenau. Der FC besiegte im Endspiel den VfB Friedrichshafen mit 4:3 und sicherte sich damit seinen fünften „Bodensee"-Meistertitel seit 1909.

1928 wurde die Bodenseemeisterschaft zum dritten und letzten Mal ausgetragen. Wie in den beiden Jahren zuvor hatte der FC das Endspiel erreicht, mußte sich diesmal jedoch dem Turnerbund mit 4:6 geschlagen geben. Da die deutschen Vereine nur wenig Interesse an einer Weiterführung der gemeinsamen Meisterschaft zeigten,

Abb. 44:
Der FC Lustenau Mitte der zwanziger Jahre bei einem Trainingsspiel auf dem Sportplatz an der Holzstraße.

beantragte der FC beim Schweizer Fußballverband, an den Meisterschaftsspielen der Schweiz teilnehmen zu dürfen. Die Separationsbestrebungen des FC wurden jedoch vom Österreichischen Fußballbund abgelehnt, da dieser ab der Saison 1928 eine „Bundesamateurmeisterschaft" der Landesmeister ins Leben gerufen hatte und auf einen der spielstärksten Vereine im Westen Österreichs nicht verzichten wollte.

Amateurmeisterschaft des Österreichischen Fußballbundes

Bereits wenige Monate nach seiner Gründung beschloß der Vorarlberger Fußballverband bei einem außerordentlichen Verbandstag am 19. März 1921, als Regionalverband dem „Österreichischen Fußballverband" beizutreten.

1923 führte der Österreichische Fußballverband einen „Länderwettbewerb" für Auswahlmannschaften ein, an dem sich vorerst allerdings nur wenige Bundesländer beteiligten. Die Vorarlberger Mannschaft besiegte zunächst die Auswahl von Kärnten und eliminierte in der zweiten Runde auch die Salzburger Auswahl. Damit hatte sich die Vorarlberger Auswahl bereits für das Endspiel dieser Ländermeisterschaft qualifiziert. Auf neutralem Boden in Wien verloren die Vorarlberger dieses Spiel gegen die Steiermark klar mit 0:4. Trotz der deutlichen Niederlage blieb dieser zweite Rang das beste Ergebnis einer Vorarlberger Auswahl in diesem Bewerb.

1926 kam es innerhalb des Österreichischen Fußballverbandes zu schweren Spannungen zwischen den sozialdemokratischen und den bürgerlichen Vereinen, die schließlich zu einer Spaltung des Verbandes in den sozialdemokratischen „Verband der Amateurfußballvereine Österreichs" (= VAFÖ) und in den bürgerlichen „Allgemeinen Österreichischen Fußballbund" (= ÖFB) führten. Der Vorarlberger Fußballverband, vertreten durch seinen Präsidenten Dr. Quido Tarabocchia, trat noch am Gründungstag, am 22. August 1926, dem Österreichischen Fußballbund bei.

1928 veranstaltete der ÖFB erstmals eine Bundesamateurmeisterschaft der Landesmeister für Vereinsmannschaften. Der Bewerb wurde in einer Westgruppe (Vorarlberg, Tirol, Salzburg, Kärnten) und einer Ostgruppe (Oberösterreich, Niederösterreich, Steiermark, Wien, Burgenland) im sogenannten „K.-o.-System" ausgetragen.[339] Der FC Lustenau, der Vorarlberger Meister des Jahres 1927/28, eliminierte zuerst den Klagenfurter Athletikclub mit zwei Siegen und besiegte in der zweiten Runde auch den Innsbrucker Athletikclub ganz klar. Im Finale der Amateurmeisterschaft traf der FC auf den Sieger der Ostgruppe, den Grazer Athletikclub, und erreichte zunächst in Lustenau vor mehr als 4.000 Zuschauern ein 2:2-Unentschieden. Das Retourspiel in Graz am 10. November 1929 ging zwar mit 0:3 verloren, dennoch bedeutete der zweite Rang in diesem österreichweiten Bewerb den bis dato größten Erfolg in der Vereinsgeschichte des FC Lustenau.

1930 sorgte die Teilnahme des TB Lustenau, des Vorarlberger Meisters 1929/30, an diesem Bewerb für einigen Aufruhr in Lustenau. Gleich beim ersten Spiel des Turnerbundes auf heimischem Boden gegen den Klagenfurter Athletikclub kam es zu wilden Ausschreitungen. Der Turnerbund verlor dieses Spiel mit 0:1, wobei laut Vorarlberger Volksblatt die Turnerbundspieler während des Spiels durch Anhänger des FC laufend verhöhnt wurden. Die vom Volksblatt im FC-Lager konstatierte „tiefste Gehässigkeit gegen eigene Volksgenossen" führte in Folge zu einem Medienkrieg des katholischen Vorarlberger Volksblattes als „Anwalt" des Turnerbundes mit dem liberalen Vorarlberger Tagblatt als Vertreter des FC Lustenau, aber auch kurzfristig zu einigen Turbulenzen im Vorarlberger Fußballverband.[340]

Ungeachtet aller Streitigkeiten gewann der Turnerbund das Rückspiel gegen den KAC in Klagenfurt völlig unerwartet mit 1:0 und erzwang somit ein Entscheidungsspiel um den Aufstieg in die zweite Runde. Dieses Spiel fand am 7. September in Lustenau statt und endete mit einem 4:2-Sieg der Turnerbund-Mannschaft. In der zweiten Runde der Amateurmeisterschaft traf der Turnerbund nunmehr auf den Innsbrucker Athletikclub. Mit einem 2:2-Unentschieden in Innsbruck und einem ungefährdeten 4:1-Heimsieg erreichte der Turnerbund wie der Fußballclub ein Jahr zuvor den Westmeistertitel und die Endrunde dieses Bewerbes. Endrundengegner des Turnerbunds war der SC Krems, der sich für die Lustenauer als zu stark erwies. Nach einer deutlichen 2:7-Heimniederlage konnte der Turnerbund zwar das Auswärtsspiel in Krems mit 3:1 gewinnen, mußte sich jedoch aufgrund des schlechteren Torverhältnisses mit dem 2. Endrang begnügen – dennoch der bis dahin mit Abstand größte Erfolg in der Vereinsgeschichte.

Von 1931 bis 1936 hieß der Vorarlberger Vertreter in der Bundesamateurmeisterschaft des ÖFB jeweils FC Lustenau. Nur noch ein einziges Mal gelang es dabei dem FC, in die Endrunde der letzten beiden Mannschaften vorzudringen: im Spieljahr 1933. Nach Siegen in der Vorrunde gegen den Innsbrucker AC und in der Zwischenrunde gegen die Spielvereinigung Urfahr Linz trafen die Lustenauer in der Finalrunde auf den Grazer Athletikclub. Der FC verlor zwar beide Spiele dieser Endrunde (1:3 in Lustenau; 2:4 in Graz), dennoch war dieser 2. Platz für viele Jahre der letzte große Erfolg des FC. In all den anderen Jahren schied der FC entweder schon in der Vorrunde (1931; 1934; 1936) oder in der Zwischenrunde (1932; 1935) aus. Auch für die Austria Lustenau, dem Vorarlberger Vertreter des Jahres 1937, kam schon in der Vorrunde das frühzeitige Aus.

Kreisliga Bodensee–Vorarlberg

Nach dem Ende der Bodenseemeisterschaft 1928 trat der Vorarlberger Fußballverband in intensive Verhandlungen mit dem Tiroler Fußballverband, dem Schweizer Fußballverband und dem Süddeutschen Fußballverband mit dem Ziel, Anschluß an einen Nachbarverband zu gewinnen und dadurch seinen Meisterschaftsbetrieb zu erweitern. Nachdem der Schweizer Fußballverband einen Anschluß der Vorarlberger Vereine ablehnte und auch die geplante gemeinsame Meisterschaft mit dem Tiroler Verband an den zu hohen Fahrtkosten scheiterte, hatten zuletzt die Verhandlungen mit dem Gau Oberschwaben des Süddeutschen Fußballverbandes Erfolg. Bei einer Tagung am 11. Mai 1930 in Friedrichshafen wurde zwischen den Verbänden eine grundsätzliche Einigung erzielt und eine gemeinsame Meisterschaft ab Herbst 1931 ins Auge gefaßt.

Nach der Genehmigung des am 11. Mai abgeschlossenen Vertrags durch den Österreichischen und den Deutschen Fußballbund stand der neuen Liga nichts mehr im Wege. Die Vorarlberger Ligavereine FC Lustenau, TB Lustenau, FC Dornbirn und FC Bregenz bildeten zusammen mit den süddeutschen Vereinen VfB Friedrichshafen, SpV Weingarten, FC Wangen, FV Ravensburg, FC Lindenberg und FC Memmingen nunmehr die neue „Kreisliga Bodensee-Vorarlberg".

Die erste Bodenseeliga-Meisterschaft fand vom 9. August 1931 bis zum 26. Juli 1932 statt und zeigte einmal mehr die große Klasse des FC Lustenau auf. Die Lustenauer gewannen diese Meisterschaft vor dem VfB Friedrichshafen und waren somit als Kreismeister berechtigt, an den Aufstiegsspielen zur Süddeutschen Bezirksliga teilzunehmen. Der FC spielte in einer Hin- und Rückrunde gegen die Mannschaften Ulm 94, Landshut, Augsburg, Arminia München und Sportverein München und verfehlte mit einem dritten Endrang den Aufstieg nur knapp.

Auch 1932/33 hieß der Meister der Bodenseeliga FC Lustenau (wieder vor dem VfB Friedrichshafen). Noch vor der Beendigung der Aufstiegsspiele in die Süddeutsche Liga, bei denen die Lustenauer auf die anderen Kreismeister Heidenheim, Straubing, Ingolstadt, Augsburg und München trafen, kam es aufgrund der geänderten politischen Verhältnisse (Sperre der österreichisch-deutschen Grenze; Ausreisesperre für Vorarlberger Mannschaften) zu einem Abbruch der Beziehungen mit Deutschland und zu einem vorzeitigen Ende dieser Meisterschaft.

Meisterschaft Tirol–Vorarlberg

Nach dem Scheitern der Kreisliga Bodensee-Vorarlberg intensivierte der Vorarlberger Fußballverband wieder seine Kontakte mit dem Tiroler Verband. Nach einigen Verhandlungen wurde für den Herbst 1934 der Beginn einer gemeinsamen Meisterschaft beschlossen, an der die jeweils zwei bestplazierten Mannschaften jedes Verbandes teilnahmeberechtigt waren.

Die erste Meisterschaft Tirol–Vorarlberg wurde vom FC Lustenau, dem TB Lustenau, dem Innsbrucker AC und dem Innsbrucker SC bestritten und vom FC Lustenau vor den beiden Tiroler Vereinen gewonnen.

1935/36 nahmen je drei Mannschaften pro Bundesland an der gemeinsamen Meisterschaft Tirol–Vorarlberg teil. Wie im Vorjahr siegte der FC Lustenau vor dem Innsbrucker SC und dem Innsbrucker AC. Die beiden anderen Vorarlberger Vertreter, der FC Bregenz und der FC Dornbirn, belegten lediglich den vierten bzw. sechsten Rang.

Die allgemeine Wirtschaftskrise mit den hohen Arbeitslosenzahlen zeigte 1936 auch ihre Auswirkungen auf diese Meisterschaft. Nach nur zwei Jahren wurde die Meisterschaft Tirol–Vorarlberg aufgrund der (zu) hohen Ausgaben für die einzelnen Vereine wieder aufgelassen.

Auswahlspiele der Vorarlberger Verbandsauswahl

Die ersten beiden Spiele einer Vorarlberger Fußballauswahl fanden im Verbandsjahr 1920/21 statt. Gegner der Auswahl war jeweils die erste Mannschaft des FC Lustenau. Nach einer 0:4-Niederlage im November 1920 trotzte die Auswahl dem FC im Frühjahr 1921 immerhin schon ein 4:4-Unentschieden ab.

Im Oktober 1921 trat die erste „echte" Vorarlberger Auswahl mit Spielern sämtlicher Vorarlberger Vereine erstmals gegen einen auswärtigen Gegner an und verlor in Lustenau gegen eine Wiener Auswahlmannschaft klar mit 1:4.

Von 1922 bis 1937 wurden von Vorarlberger Auswahlmannschaften insgesamt 42 Spiele bestritten, davon allein 15 Spiele gegen die Auswahl Tirols. Die Bilanz dieser Spiele ist recht eindrucksvoll: 21 Spiele wurden gewonnen, acht Spiele endeten unentschieden, 13 Spiele wurden verloren. Die herausragenden Ergebnisse in diesen 15 Jahren waren zum einen 1924 der zweite Platz im Länderbewerb des Österreichischen Fußballverbandes nach Siegen gegen Kärnten und Salzburg, zum anderen die Berufung des FC-Lustenau-Spielers Ernst Künz in die österreichische Verbandsauswahl für die Olympischen Spiele 1936 in Berlin.

Nach 1937 absolvierte die Vorarlberger Auswahl nur noch ein einziges Spiel, das im Juli 1940 gegen die Auswahl Oberschwabens klar mit 1:4 verloren wurde.

3.8. Leichtathletik

Die Wiege der Vorarlberger Leichtathletik stand in Lustenau. Im März 1911 faßte der Vorstand des 1907 gegründeten Fußballclubs in einer Versammlung den Beschluß, eine eigene Leichtathletik-Abteilung innerhalb des Fußballclubs ins Leben zu rufen.[341] Leiter dieser Abteilung wurde der damalige Vorstand des Zollamts Lustenau, Otto Madlener.

Schon wenige Monate nach der Gründung erhielt die LA-Abteilung des FC Lustenau eine Einladung zu einem Sportfest in St. Gallen. Nach kurzem Bedenken wurde die Zusage gegeben, und am 3. September 1911 nahmen erstmals Vorarlberger Leichtathleten an einem größeren internationalen Sportfest teil. Die Konkurrenz schien übermächtig. Am Start waren u.a. Athleten aus Zürich, Konstanz, Mailand, Bern und Mühlhausen. Umso erfreulicher war das Abschneiden der sieben Lustenauer Athleten, die insgesamt drei Siege, drei zweite, fünf dritte und drei vierte Plätze erreichten. Überragender Lustenauer Athlet war dabei Adam Bösch, der Mannschaftskapitän des Fußballclubs. Er gwann die 110 m Hürden und das Hochspringen (1,60 m), wurde im Diskuswerfen (35,70 m), Schleuderballwerfen und im Weitspringen Zweiter und belegte im 100-m-Lauf und im Stabhochspringen (2,90 m) den 3. Rang. Gebhard Grabher, der spätere erste Präsident des Vorarlberger Fußballverbandes, lief die 1500 m in 4:40,0. Mit Adam Bösch als Schlußläufer gewannen die Lustenauer auch die 4 x 100 m-Staffel.

Aufgrund dieser Erfolge erhielt die Leichtathletik in Lustenau mächtigen Auftrieb. Immer mehr wurde der Wert der Leichtathletik auch für den Fußballsport erkannt, und noch im selben Jahr wurden durch einen Vereinsbeschluß alle Mitglieder des FC verpflichtet, am leichtathletischen Training teilzunehmen.

1912 starteten die Lustenauer Leichtathleten nur bei einem internationalen Sportfest in Konstanz. Adam Bösch war wiederum der erfolgreichste Einzelathlet. Zusammen mit Alfred Hollenstein, Fritz Grahammer und Ernst Vogel gewann er auch die 4 x 100 m-Staffel. Als Ehrenpreis erhielten die vier Läufer ein Trinkhorn in Pokalform.

1913 konnten die Lustenauer Athleten mehrfach beweisen, daß sie auch internationale Gegner nicht zu fürchten brauchten. Vor allem Adam Bösch ließ durch seine Leistungen aufhorchen. Am 14. September gewann Bösch in Zürich gegen stärkste internationale Konkurrenz die Schweizer Fünfkampfmeisterschaften vor dem deutschen Olympiakämpfer Julius Wagner. Im Schleuderballwerfen (47,45 m), Diskuswerfen (36,94 m) und Weitspringen (6,00 m) erzielte Adam Bösch jeweils die beste Einzelleistung. Im Kugelstoßen (11,18 m), Speerwerfen (44,66 m) und 110-m-Hürdenlauf belegte er den zweiten Rang.[342] Noch im selben Monat gewann Adam Bösch bei einem Meeting in

Abb. 45:
Von 1911 bis 1913 ungeschlagen: die 4 x 100 m-Staffel des FC Lustenau. V. l. Adam Bösch, Ernst Vogel, Arthur Grahammer, Fritz Grahammer. Adam Bösch konnte 1913 in Zürich sogar die Internationalen Schweizer Meisterschaften im Fünfkampf gewinnen.

Schaffhausen vier Bewerbe (100 m, Diskus, Kugel, Dreikampf) und wurde zweimal Zweiter (110 m Hürden, Speer). Ebenfalls einen Sieg verbuchte der erst 18jährige Fritz Grahammer (Hochsprung mit 1,60 m), der nach dem Krieg viele Jahre einer der besten Vorarlberger Leichtathleten war. Auch in der 4 x 100 m-Staffel blieben die Lustenauer siegreich und damit drei Jahre lang ungeschlagen.

1914 hatten die Lustenauer Leichtathleten bereits Einladungen zu Sportfesten in Zürich und Augsburg, der Ausbruch des Ersten Weltkriegs verhinderte jedoch jede weitere sportliche Betätigung.

Auch die ersten Leichtathletikaktivitäten in Vorarlberg nach dem Krieg wurden ausschließlich von der Leichtathletikabteilung des FC Lustenau geprägt und dienten in erster Linie der Werbung für diese Sportart. Der erste derartige „leichtathletische Wettkampf" nach dem Krieg fand am 26. Oktober 1919 statt. Nach Abschluß der Fußballsaison 1919 veranstaltete der FC Lustenau auf der Strecke Dornbirn – Lustenau einen Vergleichskampf zwischen einer Staffel des Fußballclubs und der Elektrischen Bahn Dornbirn – Lustenau. Der Start erfolgte bei der Konditorei Ölz in Dornbirn, das Ziel war auf dem Kirchplatz in Lustenau. Die Streckenlänge betrug 7,9 km. Die Staffel des FC bestand aus insgesamt 35 Läufern, die Teilabschnitte von 150 m bis 400 m zu durchlaufen hatten. Dieser heute etwas kurios anmutende Wettbewerb wurde von der Lustenau-Staffel mit 19:45 Minuten überlegen gegenüber 29 Minuten der Elektrischen Bahn gewonnen.[343] 1920 organisierte der FC im Mai erstmals einen Staffellauf „Quer durch Lustenau", an dem insgesamt sechs Mannschaften teilnahmen. Laut Vorarlberger Tagblatt säumten „mehrere tausend Zuschauer" die Strecke und das Ziel im heutigen Reichshofstadion.[344] Es siegte die Staffel des FC Lustenau vor dem TV Feldkirch und dem TV Lustenau.

Am 4. Juli 1920 wurde im Hotel Rhomberg in Dornbirn der Vorarlberger Fußballverband (= VFV) gegründet. Von allem Anfang an zeichnete sich der VFV neben seiner Haupttätigkeit als Dachverband aller Vorarlberger Fußballvereine auch für die Organisation sämtlicher Leichtathletikveranstaltungen im Land verantwortlich. Im Zeitraum Juli 1920 bis März 1938 wurden vom Vorarlberger Fußballverband insgesamt 14 Landesmeisterschaften, sieben Länderkämpfe (sechs gegen Tirol, einen gegen die Steiermark) und zwei Städtekämpfe (jeweils gegen Zürich) durchgeführt. Ab 5. März 1922 wurde diese Organisationsarbeit durch einen eigenen Leichtathletikausschuß innerhalb des Fußballverbandes vorgenommen, der bis 1938 ausschließlich von Lustenauer Funktionären geleitet wurde:

Fritz Grahammer (FC Lustenau; 1922-1925);
Hermann Vogel (FC Lustenau; 1925-1928);
Josef Peintner (TB Lustenau; 1928-1935);
Gottfried Peintner (TB Lustenau; 1935-1938).

Erst am 6. März 1938 kam es in Dornbirn zur Gründung eines eigenen Leichtathletikverbandes, dem allerdings kein allzulanges Leben beschieden war. Der Einmarsch der deutschen Truppen am 12. März 1938 bedeutete das Ende jeder Verbandstätigkeit, bevor sie überhaupt richtig begonnen hatte. Wenige Monate später, am 19. Juni 1938, wurde auch der Vorarlberger Fußballverband aufgelöst und in den Deutschen Reichsbund für Leibesübungen eingegliedert, der nunmehr für die Organisation von Veranstaltungen zuständig war.

Mit Gründungsdatum wurden vom Vorarlberger Fußballverband in den einzelnen olympischen LA-Disziplinen auch sogenannte „Rekordlisten" geführt. Als Vorarlberger Rekord wurden vom VFV jedoch nur Leistungen anerkannt, die bei offiziellen Veranstaltungen des Vorarlberger Fußballverbandes oder des Österreichischen Leichtathletikverbandes erzielt wurden, nicht jedoch Leistungen bei Turnfesten im Ausland oder bei den Turnfesten der verschiedenen Turnverbände (z.B. Vorarlberger Rheingau; Vorarlberger Turngau).

Bereits eine Woche nach der Gründung des VFV starteten einige Lustenauer Athleten bei einem internationalen LA-Meeting in Friedrichshafen. Adam Bösch gewann das Schleuderballwerfen und wurde im Diskuswerfen (38,00 m) und im Kugelstoßen (11,75 m) jeweils Zweiter. Ebenfalls einen zweiten Rang erreichte Jonny Grabher im 200-m-Lauf und Robert Bösch im 400-m-Lauf. Vor allem die von Adam Bösch im Diskuswerfen erzielten 38,00 Meter zeigten die außergewöhnliche Klasse dieses Athleten auf. Sie wurden erst 1956 durch einen Vorarlberger Athleten übertroffen, vom VFV im Sinne der oben angeführten Bestimmungen jedoch nie als Rekord geführt.[345] Im September desselben Jahres war Lustenau Schauplatz der ersten „Olympischen Wettkämpfe" in Vorarlberg, eines Sportfestes mit ausschließlich leichtathletischen Bewerben, bei dem der Lustenauer Jonny Grabher mit vier Siegen (u.a. 100 m in 11,8 sec) erstmals sein großes Talent andeutete.[346]

Am 27. August 1922 wurden im Rahmen der Feierlichkeiten anläßlich des 15jährigen Bestehens des FC Lustenau die ersten Vorarlberger Leichtathletikmeisterschaften veranstaltet. Insgesamt kamen bei den Senioren (= Männer) 13 Bewerbe zur Austragung, die mit wenigen Ausnahmen ganz klar von den Athleten des FC Lustenau dominiert wurden. Die überragenden Athleten dieser Meisterschaften waren Jonny Grabher und Fritz Grahammer, die je vier Meistertitel errangen. Nur dem Dornbirner Andreas Spiegel und dem Bregenzer Josef Eisen gelang es, in die Phalanx der Lustenauer einzudringen. Die ersten Vorarlberger Landesmeister verdienen es, namentlich mit ihren Leistungen angeführt zu werden:

100 m	Jonny Grabher	FC Lustenau	11,5 sec
200 m	Jonny Grabher	FC Lustenau	24,6 sec
400 m	Jonny Grabher	FC Lustenau	57,8 sec
800 m	Jonny Grabher	FC Lustenau	2:17,8 min
1500 m	Hermann Vogel	FC Lustenau	4:37,0 min
Weit	Otto Grabher	FC Lustenau	5,80 m
Hoch	Andreas Spiegel	TV Dornbirn	1,60 m
Stab	Josef Eisen	TV Bregenz	2,85 m
Kugel	Fritz Grahammer	FC Lustenau	10,94 m
Diskus	Fritz Grahammer	FC Lustenau	35,98 m
Speer	Fritz Grahammer	FC Lustenau	38,65 m
Schleuderball	Fritz Grahammer	FC Lustenau	44,50 m
4 x 100 m		FC Lustenau	48,0 sec

1923 starteten erstmals Vorarlberger Athleten bei österreichischen Meisterschaften. Die beiden Lustenauer Jonny Grabher (400 m) und Hermann Vogel (5000 m) erreichten jeweils einen vierten Platz.[347] An den 2. Landesmeisterschaften, wiederum in Lustenau, nahmen bereits 98 Athleten aus 18 Vereinen teil. Das Niveau war im Vergleich zum Vorjahr in den meisten Disziplinen wesentlich besser, die Dominanz der Lustenauer Athleten nicht mehr ganz so stark (zehn Siege in 14 Bewerben). Mit dem Götzner Lambert Bell, Sieger im Schleuderballwerfen, gewann zum ersten Mal ein Athlet eines Vereins des christlich-sozialen Turnverbandes Vorarlberger Rheingau

Abb. 46:
Am 22. August 1922 wurden in Lustenau die ersten Vorarlberger Leichtathletikmeisterschaften durchgeführt. Fritz Grahammer (im Bild links) und Hannes „Jonny" Grabher (rechts) gewannen je vier Titel.

Abb. 47:
Bei den Vorarlberger LA-Meisterschaften 1923 in Lustenau gewann Jonny Grabher (FC Lustenau) die 100 m in hervorragenden 11,2 Sekunden.

einen Landesmeistertitel. Das alles überragende Ergebnis dieser Meisterschaften waren jedoch die 11,2 sec von Jonny Grabher im Endlauf über 100 m. Grabhers Rekord wurde erst acht Jahre später von Gottfried Peintner um eine Zehntelsekunde verbessert.[348]

Bei den 3. Landesmeisterschaften am 11. September 1924 in Lustenau sorgten die Springer für die herausragenden Ergebnisse. Otto Platz gewann den Weitsprung mit 6,70 m, Otto Grabher (beide FC Lustenau) den erstmals ausgetragenen Dreisprungwettbewerb mit 13,27 m. Gerade die von Otto Platz und Otto Grabher bei diesen Meisterschaften erzielten Sprungweiten zeigen auf, daß sich einzelne Vorarlberger Leichtathleten mit ihren Leistungen durchaus mit den besten österreichischen Leichtathleten messen konnten. Beide Leistungen wurden 1924 von keinem anderen Athleten Österreichs erreicht und bedeuteten am Ende des Jahres somit „österreichische Jahresbestleistung". Der österreichische Meistertitel im Weitsprung wurde 1924 – zum Vergleich – vom Wiener Athleten Eduard Weilheim mit „nur" 6,46 m gewonnen.[349] Wie in den Jahren zuvor nahm allerdings auch 1924 kein Vorarlberger Athlet an den Allgemeinen Österreichischen Meisterschaften teil. Die Gründe für die Absenz heimischer Athleten bei den nationalen Meisterschaften waren zum einen wohl die weite Entfernung Vorarlberg – Wien, zum anderen die Tatsache, daß die meisten Lustenauer Leichtathleten auch Spieler der ersten Mannschaft des Fußballclubs waren. Damit beschränkte sich die Vorarlberger „Leichtathletiksaison" viele Jahre mehr oder weniger auf einen einzigen Wettkampf: die Landesmeisterschaften, die jeweils erst im September – nach Abschluß der Fußballsaison – zur Austragung kamen.[350]

Ein Vorarlberger Athlet nahm 1924 allerdings an einer österreichischen Meisterschaft teil: der junge TB-Lustenau-Athlet Gebhard Wund. Er startete am 21. September bei den Österreichischen Marathonmeisterschaften in Wien und belegte mit 3:08,22 Stunden den undankbaren vierten Rang.

Das Jahr 1925 brachte eine erste Ausweitung des Wettkampfprogramms. Neben den Landesmeisterschaften wurde erstmals in Innsbruck ein Ländervergleichskampf gegen die Auswahl aus Tirol bestritten. Die Vorarlberger Mannschaft siegte knapp mit 51 zu 49 Punkten. Für die herausragende Leistung aus Vorarlberger Sicht sorgte Otto Grabher, der den Weitsprungbewerb mit dem neuen Landesrekord von 6,74 m gewann, einer Weite, die 1925 von keinem anderen österreichischen Athleten erreicht wurde. Auch in den nächsten beiden Jahren bildete der Länderkampf gegen Tirol einen Höhepunkt im Leichtathletikgeschehen des Landes. Der Retourkampf 1926 in Lustenau vor ca. 2.000 Zuschauern sah wiederum Vorarlberg erfolgreich, 1927 ging der Sieg in Innsbruck erstmals an die Auswahl Tirols.

Die Landesmeisterschaften 1925-1927 standen ganz im Zeichen einiger überragender Athleten: Gottfried Peintner dominierte die Sprint- und Sprungbewerbe nach Belieben, Gebhard Wund gewann acht von neun Meistertiteln im Mittel- und Langstreckenlauf, und Fritz Grahammer behauptete seine führende Position in den Wurfbewerben. Vor allem Wund machte 1926 auf sich aufmerksam. Er verbesserte bei den Landesmeisterschaften an einem einzigen Tag die Landesrekorde über 800 m, 1500 m und 5000 m und erreichte zwei Wochen später bei den Österreichischen Marathonmeisterschaften in Wien den 5. Rang.

1928 entfielen die Landesmeisterschaften erstmals wegen Terminschwierigkeiten. Dafür wurden zwei Länderkämpfe gegen Tirol ausgetragen. Am 8. Juli siegte die Vorarlberger Auswahl in Lustenau dank eines überragenden Gottfried Peintner mit 53,5 zu

45,5 Punkten. Peintner gewann vier Bewerbe, u.a. den Weitsprung mit dem neuen Landesrekord von 6,79 m. Äußerst spannend verliefen auch das Stabhochspringen und das Speerwerfen, da sich in diesen Bewerben die beiden Vorarlberger Teilnehmer gegenseitig zu neuen Rekorden trieben. Im Stabhochspringen überquerten Oskar Bösch (TV Lustenau) und Ernst Mathis (TV Hohenems) zuerst 3,11 m, dann 3,21 m. Schließlich siegte Ernst Mathis mit dem neuen Rekord von 3,25 m.[351] Oskar Bösch gewann dann dafür das Speerwerfen mit der neuen Bestleistung von 50,45 m vor Josef Brugger (TV Hohenems), der mit 50,12 m ebenfalls noch klar über seinem eigenen Rekord von 46,50 m aus dem Jahre 1926 blieb. Im Retourkampf am 8. September in Innsbruck unterlag die durch das Nichtantreten einiger Athleten arg geschwächte Vorarlberger Auswahl Tirol glatt mit 43,5 zu 55,5 Punkten. Einzig Gottfried Peintner sorgte mit drei Siegen und einem neuen Rekord im Hochsprung (1,71 m) für einen Lichtblick im Vorarlberger Team.

Bei den 7. Landesmeisterschaften am 11. August 1929 in Lustenau konnte bereits eine breitere regionale Streuung der Spitzenkräfte festgestellt werden. Lustenau blieb zwar mit neun Titeln das Leichtathletikzentrum Vorarlbergs, aber auch Athleten des TV Vorkloster (drei Titel), des TB Altach und des TV Hohenems (je ein Titel) konnten sich in die Siegerliste eintragen.

Eine Analyse der Vorarlberger Leichtathletikszene der zwanziger Jahre zeigt eine überragende Dominanz der Leichtathletik-Hochburg Lustenau. Von insgesamt 102 bei Vorarlberger Meisterschaften vergebenen Titeln gewannen die Lustenauer Vereine 80, wobei der FC Lustenau mit 50 Titeln klar bester Verein vor dem TB Lustenau (26 Titel) war. Die erfolgreichsten Athleten dieser Meisterschaften waren Gottfried Peintner mit 15, Fritz Grahammer mit zwölf, Jonny Grabher, Otto Grabher und Gebhard Wund mit je acht sowie Otto Platz mit sieben Titeln. Besonders im Weitsprung waren die heimischen Athleten auch österreichweit Spitze: 1924 (Otto Platz: 6,70 m), 1925 (Otto Grabher: 6,74 m) und 1929 (Gottfried Peintner: 6,76 m) führten Lustenauer Athleten am Ende des Jahres die österreichische Bestenliste an.

1930 entfielen die Landesmeisterschaften nach 1928 zum zweiten Mal. Die einzige Startgelegenheit bot sich für heimische Athleten daher beim erstmals durchgeführten Länderkampf gegen die Steiermark, der am 31. August in Lustenau ausgetragen wurde. Vorarlberg mußte diesen Länderkampf allerdings ersatzgeschwächt in Angriff nehmen, da die eingeladenen Athleten des FC Lustenau bei einem Sportfest in Rorschach starteten, und verlor deshalb knapp mit 47 zu 50 Punkten.[352] Der mit Abstand erfolgreichste Athlet der Vorarlberger Auswahl war Gottfried Peintner, der drei Einzelbewerbe gewann, am Staffelsieg der Vorarlberger mitbeteiligt war und mit 7,14 m im Weitsprung einen überragenden Vorarlberger Rekord erzielte, der erst 34 Jahre später vom TS-Dornbirn-Athleten Bruno Rhomberg verbessert wurde.

Bei den 8. Landesmeisterschaften am 2. August 1931 in Lustenau waren bereits Athleten aus 23 verschiedenen Vereinen am Start. Erstmals trat bei diesen Meisterschaften ein Sportler in Erscheinung, der in den nächsten Jahren der zweite herausragende Vorarlberger Leichtathlet neben Gottfried Peintner wurde: Josef Neumann vom TB Ring Bregenz. Er gewann das Speerwerfen mit dem neuen Rekord von 53,83 m.

Die Tendenz einer breiteren regionalen Streuung und des Rückgangs der einst so starken Lustenauer Dominanz setzte sich auch in den nächsten vier Jahren fort. Bedingt durch die politischen Wirren um die leistungsstärksten Vereine des deutschnationalen Vorarlberger Turngaus – im Juni 1934 wurde dem TV Lustenau und dem TV Dornbirn wegen nationalsozialistischer Betätigung jede Turntätigkeit behördlich untersagt – verlagerte sich die LA-Szene vorwiegend ins Unterland.[353] 1932 gewann mit Oskar Bösch (400 m und Stabhochsprung) zum letzten Mal ein Athlet des TV Lustenau einen Meistertitel, 1935 gingen bereits acht der zwölf Einzeltitel an Bregenzer Athleten. Hatten Lustenauer Athleten von 1922 bis 1929 (sieben Landesmeisterschaften) von 102 vergebenen Titeln 80 Titel errungen, so waren es im Zeitraum 1931 bis 1937 (ebenfalls sieben Meisterschaften) gerade noch 30 von 96 Titeln.[354] Besonders auffallend für den Zeitraum 1931 bis 1935 ist die große Zahl der erzielten neuen Landesrekorde, nämlich 21 (1931: vier, 1932: sechs, 1933: fünf, 1934: zwei; 1935: vier). Mit Ausnahme des Weitsprungs und des Diskuswurfs wurden alle Rekorde verbessert, einige zum Teil sogar mehrmals.

1936 und 1937 war die Tendenz eindeutig rückläufig. Die Teilnehmerzahlen bei den Meisterschaften sanken dramatisch, die Leistungen waren in den meisten Bewerben deutlich schwächer als in den Jahren zuvor. Eine Ausnahme bildeten lediglich der Gisinger Oswald Gunz und der Dornbirner Anton Fussenegger, die im 400-m-Lauf (Gunz) bzw. 3000-m- und 5000-m-Lauf (Fussenegger) neue Landesrekorde erzielten. Zum Abschluß der Saison 1937 wurde nach neunjähriger Pause wieder ein Länderkampf gegen Tirol durchgeführt, der in Innsbruck mit einem 69:57-Punktesieg für die Tiroler endete. Zum letzten Mal für Vorarlberg im Einsatz „Altmeister" Gottfried Peintner, der – standesgemäß – noch einmal seine Paradedisziplin, den Weitsprung, gewinnen konnte.

1911 war in Lustenau die erste Leichtathletikabteilung Vorarlbergs gegründet worden, 1922 fanden – ebenfalls in Lustenau – die ersten Landesmeisterschaften statt. Mit Ende 1937, nach 15 Saisonen Leichtathletiktätigkeit, hatte die Vorarlberger Bestenliste folgendes Aussehen:

100 m	Peintner Gottfried (TB Lustenau)	11,1 sec	31. 8. 1930	Lustenau
200 m	Grabher Jonny (FC Lustenau)	24,6 sec	27. 8. 1922	Lustenau
400 m	Gunz Oswald (TB Gisingen)	54,0 sec	30. 8. 1936	Lustenau
800 m	Hartmann Josef (TB Gisingen)	2:06,9 min	10. 10. 1937	Innsbruck
1500 m	Bickel Hubert (FC Bregenz)	4:22,5 min	25. 10. 1933	Dornbirn
5000 m	Fussenegger Anton (TB Dornbirn)	16:26,0 min	8. 8. 1937	Wien
110 m Hü	Blatter Arnold (TB Lustenau)	16,5 sec	30. 8. 1936	Lustenau
Weit	Peintner Gottfried (TB Lustenau)	7,14 m	31. 8. 1930	Lustenau
Hoch	Peintner Gottfried (TB Lustenau)	1,74 m	16. 9. 1934	Lustenau
Drei	König Gebhard (FC Lustenau)	13,29 m	6. 9. 1926	Lustenau
Stabhoch	Berlinger Walter (TV Bregenz)	3,40 m	20. 8. 1933	Bregenz
Kugel	Neumann Josef (TB Ring Breg.)	13,70 m	9. 9. 1934	Altach
Diskus	Bösch Oskar (TV Lustenau)	37,85 m	2. 8. 1931	Lustenau
Speer	Neumann Josef (TB Ring Breg.)	62,22 m	9. 9. 1934	Altach
4 x 100 m	TB Lustenau	46,1 sec	25. 8. 1935	Dornbirn

Von 1920 bis Ende 1937 war die Organisation aller Leichtathletikveranstaltungen in Vorarlberg in den Händen des Vorarlberger Fußballverbandes gelegen. Am 6. März 1938 kam es auf Initiative von Oswald Achatz, dem langjährigen Präsidenten des Fußballverbandes, zur Gründung eines eigenen Leichtathletikverbandes in Dornbirn. Vorsitzender dieses Verbandes wurde Ernst Künz (Bregenz). Ebenfalls im Vorstand vertreten waren Oswald Achatz, Gottfried Peintner (beide Lustenau) und Josef Köchle (Feldkirch).[355]

Mit der Eingliederung Österreichs in das Großdeutsche Reich endete die Selbständigkeit dieses Verbandes allerdings bereits eine Woche nach seiner Gründung. Das gesamte Turn- und Sportwesen Vorarlbergs wurde in den Deutschen Reichsbund für Leibesübungen eingegliedert. Anstatt Landesmeisterschaften gab es 1938 und 1939 Kreismeisterschaften, von 1940 bis 1944 fanden jeweils Gaumeisterschaften für den Gau Tirol-Vorarlberg statt, die alle in Tirol ausgetragen wurden.[356]

Die Kreismeisterschaften 1938 fanden bei strömendem Regen am 22. August in Lustenau statt. Der frühere TV-Lustenau-Athlet Oskar Bösch (nunmehr Deutscher Turnerbund Lustenau) gewann drei Bewerbe, Heinrich Westreicher (Turn- und Sportverein Dornbirn/SS) zwei, Rekorde wurden keine aufgestellt. Erstmals in der Geschichte der Vorarlberger Leichtathletik kamen aber Meisterschaftsbewerbe für Frauen zur Austragung. Anna Alge siegte im 100-m-Lauf und im Weitspringen, Frieda König (beide Deutscher Turnerbund Lustenau) im Kugelstoßen. Auch die 4 x 100 m-Staffel der Frauen wurde vom DTB Lustenau gewonnen. Zwei Wochen nach den Kreismeisterschaften fand auf der Dornbirner Birkenwiese ein Länderkampf gegen Tirol statt, der von den Tiroler Gästen mit 72 zu 65 Punkten gewonnen wurde. Bester Vorarlberger Athlet war der Bregenzer Ludwig Toth, der in zwei Bewerben siegreich blieb und zweimal den 2. Platz belegte. Anton Fussenegger sorgte mit 9:25,0 min im 3000-m-Lauf für den einzigen Vorarlberger Rekord des Jahres.

Auch die Kreismeisterschaften 1939 wurden bei strömendem Regen durchgeführt. Oswald Gunz (Deutscher Turnerbund Feldkirch) gewann sämtliche Sprintbewerbe (100 m; 200 m; 400 m), Oskar Bösch das Diskus- und Speerwerfen. Alle anderen Meistertitel gingen an junge, bis dato nur wenig bekannte Athleten. Bei den Frauen dominierte wie im Vorjahr Anna Alge mit Siegen im 100-m-Lauf und im Weitsprung. Für eine außergewöhnliche Leistung sorgte in diesem Jahr der junge Harder Erich Weißkopf, der bei einem Gebietssportfest der Hitlerjugend Mitte Juli auf dem Innsbrucker Tivoli im Hochsprung 1,82 m überquerte, sonst jedoch in der LA-Szene nicht in Erscheinung trat.

An den Gaumeisterschaften 1940 bis 1944 nahmen nur mehr wenige Vorarlberger Athleten teil. Gerade nur achtmal ging der Titel nach Vorarlberg: 1940 gewann Oswald Gunz die 100 m und die 200 m, Alois Längle (DTB Feldkirch) das Kugelstoßen; 1942 Ludwig Toth (DTB Bregenz) den Fünf- und den Zehnkampf; 1942 Kurt Schullein (DSG Bludenz) das Stabhochspringen und das Hammerwerfen und 1944 Rudolf Öhry (DTB Feldkirch) das Hochspringen.[357]

Obwohl ab 1939 die Leichtathletik auf regionaler Ebene nur noch ein Schattendasein führte, gelang es einem Vorarlberger Athleten, zumindest „Vorarlberger Leichtathletikgeschichte" zu schreiben: dem gebürtigen Bregenzer Ludwig Toth. Er gewann 1939 und 1940 die ersten nationalen Titel eines Vorarlberger Leichtathleten: 1939 den „Ostmarktitel" im Zehnkampf (für die SG Wien startend), 1940 den Titel im Fünfkampf (für den Wiener AC startend). Bei diesen beiden Wettkämpfen erreichte Ludwig Toth die folgenden Leistungen:

Zehnkampf (1939): 5596 Punkte (100 m: 11,6 sec; Weit: 6,31 m; Kugel: 10,87 m; Hoch: 1,70 m; 400 m: 54,2 sec; 110 m Hürden: 16,9 sec; Diskus: 33,70 m; Stabhoch: 2,80 m; Speer: 45,54 m; 1500 m: 5:23,2 min).

Fünfkampf (1940): 3205 Punkte (100 m: 11,6 sec; Weit: 6,27 m; Kugel: 11,42 m; Hoch: 1,70 m; 400 m: 54,2 sec).[358]

Wie bereits erwähnt, wurde die Vorarlberger Leichtathletik von zwei Athleten besonders geprägt: Gottfried Peintner und Josef Neumann. Ihre Leistungen werden in dem folgenden Abschnitt detailliert besprochen.

Gottfried Peintner

Gottfried Peintner wurde am 11. 5. 1904 geboren. Bei den ersten Landesmeisterschaften 1922 startete er bei den Junioren im Weitsprung und wurde mit 4,96 m Dritter. 1924 gewann Gottfried Peintner seinen ersten Vorarlberger Meistertitel im Hochsprung mit 1,67 m. In den nächsten Jahren trat Gottfried Peintner vor allem regional in Erscheinung. Er gewann von 1925 bis 1929 15 Vorarlberger Meistertitel in sieben verschiedenen Disziplinen: 100 m, 200 m, 110 m Hürden, Weitsprung, Hochsprung, Stabhochsprung und Dreikampf.

Beim 7. Schwäbisch-Bayrischen Bezirksturnfest am 21. Juli 1929 in Memmingen sorgte Gottfried Peintner für einen Paukenschlag in der heimischen, aber auch überregionalen Leichtathletikszene. Im Rahmen des Fünfkampfbewerbes übersprang Peintner im Weitsprung mit 7,05 m erstmals die magische 7-m-Marke: eine Leistung, die damals auch international Gewicht hatte. Im „Körpersport-Jahrbuch 1933" schildert Peintner die Geschichte dieses Sprunges. Schon vor dem Wettkampf hatte Peintner beim Kampfgericht reklamiert, daß die Sprunggrube zu kurz sei und er bei einem Sprung von 6,80 m genau auf der Grubenkante landen würde. Der Hauptkampfrichter reagierte allerdings nur belustigt mit dem Hinweis, daß bereits über 20 Riegen gesprungen seien und kein Wettkämpfer auch nur annähernd in die Nähe des Grubenendes gekommen sei. Tatsächlich landete Peintner bei seinem zweiten Sprung genau auf der Grubenkante, fiel zurück und sprang deshalb „nur" 6,50 m. Das Kampfgericht erlaubte Peintner die Wiederholung des Sprunges. Peintner wörtlich:

> *„Jetzt ist auf einmal ein ganz anderes Leben in den Zuschauern. Schon ist ein Außenstehender emsig damit beschäftigt, die Grube zu erweitern. Es gilt nun den Sprung – hoffentlich ohne Blamage – zu wiederholen. Die Anlaufbahn links und rechts von einer großen Zuschauermenge umsäumt, macht einen gewaltigen Eindruck auf mich. Vor kurzer Zeit noch Spottworte und jetzt alles in Spannung! Dies treibt mich zu einer äußersten Konzentration der Kräfte, und mit einem gewissen Zorn beginne ich meine Übung. Zuerst etwas beengt durch die vielen Zuschauer, dann beidseitig nur mehr durch zwei dunkle Linien sehend, gelange ich in scharfem Tempo äußerst günstig auf den Aufsprungbalken, stoße kräftig ab und mit einem elegant ausgeführten Scherensprung lande ich im neu ausgehobenen Grubenbereiche. Resultat: 7,05 m. Ein Jubel geht durch die Menge. Als erster reicht mir der Kampfrichter die Hand und sagt wortwörtlich: Na, Junge, so was habe ich noch nie gesehn."*[359]

1930 war Peintner auf dem Höhepunkt seiner Leistungsfähigkeit. Am 1. Juni sprang er bei einem Bezirksturnfest in Augsburg mit 7,02 m wieder über die 7-m-Marke und gewann den Hochsprungbewerb mit 1,72 m. Wenige Wochen später siegte er beim Bundesturnfest des 12. Kreises der Deutschen Turnerschaft im Fünfkampf (u.a. mit 7,03 m im Weitsprung) und qualifizierte sich damit als Vertreter des Kreises 12 (i.e. Bayern; 1.080 Vereine mit 149.935 Mitgliedern) für das Deutsche Turnfest in Leipzig.

Bei diesem Turnfest stellte Peintner wiederum seine große Konstanz und Leistungsfähigkeit unter Beweis. In seiner Spezialdisziplin, dem Weitsprung, wurde er mit 7,05 m Zweiter, im Sechskampf erreichte er – nur sechs Punkte hinter dem Sieger – den dritten Rang. Dabei erzielte er folgende Einzelleistungen: 100 m in 11,1 sec; Weit 6,87 m; Hoch 1,65 m; Steinstoßen (15 kg) 7,63 m; Schleuderball 58,19 m; 1500 m 5:17,7 min.

Nur zehn Tage nach dem Deutschen Turnfest startete Peintner für die Vorarlberger Auswahl in Lustenau in einem Länderkampf gegen die Steiermark. Er gewann zunächst die 100 m in der neuen Rekordzeit von 11,1 sec, wenig später die 110 m Hürden in 16,7 sec. Auch diese Zeit hätte neuen Vorarlberger Rekord bedeutet, konnte den damaligen Bestimmungen entsprechend jedoch nicht anerkannt werden, da Peintner zwei Hürden umwarf. Peintner hielt sich dafür im Weitsprung schadlos und gewann diesen Bewerb mit dem neuen Vorarlberger Rekord von 7,14 m. Diese 7,14 m von Gottfried Peintner stellten 1930 eine großartige Leistung dar und wurden in Vorarlberg erst 34 Jahre später übertroffen. Der österreichische Rekord – zum Vergleich – wurde 1930 von Otto Egger (WAC) mit 7,26 m gehalten. Von 1930 bis 1956 erreichte allerdings kein einziger österreichischer Meister bei seinem Titelgewinn diese 7,14 m.

Aufgrund der Weitsprungleistung beim Länderkampf gegen die Steiermark wurde Peintner noch 1930 als erster Vorarlberger

Abb. 48:
1930 sprang Gottfried Peintner (Turnerbund Lustenau) mit 7,14 m neuen Vorarlberger Rekord im Weitsprung. Diese Leistung wurde erst 34 Jahre später übertroffen.

Leichtathlet in die österreichische Auswahl berufen. Er startete am 21. September in Wien bei einem Länderkampf gegen die Schweiz in zwei Bewerben. Im 100-m-Lauf egalisierte er seine persönliche Bestleistung von 11,1 sec (4. Rang), im Weitsprung siegte er mit 6,99 m.

Von 1931 bis 1934 startete Peintner noch siebenmal in der österreichischen Nationalmannschaft: 1931 gegen die Tschechoslowakei und Ungarn, 1932 gegen Italien und Polen, 1933 gegen die Tschechoslowakei und Ungarn, 1934 gegen Italien. 1931 sprang er mit 7,04 m (Länderkampf Ungarn gegen Österreich in Budapest) und 7,07 m (Vergleichskampf TB Lustenau gegen TB Ring Bregenz in Bregenz) noch zweimal über die

7-m-Marke und fixierte mit 7,07 m wiederum österreichische Jahresbestleistung. Ein Muskelriß ließ 1935 keine Wettkämpfe zu und bedeutete das Ende seiner internationalen Karriere. Gottfried Peintner übernahm das Amt des Vorsitzenden im Leichtathletikausschuß des Fußballverbandes, startete jedoch noch bei regionalen Veranstaltungen. 1937 – mittlerweile schon 33 Jahre alt – gewann er bei den Vorarlberger Meisterschaften die Titel über 110 m Hürden, im Weitsprung und im Hochsprung.[360]

Josef Neumann

Josef Neumann wurde am 18. 2. 1911 geboren. 1929 startete er als 18jähriger erstmals bei den Landesmeisterschaften in der Juniorenklasse und gewann das Kugelstoßen. 1931 erreichte er seinen ersten Landesmeistertitel bei den Senioren im Speerwerfen mit dem neuen Landesrekord von 53,83 m. 1932 gewann Josef Neumann bei den Landesmeisterschaften bereits drei Bewerbe und verbesserte den Speerwurfrekord erneut auf nunmehr 55,67 m.

Bei seiner ersten Teilnahme an österreichischen Meisterschaften (1./2. Juli 1933 in Wien) erreichte Neumann im Speerwerfen mit 58,98 m gleich den 2. Rang. Das Wiener Tagblatt charakterisierte den österreichischen Vizemeister wie folgt:

„Der Vorarlberger Neumann ist ein bärenstarker Bursche, aber es fehlt ihm daheim an Vorbildern und die Technik sitzt noch nicht. Das wird aber kommen."[361]

Aufgrund seiner Leistung bei den österreichischen Meisterschaften 1933 erhielt Neumann eine Einladung in die österreichische Nationalmannschaft für den Länderkampf gegen Ungarn in Budapest, mußte aber verletzungsbedingt absagen. Fünf Wochen später zeigte er sich bei den Landesmeisterschaften in Bregenz jedoch gut in Form: Er gewann vier Titel (u.a. im 800-m-Lauf) und verbesserte den Landesrekord im Kugelstoßen auf 13,30 m.

Abb. 49:
1934 gewann Josef Neumann (TB Ring Bregenz) die Landesmeisterschaften im Speerwurf mit 62,22 m. Dieser Rekord hielt 49 Jahre allen Angriffen stand.

1934 startete Josef Neumann zum Zeitpunkt der österreichischen Meisterschaften für den Vorarlberger Rheingau beim 6. Landestreffen der Christlich-Deutschen Turnerschaft in Hall und gewann den Zehnkampfbewerb. Bei den Landesmeisterschaften in Altach gewann er wiederum vier Bewerbe und erzielte mit 13,70 m im Kugelstoßen und 62,22 m im Speerwerfen zwei überragende Landesrekorde, die in Vorarlberg erst nach Jahrzehnten verbessert wurden: der Kugelstoßrekord am 6. Mai 1961 durch Siegfried Grabher (ULC Dornbirn) auf 13,71 m; der Speerwurfrekord am 5. Juli 1983 (!) durch Thomas König (TS Dornbirn) auf 62,28 m.

Neumanns Speerwurfrekord war auch deutlich besser als der bestehende österreichische Rekord, der von Emil Bezwoda (Cricket Wien) mit 61,43 m gehalten wurde. Neumanns Speerwurfleistung hätte demnach eine Verbesserung dieses Rekordes um 79 Zentimeter bedeutet, wurde vom Österreichischen Leichtathletikverband jedoch nicht anerkannt, da Neumann Schweizer Staatsbürger war und laut ÖLV-Beschluß österreichische Rekorde nur von österreichischen Staatsbürgern erzielt werden konnten.

1935 startete Neumann wiederum nur bei den Landesmeisterschaften. Er gewann vier Bewerbe, u.a. auch den 800-m-Lauf mit neuem Landesrekord. Im Speerwerfen erreichte er 60,20 m und nahm damit am Ende des Jahres den 2. Rang in der österreichischen Bestenliste ein.

Anfangs 1936 wurde Neumann vom Österreichischen Leichtathletikverband aufgefordert, die österreichische Staatsbürgerschaft anzunehmen, um bei den Olympischen Spielen in Berlin für Österreich startberechtigt zu sein. Neumann entschied sich jedoch, Schweizer Staatsbürger zu bleiben. Er verlegte seinen Wohnsitz in die Schweiz, arbeitete im Kanton St. Gallen als Polizist und startete ab 1936 für den Stadtturnverein St. Gallen. Er gewann die Olympiaausscheidung der Schweiz im Speerwerfen und im Zehnkampf, konnte bei den Olympischen Spielen wegen einer Verletzung allerdings nur im Speerwerfen an den Start gehen.

1938 feierte Josef Neumann seinen größten internationalen Erfolg, als er bei den Europameisterschaften in Paris im Zehnkampf die Bronzemedaille gewann.[362] Wann und weshalb Josef Neumann seine LA-Karriere beendete, konnte ich nicht mehr eruieren.[363]

3.9. Motorsport

3.9.1. Anfänge der Motorisierung

Der Bregenzer Marinemaler Eugen Zardetti und der Dornbirner Apotheker Karl Kofler waren die ersten Automobilbesitzer Vorarlbergs.[364] Zardetti hatte sein Auto, eine „Droschke mit Benzinantrieb", am 28. Februar 1893 persönlich aus den Händen des deutschen Erfinders und Firmenbesitzers Carl Benz erhalten und war von Benz auch in die Geheimnisse der Fahrkunst eingeweihen worden. Zardettis Wagen verfügte über einen 2,5-PS-starken Motor, Hinterräder aus Eisen und ein Vorderrad aus Vollgummi. Das Benzin mußte, da es damals noch keine Tankstellen gab, in Apotheken oder Drogerien flaschenweise gekauft werden. 1898 ließ Eugen Zardetti den „Benz" durch den Bregenzer Theodor Anwander auf vier Räder umbauen und auf 5 PS aufrüsten.[365]

1896 erwarb der Dornbirner Apotheker Karl Kofler ebenfalls einen Benz-Kraftwagen. Das „mechanische Pferd des Herrn Kofler" stellte zwar – wie das Vorarlberger Volksblatt schrieb – „Dornbirn eine Stufe höher", rief jedoch bei den Einheimischen nicht nur uneingeschränkte Freude hervor.[366] Kofler wurde von nicht wenigen verspottet, von vielen sogar angefeindet. Vor allem die Fuhrleute waren schlecht auf das ratternde und knatternde Ungetüm zu sprechen, mußten sie doch beim Herannahen eines Automobils „ihre Röcke den Pferden über den Kopf" werfen, „sofern diese nicht schon vom Schreck getrieben samt dem Heufuder im Straßengraben gelandet waren".[367]

Kurz vor und nach der Jahrhundertwende tauchten auch die ersten Motorräder und Lastkraftwagen in Vorarlberg auf. Der erste Motorradfahrer des Landes war laut Dr. Helmut Lanzl der Bregenzer Martin Bilgeri, der 1898 ein Motorrad erwarb. Weitere bekannte Motorradbesitzer waren die Bregenzer Friedrich Eyth, Viktor Sohm und Hermann Mauer sowie der Harder Karl Faigle.[368]

Die ersten Lastkraftwagen Vorarlbergs gingen im Jahr 1902 in Betrieb. Sie gehörten der Firma Josef Pircher in Bregenz, der Brauerei Reiner in Lochau und der Firma Franz Martin Zumtobel in Dornbirn. Am 17. Mai desselben Jahres erließ die k.k. Statthalterei Innsbruck die erste Verordnung „bezüglich des Fahrens mit dem Fahrrad auf öffentlichen Straßen" für die gefürstete Grafschaft Tirol und das Land Vorarlberg. Mit Wirkung vom 25. September 1903 wurde diese Verordnung auch für „Automobilfahrzeuge" adaptiert. Die Geschwindigkeit eines Autos durfte aufgrund der neuen Bestimmungen in geschlossenen Ortschaften nicht höher sein als die „eines mit Pferden bespannten, im frischen Trabe fahrenden Wagens" und durfte außerhalb der Ortschaft nur „mäßig" gesteigert werden.[369]

1912 waren in Vorarlberg bereits 50 Personenautos, 14 Lastkraftwagen und 75 Motorräder behördlich registriert. Die Zahl der Kraftfahrzeuge war zwar jährlich kontinuierlich gestiegen, trotzdem wurde das Straßenbild nach wie vor von den Pferdefuhrzeugen bestimmt, und in vielen Gemeinden des Landes sorgte auch 1912 das Auftauchen eines Autos noch für einiges Aufsehen.

Während des Ersten Weltkrieges mußten alle entbehrlichen Kraftfahrzeuge der Heeresverwaltung zur Verfügung gestellt werden. Nach dem Krieg stieg nicht nur die Zahl der Kraftwagenbesitzer rapide an, sondern auch die Probleme, die die einzelnen Automobilbesitzer zu bewältigen hatten, häuften sich. Die Straßen hatten während der Kriegszeit stark gelitten und waren stark abgenützt. Viele der Straßen waren für Kraftfahrzeuge sogar gänzlich gesperrt. Zur Pflege der Straßen, vor allem im Winter, fehlten die Mittel und das entsprechende Personal. Es gab im ganzen Land nur wenige Werkstätten und keine Tankstellen im heutigen Sinn, sondern nur einige fahrbare Pumpen und einfache Zapfsäulen. Wer mit seinem Auto in das benachbarte Ausland fahren wollte, mußte umständliche und nicht gerade billige Zollformalitäten in Kauf nehmen, um in den Besitz der entsprechenden Grenzpapiere, der sogenannten „Triptyks", zu kommen.

3.9.2. Gründung von Kraftfahrverbänden

Aufgrund der vielen Probleme, die einer Regelung bedurften, wurde der Wunsch nach einer gemeinsamen Organisation aller Kraftfahrer Vorarlbergs immer deutlicher. Am

24. März 1923 war es soweit. Auf Initiative des Dornbirner Autopioniers Eugen Raab wurde in Dornbirn im Hotel Rhomberg der „Vorarlberger Automobilclub" (= VAC) gegründet. 65 Automobilbesitzer traten dem VAC am Gründungstag bei und wählten den Dornbirner Fabrikanten Kommerzialrat Otto Zumtobel zum ersten Präsidenten des Vereins.

Die Hauptaufgaben des VAC in den ersten Jahren waren der organisatorische Auf- und Ausbau des Clubs, die Regelung der Grenz- und Verkehrsschwierigkeiten, Stellungnahmen zu Gesetzen und die Straßenpflege, vor allem aber auch die Freihaltung der Straßen im Winter. Bereits 1924 wurde in den Räumen der Elektrischen Bahn in Dornbirn eine ständige Geschäftsstelle eingerichtet und mit Josef Feßler ein hauptamtlicher Geschäftsführer bestellt. Noch im selben Jahr trat der VAC auch als Regionalclub dem Österreichischen Automobilclub bei.

1933 konnte der Vorarlberger Automobilclub anläßlich seiner zehnjährigen Gründungsfeier eine eindrucksvolle Bilanz vorweisen. Die Anzahl der Clubmitglieder war in den zehn Jahren seit der Gründung von 65 kontinuierlich auf 1.103 gestiegen. Ebenso eindrucksvoll waren die gesteigerten Leistungen des Sekretariats. Wurden im ersten Jahr der Gründung noch 86 internationale Fahrausweise ausgestellt, so lag diese Zahl im Vereinsjahr 1932/33 schon bei 4.500. Weitere Schwerpunkte der Clubarbeit in den ersten zehn Jahren waren die ständigen Bemühungen um Verbesserungen im Straßenwesen; eigene Fahrkurse für Richter auf Kosten des Clubs; die Bereitstellung eines clubeigenen Motorrads für die Straßenpolizei; die Durchführung mehrerer motorsportlicher Veranstaltungen; die Übernahme des gesamten Vorarlberger Flugsportwesens in den Arbeitsbereich des Clubs.

1935 übergab Kommerzialrat Otto Zumtobel nach zwölfjähriger Obmanntätigkeit sein Amt an Ing. Emil Doppelmayr (Wolfurt). Der VAC übersiedelte in neue Diensträume in der Riedgasse in Dornbirn. Die Aufgaben des Clubs hatten auch nach 1933 eine ständige Ausweitung erfahren: Errichtung von Grenzkiosken in Feldkirch-Tisis, Höchst und Unterhochsteg; Beschilderung der Bahnschranken mit Blinklichtern; Herausgabe einer Straßenkarte von Vorarlberg; Einrichtung eines Schneekettendienstes; Durchführung von Motorsportveranstaltungen; Betreuung des Flugsportwesens im Land. 1937 erreichte der VAC mit 1.740 Mitgliedern seinen Höchststand vor dem Zweiten Weltkrieg.

Nach dem Einmarsch der deutschen Truppen wurde der Vorarlberger Automobilclub aufgelöst und sein gesamtes Barvermögen (Schilling 60.000) beschlagnahmt. An seine Stelle trat zunächst das „Nationalsozialistische Kraftfahrerkorps" als Parteiorganisation und ab Sommer 1938 „Der Deutsche Automobilclub" (= DDAC) als einzige zivile Kraftfahrorganisation des Deutschen Reiches. Die zentrale Führung des DDAC war in München, die Geschäftsstelle in Dornbirn blieb jedoch erhalten und wurde wie in den Jahren zuvor von Dr. Helmut Lanzl betreut. Die ersten straßenpolizeilichen Maßnahmen nach dem Anschluß waren das Inkrafttreten der deutschen Kraftfahrgesetze und die Einführung der einheitlichen Rechtsfahrordnung im ganzen Reich. Neue Dienstleistungen des Clubs für Mitglieder waren ab 1938 die kostenlose Untersuchung der Kraftfahrzeuge durch den technischen Dienst, der Ausbau des Vortragswesens und der Ausbau des touristischen Dienstes (Ausgabe von Kartenmaterial, Informationen über Zeltlagerplätze, Hotels etc.). Nach Ausbruch des Kriegs ging die Clubtätigkeit immer mehr zurück und wurde schließlich nur noch von einer einzigen Angestellten wahrgenommen.

Der VAC war nicht die einzige Kraftfahrerorganisation im Land. Bereits am 31. Jänner 1926, knapp drei Jahre nach Gründung des VAC, hatten einige Motorradfahrer in Feldkirch den „Vorarlberger Motorfahrerclub" gegründet. Der Verein bezweckte zum einen, wirtschaftliche Vergünstigungen für seine Mitglieder zu erreichen (z.B. günstige Haftpflicht- und Unfallversicherungen; verbilligte Grenzpassagierscheine), zum anderen die Organisation von Zuverlässigkeitsfahrten und Motorradrennen zu forcieren. Der Feldkircher Augenarzt Dr. Rudolf Köppl übernahm das Präsidentenamt.

1927 beschloß der „Vorarlberger Motorfahrerclub" dem Österreichischen Touringclub als Regionalorganisation beizutreten, um seinen Mitgliedern die Vergünstigungen einer großen Dachorganisation bieten zu können. Um künftig auch Autofahrer als Mitglieder aufnehmen zu können, wurde der Name des Clubs in „Österreichischer Touringclub, Land Vorarlberg" geändert.

Der ÖTC/Land Vorarlberg fand vor allem in den Motorfahrerkreisen des Oberlandes starke Verbreitung. Im Laufe der Jahre bildeten sich Stützpunkte in Götzis, Rankweil, Feldkirch, Bludenz und Schruns. Besonders aktiv war die Sektion Bludenz, die insgesamt viermal das Bürserbergrennen für Motorräder zur Austragung brachte (1929-1931; 1935) und ab 1931 auch für die Organisation von Skijörings verantwortlich war. 1933 organisierte die Sektion Feldkirch eine Bergwertungsfahrt nach Amerlügen.

1933 wurde Dr. Rudolf Köppl vom Feldkircher Gastwirt Josef Meusburger als Präsident des ÖTC/Land Vorarlberg abgelöst. 1935 erreichte der Club mit 700 Mitgliedern seinen Höchststand in der Ersten Republik. Ab Februar 1936 hatte auch der ÖTC/Land Vorarlberg in Feldkirch ein eigenes Clubsekretariat für seine Mitglieder. Nach der Machtübernahme der Nationalsozialisten wurde der Club im Laufe des Sommers 1938 aufgelöst und in den Deutschen Automobilclub eingegliedert.

3.9.3. Motorsportveranstaltungen

Das erste Motorradrennen des Landes fand am 25. Juli 1926 auf der Strecke Dornbirn – Achrain statt und wurde vom im Jänner desselben Jahres gegründeten „Vorarlberger Motorfahrerclub" organisiert. Dornbirn war – wie das Vorarlberger Tagblatt schrieb – an diesem Tag der Sammelpunkt der Motorsportfreunde des Landes und erlebte einen Tag von selten gesehener sportlicher Betriebsamkeit. Die Rennstrecke war durchgehend von Zuschauern umlagert, die Höhen und die besonders schwierigen Kurven waren sogar „schwarz vor Menschen".[370] Am Start und am Ziel konzertierten Musikkapellen. Die Wertung des Rennens erfolgte in zwei Kategorien: Tourenmaschinen und Sportmaschinen. Sieger bei den Sportmaschinen wurde der Thüringer Alois Plattner vor dem Dornbirner Fridolin Bischof.

Die zweite Auflage der „Achrain-Bergprüfungsfahrt" am 23. Juli 1927 wurde ebenfalls ein riesiger Zuschauererfolg. Geschätzte 4.000 Besucher verfolgten die Rennen an der Strecke und waren von den Leistungen der Fahrer begeistert. Die Tagesbestzeit erreichte der Innsbrucker Edi Linser auf einer Sunbeam vor dem Vorjahrssieger Alois Plattner auf einer BMW.

Ende September 1927 veranstaltete der Vorarlberger Automobilclub auf der Strecke Innerbraz – Arlbergpaßhöhe das erste Automobilrennen des Landes, kombiniert mit einem Rennen für Motorräder. Hauptziel des Rennens war laut Veranstalter die Förderung des Fremdenverkehrs, da Vorarlberg weder über eigene Automobilfirmen noch über Fahrer mit entsprechenden Rennwagen verfügte. Das Ziel, mit diesem Rennen in der Öffentlichkeit eine entsprechende Werbewirksamkeit für den Automobilrennsport zu erreichen, wurde allerdings klar verfehlt. Schon im Vorfeld der Veranstaltung standen weite Kreise der Bevölkerung des Klostertals diesem Rennen sehr ablehnend gegenüber. Hauptkritikpunkte waren die Sperre der Strecke an drei Tagen für Training und Wettkampf, die hohen finanziellen Belastungen der Gemeinden durch die Übernahme des Ordner- und Sanitätsdienstes und das Verhindern des sonntäglichen Messebesuchs aufgrund der Straßensperre schon drei Stunden vor Rennbeginn. Auch am Renntag selbst hatten die Veranstalter wenig Glück: Zum einen war das Starterfeld aufgrund der negativen Propaganda im Vorfeld des Rennens nur sehr klein, zum anderen blieben wegen der sehr schlechten Witterung (strömender Regen) auch die Zuschauer der Veranstaltung fern. Tagesbestzeit bei den Motorrädern fuhr der Schweizer Büßinger auf A.J.C., bei den Automobilen siegte der bekannte deutsche Rennfahrer Hans Stuck auf A.D.M. Alois Plattner erreichte als bestplazierter Vorarlberger in der Klasse Motorräder bis 1000 ccm den 3. Rang.

1928 erlebten die Motorsportveranstaltungen im Land einen wahren Zuschauerboom. Den Auftakt zur Rennsaison bildete das 3. Internationale Achrain-Motorradrennen in Dornbirn, das bereits 60 Fahrer aus Deutschland, der Schweiz und aus Österreich am Start sah. Vor ca. 8.000 Zuschauern erreichte der Innsbrucker Edi Linser in der Klasse Supersportmaschinen über 350 ccm die Tagesbestzeit.[371]

Das 2. Arlbergrennen des Vorarlberger Automobilclubs am 26. August 1928 wurde – im Gegensatz zum Vorjahr – ein voller sportlicher Erfolg. Bei strahlendem Sonnenschein verfolgten geschätzte 10.000 Zuschauer die Rennen der Tourenwagen, der Sportwagen, der Motorräder und der Rennwagen. Die einzelnen Klassensiege erreichten: bei den Motorrädern der Innsbrucker Otto Mühlbacher; bei den Tourenwagen der Schweizer Werner Risch; bei den Sportwagen Frau Minkie Klinger auf Steyr-Puch. Absoluter Höhepunkt des Tages war jedoch das Rennen der Rennwagen, das wie im Vorjahr von Hans Stuck auf Austro-Daimler gewonnen wurde. Die zweitbeste Zeit des Tages erreichte der Bregenzer Arnold Anwander auf Steyr.

Obwohl das 2. Arlbergrennen des VAC sowohl sportlich als auch vom Zuschauerinteresse her ein voller Erfolg gewesen war, blieb dem Veranstalter zuletzt ein beträchtlicher Abgang von 4.000 Schilling. Schweren Herzens entschloß sich der Automobilclub, das bereits für den 6. Juli 1929 terminisierte 3. Arlberg-Rennen aus finanziellen Gründen abzusagen. Auch das 4. Achrain-Rennen fiel, da die Stadt Dornbirn keine Subventionen bereitstellte, dem Rotstift zum Opfer. Dafür sprang die Landessektion Vorarlberg des Österreichischen Touringclubs als Veranstalter in die Bresche und organisierte auf einer 3,71 km langen Strecke von Bürs nach Bürserberg ein Bergrennen für Motorräder, das vom Schweizer Josef Zuber (Glarus) gewonnen wurde. Dieses Rennen wurde nach 1929 noch dreimal veranstaltet. Zweimal hieß der Sieger Josef Zuber (1930, 1931), einmal (1935) wurde es vom Innsbrucker Toni Untermarzoner gewonnen.

Ab Beginn der dreißiger Jahre verlagerte sich die Organisation der motorsportlichen Veranstaltungen innerhalb des Vorarlberger Automobilclubs vom Sportausschuß zu den diversen Sektionen. In Bregenz, Dornbirn, Lustenau und Götzis entstanden im Laufe der Jahre eigene Motorfahrersektionen, die nunmehr vor allem auf Initiative von Amtsrat Otto Madlener (Bregenz) und Ing. Emil Doppelmayr (Wolfurt) eigene Veranstaltungen organisierten: Motorradbergwertungsfahrten auf den Pfänder; von Dornbirn

Abb. 50:
Hans Stuck (Deutschland), der Sieger des Arlberg-Rennens 1928.

Abb. 51:
Unfall von Graf Arco Zinneberg bein Arlberg-Rennen 1928.

Abb. 52:
Motorradrennen auf das Bödele bei Dornbirn am 24. Juni 1934.

Abb. 53:
In den dreißiger Jahren wurde das Spektrum an neuen Motorsportveranstaltungen ständig erweitert. Im Bild der Dornbirner Rudolf Ölz (als Fahrer) bei einem Geschicklichkeitsbewerb 1932 in Dornbirn.

Abb. 54:
Ab 1929 wurden vorwiegend im Raum Bludenz – Schruns mehrere Skijörings veranstaltet.

Abb. 55:
Die erste Geländefahrt in Vorarlberg fand 1936 in Rankweil statt.

nach Alberschwende; von Dornbirn aufs Bödele; Motorradrundstreckenrennen in Bregenz und Lustenau und Geschicklichkeitsfahrten in Bregenz, Dornbirn und Götzis. Zunehmend starteten Vorarlberger Motorsportler nunmehr auch erfolgreich im benachbarten Ausland.

Bregenz und Dornbirn wurden die Zentren des Motorsports in Vorarlberg. Das Achrain-Bergrennen der Sektion Dornbirn (1930 und 1931), das Pfänderrennen der Sektion Bregenz (1930-1934) und die Bergwertungsfahrten auf das Bödele (1934 und 1935) wurden trotz der schwierigen wirtschaftlichen Situation zu Zuschauermagneten und gehörten zu den größten motorsportlichen Veranstaltungen im Westen Österreichs. Eine besondere Rolle kam dabei der Bergwertungsfahrt auf das Bödele im Jahre 1935 zu. Zum ersten Mal in der Geschichte des Landes kamen auf derselben Strecke drei verschiedene Rennen zur Austragung: ein Rennen für Radfahrer, ein Rennen für Motorräder und ein Rennen für Autos.

Die folgende Statistik gibt einen Überblick über die Sieger der in Vorarlberg im Zeitraum 1930 bis 1935 durchgeführten Motorrad- und Automobilrennen:

Dornbirn – Achrain:	1930	Fritz Sallier (Nürnberg)
	1931	Fritz Neuner (Innsbruck)
Bregenz – Pfänder:	1930	Anton Markl (Bludenz)
	1931	Herbert Kiene (Bregenz)
	1932	Hans Häfele (Hohenems)
	1933	Herbert Kiene (Bregenz)
	1934	Otto Mathe (Innsbruck)
Dornbirn – Bödele:	1934	Toni Untermarzoner (Innsbruck)
	1935	Hans Häfele (Hohenems) – Motorräder
	1935	Walter von Wustrow (Wien) – Autos

Die Motorradsektionen Bregenz und Dornbirn waren auch die Vorreiter für eine neue Motorsportdisziplin: die „Gymkhana" (Geschicklichkeitsbewerb auf einem abgesteckten Parcours). Ab 1929 veranstalteten diese beiden Sektionen regelmäßig solche Geschicklichkeitsfahrten, wobei drei verschiedene Bewerbe zur Austragung kamen: das Geschicklichkeitsfahren, das Langsamfahren und das Kunstfahren. Dominiert wurden diese Bewerbe vom Hohenemser Hermann Fenkart und den beiden Dornbirnern Rudolf Ölz und Hans Gasser.

1934 fand eine weitere Premiere im Land statt: das 1. Straßenrundrennen für Motorräder, veranstaltet von der Motorfahrersektion Lustenau des VAC. Auf einem Rundkurs von insgesamt 2,4 km stellten sich 27 Rennfahrer in vier Kategorien dem Starter. Die Tagesbestzeit erreichte der Innsbrucker Toni Untermarzoner auf einer Sunbeam vor dem Bregenzer Herbert Kiene auf BMW. Untermarzoner erreichte bei seinem Sieg eine Durchschnittsgeschwindigkeit von 83,4 km. Das Lustenauer Rundstreckenrennen wurde in den nächsten beiden Jahren eine der bedeutendsten Motorsportveranstaltungen Österreichs. Fahrer aus England, Deutschland und der Schweiz sorgten neben den besten österreichischen Fahrern für ein internationales Flair und lockten riesige Zuschauermassen an: 1935 ca. 10.000; 1936 ca. 12.000. Während 1935 der Hohenemser Hans Häfele die Tagesbestzeit erzielte, siegte 1936 der Wiener Hans Schneeweiß.

1937 wurde das für den 14. August geplante 4. Lustenauer Motorradrennen von den Veranstaltern „wegen allerlei Widerwärtigkeiten" abgesagt.[372] Bei den vom Tagblatt angesprochenen „Widerwärtigkeiten" handelte es sich um einen handfesten Streit zwischen dem Veranstalter, der Motorfahrersektion Lustenau des VAC, und der Gemeinde Lustenau bezüglich der Finanzierung des Rennens. Der Veranstalter hatte sich aufgrund der internationalen Bedeutung des Rennens von der Gemeinde ein größeres Entgegenkommen in finanzieller Hinsicht erwartet, als es ihm tatsächlich gewährt wurde. Bürgermeister Josef Peintner jedoch vertrat die Ansicht, daß die Gemeinde Lustenau nach dem Grundsatz „Gleiches Recht für alle Vereine" zu handeln habe und daher auch nicht die Motorradfahrer bevorzugt behandeln könne.[373] Die Absage des Lustenauer Rennens bedeutete gleichzeitig auch das Ende größerer motorsportlicher Veranstaltungen in Vorarlberg für viele Jahre.

Nach dem Einmarsch der deutschen Truppen fanden in Vorarlberg keine Motorsportveranstaltungen mehr statt. Lediglich die beiden Feldkircher Franz Ellensohn und Konrad Amann (beide NSSK Motorsturm 52/M 92 Feldkirch) starteten noch bei diversen Rennen außerhalb von Vorarlberg und konnten einige beachtliche Erfolge erringen. Franz Ellensohn gewann einige Rennen im schweizerischen Rheintal und belegte 1938 bei den Deutschen Bergmeisterschaften auf der Großglocknerstraße in der Klasse bis 350 ccm den dritten Rang hinter den beiden Deutschen Wünsche und Winkler. Konrad Amanns größte Erfolge waren ein zweiter Rang bei einem Straßenrennen in Lausanne im Mai 1939 und der sechste Rang bei den Deutschen Bergmeisterschaften am 6. August 1939, die – wie im Vorjahr – ebenfalls auf der Großglocknerstraße stattfanden.

3.10. Radfahren

3.10.1. Vereins- und Verbandswesen

Die ersten Radsportvereine Vorarlbergs wurden alle 1886 innerhalb von nur wenigen Monaten in den industriellen Zentren des Landes gegründet: am 2. Mai der „Erste Vorarlberger Bicycleclub" in Feldkirch, am 11. September der „Radfahrerclub Bregenz" und am 25. September der „Radfahrclub Dornbirn". Noch vor der Jahrhundertwende kam es zu weiteren Vereinsgründungen in Hohenems (1893), Thüringen, Hard, Gisingen (alle 1897) sowie in Lustenau (1898).

Die erste Tätigkeit dieser Vereine beinhaltete neben der Förderung des Radsports durch die Veranstaltung von Kunstradvorführungen, Bahn- bzw. Straßenrennen und Festkorsos das Bemühen, das Fahrrecht auf allen Fahrstraßen zu erhalten. Durch die stetige Verbesserung der Räder, die Umgestaltung der Hochräder in Niederräder und die Einführung von Schlauchreifen war der Siegeszug des Fahrrads ab Mitte der neunziger Jahre nicht mehr aufzuhalten. Die unzumutbaren Verhältnisse auf den Straßen und der mühsame, meist wenig erfolgreiche Kampf um Verbesserungen zeigte den einzelnen Radfahrern und ihren Interessensvertretungen, den Vereinen, jedoch deutlich auf, daß ihnen der Zusammenschluß in einem Verband fehlte, um ihren Forderungen bei Behörden und Institutionen größeren Nachdruck verleihen zu können.

Der erste Versuch einer Verbandsgründung erfolgte am 24. September 1899, als sich mehr als 100 Vereinsvertreter beim „I. Vorarlberger Radfahr-Congreß" im Gasthaus

Schützengarten in Rankweil trafen, um neben einer allfälligen Verbandsgründung auch Fragen bezüglich Straßenpflege, Radfahrsteuer, Versicherungen, Rechtsbeistand bei Unfällen, Erleichterungen im Zoll- und Grenzverkehr und bei Bahnfahrten, Veranstaltung von sportlichen Wettkämpfen sowie Behördenkontakten zu behandeln. Nach eingehenden Diskussionen sprach sich bei einer Abstimmung zwar eine klare Mehrheit der Anwesenden grundsätzlich für die Gründung eines „Radfahrer-Landesverbandes" aus, vertagte die Entscheidung jedoch auf einen späteren Zeitpunkt.

Auch alle weiteren Versuche, noch vor dem Ersten Weltkrieg einen Vorarlberger Radfahrerverband zu gründen, scheiterten. 1907 konnten sich die Delegierten der zwölf vertretenen Vereine bei einem Treffen in Hohenems zwar wiederum grundsätzlich auf den Entwurf von Satzungen einigen, zu einer Verbandsgründung kam es jedoch auch diesmal nicht. Eine gewisse Verbesserung für einige Vorarlberger Vereine ergab sich im Dezember 1910, als der 1894 gegründete Tiroler Radsportverband beschloß, Kontakte mit einzelnen Vorarlberger Vereinen aufzunehmen, um eine breitere sportliche Basis für seine jährlich durchgeführten Berg- und Straßenmeisterschaften zu haben. Verbindungsmann für den Tiroler Verband war der frühere Spitzenathlet und nunmehrige Zollamtsdirektor Otto Madlener, der schließlich die drei Lustenauer Vereine Radfahrclub, Radfahrverein Rheindorf und Radfahrverein Rheinschwalbe zum Beitritt zum Tiroler Radsportverband überreden konnte. Von 1911 an vertrat der Radfahrverband für Tirol auch die Interessen dieser Vereine, und die Mitglieder der Lustenauer Clubs waren nunmehr auch bei den Tiroler Berg- und Straßenmeisterschaften startberechtigt.

Nach dem Ersten Weltkrieg dauerte es zunächst fast drei Jahre, bis sich die Radsportszene im Land wiederbelebte. Erst am 31. Juli 1921 führte der RV Rheindorf Lustenau im Rahmen seines 20jährigen Gründungsfestes die ersten radsportlichen Wettbewerbe nach dem Krieg durch: ein Straßenrennen nach Feldkirch, ein Preiskorsofahren und diverse Wettbewerbe im Kunstradfahren. Etwa zum selben Zeitpunkt erneuerte Amtsrat Otto Madlener seine schon vor dem Krieg vorhandenen Kontakte zum Tiroler Verband und veranlaßte in Zusammenarbeit mit dem Feldkircher Rechnungsdirektor Ing. Theodor Hoinkes, der die Interessen der Oberländer Vereine vertrat, den Beitritt zahlreicher Vorarlberger Radsportvereine zum Tiroler Radfahrverband. Deshalb beschloß dieser Verband bei seiner 28. Jahreshauptversammlung am 10. April 1922 in Innsbruck, eine Namensänderung in „Radsportverband für Tirol und Vorarlberg" (= RVTV) vorzunehmen.

Präsident des RVTV wurde Fritz von Zederfeld (Innsbruck). Vorarlberg war im Präsidium durch je einen Vertreter für das Unterland (Amtsrat Otto Madlener, Bregenz) und das Oberland (Ing. Theodor Hoinkes, Feldkirch) vertreten.[374] Neben der Organisation des gesamten Wettkampfwesens bot der RVTV seinen Mitgliedern auch mehrere Serviceleistungen wie zum Beispiel eine kostenlose Haftpflicht- und Unfallversicherung, den zollfreien Grenzübertritt in alle Nachbarländer sowie den Bezug von Karten, Tourenbüchern etc. zu ermäßigten Preisen. 1930 gehörten dem Radfahrverband für Tirol und Vorarlberg 67 Vereine mit 3.883 Mitgliedern an, davon 31 aus Vorarlberg. Der RVTV war damit nicht nur der mitgliedstärkste Regionalverband innerhalb des Österreichischen Radfahrerbundes, sondern hatte allein mehr Mitglieder als alle anderen Regionalverbände zusammen.

Der Radfahrverband für Tirol und Vorarlberg war einer der ersten regionalen Sportdachverbände Österreichs, der den umstrittenen „Arierparagraphen" in seinen Satzungen hatte (ab 1922).³⁷⁵ Trotz des mehrfach geäußerten, klaren Bekenntnisses des RVTV zum „deutschen Volk und Vaterland", kam es im RVTV während der ganzen Ersten Republik im Gegensatz zu anderen Sportverbänden (z.B. Skiverband, Fußballverband) zu keinerlei politischen Agitationen von Sportlern oder Funktionären bei Wettkämpfen. Als am 12. März 1938 die deutschen Truppen Österreich besetzten, war der Radfahrverband für Tirol und Vorarlberg allerdings einer der ersten Sportverbände Österreichs, der die „Heimkehr ins Reich" bejubelte. Wie alle anderen Sportverbände wurde auch der Radfahrverband für Tirol und Vorarlberg im Laufe des Jahres 1938 in den Deutschen Reichsbund für Leibesübungen eingegliedert.

3.10.2. Wettkampfwesen

Der RC Bregenz als Wegbereiter der Vorarlberger Sportbewegung

Der Radfahrerclub Bregenz war ohne Zweifel *der* Pionierverein der Vorarlberger Sportbewegung im 19. Jahrhundert. Er nimmt in sportlicher, aber auch in gesellschaftlicher und wirtschaftlicher Hinsicht aus mehreren Gründen eine Sonderstellung innerhalb der ersten Vorarlberger Sportvereine ein:

Abb. 56:
Der Radfahrerclub Bregenz war der mit Abstand erfolgreichste Vorarlberger Sportverein im 19. Jahrhundert.

Athleten des RC Bregenz waren die ersten Vorarlberger Sportler, die erfolgreich an Wettkämpfen im Ausland teilnahmen.

Der RC Bregenz war der erste Vorarlberger Sportverein, der mit bedeutendem finanziellen Aufwand eine eigene Wettkampfstätte (= permanente Radrennbahn) errichtete und betrieb.

Die internationalen Radrennen des RC Bregenz (1891-1901) waren vor der und um die Jahrhundertwende nicht nur die ersten, sondern zweifellos auch die bedeutendsten Sportveranstaltungen in Vorarlberg und brachten mit einem sportlich hochwertigen Teilnehmerfeld internationales Wettkampfflair ins „Ländle".

Die internationalen Radrennen des RC Bregenz waren die ersten Sportveranstaltungen in Vorarlberg, die mehrere tausend Zuschauer anlockten.

Der alljährlich im Fasching durchgeführte Ball des RC Bregenz gehörte zu den vornehmsten Bällen der Landeshauptstadt und festigte die Position des Sports als wichtigem Gesellschaftsfaktor.

Der RC Bregenz war der erste Sportverein des Landes, der Damen zunächst als passive, ab 1891 auch als aktive Mitglieder aufnahm.

Die erste dokumentierte Teilnahme – und zugleich der erste Sieg – eines Vorarlberger Sportlers an einem internationalen sportlichen Wettkampf datiert vom 2. Oktober 1887. An diesem Tag veranstaltete der kurz zuvor gegründete „Bodensee-Radlerbund" in Friedrichshafen mehrere Radrennen, darunter als Hauptrennen ein Straßenrennen auf dem Hochrad von Friedrichshafen nach Eriskirch. Dieses Rennen wurde vom Fahrwart des RC Bregenz, Robert Bilgeri, gewonnen. Auch in den nächsten drei Jahren war Robert Bilgeri national und international der erfolgreichste Vorarlberger Sportler: 1888 erreichte er bei der Tiroler Straßenmeisterschaft in Innsbruck den 2. Rang, 1889 gewann er in Friedrichshafen in Anwesenheit von König Karl von Württemberg das Hauptrennen des Vergleichskampfes Bayern – Österreich vor seinem Bruder Josef. Als Siegespreis bekam Robert Bilgeri eine von König Karl gestiftete goldene Kette und zusätzlich, als Wanderpreis, einen goldenen Becher.[376] 1890 konnte Bilgeri durch einen weiteren Sieg beim Hauptrennen des „Bodensee-Radlerbundes" in Friedrichshafen diesen Wanderpreis endgültig in seinen Besitz bringen. Josef Bilgeri wurde in diesem Rennen Dritter.

Die Erfolge und Anerkennung, die vor allem die Bilgeri-Brüder im Ausland hatten erringen können, animierten den RC Bregenz, für Mitte September 1891 die Veranstaltung eines eigenen Rennens zu planen. Dazu war allerdings der Bau einer Rennbahn notwendig. Auf Initiative und unter Anleitung von Robert Bilgeri errichteten einige Clubmitglieder im August und September 1891 auf dem Exerzierplatz gegenüber der Firma Benger eine flache, 250 m lange Schlackenbahn mit Tribüne. Diese Bahn war nur für eine einmalige Veranstaltung vorgesehen und kostete einschließlich der Tribüne 700 Gulden.[377]

Am 13. September 1891 war es soweit. Der Radfahrerclub Bregenz veranstaltete auf dieser Rennbahn die erste große Sportveranstaltung Vorarlbergs: ein internationales Radwettfahren. 3.500 Zuschauer aus ganz Vorarlberg und dem benachbarten Ausland sahen insgesamt neun Rennen, die trotz internationaler Beteiligung (Fahrer aus Deutschland und der Schweiz) alle von Mitgliedern des Bregenzer Radfahrerclubs gewonnen wurden: wohl ein Beweis für das damalige hohe sportliche Niveau der Bregenzer Radrennfahrer, zumindest im Vergleich mit anderen Vereinen in Westösterreich

Abb. 57:
Die Faschingsveranstaltung des RC Bregenz war viele Jahre ein Höhepunkt des Bregenzer Faschings.

Abb. 58:
Die Radrennen des RC Bregenz brachten vor der Jahrhundertwende Sportler aus ganz Europa nach Bregenz. Im Bild: Fahrer des Internationalen Rennens vom 5. August 1897.

und im angrenzenden Bodenseegebiet. Der überragende Fahrer der Veranstaltung war Carl Lauster, der nicht weniger als fünf der neun Rennen gewann.[378] Den Sieg im Hochradfahren errang der junge Bregenzer Georg Bilgeri, der einige Jahre später einer der bedeutendsten Skipioniere Vorarlbergs wurde.

Das 2. Internationale Radwettfahren des Bregenzer Radfahrvereins fand nach einjähriger Pause am 17. September 1893 statt und litt stark unter der schlechten Witterung. Wieder hatten die Clubmitglieder eigens für dieses Rennen eine Rennbahn hergerichtet, diesmal eine Schlackenbahn von 400 m Länge. Trotz Dauerregens kamen weit über 100 Radfahrer und geschätzte 2.600 Zuschauer zu den Rennen, die im Gegensatz zu 1891 ganz eindeutig von den ausländischen Teilnehmern dominiert wurden. Der Höhepunkt der Veranstaltung war das Niederradfahren über 5.000 m, das von Georges Chatel (Mühlhausen) vor dem Münchner Heinrich Roth und Alfred Denzler (Zürich) gewonnen wurde.[379]

Wieder kam es zu einer längeren Wettkampfpause, bedingt durch das starke berufliche Engagement Robert Bilgeris, der zusammen mit seinem Partner Paul Wurzer im Laufe des Jahres 1895 in Nüziders und in Hörbranz die ersten Fahrradfabriken Vorarlbergs, die „Helios Fahrradwerke", eröffnete. Ab Herbst 1895 war es jedoch wiederum Robert Bilgeri, der vehement den Bau einer permanenten, vereinseigenen Rennbahn betrieb und bei einer außerordentlichen Versammlung am 2. Februar 1896 den Baubeschluß erwirkte. Noch im Frühjahr 1896 wurde in Rieden-Vorkloster um 5.100 Gulden ein Grundstück erworben und im Sommer vom Bauunternehmen Rinaldi-Zamboni eine 333,3 Meter lange Schlackenbahn mit sechs Meter Breite und zwei Meter Kurvenüberhöhung erbaut. Die Gesamtbaukosten beliefen sich mit Tribüne auf 4.000 Gulden und wurden hauptsächlich durch Anteilsscheine zu je zehn Gulden gedeckt.

Vom 12. bis 14. September 1896 feierte der RC Bregenz sein 10jähriges Gründungsfest. Höhepunkt der Feierlichkeiten war das 3. Internationale Wettrennen des Clubs auf der neuen vereinseigenen Rennbahn, die am Wettkampftag von ca. 2.000 Zuschauern umsäumt wurde. Zwei der sechs Rennen wurden vom Lustenauer Gottfried Haug gewonnen. Star der Veranstaltung war jedoch der Münchner Radprofi Georg Oberberger, der die restlichen vier Rennen siegreich beendete, u.a. auch das Hauptfahren um den Preis der Stadt Bregenz, 150 Kronen in bar.

Von 1897 bis 1900 veranstaltete der RC Bregenz sechs weitere Rennen, die den heimischen Spitzenfahrern (Otto Madlener, August Alge, Karl Holzer) Gelegenheit boten, sich mit internationalen Radprofis wie dem Franzosen Michelet oder dem Schweizer Meister Emil Dörflinger zu messen.[380] Das 10. Internationale Wettrennen des RC Bregenz am 28. Juni 1901 war das letzte Rennen auf der clubeigenen Rennbahn und gleichzeitig auch die letzte größere Radsportveranstaltung für viele Jahre in Bregenz. Die 17. Jahreshauptversammlung des RC am 4. Februar 1902 stand nämlich ganz im Zeichen der tristen finanziellen Situation die Rennbahn betreffend. Das Rennen des Vorjahrs hatte gerade noch einen Überschuß von einer einzigen Krone gebracht. Dazu kamen jedoch die Erhaltungskosten der Bahn und notwendig gewordene Reparaturkosten, da ein Föhnsturm die Tribüne und die Umzäunung zerstört hatte. Der Antrag des Vorstandes, die Rennbahn aufzulassen, wurde einstimmig angenommen. Nach einigen Verhandlungen wurde schließlich der 12.920 m² große Platz um 25.840 Kronen der Gemeinde Rieden-Vorkloster verkauft.[381]

Der Verkauf der Rennbahn bedeutete für den Radfahrerclub Bregenz das Ende einer mehr als 10jährigen, äußerst erfolgreichen Ära. Der Verein beschränkte sich in den nächsten Jahren ausschließlich auf Tourenfahrten und trat im Bereich Wettkampfsport nicht mehr in Erscheinung.

Straßenrennen, Saalradsport

In den ersten zehn Jahren nach der Gründung von Radfahrvereinen in Feldkirch, Bregenz und Dornbirn war das Wettkampfgeschehen im Land ausschließlich durch den RC Bregenz bestimmt worden. Erst 1896 führte der RV Dornbirn anläßlich seines 10jährigen Bestehens ein Rennen durch: ein 3 km langes Straßenrennen von der Spinnereifabrik Herrburger und Rhomberg ins Gütle, das vom Dornbirner Martin Mäser gewonnen wurde. Nur wenige Wochen später fand auch in Lustenau erstmals ein Straßenrennen statt, das der Lustenauer Carl Schmalzigaug vor seinem Vereinskameraden Gottfried Haug gewann. Teile der Lustenauer Bevölkerung dürften diesem Rennen allerdings nicht sehr positiv gegenübergestanden haben, da die Strecke von unbekannten Tätern stellenweise mit Schuhnägeln bestreut wurde und dadurch nicht wenige Räder beschädigt wurden.

Bis zum Ersten Weltkrieg kamen nur noch vereinzelt Straßenrennen zur Austragung. 1898 führte der RC Hohenems Markt im Anschluß an sein Bannerweihefest ein Straßenrennen von Hohenems nach Feldkirch und retour durch, 1906 und 1907 brachte der Radfahrverein Rheindorf Lustenau jeweils ein „Landeshauptwettfahren" auf der Strecke Lustenau – Götzis – Lustenau zur Austragung. Ein letzter großer Höhepunkt vor dem Krieg war 1913 die Fernfahrt Innsbruck – Lustenau über 198 km, das letzte Rennen der Radpioniere Otto Madlener und Gottfried Haug. Das Rennen wurde in zwei Kategorien ausgetragen. In der Hauptklasse A siegte Martin Koch (Schweinfurt) in 6 Stunden und 55 Minuten. Die Altersklasse B wurde von Otto Madlener in 8 Stunden und 55 Minuten vor Gottfried Haug gewonnen.

Neben dem Bahn- und Straßenrennsport erlebte auch der Kunstradsport vor 1914 schon eine gewisse Blüte. Wegbereiter für diesen Sport war ebenfalls der RC Bregenz. Bereits 1888 zeigte der deutsche Kunstradfahrer Neidhardt (Nürnberg) auf Einladung des Bregenzer Clubs im Hotel Krone einem ca. 100 Personen starken Publikum seine Künste auf dem Ein- und Zweirad. 1892 konnte das Bregenzer Publikum die „geradezu sensationelle Equilibristik" des „anerkannten Kunst- und Meisterfahrers von Europa, Herrn Gustav Marschner (Dresden)" bewundern.[382] Die Vorführungen von Neidhardt und Marschner regten einige Mitglieder des Bregenzer Clubs zu eigenen Kunstraddarbietungen an, die beim jährlich durchgeführten Ball des Clubs einem staunenden Publikum vorgeführt wurden und jahrelang einen Höhepunkt des Bregenzer Faschings bildeten. Wettkampfmäßig betrieben wurde der Kunstradsport in Vorarlberg vor dem Ersten Weltkrieg allerdings nur durch den Lustenauer August Alge. Wenn man einem unveröffentlichten Vereinsbericht des RV Rheindorf Lustenau vom 10. Mai 1938 glauben darf, dann gewann August Alge einmal sogar die Schweizer Meisterschaften im Einer-Kunstfahren.[383]

Unter den Ägiden des Radfahrverbandes für Tirol und Vorarlberg

Der Bereich Wettkampfwesen wurde im RVTV von einem eigenen Sportausschuß betreut, der für die Organisation von Landes- bzw. Regionalmeisterschaften, die Durchführung der Radfernfahrt Innsbruck – Bregenz sowie für die Beschickung nationaler und internationaler Wettkämpfe zuständig war. Kein anderer Vorarlberger Sportdachverband kann im Zeitraum zwischen den beiden Weltkriegen auf ähnliche sportliche Erfolge verweisen wie der Radfahrverband für Tirol und Vorarlberg, wobei in der folgenden Analyse nur die Leistungen und Erfolge der Vorarlberger Fahrer bzw. Vereine innerhalb des RVTV berücksichtigt werden.

Von 1924 bis 1937 organisierte der RVTV jährlich je eine gemeinsame „Meisterschaft für Tirol und Vorarlberg" im Straßenfahren und im Bergfahren. Lediglich 1937 mußte die Bergmeisterschaft aufgrund organisatorischer Mängel entfallen, da es der Verband verabsäumt hatte, die Ausschreibungen den Vereinen rechtzeitig zuzusenden. Von den insgesamt 27 gemeinsamen Meisterschaften wurden fast zwei Drittel (siebzehn) von Vorarlberger Athleten gewonnen, wobei vor allem die Überlegenheit der Vorarlberger Fahrer im Straßenbewerb auffällig ist. Nur ein einziges Mal (1932) konnte ein Tiroler Athlet diesen Titel erringen, alle anderen 13 Titel wurden von Vorarlberger Fahrern errungen: vier durch Rudolf Huber (RV Rheindorf Lustenau/HSV Bregenz), drei durch Ferdinand Bösch (RC Lustenau), je zwei durch Adolf Haug und Rudolf Kremmel (beide RC Lustenau) und je ein Titel durch Josef Schneider (RV Bregenz) und Albert Oblinger (HSV Bregenz). Im Bergzeitfahren gewann Adolf Haug zweimal den Meistertitel für Tirol und Vorarlberg, Ferdinand Bösch und Armin Häfele (RV Hohenems) waren je einmal erfolgreich.

Ab 1924 wurden zusätzlich zu den Meisterschaften von Tirol und Vorarlberg noch gesonderte Berg- und Straßenmeisterschaften für die beiden Bundesländer ausgetragen. Im Gegensatz zu Tirol, wo sich der Kunstradsport nie richtig durchsetzen konnte, kamen in Vorarlberg vereinzelt auch Meisterschaftsbewerbe im Saalradsport zur Austragung. Die erfolgreichsten Athleten dieser Vorarlberger Meisterschaften waren Adolf Haug mit sechs sowie Ferdinand Bösch und Rudolf Huber mit je vier Titeln.

Nach der Machtübernahme der Nationalsozialisten wurden 1938 in Vorarlberg noch Kreismeisterschaften auf der Straße und im Bergzeitfahren ausgetragen, 1939 nur noch die Meisterschaft auf der Straße. 1940 und 1941 kamen Meisterschaften für den Gau Tirol–Vorarlberg zur Austragung, die jedoch weitgehend ohne Vorarlberger Beteiligung über die Bühne gingen. Lediglich bei den Gaubergmeisterschaften 1940 von Dornbirn auf das Bödele findet sich mit dem Bregenzer Lukas Gehrer ein Vorarlberger Fahrer in der Ergebnisliste. Ein Rundstreckenrennen des RV Hohenems über 30 km am 13. Juli 1941 dürfte das letzte Radrennen gewesen sein, das vor 1945 in Vorarlberg stattfand.

Von 1922 bis 1931 wurde vom RVTV siebenmal eine Radfernfahrt von Innsbruck nach Bregenz organisiert, die in den Anfangsjahren ganz ausgezeichnet besetzt war. Die erste Auflage dieses Rennens am 13. August 1922 wurde vom Schweizer Schildknecht gewonnen. Die Durchführung dieses Rennens fand jedoch in der Öffentlichkeit nicht ungeteilte Zustimmung. Ein Redakteur der konservativen Zeitung „Der Vorarlberger" lehnte diese Fernfahrt entschieden ab, weil es seiner Meinung nach tatsächlich ein Wahnsinn war, derartige Veranstaltungen zu organisieren, und er empfahl den Veranstaltern, die Durchführung „solcher Sporte (sic!), wo jeder Beteiligte sich großer Lebensgefahr aussetzen muß und den eventuell errungenen Preis mindestens mit einer Gesundheitsverschlechterung bezahlen muß" dem „Land der unbegrenzten Möglichkeiten, den Amerikanern" zu überlassen.[384]

1925 und 1926 wurde die Radfernfahrt von einem Vorarlberger Fahrer dominiert: dem Lustenauer Adolf Haug. Haug gewann 1925 dieses Rennen mit dem Rekordvorsprung von 42 Minuten und sorgte mit diesem Sieg im darauffolgenden Jahr im ganzen Land für einen wahren „Zuschauerboom". 1927 und 1928 wurde die Fernfahrt nicht ausgetragen, da das Interesse an dieser Veranstaltung von seiten der Fahrer stark nachgelassen hatte. 1929 konnte sich zum letzten Mal noch einmal ein Vorarlberger in Szene setzen: der Lustenauer Ferdinand Bösch, der mit neun Minuten und drei Sekunden Rückstand auf den Schweizer Sieger Ruegg den vierten Rang belegte. Bei den letzten beiden Rennen (1930 und 1931) spielten die Vorarlberger Teilnehmer keine Rolle mehr.

Wie schon vor dem Ersten Weltkrieg gehörten die Vorarlberger Radsportler auch in der Ersten Republik zu den herausragenden Exponenten der Vorarlberger Sportszene: 14 Gold-, sechs Silber- und eine Bronzemedaille bei gesamtösterreichischen Meisterschaften, vier Teilnahmen an Europameisterschaften, sechs Teilnahmen an Weltmeisterschaften und ein Start bei Olympischen Spielen dokumentieren eindrucksvoll die Leistungsstärke der Vorarlberger Radsportler. Es dürfte zusätzlich ein einmaliges Phänomen in der Geschichte des österreichischen Sports in der Zwischenkriegszeit sein, daß – von zwei Silbermedaillen bei österreichischen Meisterschaften abgesehen – all diese Erfolge von Sportlern ein und derselben Gemeinde erzielt wurden: von Sportlern aus Lustenau.

Der folgende Überblick zeigt in chronologischer Reihenfolge die mehr als beeindruckenden Erfolge der Vorarlberger Radsportler (Straße und Saalradsport) auf nationaler und internationaler Ebene im Zeitraum 1924 bis 1938 auf:

Jahr	Bewerb	Sportler	Platzierung
1924	ÖM Bergfahren	Haug Adolf (RC)	1. Rang[385]
1925	ÖM Bergfahren	Haug Adolf (RC)	1. Rang
	ÖM Straße (100 km)	Haug Adolf (RC)	2. Rang
	WM Straße (180 km)	Haug Adolf (RC)	Aufgabe
1926	ÖM Straße (100 km)	Bösch Ferdinand (RC)	1. Rang
	ÖM Straße (100 km)	Haug Adolf (RC)	2. Rang
	ÖM Einer Kunstradfahren	Patscheider Hans (RD)	1. Rang
	WM Straße (183 km)	Haug Adolf (RC)	7. Rang
1927	ÖM Straße (100 km)	Bösch Ferdinand (RC)	1. Rang
	ÖM Einer Kunstradfahren	Alge Alfred (RC)	1. Rang
	WM Straße (100 km)	Bösch Ferdinand (RC)	Aufgabe
1928	ÖM Einer Kunstradfahren	Alge Alfred (RC)	1. Rang
	ÖM Einer Kunstradfahren	Riedmann Alfred (RD)	2. Rang
	ÖM 6er-Reigen Kunstradfahren	RV Rheindorf Lustenau	1. Rang
	EM Einer Kunstradfahren	Alge Alfred (RC)	6. Rang
1929	ÖM Straße (100 km)	Bösch Ferdinand (RC)	3. Rang
	ÖM Einer Kunstradfahren	Alge Alfred (RC)	1. Rang
	WM Straße (200 km)	Bösch Ferdinand (RC)	Aufgabe
1930	ÖM Einer Kunstradfahren	Riedmann Alfred (RD)	1. Rang
1931	ÖM Einer Kunstradfahren	Riedmann Alfred (RD)	1. Rang
	EM Einer Kunstradfahren	Alge Alfred (RC)	2. Rang
	EM Einer Kunstradfahren	Riedmann Alfred (RC)	4. Rang
1932	ÖM Straße (182 km)	Bösch Ferdinand (RC)	1. Rang
	ÖM Einer Kunstradfahren	Riedmann Alfred (RC)	1. Rang
1933	EM Einer Kunstradfahren	Riedmann Alfred (RC)	4. Rang

1934	ÖM Straße (100 km)	Huber Rudolf (RD)	2. Rang
1935	ÖM Einer Kunstradfahren	Feßler Johann (RV Breg.)	2. Rang
	ÖM 6er-Reigen Kunstradfahren	RV Rheindorf Lustenau	2. Rang
1936	Olympische Spiele Straße	Huber Rudolf (RD)	unbekannt
	WM Straße	Huber Rudolf (RD)	Aufgabe
1937	ÖM Einer Kunstradfahren	Allgäuer Erwin (RV Feldk.)	2. Rang
	ÖM 6er-Reigen Kunstradfahren	RV Rheindorf Lustenau	1. Rang
1938	„Ostmark"-Meisterschaften	Bösch Josef (Rheinschw.)	1. Rang

3.10.3. Herausragende Radsportler der Zwischenkriegszeit

Im folgenden Abschnitt werden die eindrucksvollen Karrieren von Adolf Haug, Ferdinand Bösch, Rudolf Huber und Josef Bösch (alle Straßenfahren) sowie von Alfred Alge und Alfred Riedmann (beide Saalradsport) besprochen.

Adolf Haug

Adolf Haug wurde am 23. Juli 1905 geboren.[386] Seine ersten Starts absolvierte er 1923 bei einigen kleineren Straßenrennen in Vorarlberg und im benachbarten Ausland. Sein Sieg bei der Vorarlberger Straßenmeisterschaft am 1. Juli 1924 markiert den Beginn einer kurzen, aber beispiellosen Karriere: sechs Vorarlberger Meistertitel, vier Siege bei den Meisterschaften von Tirol und Vorarlberg, zwei Titel und zwei zweite Ränge bei österreichischen Meisterschaften, zwei Teilnahmen an Straßenweltmeisterschaften mit einem 7. Platz als bestes Ergebnis.

Nach der Straßenmeisterschaft 1924 gewann Adolf Haug Ende Juli auch die erste Vorarlberger Bergmeisterschaft auf der Strecke Bludenz – Arlberg mit drei Sekunden Vorsprung auf seinen Vereinskollegen Rudolf Kremmel. Drei Wochen später siegte Haug auch bei der Bergmeisterschaft von Tirol und Vorarlberg von Innsbruck auf den Brennerpaß. Ermuntert durch seine Erfolge „am Berg", nahm Adolf Haug am 7. September 1924 als erster Vorarlberger Radsportler an

Abb. 59:
Adolf Haug (RC Lustenau) war der erste Vorarlberger Teilnehmer an einer Weltmeisterschaft (1925). 1926 erreichte Haug bei der WM in Mailand sogar den 7. Rang.

einer österreichischen Meisterschaft teil: der Bergmeisterschaft am Semmering bei Wien. Der erst 19jährige „Nobody" aus dem Westen war die Sensation dieses Rennens und gewann als erster Fahrer aus der Provinz einen österreichischen Meistertitel im Radfahren. „Selbst diejenigen", schrieb das Vorarlberger Tagblatt, „welche als Vertraute unseres erst neunzehnjährigen Meisterfahrers dessen hohes sportliche Können und dessen glänzende Verfassung kannten und wohl einzuschätzen wußten, konnten es kaum für möglich halten, daß er als einziger auswärtiger Fahrer, ganz auf sich allein angewiesen, gegen den Ansturm von 17 der besten und routiniertesten Wiener Rennfahrer wird standhalten können. Er hat uns eines anderen belehrt."[387]

1925 fuhr Haug von Sieg zu Sieg. Er gewann die Berg- und Straßenmeisterschaft von Vorarlberg, die Berg- und Straßenmeisterschaft von Tirol und Vorarlberg und wiederholte am 9. August bei der Österreichischen Bergmeisterschaft am Semmering seinen Vorjahrssieg mit neuem Streckenrekord. Erstmals startete er auch bei der Österreichischen Straßenmeisterschaft über 100 km und belegte trotz eines Defekts den 2. Rang hinter dem Wiener Alfred Schalando. Aufgrund seiner Leistungen wurde Adolf Haug vom „Österreichischen Radfahrerbund" für die Straßenweltmeisterschaften der Amateure in Holland nominiert: die erste Weltmeisterschaftsteilnahme eines Vorarlberger Sportlers. Das WM-Debüt über 180 km auf der Strecke Apeldoorn – Arnheim verlief für Haug allerdings sehr unglücklich: Reifendefekt nach 60 km; Anschluß an die Spitzengruppe; erneuter Reifendefekt nach 120 km; wiederum Anschluß an die Spitzengruppe; Kettendefekt 800 m vor dem Ziel, in der Spitzengruppe liegend.

1926 war ein besonderes Erfolgsjahr für Adolf Haug. Er startete bei insgesamt 17 Rennen und legte allein in Wettkämpfen mehr als 2.400 Kilometer zurück. Ein kurzer Ausschnitt aus dem Wettkampfkalender von Adolf Haug (Juli und August) zeigt die unglaubliche Leistungsfähigkeit des jungen Lustenauers auf:

4. 7.	Straßenmeisterschaft Tirol – Vorarlberg	100 km	1. Rang
11. 7.	Radfernfahrt Wien – Prag	348 km	4. Rang
25. 7.	Österreichische Straßenmeisterschaften	100 km	2. Rang
28. 7.	Straßenweltmeisterschaften in Italien	183 km	7. Rang
1. 8.	Straßenkriterium Zürich	100 km	11. Rang
8. 8.	Radfernfahrt Innsbruck – Bregenz	200 km	1. Rang
14. 8.	Radfernfahrt „Rund um den Bodensee"	220 km	7. Rang
22. 8.	Distanzfahrt Zürich – Davos	163 km	1. Rang

Höhepunkt des Jahres war für Adolf Haug zweifellos die Teilnahme an der Straßenweltmeisterschaft der Amateure in Italien. Das 183 km lange Rennen führte von Mailand nach Turin und wurde von den französischen und italienischen Fahrern dominiert. Haug befand sich den größten Teil des Rennens in einer Verfolgergruppe, schaffte jedoch 10 km vor dem Ziel den Anschluß an die Spitze. Den Weltmeistertitel gewann im Sprint einer 14köpfigen Spitzengruppe der Franzose Octave Dayan; Adolf Haug belegte den hervorragenden 7. Endrang, viele Jahre lang das beste Ergebnis eines Vorarlberger Sportlers bei einer Weltmeisterschaft. Erst 1937 gelang dem Stubener Willi Walch mit einem 2. Rang im Slalom bei den Skiweltmeisterschaften in Chamonix eine bessere Plazierung.

Trotz all dieser Erfolge blieb Adolf Haug 1926 auch von Rückschlägen und Enttäuschungen nicht gefeit. Mitte Juli stürzte er bei der Fernfahrt Wien – Prag (348 km) fünf Kilometer vor dem Ziel und verletzte sich am Knie. Er beendete das Rennen zwar noch auf dem 4. Rang, wurde während der restlichen Saison durch diese Knieverletzung jedoch immer wieder behindert. Auch der 2. Rang bei der Österreichischen Straßenmeisterschaft über 100 km auf der Strecke Innsbruck – Kundl – Innsbruck, als sich Haug als hoher Favorit seinem Vereinskollegen Ferdinand Bösch um Handbreite geschlagen geben mußte, war für Haug eine herbe Enttäuschung. Anfang September stürzte Adolf Haug bei der Distanzfahrt Romanshorn – Genf nach 40 km so unglücklich, daß die beim Rennen Wien – Prag erlittene Knieverletzung wieder akut wurde und Haug die Saison früher als geplant beenden mußte.

1927 begann Haug die Saison schon am 8. Jänner. Der RC Lustenau brachte an diesem Tag in der Jahn-Turnhalle ein 50-Kilometer-Fahren auf Saalrollen als Städtekampf Lustenau – Zürich zur Austragung, das Adolf Haug zusammen mit seinem Partner Ferdinand Bösch gegen die Schweizer Konkurrenten siegreich sah. Auch der Saisonauftakt auf der Straße Anfang April verlief zunächst noch ganz nach Wunsch: Sieg beim Radrennen „Rund um Wien" (188 km; 103 Teilnehmer). Doch schon beim zweiten Freiluftrennen, einem Frühjahrskriterium über 90 km in St. Gallen, wurde Haug vom Pech verfolgt. Die im Vorjahr erlittene Knieverletzung wurde erneut akut, sodaß Haug das Rennen aufgeben mußte und in weiterer Folge sogar für die ganze restliche Saison ausfiel.

Ende 1927 beendete Adolf Haug aufgrund dieser Verletzung im Alter von nur 22 Jahren seine Karriere.

Ferdinand Bösch

Schon bevor Adolf Haug seine Laufbahn beendete, stand mit Ferdinand Bösch im eigenen Verein ein Nachfolger bereit. Ferdinand Bösch (vulgo „Schifflers") wurde am 11. Juni 1909 geboren und machte Ende Mai 1926 erstmals auf sich aufmerksam, als er beim Frühjahrskriterium in St. Gallen den 6. Rang erreichte. Eine Woche später mußte sich Bösch bei der Vorarlberger Straßenmeisterschaft über 50 km nur noch Adolf Haug geschlagen geben. Am 17. Juli 1926 – genau sechs Wochen nach seinem 17. Geburtstag (!!) – sorgte Ferdinand Bösch bei der Österreichischen 100-km-Straßenmeisterschaft auf der Strecke Innsbruck – Kundl – Innsbruck für die Sensation des Rennens schlechthin: Sieg und österreichischer Meistertitel in 3:16,13 Stunden mit Handbreite vor Adolf Haug.

1927 war Ferdinand Bösch nach dem Rücktritt von Adolf Haug der überragende Fahrer Vorarlbergs. Er gewann sowohl die Vorarlberger Meistertitel im Berg- und Straßenfahren als auch die Berg- und Straßenmeisterschaften von Tirol und Vorarlberg. Am 3. Juli wiederholte er in Graz bei der Österreichischen 100-km-Straßenmeisterschaft seinen Sieg vom Vorjahr und sicherte sich mit dem neuen Meisterschaftsrekord von 2:54,23 Stunden seinen zweiten österreichischen Titel.

Aufgrund dieser Erfolge wurde Ferdinand Bösch als zweiter Vorarlberger nach Adolf Haug vom Österreichischen Radfahrerbund für eine Radweltmeisterschaft nominiert: für das 182 km lange Straßenrennen am 21. Juli 1927 auf dem Nürburgring in Deutschland, bei dem erstmals Amateure und Profis in einem gemeinsamen Rennen starteten. Sieger des Rennens, das mit seinen extremen Steigungen (z.B. 18 % auf die „Hedwigshöhe") für die meisten Amateure viel zu schwer war, wurde der italienische Radprofi Alfredo Binda. Ferdinand Bösch mußte wegen Magenbeschwerden aufgeben.[388]

1928 verbrachte Ferdinand Bösch den größten Teil des Jahres zum Sprachenstudium in Frankreich. Er startete bei einigen Rennen bei den Berufsfahrern und erreichte bei den „Querfeldeinweltmeisterschaften" in Paris den 6. Rang. Zusammen mit seinem Luxemburger Partner Engel nahm Bösch im Winter auch an einigen Sechstagerennen teil.[389]

1929 startete Ferdinand Bösch wieder bei den Amateuren in Österreich, wurde Anfang der Saison allerdings extrem vom Pech verfolgt. In jedem der ersten fünf Rennen, in denen er an den Start ging, hatte er zumindest einen Reifendefekt, so auch bei der Österreichischen Straßenmeisterschaft über 100 km. Trotzdem belegte Bösch bei diesem Rennen den 3. Rang und wurde für die Weltmeisterschaften in Zürich nominiert. Aber auch in diesem Rennen hatte er kein Glück. Nach nur 75 km mußte er wegen Reifendefekts zum zweiten Mal nach 1927 bei einer Weltmeisterschaft das Rennen aufgeben.

1930 und 1931 nahm Bösch nur noch an einigen wenigen Rennen teil. Er gewann die Straßenmeisterschaft von Vorarlberg (1930 und 1931) und die Meisterschaft von Tirol und Vorarlberg (1931), trainierte jedoch nur noch unregelmäßig. 1932 allerdings stellte Bösch noch einmal sein großes Potential unter Beweis. Nach nur 14 Tagen ernsthaften Trainings gewann er zum dritten Mal die Österreichische Straßenmeisterschaft über 100 km und blieb dabei nur vier Minuten über seinem eigenen Meisterschaftsrekord. Mit diesem Rennen beendete Ferdinand Bösch seine Karriere.

Abb. 60:
Ferdinand Bösch (RC Lustenau) gewann drei österreichische Meistertitel im Straßenfahren und startete bei drei Weltmeisterschaften.

Rudolf Huber

Auch für Ferdinand Bösch stand bei dessen Karriereende ein Nachfolger schon bereit: der 1911 geborene Rudolf Huber. Huber startete allerdings im Gegensatz zu Haug und Bösch nicht für den RC Lustenau, sondern für den Radfahrverein Rheindorf Lustenau.[390]

Rudolf Hubers Karriere begann 1932, als er bei seinem ersten Antreten bei einer österreichischen Meisterschaft, dem Rennen über 100 km, gleich den 9. Rang belegte.

Abb. 61:
Der größte Erfolg von Rudolf Huber (RV Rheindorf Lustenau) war die Teilnahme an den Olympischen Spielen 1936 in Berlin. Im Bild Rudolf Huber (ganz links) bei der Österreich-Radrundfahrt 1935.

Von 1933 bis 1937 gewann er sechs Vorarlberger Meistertitel (dreimal Straße, dreimal Berg) und viermal die Meisterschaft von Tirol und Vorarlberg (alle auf der Straße).

Auf nationaler Ebene arbeitete sich Huber kontinuierlich an die österreichische Spitze heran. 1933 mußte er sich bei der Österreichischen Straßenmeisterschaft über 100 km nach zwei Stürzen noch mit dem 7. Rang begnügen, 1934 jedoch gab er sich nur noch dem Wiener Richard Zumper geschlagen. 1935 nahm er erstmals an der 3. Semperit-Radrundfahrt teil, der Vorgängerin der heutigen Österreich-Radrundfahrt. Bei dieser achttägigen Etappenfahrt über 1560 km belegte Huber in der Gesamtwertung den 10. Endrang und ließ durch einen 2. Rang in der Schlußetappe von Eisenstadt nach Wien aufhorchen.

1936 stand für Huber ganz im Zeichen der Qualifikation für die Olympischen Spiele von Berlin. Doch schon beim ersten Olympiaausscheidungsrennen in Wien hatte Huber unglaubliches Pech. Bereits nach sechs Kilometern wurde er in einen Massensturz verwickelt und beschädigte sein Vorderrad schwer. Sein ebenfalls gestürzter und leichtverletzter Innsbrucker Kollege Grünbacher stellte Huber sein Rad zur Verfügung. Huber machte sich allein auf die Verfolgung der Spitzengruppe, fand 20 km vor dem Ziel wieder Anschluß, kam jedoch wenige hundert Meter vor dem Ziel erneut zu Sturz und wurde schließlich „nur" Fünfter. Auch bei der Österreichischen 100-km-Straßenmeisterschaft in Salzburg belegte Huber den 5. Rang. Im Anschluß an diese Meisterschaften wurde Rudolf Huber in die sechsköpfige österreichische Olympiamannschaft für das 100-km-Straßenrennen berufen. Das genaue Ergebnis von Huber beim diesem Rennen ist nicht bekannt. Dokumentiert ist nur, daß er – so wie alle anderen österreichischen Teilnehmer auch – während des Rennens „keine entscheidende Rolle" spielte und sich schlußendlich „im letzten Drittel" des Teilnehmerfeldes plazierte.[391] Einen Monat nach den Olympischen Spielen startete Huber noch bei den Weltmeisterschaften in Bern, mußte dieses Rennen jedoch aufgeben.

1937 wurde Rudolf Huber vom Bundesheer von Bregenz nach Wien versetzt und konnte berufsbedingt nur noch bei wenigen Rennen an den Start gehen. Bei der dreitägigen Semperit-Radrundfahrt über 515 km belegte er den 5. Rang, bei der Fernfahrt Mailand – Innsbruck – München wurde er Achtzehnter, allerdings gehandicapt durch vorherige Bundesheermanöver, zwei Reifenschäden, einen Sturz und eine starke Verkühlung. 1938 wurde Huber wieder nach Vorarlberg versetzt. In den nächsten beiden Jahren beschränkte er sich auf einige Rennen im Raum Tirol – Vorarlberg. 1938 erreichte er bei den Bergmeisterschaften der „Ostmark" auf der Strecke Landeck – St. Christoph noch einmal einen 5. Rang, 1939 gewann er auf der Straße seinen letzten Vorarlberger Meistertitel. Der Kriegsausbruch bedeutete gleichzeitig auch das Ende der Karriere von Rudolf Huber.

Josef Bösch

Josef Bösch (vulgo „Krüzberts") wurde 1913 geboren. Seine ersten größeren Erfolge feierte er 1936, als er bei der Bergmeisterschaft von Vorarlberg und der Straßenmeisterschaft von Tirol und Vorarlberg jeweils den 2. Rang belegte und bei der Bergmeisterschaft von Tirol und Vorarlberg Dritter wurde.[392]

1937 konnte Josef Bösch vor allem bei der dreitägigen Semperit-Radrundfahrt über 515 km auf sich aufmerksam machen. Er wurde in der Gesamtwertung Siebter und konnte in einer Einzeletappe sogar den 3. Rang erreichen. Bei der bedeutendsten Radsportveranstaltung Vorarlbergs, dem internationalen „Robert-Bilgeri-Gedenkrennen" in Bregenz, bei dem 35 Fahrer aus der Schweiz, Deutschland, Österreich und Italien am Start waren, belegte er als bester Vorarlberger den 10. Rang.

1938 war Josef Bösch auf dem Höhepunkt seiner Leistungsfähigkeit. Nach einigen erfolgreichen Vorbereitungsrennen in Deutschland und der Schweiz startete er vom 10. bis zum 12. Juni bei der „1. Großdeutschen Alpenfahrt" (drei Etappen über insgesamt 540 km) und erreichte in der Endwertung den 10. Rang. Eine Woche nach dieser Alpenfahrt sorgte er mit dem Sieg bei der 100-km-Straßenmeisterschaft der „Ostmark" für eine große Überraschung. Noch einmal machte Bösch 1938 auf sich aufmerksam. Bei der 2. Deutschen Straßenmeisterschaft über 220 km bei Gießen belegte er unter 85 Teilnehmern den hervorragenden 5. Rang.

Auch 1939 konnte sich Josef Bösch bei einigen internationalen Rennen erfolgreich im Vorderfeld

Abb. 62:
Josef Bösch (RV Rheinschwalbe Lustenau) gewann 1938 den ersten „Ostmarktitel" eines Vorarlberger Sportlers.

behaupten: 2. Rang bei einem Straßenrennen in München und beim Feldbergrennen in Freiburg im Breisgau; 4. Rang beim Straßenrennen Innsbruck – Kufstein – Innsbruck; 5. Rang bei der „2. Großdeutschen Alpenfahrt"; 6. Rang beim Straßenrennen „Rund um die Hainleite", dem mit 280 km längsten Amateurstraßenrennen der Welt. Lediglich bei der 100-km-Straßenmeisterschaft der „Ostmark" in Wien wurde Josef Bösch vom Pech verfolgt. Durch einen Kettenriß fiel er zu Beginn des Rennens schon weit zurück und belegte schließlich „nur" den 6. Endrang. Auch bei der Deutschen Straßenmeisterschaft in Frankfurt war er nicht ganz so erfolgreich wie im Vorjahr. Nach dem 5. Rang von 1938 wurde er diesmal Elfter. Dreimal wurde Josef Bösch 1939 in die deutsche Nationalmannschaft berufen: für die Fernfahrt Mailand – München, die Fernfahrt Berlin – Kopenhagen und für den Vierländerkampf Deutschland – Schweiz – Italien – Ungarn in Wangen, wobei besonders sein 3. Rang bei der ersten Etappe der Fernfahrt Mailand – München einiges internationales Aufsehen erregte.

1940 wurde Josef Bösch zum Kriegseinsatz einberufen. Dies bedeutete gleichzeitig das Ende seiner Radsportkarriere.

Alfred Alge

Alfred Alge (RC Lustenau) wurde am 20. Mai 1906 geboren und war zunächst Turner.[393] Angeregt durch den früheren Kunstradfahrer August Alge, begann er Mitte der zwanziger Jahre mit dem Kunstradfahren. Als 1926 anläßlich des 40jährigen Gründungsfestes des RV Dornbirn erstmals Vorarlberger Meisterschaften im Kunstradfahren ausgetragen wurden, gewann Alfred Alge den Titel im Einsitzerbewerb.

1927 begann die nationale Karriere von Alfred Alge, 1928 die internationale. Drei Jahre in Folge (1927 bis 1929) gewann er bei den Österreichischen Meisterschaften den Titel im Einerkunstfahren. 1928 startete er bei den Europameisterschaften in Dresden und belegte den 6. Rang. Nach den österreichischen Meisterschaften 1929 beendete Alfred Alge berufsbedingt seine Karriere. Da 1931 die Europameisterschaften im Saalradsport allerdings nicht allzuweit von Lustenau entfernt stattfanden (i.e. in Bern), wurde Alfred Alge vom bekannten Fußballer und Leichtathleten Adam Bösch animiert, für die Europameisterschaften noch einmal intensiv zu trainieren. Tatsächlich gelang es Alge, in Bern mit dem minimalen Rückstand von nur zwei Zehntelpunkten auf den Schweizer Adolf Stricker den 2. Rang zu belegen. Diese Plazierung bedeutete die erste Medaille eines Vorarlberger Sportlers bei einer Europa- oder Weltmeisterschaft.

Nach den Europameisterschaften von Bern nahm Alge endgültig Abschied vom Saalradsport. Nach dem Zweiten Weltkrieg stellte er seine sportliche Vielseitigkeit als Schütze unter Beweis und gewann noch 48 Vorarlberger Meistertitel in der Seniorenklasse.

Abb. 63:
Alfred Alge gewann 1931 bei den Europameisterschaften in Bern die Silbermedaille im Einerkunstradfahren.

Alfred Riedmann

Alfred Riedmann (RV Rheindorf Lustenau) wurde am 4. Oktober 1904 geboren.[394] Seinen ersten großen Erfolg feierte er 1926 bei den Deutschen Saalsportmeisterschaften in Meiningen, als er im Einerkunstfahren den 4. Rang erreichte. In den nächsten Jahren startete er hauptsächlich bei lokalen Saalsportveranstaltungen im Bodenseeraum. Einzig 1928 nahm er an den Österreichischen Meisterschaften teil und belegte hinter Alfred Alge den 2. Rang.

Als Alfred Alge 1929 seine Karriere beendete, trat Alfred Riedmann seine Nachfolge an. Von 1930 bis 1932 gewann er dreimal den österreichischen Meistertitel im Einerkunstfahren. Bei seinen internationalen Einsätzen hatte Alfred Riedmann großes Pech: Bei den Europameisterschaften 1931 in Bern und 1933 in Zürich belegte er jeweils den undankbaren 4. Rang und verfehlte eine Medaille nur ganz knapp.[395]

Nach 1933 konzentrierte Alfred Riedmann sich auf seinen Beruf als Kaufmann und trat als Wettkampfsportler nicht mehr in Erscheinung.

Abb. 64:
Alfred Riedmann (RV Rheindorf Lustenau) gewann insgesamt drei österreichische Meistertitel im Einerkunstradfahren und wurde bei den Europameisterschaften 1931 und 1933 jeweils Vierter.

3.11. Ringen

Ringen wurde in Vorarlberg ab Mitte der achtziger Jahre des 19. Jahrhunderts populär, hauptsächlich aufgrund der regen Kontakte der heimischen Turner mit der Schweizer Turnszene. In der Schweiz waren das Ringen und Schwingen ja schon seit Jahrzehnten Nationalsport. Zunehmend wurde das Ringen nun auch in das Wettkampfprogramm der diversen Vorarlberger Turnverbände aufgenommen: Ab 1898 war es ein Teilbewerb der sogenannten „Volkstümlichen Übungen" bei den Gauturnfesten des deutschnationalen Vorarlberger Turngaus, ab 1905 ein fixer Bestandteil der Turnfeste des „Rheintalisch-Vorarlberger Turnverbandes".[396] Auch beim christlich-sozialen Vorarlberger Rheingau wurde das Ringen ab 1909 in das Programm aller Gauturnfeste aufgenommen. 1912 kam es sogar zur Gründung eines „Vorarlberger Schwingerverbandes", der noch vor dem Ersten Weltkrieg zwei Schwingerfeste in Götzis (1912) und Schwarzach (1913) organisierte, dann jedoch seine Tätigkeit einstellte.

Der mit Abstand erfolgreichste Vorarlberger Ringer vor dem Ersten Weltkrieg war der Bregenzer Otto Madlener. Madlener war einer der vielseitigsten Sportler, die Vorarlberg je hervorbrachte.[397] Er gewann von 1901 bis 1904 mehrere Turniere in Deutschland und der Schweiz, ehe er im Mai 1904 mit einem fünften Rang bei den Europameisterschaften in Wien (griechisch-römisch; Schwergewicht) den international größten Erfolg eines Vorarlberger Sportlers vor dem Ersten Weltkrieg erreichte. Die in verschiedenen Publikationen des Landes immer wieder erwähnte Teilnahme von Otto Madlener an den Olympischen Spielen 1908 in London hat sich nach genauen Nachforschungen allerdings als falsch erwiesen.[398]

Nach dem Ersten Weltkrieg wurde das Ringen zunächst nur noch in den Turnvereinen des Vorarlberger Turngaus und den Turnerbünden des Vorarlberger Rheingaus betrieben. Doch bereits 1922 wurde innerhalb des Turnvereins Vorkloster auf Anregung von Emil Kaltenbach eine eigene Athletiksektion mit den Schwerpunktsportarten Ringen und Stemmen gegründet. 1926 folgte der Heeressportverein Bregenz mit einer eigenen Sektion Ringen, bevor 1928 mit dem Ringsportclub Götzis der erste Sportverein des Landes gegründet wurde, der sich ausschließlich dem Ringen widmete. Es folgten in den nächsten Jahren weitere Ringerabteilungen innerhalb des Turnerbundes Ring Bregenz, des Fußballclubs Bregenz und des Turnerbundes Klaus, ehe es 1935 mit der Gründung von Kraftsportvereinen in Bregenz und Klaus zu einer weiteren Spezialisierung im Vereinswesen kam.

Abb. 65:
Otto Madlener (Turnerbund Bregenz) erreichte 1904 bei den Europameisterschaften im Ringen in Wien den fünften Rang im Schwergewicht (griechisch-römisch).

Die Wettkampftätigkeit der Vorarlberger Ringer beschränkte sich zunächst auf die Gauturnfeste der beiden Turnverbände Turngau und Rheingau, bei denen allerdings jeweils nur die Ringer des eigenen Dachverbandes startberechtigt waren. Mangels Konkurrenz im eigenen Land nahmen die Ringer des TV Vorkloster deshalb schon bald Kontakt mit dem 1911 gegründeten Tiroler Athletenverband auf und erreichten, daß die Tiroler Meisterschaften ab 1922 als gemeinsame „Meisterschaften von Tirol und Vorarlberg" ausgetragen wurden. Der einzige Vorarlberger Ringer, der sich bis 1930 bei diesen Meisterschaften in Szene setzen konnte, war der Bregenzer Ulrich Scheier. Scheier gelang es zwar nie, einen Meistertitel zu erringen, er konnte sich jedoch mehrmals in den Medaillenrängen plazieren.

Die Meisterschaften von Tirol und Vorarlberg blieben bis 1938 für das Gros der Vorarlberger Ringer der wichtigste Wettkampf des Jahres, fanden mit Ausnahme von 1923 und 1934 allerdings immer in Tirol statt.[399] Innerhalb Vorarlbergs versuchten die einzelnen Ringsportvereine, durch interne Vergleichskämpfe, Vergleichskämpfe mit auswärtigen Ringerclubs bzw. durch die Veranstaltung von Werberingen und Schauwettkämpfen in den verschiedensten Orten des Landes dem Ringsport zu mehr Popularität zu verhelfen. Es dauerte allerdings bis zum Jahre 1937, bis das Wettkampfprogramm mit der Durchführung der 1. Vorarlberger Meisterschaften, der 1. Bodenseemeisterschaften, und von zwei Länderkämpfen gegen Tirol eine größere Ausweitung erfuhr. Ab 1936 nahmen Vorarlberger Ringer auch vereinzelt an österreichischen Meisterschaften teil, wobei sich vor allem zwei Ringer in der Vorarlberger Ringsportszene einen Namen machten: der Bregenzer Josef Burtscher und der Lustenauer Anton Vogel.

Josef „Pepe" Burtscher dominierte fast ein Jahrzehnt die Ringerszene im Bereich Tirol-Vorarlberg. Im Zeitraum 1930 bis 1939 gewann er insgesamt sechsmal den Meistertitel von Tirol und Vorarlberg und wurde einmal Zweiter. Auch bei den 1. Landesmeisterschaften und den 1. Bodenseemeisterschaften im Ringen (beide 1937) sowie bei den Kreismeisterschaften 1939 zeigte er sich seinen Gegnern überlegen. Auf internationaler Ebene konnte Josef Burtscher 1934 erstmals reüssieren. Er erreichte bei den Alpenländischen Meisterschaften in Innsbruck einen vierten Rang und wurde bei einem internationalen Turnier in Mühlhausen Zweiter. Bei seinem Versuch, sich für die Olympischen Spiele 1936 in Berlin zu qualifizieren, scheiterte er jedoch schon bei den internen Ausscheidungen der Vorarlberger und Tiroler Ringer am Innsbrucker Josef Walcher.[400]

Der mit Abstand international erfolgreichste Vorarlberger Ringer der Zwischenkriegsjahre war der am 21. Juli 1913 in Lustenau geborene Anton Vogel. Anton Vogel leistete ab 31. März 1933 seinen Präsenzdienst beim Vorarlberger Alpenjägerbataillon Nr. 4 in Bregenz ab und startete ab 1936 für den Heeressportverein Bregenz. Innerhalb weniger Wochen entwickelte sich Vogel vom „Nobody" in der Ringerszene zum ersten Vorarlberger Medaillengewinner bei österreichischen Meisterschaften. Gleich bei seinem ersten Start bei den Meisterschaften von Tirol und Vorarlberg am 4. Oktober 1936 gewann er den Titel im Mittelgewicht A, knapp vier Wochen später, am 31. Oktober, erreichte er bei den österreichischen Ringermeisterschaften in Graz die Silbermedaille, obwohl er bei diesen Meisterschaften – laut Vorarlberger Volksblatt – „als Provinzler" von den Kampfrichtern aus Graz und Wien stark benachteiligt wurde.[401]

1937 war ein Erfolgsjahr für Anton Vogel. Als erster Vorarlberger Ringer nahm er Ende Mai an den Europameisterschaften in Paris teil, schied dort allerdings nach zwei Niederlagen gegen einen Holländer und einen Bulgaren schon in der Vorrunde aus. Zweimal wurde er in die österreichische Nationalmannschaft berufen (am 15. August gegen Südslawien in Klagenfurt; am 3. Oktober in Budapest gegen Ungarn) und gewann jeweils seine Kämpfe im Mittelgewicht. Mitte Oktober wurde Vogel von Bregenz nach Wien versetzt und startete künftig für den Polizeisportverein Wien. Er wurde vom Österreichischen Ringerverband für die Freistileuropameisterschaften Ende Oktober in München nominiert, mußte aber berufsbedingt absagen. Am 28. Oktober 1937 nahm Vogel noch an den Österreichischen Meisterschaften in Wien teil, mußte sich mit Trainingsrückstand jedoch mit dem 3. Platz begnügen.

Nach der Machtübernahme der Nationalsozialisten wurden sämtliche Ringsportvereine des Landes in den Deutschen Reichsbund für Leibesübungen eingegliedert. 1938 in Rankweil und 1939 in Götzis kam es zwar noch zur Austragung von Kreismeisterschaften, die Wettkampfbeteiligung ließ jedoch mehr als zu wünschen übrig. In beiden Jahren konnten aufgrund der geringen Teilnehmerzahlen gerade nur noch zwei Klassen ausgerungen werden. Nach den „Kreismannschaftsmeisterschaften" in Bregenz vom 25. Juni 1939 fanden in Vorarlberg keine Wettkämpfe mehr statt.[402] Trotzdem gelang

Abb. 66:
Anton Vogel (HSV Bregenz; weißes Trikot) war der mit Abstand erfolgreichste Vorarlberger Ringer der Zwischenkriegszeit.

es einem Vorarlberger Sportler noch zweimal, einen nationalen Titel zu erringen: Anton Vogel. Er gewann 1938 und 1941 im Freistil den Titel bei den nunmehrigen „Ostmarkmeisterschaften", startete bei diesen Meisterschaften allerdings jeweils für den Ringsportclub Tirol.[403]

3.12. Rodeln

Bogeng bezeichnet in seiner „Geschichte des Sports aller Völker und Zeiten" das Rodeln als den „ursprünglichsten Sport aller schneegewohnten Gebirgsvölker".[404] Für die Bevölkerung in den Bergregionen des Landes waren die Schlitten in erster Linie Transport- oder Arbeitsmittel. Für die Kinder waren sie ein schnelles Fortbewegungsmittel, um in die Schule zu kommen, für die Erwachsenen, um berufsbedingt rasch ins Tal zu kommen. Für die Bauern waren die „Hörnerschlitten" ein unentbehrliches Hilfsmittel bei der Arbeit. In den Städten und Gemeinden war das Rodeln ein beliebtes Freizeitvergnügen für jung und alt, wobei einer größeren Verbreitung des Schlittensports oft behördliche Verbote entgegenwirkten, die das Rodeln untersagten, da es immer wieder zu schweren Unfällen kam.

In Vorarlberg fand der Rodelsport erst nach der Jahrhundertwende stärkere Verbreitung, vor allem auch in Zusammenhang mit der Tätigkeit von Fremdenverkehrsvereinen und der Gründung von Wintersportvereinigungen. Besonders populär war der Rodelsport vor dem Ersten Weltkrieg im Raum Bregenz (Pfänder, Fluh, Gebhardsberg), in Dornbirn (Kehlegg – Oberdorf; Bödele – Ammenegg), in Hohenems (Emsreute; Schuttannen), in Feldkirch (Amerlügen), in Bludenz (Rungelin; 1909: Gründung eines Wintersportvereins) und in Schruns (1906: Bau der Montafonerbahn; 1907: Gründung eines Wintersportvereins), aber auch im Bregenzerwald (Ittensberg – Großdorf; 1910: Gründung des Wintersportvereins Egg).

Die erste Erwähnung eines Rodelrennens in Vorarlberg datiert vom 16. Februar 1902. An diesem Tag fand auf der neu erbauten Straße von Kehlegg nach Dornbirn-Oberdorf ein Preisrodeln statt, das vom Dornbirner Andre Winder gewonnen wurde. Auch in den nächsten Jahren kam es in allen Teilen Vorarlbergs bei entsprechender Schneelage zur Durchführung von Preisrodelwettbewerben, die allerdings alle rein lokalen Charakter hatten und hauptsächlich der Unterhaltung dienten.

Auch während der gesamten Zwischenkriegszeit wurde das Rodeln in erster Linie als Freizeitvergnügen betrieben, weniger als Wettkampfsport. Bis 1945 kam es weder zur Austragung von Vorarlberger Meisterschaften noch zur Gründung von spezialisierten Rodelsportvereinen. Das einzige Rodelrennen, das eine mehrjährige Tradition entwickelte, war das vom Dornbirner Sportclub durchgeführte Dornbirner Rodelrennen, das von 1928 bis 1937 regelmäßig zur Austragung kam und zum Teil weit mehr als 100 Teilnehmer aus allen Teilen Vorarlbergs am Start sah. Während bei den Männern jedes Jahr ein anderer Rodler das Rennen gewann, konnte bei den Damen die Dornbirnerin Ida Beer vier von zehn Rennen für sich entscheiden.[405]

Nach der Machtübernahme der Nationalsozialisten fanden in Vorarlberg nur noch ganz vereinzelt Preisrodelrennen statt. Lediglich dem Feldkircher Hans Girstmaier gelang es, sich auf nationaler Ebene in Szene zu setzen. Er belegte bei den Gaumeisterschaften 1940 in Matrei am Brenner im Einsitzerbewerb den 6. Rang.

Abb. 67:
Das jährlich durchgeführte Rodelrennen von Kehlegg nach Dornbirn-Oberdorf war das bedeutendste Rodelrennen von Vorarlberg. Im Bild der Dornbirner Josef Mäser beim Rennen 1935.

3.13. Rudern

Das Rudern gehört zu den ältesten Sportarten, die am Bodensee betrieben wurden. Bereits vor dem Ersten Weltkrieg wurden in Vorarlberg drei Rudervereine gegründet: der Ruder- und Segelclub Wasserwehr Bregenz (1885), der Ruder- und Segelclub Bregenz (1891) und der Ruderverein Wiking Bregenz (1900). Während die ersten beiden Vereine schon bald nach ihrer Gründung jeweils wieder aufgelöst wurden, kann der RV Wiking Bregenz nunmehr auf mehr als einhundert Jahre erfolgreiche Vereinsgeschichte zurückblicken. Bis 1996 (Gründung des Ruderclubs Lochau) war der RV Wiking Bregenz der einzige Ruderverein in Vorarlberg.

Als erster Ruderverein des Landes wurde am 25. Juli 1885 der Ruder- und Segelclub Wasserwehr Bregenz gegründet. Die vorrangigen Ziele des Vereins waren – laut Statuten – „die Hilfestellung im Falle der Noth, die Pflege des Wassersports, die Kräftigung des Körpers sowie die gesellige Unterhaltung".[406] Allerdings dürfte der Verein von allem Anfang an keine größeren sportlichen Aktivitäten entwickelt haben. 1887 jedenfalls schlug der Verein eine Einladung des Rudervereins Neptun Konstanz zur Teilnahme an einer Regatta aus, da sich die Bregenzer Ruderer noch nicht in der Lage sahen, mit den weit erfahreneren Ruderern aus Konstanz, Zürich oder Basel in Konkurrenz zu treten. 1888 dürfte sich der Ruder- und Segelclub Wasserwehr vermutlich aufgelöst haben.[407]

1893 kam es erneut zur Gründung eines Ruder- und Segelclubs in Bregenz. Vorstand des Vereins wurde der Kaufmann Eugen Susnik. Doch schon bald nach der Gründung zeigte sich, daß die Interessen der Ruderer und Segler zu verschieden waren. Als die Spannungen innerhalb des Vereins immer größer wurden, zog sich die Seglergruppe zurück, und bald löste sich auch die Rudergruppe auf. Während es schon 1895 zur Gründung eines Segelclubs kam, dauerte es im Lager der Ruderer bis zum Jahre 1899, bis wieder neue Aktivitäten gesetzt wurden.

Die erneute Initiative zur Gründung eines Ruderclubs in Bregenz ging von den bekannten Bregenzer Sportlern Friedrich Eyth und Viktor Sohm aus. Friedrich Eyth war während seines Militärdienstes als Einjährig-Freiwilliger in Triest Mitglied des Ruderclubs gewesen und hatte dort das Rudern unter fachmännischer Anleitung gelernt. Wieder zurück in Bregenz, gelang es Friedrich Eyth mit Hilfe von Viktor Sohm, einige andere Sportkameraden für den Rudersport zu gewinnen. Die allererste Aktivität dieser Rudergruppe war der Erwerb eines Bootes. Die vom Ruderverein „Pirat" in Straßburg gekaufte Zweierjolle war anfänglich jedoch so undicht, daß die Ruderer laut Chronik bei jeder Ausfahrt „dem Ersaufen" nahe waren.[408] Das Boot wurde mit Leinwand überzogen, durch Lackieren dicht gemacht und bekam sinnigerweise den Namen „Hofele".[409]

Am 17. Juni 1900 wurden bei der k.k. Statthalterei Innsbruck die Satzungen des zu gründenden „Rudervereins Wiking Bregenz" eingereicht. Für den Antrag an die Statthalterei zeichneten sich Friedrich Eyth (als Vorstand), Viktor Sohm (als Ruderwart und Zeugwart) sowie Julius Greußing (als Säckelwart) verantwortlich. Nach einigen unwesentlichen Änderungen wurden die Statuten am 7. Jänner 1901 behördlich genehmigt. Als erster Sportverein des Landes hatte der RV Wiking den „Arierparagraphen" in seinen Satzungen, d.h., es konnten nur Deutsche arischer Abkunft Mitglied des Vereins werden.

In den ersten Vereinsjahren sah sich der RV Wiking mit großen Problemen konfrontiert. 1901 wurde die Rudertätigkeit bereits Mitte Juli eingestellt, 1902 verfügte der Verein nur noch über vier aktive Ruderer. Bereits am 10. Juni wurde die Saison beschlossen, was den Ruderwart Viktor Sohm zur Eintragung im Fahrtenbuch veranlaßte: „10 Fahrten – traurig – aber wahr!".[410] Auch in den nächsten beiden Jahren wurden in 35 Ausfahrten insgesamt nur bescheidene 251 Kilometer gerudert. Erst 1905 war wieder ein leichter Aufschwung im Vereinsleben zu verzeichnen. Es wurden wieder größere Ausfahrten unternommen und dabei wurde auch die eine oder andere kritische Situation bewältigt. So landeten die Vereinsmitglieder Viktor Sohm, Dr. Kinz und Karl Höll nach einer Sturmfahrt nur mit größter Mühe im sicheren Hafen. Erstmals sind im Fahrtenbuch auch Wettfahrten auf Zeit verzeichnet: Viktor Sohm ruderte am 26. Juli vom Rohrspitz in 40 Minuten nach Bregenz und einen Tag später in 29 Minuten von Bregenz nach Lindau.

Das Jahr 1906 war ein Wendepunkt in der Geschichte des RV Wiking. Das auf Betreiben des Ruderclubs und des Segelclubs von der Stadt Bregenz gebaute „Sporthaus am Hafen" bildete für den Club ein ideales Vereinsheim und ermöglichte erstmals auch ein fachgerechtes Unterbringen der Boote. In den nächsten zehn Jahren konzentrierte sich der RV Wiking auf vier Bereiche: die Instandhaltung und Erweiterung des Bootmaterials, die rudertechnische Ausbildung der Mitglieder, Ausfahrten bzw. Wanderfahrten und das Wettkampfwesen.

1907 wurde als Ersatz für das Boot „Hofele" in Zürich die Zweierjolle „Gudrun" erworben. Im darauffolgenden Jahr hatte sich der Mitgliederstand bereits auf 23 aktive Ruderer erhöht, sodaß in Zürich ein weiteres Boot, der Rennvierer „Bitsu", gekauft wurde. Drei Jahre später (1911) erreichte der Verein mit 31 ausübenden und 14 unterstützenden Mitgliedern seinen Höchststand vor dem Ersten Weltkrieg. Ein immer wiederkehrendes, schwieriges Problem für den RV Wiking bildete in jenen Jahren die starke Fluktuation der Mitglieder aufgrund von Wohnortwechseln oder der Absolvierung des Militärdienstes – ein Problem, mit dem allerdings auch die anderen am Bodensee ansässigen Rudervereine zu kämpfen hatten. 1908 zum Beispiel waren fünf Mitglieder des neugegründeten Ruderclubs Lindau fünfmal pro Woche mit dem Fahrrad nach Bregenz gefahren, um dort im Rudern fachgerecht ausgebildet zu werden.

1909 plante der RV Wiking zum ersten Mal den Start bei einer Ruderregatta. Ein Rennvierer bereitete sich zwei Monate lang für die internationale Regatta in Konstanz am 1. August vor, mußte jedoch wenige Tage vor dem Rennen aufgrund der plötzlichen Erkrankung von zwei Mitgliedern der Rennmannschaft die Teilnahme am Rennen absagen. Ein Jahr später war es jedoch soweit. Bei der Internationalen Ruderregatta des RV Rorschach war zum ersten Mal in der Geschichte des RV Wiking ein Rennboot am Start. Die Mannschaft Walter Melcher, Josef Kiebele, Ferdinand Holter, Eberhard Benger mit Steuermann Josef Bildstein erreichte in der Juniorenklasse den 2. Rang hinter Rorschach.

Im September 1911 veranstaltete der RV Wiking erstmals selbst eine Ruderregatta in Bregenz. Der Start der Rennstrecke war beim Kloster Mehrerau, das Ziel beim Leuchtturmmolo. Am Start waren zwei Boote des RV Wiking und je ein Boot aus Konstanz und Rorschach, wobei die Bregenzer Mannschaft „Nibelung" hinter Konstanz den 2. Rang belegte. 1912 und 1913 starteten die Bregenzer nur je einmal, erreichten jedoch am 28. August 1912 bei einer Regatta in Konstanz ihren ersten Sieg in einem Rennen. 1914 verhinderte der Ausbruch des Ersten Weltkriegs jede Wettkampftätigkeit. Von 1915 bis 1917 war das Rudern auf dem See nur noch im Bereich der Mehrerau gestattet. Sechs Mitglieder des Vereins, fast ein Drittel der aktiven Ruderer des RV Wiking, mußten im Krieg ihr Leben lassen.

Eine Bilanz der Jahre 1907 bis 1917 zeigt, daß von den Ruderern des RV Wiking in 3.050 Fahrten 23.206 Kilometer gerudert wurden. Das absolute Rekordjahr in der Vereinsgeschichte war 1912, als bei 584 Ausfahrten insgesamt 3.651 Kilometer gerudert wurden und auch das Wanderrudern intensiv gepflegt wurde. So wurde allein Lindau im Laufe der Saison siebzehnmal angerudert, einmal sogar mit drei Viererbooten zur selben Zeit. Diese Fahrten verliefen durchaus nicht immer problemlos. Einmal mußte eine Fahrt von Rorschach nach Bregenz wegen eines Sturmes abgebrochen werden, ein anderes Mal lief ein Boot auf einen Pfahl auf und wurde stark beschädigt. Die umfangreichste Tourenfahrt in der Geschichte des RV Wiking vor dem Ersten Weltkrieg unternahmen 1913 Sepp Bildstein und ein Herr Katschitschnigg, die in vier Tagen insgesamt 213 Kilometer zurücklegten und bis Stein am Rhein ruderten.[411]

Abb. 68:
Der Ruderverein Wiking Bregenz bei einer Regatta in Konstanz 1920 mit den Ruderern Max Mangold, Paul Kuner, Ernst Klocker, August Ohneberg und Steuermann Walter Ettenberger.

Bei der ersten Jahreshauptversammlung nach dem Krieg am 28. März 1919 trat Obmann Friedrich Eyth, der dem Verein seit seiner Gründung im Jahre 1900 vorgestanden war, von seinem Amt zurück. Zum neuen Obmann wurde Walter Trüdinger gewählt. Es zeigte sich während der Saison, daß nach den vielen Kriegsjahren das Bedürfnis nach aktiver Betätigung riesengroß war. Insgesamt wurden 1919 von den 32 aktiven Mitgliedern des RV Wiking 3.678 km gerudert, das beste Ergebnis seit Bestehen des Vereins. Die Saison wurde am 21. September mit einem internationalen Bodensee-Wettrudern beendet, bei dem die Boote des RV Wiking drei zweite Plätze errangen.

1920 hielt dieser Enthusiasmus noch einigermaßen an. Es wurden wiederum über 3.000 km gerudert, mehrere Wettkämpfe im Ausland besucht und es wurde ein Bodensee-Wettrudern in Bregenz veranstaltet. Von 1921 bis 1924 schlitterte der Verein allerdings erneut in eine Krise. Kaum einer der jungen Ruderer war bereit, ernsthaft zu trainieren, sodaß an eine Teilnahme an einer Ruderregatta nicht zu denken war.

1925 feierte der Verein sein 25-Jahr-Jubiläum mit einer „Jubiläumsregatta" und einem Festakt im Strandhotel Bregenz. Die Regatta stand von allem Anfang an unter einem unglücklichen Stern. Der hohe Wellengang des Bodensees führte zu chaotischen Verhältnissen, und nur wenige Rennen konnten durchgeführt werden. Die Chronik des Vereins berichtet über das Hauptrennen des Tages, den Jubiläumsvierer: „Radolfzell allein am Start, fährt allein, säuft ab, schwimmt und geht an Land, holt das Boot, steigt wieder ein und fährt durchs Ziel (sic!)." Der Siegespreis wurde Radolfzell zugestanden, weil trotz der abenteuerlichen Fahrt das Rennen den Bestimmungen entsprechend vor sich gegangen war.

Aufgrund der bescheidenen Erfolge der Ruderer in den Jahren zuvor beschloß der Vorstand Ende 1926, vorerst an keinen Rennen mehr teilzunehmen und die vorhandenen finanziellen Mittel für eine solide Ruderausbildung der einzelnen Mitglieder einzusetzen. 1927 leitete der mehrmalige deutsche Meister Dobe (Berlin) einen einmonatigen Trainingskurs mit zwei Einheiten am Tag. 1928 wurde mit einem Herrn Blazejowski sogar ein Trainer für den ganzen Sommer verpflichtet. Bei der einzigen Teilnahme an einem Rennen – der Ruderregatta des RV Radolfzell am 19. August – waren die Bregenzer Ruderer jedoch vom Pech verfolgt. Der Rennvierer „Leif" wurde beim Transport nach Radolfzell am Lack schwer beschädigt und mußte vor dem Rennen noch schnell neu lackiert werden, worunter die Gleitfähigkeit des Bootes litt.

Von 1929 bis 1932 nahm der RV Wiking an keinen Rennen teil. Erst bei der 25-Jahr-Feier des Ruderclubs Lindau Anfang Juli 1933 starteten nach fünfjähriger Pause wieder einige Boote des Clubs erfolgreich bei einem Rennen. Sowohl der Rennvierer als auch der „Altherrenvierer" beendeten ihre Rennen siegreich. Im Spätsommer 1933 begannen sich die geänderten politischen Verhältnisse in Deutschland auch auf den sportlichen Betrieb des Vereins auszuwirken. Einerseits wurde dem RV Wiking behördlich verboten, am badischen und württembergischen Ufer zu landen, andererseits durften die deutschen Ruderer aufgrund der „1000-Mark-Sperre" nicht mehr nach Österreich. Obwohl der Verein 1934 über mehr als 40 aktive Ruderer verfügte, wurden in diesem Jahr keine Rennen bestritten. Erst 1935 startete wiederum ein Boot der „Wikinger" bei einer internationalen Regatta. Der „Altherrenvierer" gewann in Arbon mit einem ausgeliehenen Boot sein Rennen, da der eigene Rennvierer beim Training auf einen Pfahl aufgelaufen und nicht mehr einsatzfähig war.

1937 erhielt der RV Wiking erstmals eine Einladung für eine Regatta in Stuttgart. Der als Gast in Bregenz weilende Wiener Rudertrainer Dr. Eder übernahm für einige Wochen das Training der Rennmannschaft. Bei der Regatta in Stuttgart selbst sorgte der Rennvierer in der Besetzung Edwin Hausenblas, Büchele, Karl Pipp, Sepp Rusch und Steuermann Frischmann für ein sensationelles Ergebnis: Sieg vor den Mannschaften aus Nürtingen und Waiblingen, der bis dato mit Abstand größte Erfolg des Vereins.

Nach der Machtübernahme der Nationalsozialisten im März 1938 gab es kaum noch größere sportliche Aktivitäten innerhalb des RV Wiking. Die Ruderer hatten – wie der Chronik des Vereins zu entnehmen ist – „alle Hände voll zu tun am großen Aufbauwerk des deutschen Volkes". Organisatorisch wurde der RV Wiking – wie alle anderen Sportvereine Vorarlbergs – im Laufe des Jahres in den „Deutschen Reichsbund für Leibesübungen" eingegliedert und dort zusammen mit den Seglern und Fußballern dem Gau 15/Württemberg unterstellt. Im Laufe des Jahres 1939 wurden insgesamt 22 aktive Ruderer des Vereins zum Militär einberufen. Am 3. September 1939 wurde das Befahren des Bodensees durch den Landrat verboten, am 12. Dezember fiel das junge Vereinsmitglied Reinhold Braun „beim ersten Gefecht auf dem Feld der Ehre bei Lodzinka in Galizien".[412] Wie im Ersten Weltkrieg war auch im Zweiten Weltkrieg ein aktiver Ruderer des RV Wiking der erste gefallene Bürger der Stadt Bregenz.

1940 erhielt der Verein nach schwierigen Verhandlungen die behördliche Erlaubnis, den Bodensee befahren zu dürfen, allerdings nur von der Achmündung bis zur Laiblachmündung und nicht weiter als 800 m vom Ufer entfernt. 1941 verfügte der RV Wiking kaum noch über aktive Ruderer. Er konzentrierte sich daher auf die Betreuung der Jugendgruppe und den Aufbau einer Damenriege. Im September 1941 startete die Jugendmannschaft des Vereins bei den Kriegsjugendmeisterschaften in Berlin, mußte jedoch die große Überlegenheit der anderen Mannschaften zur Kenntnis nehmen. 1942 starteten nur noch die Damen wettkampfmäßig. Bei seinem allerersten Renneinsatz, einem „Schlagzahlrudern" in Lindau, konnte der Damenvierer des RV Wiking in der Besetzung Inge Forster, Marianne Spiegel, Elly Kuner, Edith Mangold und Steuerfrau Hilde Sagmeister gleich einen Sieg erringen.[413] Nach diesem Rennen in Lindau beendete der RV Wiking seine Rudertätigkeit bis zum Ende des Zweiten Weltkriegs.

3.14. Schießen

Mit dem Zusammenbruch der Monarchie 1918 endete auch die Landsturmpflicht der Schießstände. Am 29. Juli 1921 kam es im großen Sitzungssaal der Landesregierung in Bregenz zu einer Zusammenkunft aller Vorarlberger Schützengilden. Bei dieser Sitzung wurde ein von der Vorarlberger Landesregierung ausgearbeiteter Entwurf bezüglich der Bildung von Schützenvereinen auf rein sportlicher Grundlage von allen Schützenvereinigungen angenommen und die Bildung eines Landes-Schützenbundes einstimmig beschlossen. Mittels einer Verordnung der Landesregierung vom 25. August 1922 wurden die Obmänner der ehemaligen Schützenvereinigungen zu Vermögensverwaltern der k.k. Schießstände bestimmt. Als Rechtsnachfolger für die traditionellen Schützengesellschaften wurden neue Schützenvereine auf rein sportlicher Basis bestellt.[414]

Die Gründung des Vorarlberger Schützenbundes erfolgte am 9. Dezember 1923 in Dornbirn. Zweck des Schützenbundes war, laut Paragraph 1 der Statuten, die Vereinigung aller im Land befindlichen Schützengesellschaften mit der Absicht, das „heimatliche Schießwesen auf einheitlicher sportlicher Grundlage, unter Ausschaltung aller militärischer Fragen und Entkleidung jedes militärischen Chararakters, zu erhalten und auszugestalten".[415] 20 Schützengilden traten am Gründungstag dem Vorarlberger Schützenbund bei und wählten den Bregenzer Kommerzialrat Stefan Kohler zum Bundesoberschützenmeister. Hubert Rhomberg (Dornbirn) übernahm das Amt des Stellvertreters.

Stefan Kohler leitete den Vorarlberger Schützenbund bis zum Jahr 1929. Von 1929 bis 1934 stand Direktor Josef Metzler (Bregenz) als Oberschützenmeister dem Schützenbund vor, von 1934 bis 1938 Hans Ganahl (Feldkirch). Ende 1930 trat der Vorarlberger Schützenbund dem Österreichischen Schützenbund bei. Die Zahl der Mitgliedsvereine blieb während der ganzen Ersten Republik relativ konstant und erreichte 1935 mit 25 Schützengilden und 887 Mitgliedern ihren Höchstwert.[416]

1938 wurde der Vorarlberger Schützenbund aufgelöst und in den Standschützenverband Tirol-Vorarlberg eingegliedert. Oberstschützenmeister des Standschützenverbandes Tirol-Vorarlberg wurde der Tiroler Gauleiter Franz Hofer. Vorrangigstes Ziel von Gauleiter Franz Hofer war es laut eigener Aussage, den Schießsport im Gau Tirol-Vorarlberg zu einem „wahren Volkssport" zu machen, um so „wertvolle Vorarbeit für die militärische Erziehung der Jugend" zu leisten.[417] Der eindeutige Höhepunkt des Schießsports aus nationalsozialistischer Sicht war ab 1938 das jährlich durchgeführte Landesschießen des Standschützenverbandes in Innsbruck. Die kontinuierlich stark steigenden Teilnehmerzahlen zeigen die Wertigkeit auf, die diesen Landesschießen von der NSDAP als Massenveranstaltung zugewiesen wurde:

1938	6.753 Teilnehmer;
1939	8.586 Teilnehmer;
1940	10.225 Teilnehmer;
1941	16.005 Teilnehmer;
1942	21.914 Teilnehmer;
1943	30.432 Teilnehmer;
1944	30.644 Teilnehmer.

Nach dem Ersten Weltkrieg waren nicht nur die organisatorischen Strukturen des Vorarlberger Schützenwesens geändert worden, sondern es traten auch neue Wettkampfbestimmungen in Kraft. Anstelle der vor 1914 verwendeten vier- bzw. sechskreisigen Figurenscheiben wurden nun zehnkreisige Rundscheiben verwendet, und ab 1923 wurden auch die früheren Stahlmantelgeschosse durch Patronen mit 8,15 mm Durchmesser und 46 mm Hülsenlänge ersetzt. Auch die Schießpläne wurden geändert. Es wurde nunmehr grundsätzlich zwischen Serien- bzw. Meisterkarten und Glücks- oder Tiefschußscheiben unterschieden. Bei den Serienscheiben (drei-, fünf- bzw. fünfzehnschüssig) und den Meisterscheiben (dreißigschüssig) wurden die getroffenen Ringe zusammengezählt. Die erzielte Gesamtzahl aller Kreise bildete die Grundlage für die Ermittlung der Rangliste. Anders bei den sogenannten Glücksscheiben (unterschiedliche Namensbezeichnungen: z.B. Hauptscheibe, Festscheibe, Jubiläumsscheibe, Schlecker etc.). Hier konnten auch schwächeren Schützen zu Preisen, zu sogenannten „Schützenbesten", kommen. Die Zahl der Schüsse war nicht limitiert; Sieger wurde, wer am genauesten die Mitte der Scheibe traf.[418]

Die ersten Schießveranstaltungen nach dem Krieg fanden in Götzis statt. Bereits im September 1919 veranstaltete die Schützengilde Götzis ein Freischießen mit insgesamt 62 Teilnehmern, und am 29. und 30. August 1920 wurde das 10. Oberländer Bundesschießen, das im Juli 1914 wegen der Ermordung des österreichischen Thronfolgers Franz Ferdinand unterbrochen wurde, beendet.

Ein wesentlicher Punkt der Statuten des im Dezember 1923 gegründeten Vorarlberger Schützenbundes war, jährlich ein sogenanntes „Vorarlberger Bundesschießen" –

nach heutigem Sprachgebrauch gleichzusetzen mit einer Vorarlberger Meisterschaft – durchzuführen. Jeweils nur bei diesen Bundesschießen gelangte die „Bundesmeisterschaft von Vorarlberg" zur Austragung, die allerdings nur beim Erreichen einer vorher festgelegten Punkteanzahl verliehen wurde. Nur wenn ein Schütze die vor dem Bundesschießen festgelegte Punkteanzahl erreichte oder übertraf, war er berechtigt, den Titel „Meisterschütze von Vorarlberg" zu führen. In den ersten beiden Jahren kam nur der Bewerb Armeegewehr liegend zur Austragung, ab 1926 erfolgte eine getrennte Wertung in den Bewerben Armeegewehr liegend und Scheibenstutzen stehend. 1927 wurde erstmals auch ein Mannschaftswettbewerb ausgetragen. Während das erste Vorarlberger Bundesschießen 1924 in Feldkirch noch eine rein regionale Veranstaltung war, wurden die späteren Bundesschießen durch die Teilnahme auswärtiger Schützen sportlich gewaltig aufgewertet. Die Namen der deutschen Meisterschützen Emil Bachmayr (Traunstein) und Hans Rauch (Berg) finden sich in den Siegerlisten dieser Bundesschießen ebenso wie jener der Tiroler Schützenlegende Anton Ritzl (Fügen).

Der einzige Vorarlberger Schütze, der im ersten Jahrzehnt nach dem Ersten Weltkrieg auch internationale Erfolge erzielen konnte, war der Egger Kaspar Hammerer. Hammerer war nicht nur ein sehr erfolgreicher Schütze, er war auch einer der ersten Sportler Vorarlbergs, der seine Sportart über einen längeren Zeitraum mehr oder weniger berufsmäßig betrieb und auf den einige Begriffe des modernen Hochleistungssports wie „Sponsorentum" und „Halbprofessionalismus" zutreffen.

Der 1889 geborene Kaspar Hammerer war während des Ersten Weltkriegs vier Jahre als Kaiserschütze in Südtirol. Erst nach dem Krieg begann Hammerer, sich mit dem Schießen wettkampfmäßig zu befassen. Er fing eine Lehre als Tischler an, bekam jedoch keine Gewerbeberechtigung und verdiente mit dem Schießen mehr Geld als als Tischler. Hammerer, der zeitweise arbeitslos war, vereinbarte mit dem Bregenzer Waffenhändler Karl Deuring eine Art „Sponsorvertrag". Deuring kam bei Wettkampfreisen von Hammerer im Ausland für alle Unkosten auf, auch für ein mögliches Defizit. Im Falle eines Gewinnes wurde dieser durch zwei geteilt. Beim 18. Deutschen Bundesschießen 1927 in München trat diese Abmachung zwischen

Abb. 69:
Der größte Erfolg des Egger Schützen Kaspar Hammerer war der Sieg beim 20. Deutschen Bundesschießen 1934 in Leipzig.

Deuring und Hammerer erstmals in Kraft. Mit jeweils einem 2. Rang in den Bewerben 3er-Serie Scheibenstutzen und Armeegewehr stehend war Hammerer nicht nur der erfolgreichste österreichische Schütze bei diesem Wettbewerb, sondern erschoß sich auch einen Reingewinn von 320 Mark. Nach Angaben seines Sohnes Hubert benutzte

Kaspar Hammerer diesen Gewinn, um sein erstes Gewehr zu bezahlen, das er nach dem Krieg mit dem Erbe seiner Mutter, einer Kuh, gekauft hatte.[419]

Auch in den folgenden Jahren war Hammerer bei Wettkämpfen in Deutschland sehr erfolgreich. 1929 siegte er bei einem internationalen Schützenfest in Nürnberg, 1930 erreichte er beim 19. Deutschen Bundesschießen in Köln wiederum den 2. Rang in der Einzelwertung. Mit 937 Ringen übertraf er die geforderte Punkteanzahl von 900 Ringen für die Deutsche Bundesmeisterschaft bei weitem und mußte sich nur dem Deutschen Dietrich (Starnberg) geschlagen geben. 1931 war Hammerer bei verschiedenen Wettkämpfen in Deutschland im Spitzenfeld vertreten. Er gewann das Mittelrheinischpfälzische Bundesschießen in Wiesbaden, das Thüringische Bundesschießen in Gera und belegte beim Mitteldeutschen Bundesschießen in Berlin den 2. Rang.

Ende der zwanziger Jahre machten Vorarlbergs Schützen auch erstmals national auf sich aufmerksam. Beim Festschießen anläßlich des 50-Jahr-Jubiläums des Österreichischen Schützenbundes Mitte Mai in Baden bei Wien gewann Kaspar Hammerer die Bundesmeisterschaft für Scheibenstutzen. Beim selben Wettkampf erreichte der Lustenauer Eduard Hämmerle die Bundesmeisterschaft für Armeegewehre vor seinem Vereinskollegen Alfred Hämmerle. Zwei Jahre später gewann Alfred Hämmerle den ersten österreichischen Meistertitel eines Vorarlberger Schützen. Beim 7. Österreichischen Bundesschießen in Salzburg siegte Hämmerle im Bewerb Scheibenstutzen mit 286 Ringen. In der Kombinationswertung Armeegewehr, Scheibenstutzen und Kleinkaliber belegte Kaspar Hammerer den 7. Rang, Alfred Hämmerle wurde Vierzehnter.

Am 12. März 1933 beschloß der Vorarlberger Schützenbund bei seiner Generalversammlung eine neue Schießordnung. Das bisherige Wettkampfprogramm wurde um einige zusätzliche Bewerbe erweitert: Zum einen wurden ab 1934 die Vorarlberger Meisterschaften im Stutzenschießen und im Gewehrschießen (Armeegewehr) gesondert ausgetragen, zum anderen gab es ab 1936 auch Meisterschaften im

Abb. 70:
Der Lustenauer Alfred Hämmerle nahm 1935 an den Weltmeisterschaften in Rom und 1936 an den Olympischen Spielen in Berlin im Schießen teil.

Zimmergewehrschießen und ab 1937 eigene Meisterschaften im Kleinkaliberschießen. Die folgende Übersicht zeigt die Vorarlberger Meister der Jahre 1934 bis 1937 in den einzelnen Waffengattungen:

183

1934	Armeegewehr	Mehele Josef (Hohenems)
	Stutzen	Hammerer Kaspar (Egg)
1935	Armeegewehr	Gantner Anton (Sulz)'
	Stutzen	Hammerer Kaspar (Egg)
1936	Armeegewehr	Hammerer Kaspar (Egg)
	Stutzen	Hammerer Kaspar (Egg)
	Zimmergewehr	Fend Herrmann (Lustenau)
1937	Armeegewehr	Hammerer Kaspar (Egg)
	Stutzen	Gantner Anton (Sulz)
	Zimmergewehr	Hammerer Kaspar (Egg)
	Kleinkaliber	Hammerer Kaspar (Egg)

Auf nationaler und internationaler Ebene blieben Kaspar Hammerer und Alfred Hämmerle die Aushängeschilder des Vorarlberger Schützenbundes. Hammerer erzielte im Juli 1934 beim 20. Deutschen Bundesschießen in Leipzig seinen international wertvollsten Erfolg. Mit 946 Kreisen, einem neuen Rekord für Deutsche Bundesschießen, gewann er die Meisterschaft im Bewerb Armeegewehr (512 Kreise stehend auf 175 m Entfernung; 434 Kreise stehend auf 300 m Entfernung). Die Teilnahme von Hammerer an diesem Bundesschießen in einer politisch sehr sensiblen Zeit war nur durch eine Sondergenehmigung des Bundeskanzleramtes möglich geworden, die der Vorarlberger Landeshauptmann Dr. Otto Ender persönlich in Wien beantragt hatte.

Nach den österreichischen Meisterschaften 1931 in Salzburg, bei denen der Lustenauer Alfred Hämmerle den Bewerb Normalgewehr gewonnen hatte, fanden mit Ausnahme im Wurftaubenschießen drei Jahre lang keine österreichischen Meisterschaften statt. Bei seiner Delegiertentagung am 3. Juli 1934 in Dornbirn beschloß der Österreichische Schützenbund jedoch, ab 1935 österreichische Meisterschaften im Scheibengewehr-, Armeegewehr- und Kleinkaliberschießen auszutragen und jede Waffengattung einzeln zu werten.

1935 wurden die österreichischen Meisterschaften im Scheibengewehr- und Armeeschießen im Rahmen des 12. Vorarlberger Bundesschießens in Feldkirch ausgetragen. Bester Vorarlberger Schütze war mit Abstand Kaspar Hammerer, der zwei Medaillen gewann. Im Bewerb Scheibenstutzen belegte er hinter dem Wiener Othmar Wolfran den 2. Rang, im Bewerb Armeegewehr wurde Hammerer Dritter. Hier siegte der St. Pöltner Franz Meiler vor Theodor Janisch (Villach). Auch ein zweiter Vorarlberger gewann 1935 eine Medaille bei österreichischen Meisterschaften: Alfred Hämmerle. Er belegte bei den in Wien ausgetragenen Meisterschaften im Kleinkaliberschießen den 2. Rang und qualifizierte sich damit für die im September stattfindenden Weltmeisterschaften in Rom, bei denen sich die österreichische Nationalmannschaft allerdings nicht im Vorderfeld plazieren konnte. Hämmerle erreichte als drittbester Österreicher 380 Ringe.

Das Jahr 1936 stand ganz im Zeichen der Olympischen Spiele von Berlin. Einzige olympische Waffengattung war das Kleinkaliberschießen. Das Qualifikationsschießen, an dem Kaspar Hammerer allerdings nicht teilnahm, fand am 17. Juli in Wien statt. Theodor Janisch (Villach) und Alfred Hämmerle erreichten jeweils 292 Ringe und wurden zusammen mit dem St. Pöltner Schützen Navratil für die österreichische Olympiaauswahl nominiert. Bei den Olympischen Spielen selbst blieb Hämmerle, durch eine Darmgrippe geschwächt, weit unter seinen Möglichkeiten. Er erreichte lediglich 281 Ringe und blieb damit deutlich hinter seinen Nationalmannschaftskollegen zurück

(Janisch 291 Ringe; Navratil 289 Ringe). In der Nationenwertung landete die österreichische Nationalmannschaft laut Sportjahrbuch nur „im Mittelfeld".[420]

Die österreichischen Meisterschaften 1937 wurden vom 27. Juni bis zum 7. Juli in Innsbruck ausgetragen, wobei Kaspar Hammerer noch einmal seine große Klasse unter Beweis stellte. Er gewann mit 960 Ringen den Bewerb Armeegewehr (Kombination aus stehend, liegend, kniend) und damit als 38jähriger seinen ersten österreichischen Meistertitel.

Nach dem Einmarsch der deutschen Truppen wurde der Vorarlberger Schützenbund aufgelöst und in den Standschützenverband Tirol-Vorarlberg eingegliedert. Oberstschützenmeister des Standschützenverbandes war der Tiroler Gauleiter Franz Hofer.

Höhepunkt des Schützenjahres 1938 aus Vorarlberger Sicht war das große „Befreiungs- und Verbrüderungsschießen", das in den ersten beiden Juliwochen in Dornbirn stattfand. An diesem Schießen nahmen auch die beiden frisch gekürten deutschen Weltmeister Richard Sturm (Oberndorf) und Karl Steigelmann (Nürnberg) teil, die kurz vorher bei den Weltmeisterschaften in der Schweiz je einen Titel errungen hatten. Dabei kam es zwischen Weltmeister Steigelmann und dem Vorarlberger Meisterschützen Kaspar Hammerer zu einem harten Duell im Bewerb fünfschüssige Serienscheibe. Hammerer hatte am 8. Juli 49 von 50 möglichen Ringen erreicht. Einen Tag später schoß Steigelmann zuerst 49,20 Ringe, dann das Maximum von 50 Ringen. Hammerer wurde nun am letzten Tag des Schießens, am 10. Juli, vom Dornbirner Oberschützenmeister Rhomberg direkt von der Arbeit geholt, „um die Ehre der Vorarlberger Schützen zu retten".[421] Tatsächlich gelang es Kaspar Hammerer auch, das Maximum von 50 Ringen zu schießen. Die bessere zweite Leistung entschied jedoch für Steigelmann. Hammerer belegte auch im Bewerb Meisterkarte hinter Weltmeister Sturm den 2. Rang. Es war dies der letzte große Erfolg des Wälder Meisterschützen.

1939 und 1940 traten die Vorarlberger Schützen nur bei regionalen Wettkämpfen in Erscheinung. Erst 1941 machte wieder ein heimischer Schütze auf sich aufmerksam. Es war dies der Dornbirner Architekt Hugo Wank, der beim 4. Landesschießen des Standschützenverbandes Tirol-Vorarlberg in Innsbruck einen der beiden Hauptpreise gewann: einen KdF-Wagen im Wert von 1.200 Reichsmark. Zwei Jahre später siegte Wank beim 6. Landesschießen in der Kombinationswertung und gewann als Siegespreis einen Baugrund in Igls.

Stand bei den Landesschießen eine möglichst große Schützenbeteiligung im Vordergrund, so wurde die sportliche Seite des Schießens bei der Hitlerjugend stark forciert. Dabei trat ab 1942 ein Jungschütze immer mehr in den Vordergrund, der nach dem Zweiten Weltkrieg Vorarlbergs sportliches Aushängeschild Nummer eins wurde: Hubert Hammerer (Egg), der Sohn von Kaspar Hammerer.

Seinen ersten großen Erfolg verbuchte Hubert Hammerer beim 5. Landesschießen in Innsbruck im Juli 1942, als er als Jungschütze in der Allgemeinen Klasse den 3. Rang im Bewerb Kleinkaliber stehend erreichte. Wenige Wochen später gewann der Gau Tirol-Vorarlberg mit den beiden Vorarlbergern Hubert Hammerer und Albert Deuring bei den Deutschen Jugendmeisterschaften in Breslau die Mannschaftswertung. In der Einzelwertung dieser Meisterschaften belegte Hubert Hammerer den 3. Rang, der Bregenzer Albert Deuring wurde Zehnter. Ende Oktober 1942 gelang Hammerer im Rahmen des Gauvergleichskampfes Tirol-Vorarlberg gegen die Steiermark ein sensationelles Ergebnis. Er gewann die Einzelwertung mit 683 von 720 möglichen Ringen und erzielte damit eine neue europäische Jugendbestleistung. Er verbesserte dabei den alten „Europarekord" des Thüringers Walter um nicht weniger als 13 Ringe.

1943 konnte Hammerer seine Erfolge prolongieren. Bei den Reichsschießwettkämpfen der Hitlerjugend Anfang Oktober in Innsbruck belegte er in der Einzelwertung den 2. Rang, bei den Deutschen Jugendmeisterschaften – Ende Oktober ebenfalls in Innsbruck – wurde er Vierter (jeweils im Kleinkaliberschießen).[422]

3.15. Schwimmen

Über die Anfänge des sportlichen Schwimmens in Vorarlberg ist nur sehr wenig bekannt. Die einzige namentliche Erwähnung einer bedeutenden schwimmsportlichen Leistung vor dem Ersten Weltkrieg findet sich bei Burmeister in seiner Kulturgeschichte der Stadt Feldkirch. Er berichtet von einem Landsknecht namens Caspar Wegelin, der bereits 1547 den Bodensee von Fußach nach Lindau in fünf Stunden durchschwommen hat.[423]

Bis ins 19. Jahrhundert konnte nur ein geringer Prozentsatz der Bevölkerung schwimmen. Eine besondere Bedeutung für eine größere Verbreitung des Schwimmens kam in Vorarlberg – wie auch im übrigen Österreich – dem Militär zu. 1825 wurde in Bregenz die Militärschwimmschule der Kaiserjäger eröffnet, die erste Badeanstalt Vorarlbergs überhaupt. Die „Mili" war – wie einem Akt des Stadtarchivs Bregenz zu entnehmen ist – von allem Anfang an auch Zivilpersonen zugänglich und bot den Schulkindern sogar kostenlos Schwimmunterricht an.[424] Außer der Militärschwimmschule in Bregenz war das Erlernen des Schwimmens vor allem in den höheren Schulen des Landes ein wesentlicher Teil des Lehrplans. So stand der Stella Matutina in Feldkirch ab 1865 ein eigenes Schwimmbad bei der Tisner Mühle zur Verfügung, und die Dornbirner Realschüler konnten kostenlos zweimal in der Woche das Schwimmbad der Firma Franz Martin Hämmerle im Oberdorf benutzen.

Im Hämmerlebad in Dornbirn fand am 11. September 1901 auch das erste Wettschwimmen Vorarlbergs statt: ein schulinterner Schwimmwettkampf der k.k. Realschule, an dem sich 52 Schüler beteiligten und bei dem es neben Sachpreisen auch mehrere von Fabrikant Victor Hämmerle gespendete Geldpreise zu gewinnen gab.

Auch im näheren Bodenseeraum wurde das Schwimmen lange nicht wettkampfmäßig betrieben. Erst am 11. August 1912 wurde vom neugegründeten Schwimmclub Romanshorn ein Bodenseeschwimmen für Erwachsene veranstaltet: ein Einzelschwimmen über 1000 m und eine 4 x 75 m-Staffel. Vorarlberger dürften an diesem Wettkampf keine teilgenommen haben. In Vorarlberg selbst wurden vor dem Ersten Weltkrieg weder Schwimmwettkämpfe für Erwachsene durchgeführt noch Schwimmvereine gegründet.[425]

Als erster Schwimmclub des Landes wurde am 2. August 1920 der Schwimmclub Bregenz gegründet. Bis zur Gründung des SC Bludenz im Juli 1926 blieb der SC Bregenz der einzige Vertreter dieser Sportart in Vorarlberg. In den ersten Jahren nach seiner Gründung orientierte sich der Verein wettkampfmäßig fast ausschließlich an der Schwimmsportszene im benachbarten Bodenseeraum. Im August 1920 starteten Mitglieder des SC Bregenz bereits bei Wettkämpfen in Friedrichshafen, Arbon, Lindau und

Lindenberg, wobei sich vor allem der Wasserspringer Julian Liberat ins Szene setzen konnte. Er gewann bei allen vier Wettkämpfen diesen Bewerb und war zu Beginn der zwanziger Jahre unbestritten der beste Wasserspringer im Bodenseeraum. Auch in den nächsten Jahren nahmen Athleten des SC Bregenz immer wieder erfolgreich an Wettkämpfen in der Schweiz, in Deutschland und vereinzelt auch in Tirol teil.

Im August 1921, ein Jahr nach seiner Gründung, präsentierte sich der junge Verein mit einem Schauschwimmen erstmals der Vorarlberger Öffentlichkeit. Demonstriert wurden das Brust-, Rücken- und Seitenschwimmen, Staffelrennen, Rettungsschwimmen und das Wasserspringen. Erstmals gab es in Bregenz auch ein Wasserballspiel zu sehen, das vom Schwimmclub Bregenz gegen den Schwimmclub Lindau mit 5:0 gewonnen wurde. Abschluß und Höhepunkt der Saison 1921 war aus Vereinssicht das Internationale Bodensee-Schwimmfest des SC Bregenz, das am 11. September im „Dampferhafen" über die Bühne ging. Heinrich Goldemund (100 m Beliebig), Hubert Ilg (100 m Brust) und Emil Dietrich (100 m Seiten) sowie die 4 x 50 m-Lagenstaffel sorgten für Siege des heimischen Schwimmclubs.

1922 fand das Bodensee-Schwimmfest des SC Bregenz am 13. August statt. Für das beste Ergebnis dieses Wettkampfes sorgte Emil Dietrich, der die 100 m Beliebig in 1:14,4 min mit genau zehn Sekunden Vorsprung gewann. Zum ersten Mal kamen in Vorarlberg bei diesem Wettkampf auch Bewerbe für Damen zur Austragung, jedoch noch ohne Vorarlberger Beteiligung.

Abb. 71:
Der beste Vorarlberger Wasserspringer, Julian Liberat (SC Bregenz), beim Training in der Bregenzer „Mili" in den zwanziger Jahren.

Am 21. März 1923 wurde der SC Bregenz in den Deutschen Schwimmverband aufgenommen und dem Kreis V (Süddeutschland), Gau Bayern, zugeordnet.[426] Schon im ersten Jahr der Zugehörigkeit zum Deutschen Schwimmverband feierte der SC einige schöne Erfolge: Sieg für die Wasserballmannschaft bei den Gaumeisterschaften in Konstanz; Sieg für Emil Dietrich über 100 m Beliebig und ein 2. Rang für die Lagenstaffel des Vereins bei den Süddeutschen Meisterschaften in Göppingen.

Anfang Juli 1924 führte der SC sein 3. Internationales Bodensee-Schwimmen durch, bei dem vor allem Emil Dietrich und Fritz Bachmann durch ihre Leistungen aufhorchen ließen. Emil Dietrich gewann die 100 m Beliebig mit persönlicher Bestzeit von 1:13,0 min, Fritz Bachmann die 100 m Brust in hervorragenden 1:24,0 min.[427] Aufgrund dieser Leistungen erhielten Dietrich und Bachmann vom Ersten Wiener Amateur-Schwimm-Club (= EWASC), dem mit Abstand stärksten österreichischen Schwimmclub, eine Einladung zu einem internationalen Wettkampf im Oktober. Aufgrund der kalten und regnerischen Witterung, die schon sehr früh kein geregeltes Training im Bodensee mehr zuließ, konnten Dietrich und Bachmann dieser Einladung allerdings nicht mehr Folge leisten. Trotzdem kam es im nächsten Jahr zu einem Vergleich der besten Schwimmer Vorarlbergs mit den besten Schwimmern Österreichs. Der EWASC machte anläßlich einer Deutschlandreise einen Abstecher nach Vorarlberg und besiegte am 21. Juni 1925 in einem Vergleichskampf den SC Bregenz mit 24:16 Punkten. Die Wettkämpfe wurden in der Militärschwimmschule Bregenz ausgetragen. In den Schwimmbewerben gelang es nur Emil Dietrich, in die Phalanx der Wiener Spitzenschwimmer einzudringen. Er gewann die 50 m Seiten und belegte im 50 m Kraulsprint mit 27,2 sec den 2. Rang. Da die Bahnen durch einen Organisationsfehler jedoch nur 46 anstatt der vorgeschriebenen 50 Meter lang waren, konnten die Zeiten für die Bestenliste nicht gewertet werden. Für einen weiteren Sieg eines Bregenzer Athleten sorgte „Altmeister" Julian Liberat, der im Wasserspringen den späteren Wiener Europameister Josef Staudinger klar besiegen konnte.

1926, sechs Jahre nach seiner Gründung, war der SC Bregenz immer noch der einzige Schwimmclub des Landes. Bei der Jahreshauptversammlung des SC wurden mehrere Stimmen laut, daß der Verein in den letzten Jahren zwar sehr erfolgreich gewesen sei, diese Erfolge aber nur von einigen wenigen Mitgliedern errungen wurden. Deshalb versuchte der Schwimmclub Bregenz in den nächsten beiden Jahren immer wieder, durch Werbeschwimmen in Dornbirn, Lustenau und Bludenz eine breitere regionale Streuung der Schwimmsportszene im Land zu erreichen, allerdings nur mit mittelmäßigem Erfolg. Obwohl im Juli 1926 ein Schwimmclub in Bludenz und im September 1928 ein Schwimmclub in Lustenau gegründet wurden, blieb der SC Bregenz in Vorarlberg auch in den nächsten Jahren der alles dominierende Verein. Interessanterweise kam es trotz mehrerer Werbeschwimmen des SC Bregenz in Dornbirn bis 1933 zu keiner Vereinsgründung, obwohl gerade in Dornbirn mit dem Schwimmbad der Firma Franz Martin Hämmerle hervorragende Voraussetzungen für den Schwimmsport bestanden hätten.

Einen wesentlichen Impuls für den Vorarlberger Schwimmsport stellte im September 1926 allerdings die Gründung einer Damenriege innerhalb des SC Bregenz dar. Die Damen des SC Bregenz sorgten in den folgenden Jahren für große Erfolge bei österreichischen Meisterschaften und waren mit ihren Leistungen ganz wesentlich für die Entwicklung des gesamten Frauensports in Vorarlberg mitverantwortlich.

Der SC Bregenz versuchte auch immer wieder, durch die Veranstaltung von internationalen Schwimmfesten Werbung für den Schwimmsport zu betreiben. Beim 4. Internationalen Bodensee-Schwimmen am 11. Juli 1926 sorgte Emil Dietrich für das herausragende Ergebnis aus heimischer Sicht. Dietrich gewann die 100 m Beliebig mit 1:08,0 min vor dem Innsbrucker Hörtnagl: eine – für die damaligen Trainingsmöglichkeiten – ganz hervorragende Zeit.[428] Weitere Siege für den SC Bregenz erreichten die 4 x 50 m-Bruststaffel, die 4 x 50 m-Kraulstaffel und die Wasserballmannschaft.

1927 waren beim 5. Internationalen Schwimmfest des SC Bregenz neun ausländische Vereine am Start (u.a. München, Nürnberg, Ulm, Ludwigshafen). Der regierende Weltrekordinhaber über 100 m Brust, Faust (Göppingen), gewann zwar seine Spezialstrecke überlegen, der angekündigte Weltrekordversuch schlug jedoch fehl. Mit 1:16,0 min verfehlte Faust seinen eigenen Weltrekord um 1,4 Sekunden. Siege für den SC Bregenz erreichten Emil Dietrich (100 m Beliebig), Kurt Schram (100 m Brust) und Adolf Tutschek (60 m Streckentauchen). Vor allem Dietrich bewies mit seinem Sieg in 1:10,6 min, daß er Mitte der zwanziger Jahre unangefochten der schnellste Schwimmer im gesamten Bodenseeraum war. Erstmals findet man auch Frauen des SC Bregenz in der Siegerliste: Jenny Karrer erreichte im 100-m-Brustschwimmen den zweiten Rang.

Am 6. November 1924 war der SC Bregenz dem „Verband der Österreichischen Schwimmvereine" (= VÖS) beigetreten, allerdings erst nach vorheriger Kontaktaufnahme mit dem Deutschen Schwimmverband, der diesen Schritt ausdrücklich begrüßte. Es dauerte jedoch bis 1928, bis der SC Bregenz erstmals an österreichischen Meisterschaften teilnahm. Bei diesen Meisterschaften, die am 15./16. Juli in Wien stattfanden, gewannen die Schwimmer des SC Bregenz drei Medaillen: Emil Dietrich erreichte im 100-m-Freistilbewerb ebenso den 2. Rang wie die 3 x 100 m-Lagenstaffel der

Abb. 72:
Vorarlberger Meisterschaften im Schwimmen 1932 im Strandbad Alter Rhein (Lustenau).

Herren, Kurt Berger wurde im 100-m-Freistilbewerb Dritter. Die Wertung bei diesen Meisterschaften erfolgte in zwei getrennten Kategorien (Vereine ohne Hallenbad und Vereine mit Hallenbad), um die Vereine, die während des Winters keine Trainingsmöglichkeiten hatten, nicht zu benachteiligen. Die unterschiedliche Wertung von Vereinen mit bzw. ohne Hallenbad wurde vom VÖS während der ganzen Zwischenkriegszeit beibehalten.

Die oben erwähnten drei Medaillen der Herren des SC Bregenz bei den österreichischen Meisterschaften 1928 stellen den Beginn einer einzigartigen Erfolgsgeschichte dar. Von 1929 bis 1932 wurden von den Herren des SC Bregenz bei österreichischen

Meisterschaften nicht weniger als acht Gold-, sieben Silber- und eine Bronzemedaille erschwommen, die Damen gewannen dreimal Gold, zweimal Silber und dreimal Bronze. 1929, 1931 und 1932 gewannen die Herren die Mannschaftswertung für Vereine ohne Hallenbad, 1931 und 1932 auch die Damen. Einzig 1930 nahm der Verein nicht an den österreichischen Meisterschaften teil, da zur gleichen Zeit in München die deutschen Meisterschaften stattfanden. Bei diesen Meisterschaften belegte die 4 x 100 m-Freistilstaffel der Herren inmitten der deutschen Elite den hervorragenden 4. Rang.

Im folgenden Überblick werden jene elf österreichischen Meistertitel, die von Schwimmern und Schwimmerinnen des SC Bregenz im Zeitraum 1929 bis 1932 errungen wurden, im Detail angeführt:

3./4. 8. 1929: Graz
    1. Rang   100 m Freistil   Berger Kurt
    1. Rang   3 x 100 m Freistil   Berger Kurt, Dietrich Emil, Schram Kurt
    1. Rang   3 x 100 m Lagen   Berger Kurt, Dietrich Emil, Schram Kurt

1./2. 8. 1931: Linz
    1. Rang   100 m Freistil   Feßler Irene
    1. Rang   3 x 100 m Freistil   Schram Kurt, Intemann Walter, Dietrich Emil
    1. Rang   3 x 100 m Lagen   Schram Kurt, Intemann Walter, Dietrich Emil
    1. Rang   3 x 100 m Lagen   Jelinek Fritzi, Greußing Sibylle, Feßler Irene

7./8. 8. 1932: Wien
    1. Rang   100 m Freistil   Dietrich Emil
    1. Rang   3 x 100 m Freistil   Schram Kurt, Intemann Walter, Dietrich Emil
    1. Rang   3 x 100 m Lagen   Schram Kurt, Prack Hans, Intemann Walter
    1. Rang   3 x 100 m Lagen   Jelinek Fritzi, Greußing Sibylle, Feßler Irene

Außer den Schwimmern des SC Bregenz war Vorarlberg bei österreichischen Meisterschaften nur noch durch den Wasserspringer Othmar Kromer vom SC Bludenz vertreten. Kromer, ein ehemaliges Mitglied des EWASC, weilte berufsbedingt einige Jahre in Bludenz und startete in dieser Zeit für den SC Bludenz. 1930 erreichte Kromer bei den österreichischen Meisterschaften den 2. Rang. 1931 und 1932 wurde Kromer in die österreichische Nationalmannschaft berufen, wobei er 1931 im Länderkampf gegen Jugoslawien sogar das Kunstspringen gewinnen konnte.

Zu Beginn der Saison 1928 beschränkte sich der Schwimmsport in Vorarlberg nach wie vor fast ausschließlich auf den SC Bregenz. Nachdem auch in Tirol mit dem Tiroler Wassersportverein nur ein einziger Schwimmclub existierte, wurde 1928 erstmals der Versuch einer gemeinsamen Meisterschaft für Tirol und Vorarlberg unternommen. Diese Meisterschaften, die in Innsbruck stattfanden, wurden bei den Männern eindeutig von den Bregenzer Schwimmern dominiert, bei den Frauen zeigten sich die Innsbrucker Schwimmerinnen den Bregenzer Damen klar überlegen. Da diese Meisterschaft doch mehr den Charakter eines Vergleichskampfes als den einer echten Meisterschaft hatte, blieb es bei diesem einmaligen Versuch.

Erst die Eröffnung des Strandbades im Alten Rhein in Lustenau brachte für den Vorarlberger Schwimmsport wieder wichtige Impulse. Ende 1928 wurde auch in der Rheingemeinde ein Schwimmclub gegründet, im August 1929 starteten Athleten des SC Lustenau erstmals bei einem Meeting in Lindenberg. 1930 stellte sich der SC Lustenau in einem Vergleichskampf dem SC Bludenz, mußte sich allerdings mit 8:42 Punkten deutlich geschlagen geben. Doch schon ein Jahr später hatten sich die Kräfteverhältnisse deutlich verschoben. Der SC Lustenau revanchierte sich mit einem 52:38-Punktesieg für die Niederlage des vergangenen Jahres und etablierte sich damit als zweitstärkster Verein im Land hinter dem überragenden Schwimmclub Bregenz.

Die ersten Vorarlberger Meisterschaften, die 1931 an zwei Wochenenden in Dornbirn und Bregenz veranstaltet wurden, zeigten eindrucksvoll die Kräfteverhältnisse im Vorarlberger Schwimmsport auf. Mit Ausnahme des Springens (Sieger Hermann Jörg, SC Bludenz) wurden sämtliche Bewerbe von Bregenzer Schwimmern bzw. Schwimmerinnen gewonnen. 1932 verzichtete der SC Bregenz bei den zweiten Landesmeisterschaften auf seine stärksten Schwimmer und ermöglichte so auch anderen Vereinen einen Titelgewinn.

Im Frühjahr 1933 wurde in Dornbirn doch noch eine Schwimmclub gegründet. Am 31. Mai 1933 schlossen sich der SC Bregenz, der SC Bludenz, der SC Lustenau und der SC Dornbirn in einer außerordentlichen Sitzung zum „Schwimmsportverein Vorarlberg" (= SSV Vorarlberg) zusammen. Der SSV Vorarlberg bezweckte laut Statuten „die Hebung des Schwimmsports und dessen Verbreitung in allen Volksschichten zur Förderung der Volkskraft" und stand ideologisch auf „vaterländischer Grundlage".[429] Die Obmannschaft übernahm der Bregenzer Generalmajor i.R. Josef Anton Burger.

Die erfolgte Konzentration der Kräfte wirkte sich in den nächsten beiden Jahren positiv aus, wobei vor allem die Gründung einer Damenriege im SC Lustenau neue Impulse für den Schwimmsport brachte. Allerdings war mehrere Jahre durch die herrschenden politischen Verhältnisse der sportliche Betrieb im Bodenseeraum stark eingeschränkt, da für den SSV Vorarlberg in Deutschland Wettkampfverbot bestand und in der Schweiz kaum Schwimmwettkämpfe angeboten wurden.

Das Wettkampfgeschehen 1933 beschränkte sich für den SSV Vorarlberg daher auf die Durchführung der dritten Vorarlberger Meisterschaften und die Teilnahme an den österreichischen Meisterschaften in Graz. Wie in den vergangenen Jahren gewannen sowohl die Damen als auch die Herren des SSV Vorarlberg die Mannschaftswertung für Vereine ohne Hallenbad. Durch Emil Dietrich und Fritzi Jelinek (beide 100 m Rücken) wurden auch zwei Titel in Einzeldisziplinen errungen. Äußerst spannend verlief die Entscheidung im 3 x 100 m-Lagenbewerb der Männer. Nachdem der Endlauf mit einem „toten Rennen" zwischen der Staffel des SSV und der Staffel des DSV Leoben geendet hatte, wurde ein Entscheidungslauf notwendig, den die Staffel des SSV mit den Schwimmern Schram, Prack und Dietrich knapp gewann. Auch die 3 x 100 m-Lagenstaffel der Damen (Greußing, Jelinek, Feßler) wurde von den Schwimmerinnen des SSV Vorarlberg gewonnen. Silber gewannen Kurt Schram (100 m Freistil), Hans Prack (100 m Rücken) und Irene Feßler (100 m Freistil), Bronze Adolf Peschl (100 m Rücken), Emil Dietrich (100 m Freistil), Kurt Schram (200 m Brust), Trude Prack (100 m Rücken), Fritzi Jelinek (200 m Brust) und die 3 x 100 m-Freistilstaffel der Herren (Prack, Schram, Dietrich).

1934 wurden keine Vorarlberger Meisterschaften ausgetragen. Die österreichischen Meisterschaften in Innsbruck endeten mit einem erneuten Sieg für die Damen- und Herrenmannschaft des SSV Vorarlberg. Insgesamt gewann die Vorarlberger Mannschaft fünf österreichische Meistertitel, drei Silber- und drei Bronzemedaillen. Hans Prack gewann die 100 m Rücken ebenso wie Fritzi Jelinek bei den Damen. Die Herren des SSV gewannen sowohl die 3 x 100 m-Freistilstaffel (mit einem bemerkenswerten Schnitt von 1:11,2 min pro Schwimmer) wie auch die 3 x 100 m-Lagenstaffel; die Damen siegten über 3 x 100 m Lagen. Emil und Pepi Dietrich (Silber über 100 m

Abb. 73:
Von 1933 bis 1936 gewannen die Schwimmer und Schwimmerinnen des SSV Vorarlberg bei österreichischen Meisterschaften insgesamt achtzehn Meistertitel. Im Bild der Schwimmsportverein Vorarlberg bei den Meisterschaften 1933 in Graz: vordere Reihe v. l.: Fritzi Jelinek; Trude Prack; Pepi Dietrich; Irene Feßler; Sibylle Greußing; hintere Reihe v. l.: Ing. Haupt (Trainer); Albert Hollenstein; Emil Dietrich; Kurt Schram; Alfred Peschl; Oskar Alge.

Rücken), Hans Prack (Bronze 100 m Freistil), Sibylle Greußing (Bronze 100 m Freistil; 200 m Brust) sowie die 4 x 100 m-Lagenstaffel der Damen (Silber) komplettierten die erfreuliche Medaillenbilanz.

1935 wurde die Saison am 13. Juli im neuen Bregenzer Strandbad mit einem Dreistädtevergleichskampf eröffnet, den der SC Bregenz vor dem SC Rorschach und dem SC Lustenau gewinnen konnte. Bei den österreichischen Meisterschaften in Klagenfurt konnten zwar die Herren des SSV Vorarlberg ihren Mannschaftssieg des Vorjahres wiederholen, die Damen mußten sich hingegen mit dem 3. Rang zufriedengeben. Fritzi Jelinek gewann zum dritten Mal in Folge den Einzeltitel über 100 m Rücken, Hans Prack zum zweiten Mal ebenfalls die 100 m Rücken. Siegreich wiederum die beiden Staffeln der Herren mit den Schwimmern Dietrich, Prack und Schram. Pepi Dietrich gewann Silber über 100 m Rücken, Hans Prack Bronze über 100 m Freistil. Ebenfalls Bronze erreichte die 3 x 100 m-Lagenstaffel der Damen.

Am 10. und 11. August 1935 brachte der SSV Vorarlberg im Strandbad in Bregenz erstmals Bodensee-Meisterschaften zur Austragung. Allerdings wurde allen deutschen Vereinen, die ihre Startzusage bereits gegeben hatten, in letzter Minute die Starterlaubnis von ihrer obersten Sportbehörde entzogen. Somit waren außer dem SSV Vorarlberg nur noch wenige Schweizer Vereine und der SC Innsbruck am Start. Fritzi Jelinek, Thilde Alge und Pepi Dietrich siegten in den Schwimmbewerben, Hans Layr gewann das Streckentauchen.

Eine im Vorarlberger Tagblatt vom 2. Oktober 1935 veröffentlichte „Bilanz des Vorarlberger Schwimmsports" fiel überwiegend negativ aus. Der SC Bludenz und der SC Dornbirn hatten ihre Tätigkeit mehr oder weniger eingestellt. Einige der Leistungsträger der vergangenen Jahre (u.a. Emil Dietrich, Kurt Schram) hatten mit Ende der Saison ihre Karrieren beendet, Nachwuchsathleten standen nur spärlich zur Verfügung. Aufgrund der Wettkampfsperre in Deutschland und der Untätigkeit der Schweizer Vereine standen dem SSV Vorarlberg auch kaum Wettkampfmöglichkeiten zur Verfügung, da eine Teilnahme an Wettkämpfen in Innerösterreich für den SSV finanziell nicht tragbar war.

1936 wurden keine Vorarlberger Meisterschaften durchgeführt. Bei den österreichischen Meisterschaften in Baden bei Wien war der SSV Vorarlberg gerade noch mit drei Einzelathleten vertreten. Fritzi Jelinek gewann zum vierten Mal den Titel über 100 m Rücken, Hans Prack und Pepi Dietrich (ebenfalls 100 m Rücken) wurden jeweils Zweite. Zum ersten Mal seit 1931 war bei österreichischen Meisterschaften keine Vorarlberger Staffel mehr am Start.

1937 setzte sich der Niedergang des Schwimmsports weiter fort. Bei den vierten Vorarlberger Meisterschaften in Bregenz gewannen erstmals die Athleten des SC Lustenau mehr Einzeltitel als die Schwimmer des SC Bregenz. Die österreichischen Meisterschaften wurden nicht mehr beschickt, und am 28. Juli löste sich der Schwimmsportverein Vorarlberg auf.[430]

Nach dem Anschluß Österreichs wurden der SC Bregenz und der SC Lustenau, die beiden einzigen noch bestehenden Schwimmvereine Vorarlbergs, in den Deutschen Reichsbund für Leibesübungen eingegliedert.

1938 fand in Vorarlberg nur ein einziger Schwimmwettkampf statt. Bei den Kreismeisterschaften in Lustenau waren jedoch nur noch wenige Athleten am Start, einige der Bewerbe wurden sogar im Alleingang entschieden. Für das einzige Resultat von Gewicht sorgte der Lustenauer Kurt Hämmerle, der als Jugendlicher die 100 m Kraul in 1:13,8 min gewann. Noch einmal am Start Fritzi Jelinek, die den 200-m-Brustbewerb siegreich beendete.

Auch 1939 gab es nur einen einzigen Wettkampf: die Kreismeisterschaften am 31. Juli in Bregenz, die allerdings noch schwächer besetzt waren als die Meisterschaften des Vorjahrs. Lediglich Kurt Hämmerle (100 m Kraul), Thilde Alge (100 m Rücken) und Hildegard Steiner (100 m Brust) sorgten für ansprechende Resultate.

Nach dem 31. Juli 1939 wurden in Vorarlberg keine Schwimmsportveranstaltungen mehr durchgeführt.

3.16. Segeln

Die Bregenzer Heinrich Vogt, Ludwig Präg und Josef Staud waren die ersten Vorarlberger, die sich bereits zu Beginn der siebziger Jahre des 19. Jahrhunderts intensiv mit dem Segeln auseinandersetzten und auch durch eine Vereinsgründung den Segelsport breiteren Kreisen zugänglich machen wollten. Vor allem Heinrich Vogt betrieb den

Segelsport mit Leidenschaft. Er erwarb zunächst zwei Flachboote, die er selbst mit einer entsprechenden Takelung versah, und kaufte 1880 sein erstes richtiges Segelboot, ein Kielboot mit Sluptakelung. 1882 erwarb Vogt eine Flunder mit Schunertakelung.[431]

1884 wurde am Bodensee die österreichische Dampfschiffahrt ins Leben gerufen. Zur österreichischen Bodenseeflotte gehörte auch ein englisches Rettungsboot, das über eine Ruder- und Segeleinrichtung verfügte. Um eine entsprechend ausgebildete Besatzung für dieses Boot zu bekommen, wurde auf Initiative von Emil Krummholz, dem damaligen Inspektor der Bodensee-Dampfschiffahrt, am 25. August 1885 der „Ruder- und Segelclub Wasserwehr Bregenz" gegründet. Hauptaufgaben des Vereins waren, laut Statuten, „die Hilfestellung im Falle der Noth, die Pflege des Wassersports, die Kräftigung des Körpers sowie die gesellige Unterhaltung".[432] Allerdings war dem „Ruder- und Segelclub Wasserwehr Bregenz" kein langes Leben beschieden, denn nach nur drei Jahren löste sich dieser Verein wieder auf, ohne in der Öffentlichkeit irgendeinen bleibenden Eindruck hinterlassen zu haben.

Der erste Segelclub am Bodensee wurde 1889 in Lindau gegründet. In Vorarlberg dauerte es bis zum 8. März 1893, bis mit dem Ruder- und Segelclub Bregenz wieder ein Wassersportverein gegründet wurde. Erster Vorstand des Ruder- und Segelclubs wurde der Kaufmann Eugen Susnik, Vorstandsstellvertreter war Heinrich Vogt. Als Clublokal diente dem Verein das Café Austria, wo anfänglich jeden Donnerstag ein Clubabend mit theoretischen Instruktionen abgehalten wurde. Doch schon nach relativ kurzer Zeit zeigte sich, daß die beiden Gruppierungen innerhalb des Clubs nicht recht harmonierten. Die Ruderergruppe war die finanzkräftigere, die Seglergruppe jedoch die wesentlich aktivere. Als die Spannungen innerhalb des Vereins immer größer wurden, zog die Seglergruppe sich aus dem Verein zurück, und wenig später löste sich auch die Ruderergruppe auf. Somit war auch diesem Verein nur eine kurze Lebensdauer gegönnt.

Schon am 5. August 1895 wurde auf Initiative von Heinrich Vogt erneut ein Segelclub gegründet, der – im Gegensatz zu den beiden anderen – auch heute noch besteht: der Segelclub Bregenz. Ein Jahr nach der Gründung gehörten dem Club, dem von 1895 bis 1903 Heinrich Vogt als Obmann vorstand, zehn ausübende und 20 unterstützende Mitglieder an.

Bei seiner Gründung besaß der Segelclub Bregenz lediglich ein Boot: die „Walküre", ein amerikanisches Schwertboot mit 2,60 m Breite und 5,80 m Länge. In den nächsten Jahren wurde der Bootsbestand des Clubs kontinuierlich erweitert. Ende Dezember 1897 besaß der Club bereits vier Segelboote und ein Rettungsboot. Das Aushängeschild des Vereins unter diesen Booten war die Segeljacht „Falke", mit der die Mitglieder regelmäßig mehrtägige Segelfahrten auf dem Bodensee unternahmen. 1898 erwarb der Club mit der Jacht „Nixe" ein weiteres hochmodernes Boot. Trotzdem standen die nächsten paar Jahre für den Segelclub Bregenz unter keinem guten Stern. Der Verein hatte große Schwierigkeiten mit der Verankerung der Boote, die bei niedrigem Wasserstand außerhalb des Gondelhafens an Bojen befestigt waren, und bei Stürmen immer wieder beschädigt wurden. Das Desinteresse der Mitglieder war zum Teil so groß, daß der Club kurz vor der Auflösung stand.

1903 übernahm Julius Greußing von Heinrich Vogt das Obmannamt und stand dem Verein – mit einer kurzen Unterbrechung – bis 1925 vor. 1905 erwab der Segelclub zwei weitere Boote, die „Lust" und die „Liebe", und verfügte nun zusammen mit den

Jachten „Falke" und „Nixe" über vier leistungsfähige Segelboote. Wie gut diese Boote waren, zeigte sich bei der ersten Segelregatta auf dem Bodensee, die vom Segelclub Lindau gemeinsam mit dem Segelclub Bregenz am 21. Mai 1905 veranstaltet wurde. Insgesamt nahmen an dieser Regatta acht Boote teil, wobei diese Boote entsprechend ihrer Ausrüstung in drei verschiedene Klassen eingeteilt wurden. In allen drei Klassen siegten Bregenzer Boote: in der Klasse eins der „Falke", in der Klasse zwei die „Nixe" und in der Klasse drei die „Lust".

Zwei Jahre nach der ersten Segelregatta auf dem Bodensee entstand in Kooperation des Segelclubs Bregenz mit dem Segelclub Lindau eine Veranstaltung, die bis zum Zweiten Weltkrieg regelmäßig durchgeführt wurde und dem Segelsport rund um den Bodensee zu größerer Popularität verhalf: die „Internationale Bodenseewoche". Besonders in Deutschland brachte die Bodenseewoche noch vor dem Ersten Weltkrieg wesentliche Impulse für den Segelsport: 1909 entstanden Segelclubs in Konstanz, Radolfzell und Überlingen, 1911 wurde in Friedrichshafen der Königlich Württembergische Jachtclub gegründet.

Die erste Bodenseewoche fand vom 10. bis zum 15. August 1907 statt. Außer den veranstaltenden Segelclubs aus Bregenz und Lindau nahmen an dieser Regatta bereits der Kaiserliche Jachtclub Kiel, der Akademische Segelverein München und der Segelverein Würmsee teil. Höhepunkt der gesamten Veranstaltung war die Bodensee-Pokalregatta um einen von den Städten Bregenz, Lindau, Arbon, Konstanz, Rorschach und Überlingen gemeinsam gestifteten, mit Topasedelsteinen besetzten Silberpokal, der einen Wert von 700 Mark repräsentierte. Der Pokal war als Wanderpokal ausgeschrieben und mußte von derselben Jacht dreimal errungen werden, um in ihren Besitz überzugehen. Sieger dieser ersten Bodensee-Pokalregatta wurde die Jacht „Rheingold" vom Lindauer Segelclub.

In den nächsten Jahren entwickelte sich die Bodenseewoche kontinuierlich zu einer bedeutenden internationalen Veranstaltung. Von Jahr zu Jahr stieg nicht nur die Anzahl der Boote, die an den diversen Regatten teilnahmen, sondern auch deren Klasse. Waren es 1907 bei der 1. Bodenseewoche noch 14 Jachten aus fünf Vereinen, so war die 7. Bodenseewoche 1913 mit 24 Vereinen und 56 teilnehmenden Booten laut Vorarlberger Landeszeitung schon eine der „größten segelsportlichen Veranstaltungen Mitteleuropas".[433] Aufgrund der Ausgeglichenheit der teilnehmenden Boote gelang es von 1907 bis 1913 keiner einzigen Jacht, den Bodenseepokal zweimal zu erringen.

Nach 1910 geriet der Bregenzer Segelclub gegenüber seinen deutschen Nachbarclubs am Bodenseeufer immer mehr ins Hintertreffen. Es kam zur Gründung mehrerer besonders finanzkräftiger Clubs (1911 der „Königlich Württembergische Jachtclub Friedrichshafen"; 1912 der „Großherzoglich Badische Jachtclub"), die über hervorragendes Bootsmaterial verfügten und so zu einer übermächtigen Konkurrenz für die kleineren Clubs wurden. Deshalb sah sich auch der Segelclub Bregenz zum Handeln gezwungen. Bei einer Versammlung am 27. April 1913 änderte der Club seinen Namen in „Kaiserlich-königlicher Union Jachtclub Bodensee" und schloß sich als Zweigverein dem „Kaiserlich-königlichen Jachtclub Wien" an.[434] Der Segelclub erhoffte sich durch die Namensänderung vor allem eine Zunahme an auswärtigen Mitgliedern, aber auch eine vermehrte Teilnahme von Booten des Stammvereins bei künftigen Regatten am Bodensee. Neuer Vorstand des Clubs wurde Graf Max Waldburg-Zeil (Hohenems).

Schon zu Pfingsten 1913 erwarb der Kaiserlich-königliche Jachtclub Bodensee mit der 8-m-Rennjacht „Toni IX" die zweiterfolgreichste Jacht dieser Größe des vergangenen Jahres von ganz Deutschland. Sie erhielt den neuen Namen „Elfe II" und wurde wie alle anderen größeren Jachten des Clubs in Lindau stationiert, da der Gondelhafen in Bregenz so verschlammt war, daß keine größeren Boote dort ankern konnten. Erste Erfolge verbuchte die „Elfe II" bei der Bodenseewoche 1913 und bei einem internationalen Wettsegeln in Friedrichshafen mit mehreren Plazierungen im Vorderfeld.

Die für August 1914 vorgesehene Bodenseewoche konnte aufgrund des Kriegsausbruchs nicht mehr durchgeführt werden. Fünf Jahre ruhte der Segelbetrieb auf dem Bodensee und in den Vereinen, bis mit der Durchführung der Bodenseewoche 1920 wieder ein Neuanfang gesetzt wurde. Die einzelnen Wettfahrten der Bodenseewoche 1920 verliefen für den „Kaiserlich-königlichen Jachtclub Bregenz" mit insgesamt zwölf Plazierungen unter den ersten drei durchaus erfolgreich, vor allem wenn man bedenkt, daß gerade der Bregenzer Club aufgrund des starken Währungsverfalls der Krone mit großen finanziellen Schwierigkeiten zu kämpfen hatte. Noch im Dezember 1920 änderte der Verein seinen Namen in „Union Yachtclub Bregenz".

Der Zeitraum 1921 bis 1924 umfaßt die sportlich mit Abstand erfolgreichsten Jahre des Union Yachtclubs bis zum Zweiten Weltkrieg. 1921 errang die „Elfe II" endgültig den 1912 als Wanderpreis gestifteten „Graf-Zeppelin-Pokal", 1922 den „Preis von Vorarlberg". Auch mehrere andere Boote des Clubs (zum Beispiel die „Nixe II", die „Liwa" oder die „Sowitasgoht IV") konnten sich bei der jährlich durchgeführten Bodenseewoche in der Gesamtwertung im Vorderfeld behaupten und sogar einzelne Regatten gewinnen. Absoluter Höhepunkt im Vereinsgeschehen war jedoch die 1923 von Franz Plunder und Josef Einsle, zwei Mitgliedern des Segelcubs, gemeinsam mit zwei deutschen Segelkameraden vorgenommene Atlantiküberquerung mit dem selbstgebauten Segelboot „Sowitasgoht V".

Die „Sowitasgoht V" war 1921 in einer Werft in Hard nach den Plänen von Franz Plunder gebaut worden. Das Boot war eine „14 m lange, gaffellos getakelte Katsch von 3,18 m Breite, 2 Meter Tiefgang und 12 Tonnen Wasserverdrängung". Es hatte zwei Masten mit drei Segeln mit insgesamt 76 Quadratmetern Flächeninhalt und war für Notfälle mit einem 6-PS-Motor versehen.[435] Neben Josef Einsle und Franz Plunder gehörten noch der Lindauer Fred Jochum und der Friedrichshafner Peter Ledergerber der Crew an. Die Jungfernfahrt des Bootes erfolgte am 1. April 1921, die öffentliche Präsentation am 8. September 1922 in Hard. Die geplante Atlantiküberquerung der „Sowitasgoht V" wurde vor allem durch deutsche Firmen und Segelvereine unterstützt und dadurch – wie das Vorarlberger Tagblatt schrieb – „zu einer nationalen Propaganda- und Reklamefahrt" mit dem Ziel, „das Ansehen des deutschen Volkes und die Achtung vor dem deutschen Segelsport im Ausland wieder zu heben und der Welt den Beweis zu erbringen, daß alter Unternehmungsgeist, Wagemut und deutsche Ausdauer nicht erloschen sind".[436]

Am 1. April 1923 erfolgte der Stapellauf der „Sowitasgoht V" von der Harder Werft nach Bregenz, am 27. Mai segelte die Mannschaft das Boot nach Romanshorn, wo die Bahnverladung nach Hamburg erfolgte.[437] Am 28. Juni verließ die „Sowitasgoht V" Hamburg, erreichte am 10. Juli Dover und am 1. August Madeira. Nach viertägiger Pause segelte das Boot mit Unterstützung eines kräftigen Nordostwindes drei Wochen lang völlig problemlos Richtung New York. In der Nacht vom 31. August zum 1. September wurde die „Sowitasgoht V" jedoch von einem heftigen Zyklon erfaßt: einem „Chaos von Donner und Blitzen, schweren Seen und Brechern", das die Verständigung fast unmöglich machte und „das Boot mit wahnsinniger Fahrt durch die unheimlichen

Seen schob".[438] Der Rest der Segelfahrt verlief völlig ereignislos, und am 13. September 1923 traf die „Sowitasgoht V" in New York ein. Sie hatte in 61 Tagen insgesamt 5.870 Seemeilen mit einer durchschnittlichen Tagesleistung von fast 100 Seemeilen zurückgelegt.[439]

Abb. 74:
Der Stapellauf der „Sowitasgoht V" am 1. April 1923 in Hard.

Von 1925 bis 1929 durchlief der Union Yachtclub Bregenz eine sportliche „Flaute". Er nahm zwar regelmäßig mit mehreren Booten an der Bodenseewoche teil, konnte jedoch keinen einzigen Regattasieg erringen. Lediglich die 1927 erworbene 75-m^2-Rennjacht „Falke II" konnte sich mehrmals im Vorderfeld plazieren. Es dauerte allerdings bis zu den Jahren 1930 und 1931, bis der „Falke II" mit je einem Regattasieg und vier (1930) bzw. fünf (1931) zweiten Plätzen bei der Bodenseewoche die bei seinem Ankauf vom Club in ihn gesetzten Erwartungen erfüllen konnte.

Von 1932 bis 1935 sind keine Wettkampftätigkeiten des Union Yachtclubs bekannt. Die Machtübernahme der Nationalsozialistischen Partei in Deutschland und die von Reichskanzler Adolf Hitler verordneten Maßnahmen (1000-Mark-Sperre) zeitigten ihre Wirkung auch auf den deutsch-österreichischen Sportverkehr, der mehr oder weniger zum Erliegen kam. Deutsche Segler, die nach Österreich wollten, durften nur noch zehn Mark mit sich führen, die Bregenzer Segler mußten für eine Ausfahrt jeweils eine Genehmigung bei der Bezirkshauptmannschaft einholen und sich zusätzlich im Zielgebiet an- und abmelden.

1936 nahm der Union Yachtclub mit der Rennjacht „Falke II" nach vierjähriger Absenz erstmals wieder an der Bodenseewoche teil. Trotz der langen Wettkampfpause konnte sich der „Falke II" gleich mit einem Regattasieg erfolgreich in Szene setzen. 1937 erreichte der „Falke II" bei der Bodenseewoche wie im Vorjahr einen Regattasieg. Die Machtübernahme der Nationalsozialisten im März 1938 bedeutete dann mehr oder weniger das Ende des Segelsports bis 1946. Die Bodenseewoche wurde nicht mehr veranstaltet, und das Logbuch des Union Yachtclubs Bregenz verzeichnet für das Jahr 1939 gerade noch neun Ausfahrten. Nach Kriegsausbruch im September 1939 kam der Segelsport vollkommen zum Erliegen.

3.17. Skisport

Die Anfänge des Skisports in Vorarlberg ab Mitte der achtziger Jahre des 19. Jahrhunderts, die Erschließung der einzelnen Regionen des Landes für das Skilaufen sowie die Anfänge des Winteralpinismus wurden in einem vorherigen Kapitel dieser Arbeit bereits besprochen.[440] Die folgenden Abschnitte beschäftigen sich mit den organisatorischen Belangen des Skisports, dem Bereich Wettkampfwesen und mit den Leistungen einiger herausragender Vorarlberger Skisportler.[441]

3.17.1. Vereins- und Verbandswesen

Als erster Skiclub Vorarlbergs wurde am 14. Oktober 1905 in Dornbirn im Hotel Rhomberg der „Verein Vorarlberger Skiläufer" (= VVS) gegründet. 54 Skipioniere aus ganz Vorarlberg, aber auch aus Deutschland, der Schweiz und aus Südtirol, wählten den Dornbirner Dr. Erwin Fußenegger zum ersten Vorsitzenden des Vereins. Weitere Funktionen übernahmen Karl Rüsch (Dornbirn) als Vizepräsident, Dr. Karl Rasim (Feldkirch) als Schriftführer und Viktor Sohm (Bregenz) als Fahrwart. Fünf der 54 Gründungsmitglieder waren Frauen. Bereits wenige Wochen nach seiner Gründung trat der VVS dem ebenfalls 1905 gegründeten „Österreichischen Skiverband" und dem „Mitteleuropäischen Skiverband" bei.

1906 kam es zu Vereinsgründungen in Schruns, Riezlern und Bregenz, 1908 wurde der Wintersportverein Bludenz gegründet, 1909 der Wintersportverein Feldkirch. Noch vor dem Ersten Weltkrieg erfolgten weitere Skivereinsgründungen in Egg und Schwarzenberg. All diese Vereine blieben in ihrer Bedeutung jedoch weit hinter dem Verein Vorarlberger Skiläufer zurück, der vor allem in den Bereichen Ausbildung und Wettkampfwesen keine Vereins-, sondern eine Verbandsfunktion ausfüllte.

Der Verein Vorarlberger Skiläufer leistete besonders in den Bereichen Mitgliederwerbung, Lehrwesen und Wettkampfwesen wertvolle Pionierarbeit für die Entwicklung des Skisports in Vorarlberg. Die Mitgliederzahlen des Vereins stiegen von ursprünglich 70 mit Ende des Jahres 1905 bis Ende 1913 kontinuierlich auf 402 an. Viktor Sohm organisierte und leitete als Fahrwart des VVS ständig Ausbildungskurse in allen Regionen des Landes und führte so hunderte Jugendliche und Erwachsene in die Grundbegriffe des Skifahrens ein. Ab 1906 zeichnete sich der VVS auch für die Organisation aller größeren Skisportveranstaltungen im Land verantwortlich. Vor allem das jedes Jahr im Frühjahr durchgeführte Bödele-Skirennen des VVS war bis 1912 ein Anziehungspunkt für die besten Skifahrer Europas und bot den heimischen Zuschauern Skisport „vom Feinsten". Beim 1912 vom VVS auf dem Bödele organisierten „VI. Hauptverbandslauf des Österreichischen Skiverbandes" handelte es sich um die ersten österreichischen Meisterschaften eines Sportverbandes, die in Vorarlberg stattfanden.

Abb. 75:
Das Bödele bei Dornbirn war vor dem Ersten Weltkrieg das bedeutendste Wintersportzentrum Vorarlbergs und Schauplatz zahlreicher internationaler Rennen und Springen.

1915 fiel der Vorsitzende des VVS, Dr. Erwin Fußenegger, an der Front. Bei der ersten Jahreshauptversammlung nach dem Krieg am 10. November 1920 übernahm Viktor Sohm den Vorsitz des VVS und blieb Präsident des Vereins bis zu dessen Auflösung im Jahre 1923. 1922 (in Schruns) und 1923 (am Bödele) organisierte Viktor Sohm die ersten überregionalen Nachkriegsrennen in Vorarlberg, die allerdings von seiten der Aktiven nur sehr schwach besucht waren.

In den ersten Jahren nach dem Krieg waren im ganzen Land Skivereine und Wintersportvereine entstanden, u.a. auch in Bregenz und Dornbirn. Auch in vielen Turnvereinen des Turngaus, in den Turnerbünden des Rheingaus und in den verschiedenen Sektionen des Deutschen und Österreichischen Alpenvereins war es zur Gründung von Skiriegen gekommen, die alle jedoch mehr oder weniger ihre eigenen Wege gingen. Schon bald war es der Vereinsführung des VVS unter Obmann Viktor Sohm klar, daß der Verein Vorarlberger Skiläufer weder personell noch organisatorisch in der Lage war, die unterschiedlichen Interessen all dieser Skisportvereinigungen unter einen Hut zu bringen. Der Wunsch nach einem gemeinsamen Dachverband aller Vorarlberger Skisportvereinigungen wurde immer dringender.

Die Gründung dieses Dachverbandes erfolgte am 23. Oktober 1923 in Dornbirn. Die Vertreter der anwesenden Vereine Skiclub Bregenz, Skiverein Dornbirn, Skiabteilung Turnverein Dornbirn, Wintersportverein Feldkirch, Skiabteilung Turnverein Feldkirch und Alpenvereinssektion Lustenau wählten den Dornbirner Fabrikanten Ing. Theodor Rhomberg zum ersten Vorsitzenden des „Verbands Vorarlberger Skiläufer" (= VVS). Zwölf Jahre blieb Ing. Theodor Rhomberg Vorsitzender des VVS, bis er im Juni 1935 aufgrund seiner nationalsozialistischen Gesinnung den Vorsitz an den Dornbirner Schulleiter Paul Klotz abgeben mußte.

Bereits in den ersten Jahren seiner Tätigkeit zeigte sich die Werbetätigkeit des Verbandes sehr erfolgreich. 1924 schlossen sich sieben neue Vereine dem VVS an, und bei der Jahreshauptversammlung 1925 war die Mitgliederzahl bereits auf 15 Vereine mit 707 Mitgliedern angewachsen. Auch in den nächsten Jahren stieg die Mitgliederzahl kontinuierlich an und erreichte 1933 mit 3.560 Mitgliedern in 57 Vereinen ihren absoluten Höchstwert. Ab 1934 führte die schlechte Wirtschaftslage in Vorarlberg jedoch zu einem deutlichen Rückgang der Mitgliederzahlen in den einzelnen Vereinen und im Verband.

Ein zweiter Schwerpunkt in der Verbandsarbeit neben der Mitgliederwerbung war von allem Anfang an der Bereich Wettkampfsport, der von einem eigenen Sportausschuß betreut wurde. Bereits im Jänner 1924 organisierte der VVS sein erstes Verbandsrennen, und am 9. und 10. Jänner 1925 brachte er auf dem Bödele die ersten Vorarlberger Landesmeisterschaften zur Austragung.

Von 1925 bis 1934 wurden die Vorarlberger Meisterschaften jeweils international ausgeschrieben, von 1935 bis 1940 waren nur noch heimische Athleten startberechtigt. Dreimal (1928 in Reutte; 1931 am Bödele; 1932 in Kufstein) wurden diese Meisterschaften gemeinsam mit dem Tiroler Skiverband als „Meisterschaft von Tirol und Vorarlberg" ausgetragen. Ab 1929 wurde neben den Herren auch bei den Damen ein Meistertitel vergeben. 1934 wurden die Meisterschaften nach dem tragischen Todessturz des jungen Dornbirners Alois Glatzl abgebrochen und nicht gewertet.

Bereits 1925 versuchte der Verband Vorarlberger Skiläufer auch dem Mannschaftsgedanken verstärkt Rechnung zu tragen und organisierte den „1. Vorarlberger Landesstaffellauf" im Freschengebiet. Mit Ausnahme von 1926 bildete dieser Staffellauf bis 1937 einen fixen Bestandteil im Wettkampfprogramm des VVS.

Weitere Schwerpunkte des VVS waren die Jugendpflege und der Tourenskilauf. Schon bei der Jahreshauptversammlung 1925 wurden im Rahmen des VVS eigene Ausschüsse für Jugend und Touristik geschaffen. 1933 gehörten dem VVS nicht weniger als 56 Jugendgruppen an. Die Anzahl der Jugendlichen war von ursprünglich 312 (1926) auf 1.560 (1934) gestiegen. Auch für die Jugendlichen wurde ab 1926 ein eigener Wettkampf ins Leben gerufen: der Vorarlberger Jugendskitag.

Obmann des Ausschusses für Skitouristik war viele Jahre Dr. Ferdinand Falger, der Obmann der Sektion Lustenau des Deutschen und Österreichischen Alpenvereins. In Zusammenarbeit mit dem Alpenverein markierte der VVS in der Ersten Republik zahlreiche Skirouten in ganz Vorarlberg und machte somit viele Skigebiete des Landes einheimischen, aber auch ausländischen Skitouristen zugänglich. 1925 eröffnete der VVS für seine Mitglieder auf der Alpe Rauz oberhalb von Stuben sein erstes Skiheim. Ab

1932 war es dem VVS dank des Entgegenkommens der Vorarlberger Illwerke auch möglich, die Kardatschahütte am Silvrettastausee als Skiheim zu benützen.[442]

Zweimal war das Bödele nach 1912 Austragungsort von österreichischen Skimeisterschaften, die jeweils vom Verband Vorarlberger Skiläufer organisiert wurden: 1926 (Meisterschaften des „Österreichischen Skiverbandes") und 1932 (Meisterschaften des „Allgemeinen Österreichischen Skiverbandes").

Der österreichische und Vorarlberger Skisport im Spannungsfeld verschiedener Weltanschauungen

Der „Österreichischen Skiverband" (= ÖSV) war am 4. November 1905 in München gegründet worden. Schon Anfang der zwanziger Jahre geriet nach dem Turnen auch der Skisport in den Strudel unterschiedlicher weltanschaulicher Interessen. Bei der Jahreshauptversammlung des ÖSV Anfang Oktober 1923 in Bad Ischl beschlossen die 91 Mitgliedsvereine mit einer klaren Mehrheit von 675 zu 174 Stimmen, künftig als Mitglieder „nur noch Personen arischer Abstimmung und germanischer Volkszugehörigkeit" in den Verband aufzunehmen.[443] Nur einen Monat später führte dieser Beschluß zu einer Spaltung des Verbandes in den „Österreichischen Skiverband" (mit dem „Arierparagraphen" in den Statuten) und in den „Allgemeinen Österreichischen Skiverband" (ohne „Arierparagraph"). 1926 eskalierte der Streit um den Arierparagraphen auch in internationalen Verbandsgremien. Anläßlich eines Kongresses in Helsingfors (Finnland) forderte der Internationale Skiverband den ÖSV auf, den Arierparagraphen innerhalb von drei Monaten aus seinen Satzungen zu streichen oder den Ausschluß aus dem Internationalen Verband zu riskieren. Das Vorarlberger Tagblatt kommentierte das Ultimatum des Internationalen Verbandes wie folgt: „Die Frage, vor der der Österreichische Skiverband steht, ist die, ob er sich dem Helsingforser Diktat fügen, sich ins Gesicht schlagen und zum Dank dafür den Juden Tür und Tor öffnen will, oder ob er rund heraussagt: wenn ihr uns nicht so haben wollt, wie wir sind, dann nehmt ruhig ihr die Juden, wir bleiben unter uns."[444] Die Empfehlung des Tagblattes war eindeutig: ein klares „Ja" zum umstrittenen Arierparagraphen. Tatsächlich beschloß der ÖSV bei einer außerordentlichen Sitzung am 30. Mai 1926 in Salzburg die Beibehaltung des Arierparagraphen und damit, als Konsequenz, seinen nachfolgenden Ausschluß aus dem Internationalen Skiverband. Damit waren ab 1926 alle Mitglieder des ÖSV vorerst bei internationalen Rennen nicht mehr startberechtigt.[445]

Auch der Verband Vorarlberger Skiläufer hatte bei seiner Gründungsversammlung am 23. Oktober 1923 den Arierparagraphen in seine Satzungen aufgenommen. Nach dem Ultimatum des Internationalen Verbandes an den ÖSV befaßte sich der Vorarlberger Skiverband bei einer außerordentlichen Hauptversammlung am 16. Mai 1926 mit der oben aufgeworfenen Frage. Der Verband beschloß einstimmig, sich die „diktatorische Einmischung des Internationalen Skiverbandes in innere Angelegenheiten nicht gefallen zu lassen" und dem ÖSV in der Arierfrage „den Rücken zu stärken", obwohl – wie der Verband meinte – für Vorarlberg „die ganze Frage praktisch ohne Bedeutung" sei. Ganz so ohne Bedeutung wie dargestellt war diese Frage allerdings nicht, denn alle Skiriegen der Turnvereine des deutschnationalen „Deutschen Turnerbundes 1919" hatten bei dieser Versammlung unmißverständlich erklärt, daß sie bei Streichung des Arierparagraphen aus den Satzungen „im Einvernehmen mit der Bundesturnleitung" aus dem ÖSV austreten würden.[446]

Am 11. und 12. Februar 1928 zeigte der Streit um den Arierparagraphen anläßlich der ersten gemeinsamen Skimeisterschaft von Tirol und Vorarlberg in Reutte in Tirol erstmals Auswirkungen auf den sportlichen Betrieb. Aus Protest gegen den Tiroler Skiverband, der ebenso wie der VVS vehement den Arierparagraphen vertrat, traten sechs Tiroler Vereine, darunter auch der Skiclub Arlberg, der mit Abstand stärkste Tiroler Verein, nicht zu den Meisterschaften an.

Nach mehreren Jahren der Ruhe geriet Anfang 1934 der Verband Vorarlberger Skiläufer wiederum in den Strudel parteipolitischer Auseinandersetzungen. Am 16. Juni 1933 hatte der österreichische Bundeskanzler Dr. Engelbert Dollfuß nach einer Serie von Terroranschlägen in ganz Österreich die Nationalsozialistische Deutsche Arbeiterpartei verboten und somit in die Illegalität gedrängt. In Vorarlberg gelang es der NSDAP jedoch ab Mitte 1933, vor allem durch die Unterstützung „einflußreicher Textilunternehmer", in bestimmten Bevölkerungskreisen „verstärkt Fuß zu fassen".[447] Als am 7. Jänner 1934 in Dornbirn der christlich-soziale Bürgermeister Josef Rüf begraben wurde, beklagte sich der Dornbirner Ortsleiter der Vaterländischen Front in einem Schreiben an Landeshauptmann Dr. Otto Ender, daß auf der einen Seite zwar die führenden Dornbirner Industriellen beim Begräbnis von Josef Rüf „von jeder Beileidskundgebung Abstand genommen hätten", andererseits jedoch der unter dem Diktat derselben Fabrikanten stehende Vorarlberger Skiverband am Tag der Beerdigung von Bürgermeister Rüf die „Preisverteilung mit Konzert und humoristischen Aufführungen" eines an diesem Tag durchgeführten Verbandsskirennens angesagt hatte.[448]

Abb.76:
Der junge Dornbirner Alois Glatzl verunglückte 1934 bei den Vorarlberger Meisterschaften tödlich.

Das vom Ortsleiter der Vaterländischen Front angesprochene Skirennen waren die 10. Vorarlberger Skimeisterschaften gewesen, die am ersten Jänner-Wochenende auf dem Bödele stattfanden und durch einen tragischen Unglücksfall überschattet wurden. Beim Abfahrtslauf vom Hochälpele kam der junge Dornbirner SS-Mann Alois Glatzl bei der Alpe Weißtannen schwer zu Sturz und erlitt tödliche Verletzungen. Das Begräbnis von Alois Glatzl, das nur wenige Tage nach dem Begräbnis von Josef Rüf stattfand, wurde zu einer großen nationalsozialistischen Kundgebung und hinterließ in Dornbirn einen gewaltigen Eindruck.[449] Mehrere Grabredner, darunter Ing. Theodor Rhomberg, der Präsident des Skiverbandes, leisteten am offenen Grab den „Heil-Hitler-Gruß" und demonstrierten damit offen ihre politische Weltanschauung.

Wenige Wochen nach dem Begräbnis von Alois Glatzl kam es auch bei den Tiroler Skimeisterschaften zu nationalsozialistischen Kundgebungen, die in weiterer Folge zur behördlichen Auflösung des Tiroler Skiverbandes führten. In Vorarlberg konnten sich die Behörden zwar nicht zur Auflösung des Skiverbandes durchringen, sie erwirkten jedoch zumindest, daß bei einer außerordentlichen Versammlung des Verbandes am 21. Juni 1935 in Dornbirn der Obmann des Verbandes, Ing. Theodor Rhomberg, und der

Abb. 77:
Ein bisher unveröffentlichtes Fotodokument: Alois Glatzl wenige Meter vor seinem tragischen Todessturz.

Referent für Touristik, David Luger, wegen ihres offensichtlichen Nahverhältnisses zur verbotenen Nationalsozialistischen Deutschen Arbeiterpartei ihr Amt zur Verfügung stellen mußten. Ing. Theodor Rhomberg verlor in weiterer Folge auch sein Amt als Vizepräsident des Österreichischen Skiverbandes.[450]

3.17.2. Skifahren und Skispringen als Wettkampfsport

Der überragende Skisportler Vorarlbergs war in den Anfangsjahren des wettkampfmäßigen Skisports ohne Zweifel „Altmeister" Viktor Sohm. Sohm startete erstmals Ende Jänner 1904 bei einem Wettkampf. Beim 3. Skirennen des SC Glarus in der Schweiz, an dem einige international renommierte Athleten teilnahmen, gewann er den Sprunglauf der Allgemeinen Klasse mit einer Weite von 18,50 m, einer bewundernswerten Leistung, wenn man bedenkt, daß Viktor Sohm bei diesem Wettkampf immerhin schon 35 Jahre alt war.[451] Am 23. Jänner 1905 wiederholte Sohm in Glarus vor geschätzten 10.000 Zuschauern seinen Sprunglaufsieg vom Vorjahr und erhielt auch den Sonderpreis für den schönsten Sprung der Konkurrenz. Mit dem jungen Dornbirner Erwin Fußenegger, der das Springen der Junioren gewann, machte in diesem Wettkampf ein zweiter Vorarlberger erstmals auf sich aufmerksam.

Viktor Sohm wurde auch die Ehre zuteil, den ersten Meistertitel eines Vorarlberger Skisportlers zu gewinnen. Bei der vom SC Arlberg Anfang Jänner 1906 erstmals durchgeführten „Meisterschaft von Tirol" zeigte sich Viktor Sohm allen Konkurrenten überlegen und gewann das Springen der Allgemeinen Klasse vor dem Münchner Karl Gruber. Ende Februar 1906 starteten Fußenegger und Sohm beim „1. Hauptverbandslauf des Mitteleuropäischen Skiverbandes" in Kitzbühel. Erwin Fußenegger startete im offiziellen Bewerb und wurde mit einer Sprungweite von 17,50 m Dritter. Viktor Sohm sprang außer Konkurrenz 23 m und zeigte bei einigen Doppel- und Dreifachsprüngen sein überragendes Können. Nach diesem Wettkampf ging Viktor Sohm nur noch vereinzelt bei Schauspringen an den Start.

Zentrum des skisportlichen Wettkampfgeschehens in Vorarlberg war vor dem Ersten Weltkrieg eindeutig das Bödele bei Dornbirn. Bereits im Herbst 1903 legte Viktor Sohm dem Erschließer des Bödelegebiets, dem Dornbirner Fabrikanten Otto Hämmerle, erste Pläne für den Bau einer „Ski-Sprung-Vorrichtung" vor. Im November 1904 erschien in den Mitteilungen des Deutschen und Österreichischen Alpenvereins ein Artikel von Viktor Sohm über „Das Hochälpele als Wintersportplatz", der in Bergsteigerkreisen stark zur Bekanntmachung des Bödele als ideales Wintersportgelände für Anfänger und Könner beitrug.[452] Noch im Herbst desselben Jahres wurden nach den Plänen von Viktor Sohm, Dr. Erwin Fußenegger und Hugo Rhomberg hinter dem Bödelehotel zwei kleinere Sprunghügel errichtet und es wurde mit dem Bau der großen Lankschanze begonnen. Im Frühjahr 1905 fanden auf diesen Schanzen einige kleinere Springen statt, die allerdings nur inoffiziellen Charakter hatten. Im November 1905 kam es in Dornbirn zur Gründung des „Vereins Vorarlberger Skiläufer" (= VVS), dem auch mehrere Skifahrer aus Deutschland und der Schweiz angehörten. Der VVS unter der Führung von Präsident Dr. Erwin Fußenegger und Fahrwart Viktor Sohm beschloß schon bald, jährlich zumindest ein Rennen durchzuführen. Als offiziellen Veranstaltungsort wählte der Verein Vorarlberger Skiläufer das Bödele.

Am 18. Februar 1906 war es soweit: Der Verein Vorarlberger Skiläufer veranstaltete auf dem Bödele das erste offizielle Skirennen Vorarlbergs. Zur Austragung kamen ein Abfahrtslauf und ein Springen für Jugendliche und Senioren sowie ein Faßdaubenrennen für Knaben. Den Abfahrtslauf (ohne Benützung von Stöcken) gewann der Lindauer P. Rudolf, das Springen der Senioren Norbert Hämmerle aus Dornbirn. Als Sieger der Kombinationswertung aus Abfahrt und Springen sicherte sich Dr. Paul Desaler (Dornbirn) den von Fabrikant Otto Hämmerle gestifteten Bödelepreis, einen silbernen Becher. Hobmeier schreibt in seiner „Geschichte des Skisports in Vorarlberg" über dieses Rennen:

> *„Es war ein unerhörtes Ereignis. Die Stadt Dornbirn und deren weitere Umgebung riss sich vom Ofen los und wanderte dem Bödele zu; mühsam stampfend und schwitzend, mit Schneereifen und Schlitten, eingemummt bis an den Hals hinauf, drangen die guten Bürger mit Todesverachtung in das Reich des Winters vor. Ungefähr 300 Leute, darunter 40 bis 50 Damen wohnten der Veranstaltung bei".*[453]

1907 wurde das Bödelerennen am 20. Jänner ausgetragen. Das Abfahrtsrennen vom Hochälpele zur Alpe Weißtannen wurde vom Schweizer Skimeister Fritz Iselin (SC Glarus) gewonnen, das Springen vom erst 17jährigen Stubener Hannes Schneider, der mit diesem Sieg die Grundlage für seine einmalige Karriere legte.[454] Noch im selben Jahr sorgte die Inbetriebnahme eines von Dipl.-Ing. Hugo Rhomberg und Ing. Alfred Rüsch konstruierten Skilifts für einen weiteren Meilenstein in der Skisportgeschichte des Bödele. Nach einer einjährigen Probezeit beim Bödelehotel wurde dieser Lift 1908 neben die große Lankschanze verlegt. Die Liftlänge betrug ungefähr 140 m. Pro Stunde konnten ca. 40 Skiläufer bzw. -springer mittels eines 5-PS-starken Gasmotors und mit einem Hanfseil als Zugseil befördert werden. Diese Anlage gilt heute als die älteste in Österreich und in den Alpen.

Am 15. März 1907 fand in Bregenz das erste Skirennen Vorarlbergs außerhalb des Bödele statt. Der im Jahr zuvor gegründete private Bregenzer Skiclub „Ippa-Hoh" veranstaltete auf dem Pfänder ein 3 km langes, clubinternes Abfahrtsrennen, das allerdings mehr improvisiert als organisiert war. Bemerkenswert war dieses Rennen insofern, als es der erste Wettkampf – und der erste Sieg – des späteren österreichischen Meisters und Skisprungrekordhalters Josef Bildstein war und weil mit Anna Honstätter erstmals eine Siegerin eines Skirennens erwähnt wird.

Auch in den nächsten Jahren wurde vom Verein Vorarlberger Skiläufer jährlich ein Rennen auf dem Bödele veranstaltet. Diese Rennen wurden von 1908 bis 1910 klar von ausländischen Athleten dominiert. Die Schweizer Fritz Iselin, Albert Kurz, Fritz Ikle und Eduard Capiti trugen sich ebenso in die Siegerliste ein wie der Münchner Herbert Jung oder der für den SC Davos startende norwegische Skisprungweltrekordler Harald Smith.[455] 1911 siegte zum ersten Mal ein Vorarlberger Athlet: der Bregenzer Josef Bildstein. Bildstein gewann sowohl den Abfahrtslauf als auch das Springen. Außer Konkurrenz verbesserte er den von Harald Smith im Vorjahr mit 28,50 m aufgestellten Schanzenrekord um 1,5 Meter auf 30 m.

Ab 1909 versuchte der Verein Vorarlberger Skiläufer auch, sein Wettkampfprogramm in Vorarlberg auszuweiten. Er veranstaltete Skirennen im Bregenzerwald (erstmals Egg, 1909) und im Montafon (erstmals Golm, 1911). Diese Rennen blieben in ihrer Bedeutung jedoch weit hinter den Bödelerennen zurück und waren mehr oder weniger lokale Angelegenheiten mit zum Teil eklatanten Leistungsunterschieden.

Für 1912 wurde der „VI. Hauptverbands-Wettlauf des Österreichischen Skiverbandes" an den Verein Vorarlberger Skiläufer vergeben.[456] Der VVS terminierte die Meisterschaften für den 5. und 6. Februar und wählte das Bödele als Wettkampfort. Die Gesamtleitung der Veranstaltung lag in den Händen von Viktor Sohm. Noch im Herbst 1911 wurde mit den ersten Vorarbeiten begonnen. Nach den Plänen von Viktor Sohm und Josef Bildstein wurde die 1904 errichtete große Lankschanze nach neuesten Erkenntnissen umgebaut. Zusätzlich wurden erstmals auch Tribünen für die Zuschauer und Preisrichter errichtet. Auch die Langlaufstrecke wurde schon festgelegt: Sie führte von der Alpe Untersehren über die Weiße Fluh und den Gschwendtsattel auf den Hochälpelekopf und von dort nach Schwarzenberg. Die Meisterschaften selbst standen sportlich ganz im Zeichen des damals besten Skiläufers der Welt, des Norwegers Lauritz Bergendahl. Bergendahl gewann sowohl den Langlauf am Samstag wie auch den Sprunglauf am Sonntag und sicherte sich mit seinem Kombinationssieg den Titel eines Österreichischen Meisters vor seinen Landsleuten Johann Henricksen und Per Simondsen. Einzig dem Bregenzer Josef Bildstein gelang es, die Phalanx der Ausländer zu brechen. Er belegte im Springen den 5. Platz und wurde in der Kombinationswertung als bester Österreicher Siebter. Der „VI. Hauptverbands-Wettlauf" des ÖSV auf dem Bödele war die letzte große Skiveranstaltung in Vorarlberg vor dem Ersten Weltkrieg. In den beiden folgenden Jahren kamen nur noch einige kleinere, lokale Rennen zur Austragung.

Das erste Skirennen nach dem Ersten Weltkrieg fand am 25. Jänner 1920 in Egg statt. Im Mai desselben Jahres führte auch der SC Arlberg erstmals nach sechsjähriger Pause wieder sein traditionelles Mai-Rennen in St. Christoph durch, bei dem der Bregenzer Karl Risch gleich einen 2. Platz im Springen erreichte.

Abb. 78:
Theodor Schluge (SV Dornbirn) beim Abfahrtslauf Anfang der dreißiger Jahre.

Abb. 79:
Beim dritten Arlberg-Kandaharrennen 1930 in St. Anton gewann Emil Walch (SC Arlberg) den Slalombewerb.

Karl Risch und der nachmalige Präsident des VVS, der Dornbirner Ing. Theodor Rhomberg, waren ohne Zweifel die dominierenden Skisportler Vorarlbergs in den ersten Nachkriegsjahren. Die Stärke von Karl Risch lag eindeutig im Springen. 1922 belegte er bei einem internationalen Springen in Klosters den 2. Rang und siegte beim Mai-Rennen des SC Arlberg im Springen und in der Kombinationswertung. 1923 konnte Risch das Springen in Klosters sogar gewinnen und zeigte auch bei den Österreichischen Meisterschaften in Hofgastein mit einem 2. Rang im Springen seine Klasse.

Ing. Theodor Rhomberg machte erstmals 1922 auf sich aufmerksam, als er bei einem vom VVS veranstalteten Rennen in Schruns das Springen und das Langlaufen gewann. Auch 1923 gewann Ing. Theodor Rhomberg das Verbandsrennen des VVS auf dem Bödele. Bei den Österreichischen Meisterschaften in Hofgastein erreichte er den 3. Rang in der Kombinationswertung.

Am 9. und 10. Jänner 1925 veranstaltete der „Verband Vorarlberger Skiläufer" auf dem Bödele die ersten offiziellen Vorarlberger Landesmeisterschaften. Zur Austragung kamen ein Langlauf (75 Teilnehmer; Sieger Otto Steinhauser, München) und das Springen (43 Teilnehmer; Sieger Karl Risch, Bregenz). Den ersten Vorarlberger Meistertitel als Sieger der Kombinationswertung dieser beiden Bewerbe errang Hans Ott aus Nesselwang vor Wilhelm Schlegel aus Oberstaufen und Karl Risch. Ebenfalls eine Premiere erlebte 1925 der Vorarlberger Landesstaffellauf im Freschengebiet über 16 km, an dem sich insgesamt sechs Staffeln beteiligten.

1926 wurden die Landesmeisterschaften im Rahmen der österreichischen Meisterschaften ausgetragen, die nach 1912 zum zweiten Mal in Vorarlberg stattfanden. Wieder war das Bödele Schauplatz dieser Meisterschaften, und wieder dominierte ein Norweger die Bewerbe: Johann Blomseth vom SC Kufstein, der den Meistertitel vor dem Salzburger Karl Strahal gewann. Vorarlberger Meister wurde Karl Risch, der beim Springen vor ca. 3.000 Zuschauern den Schanzenrekord am Lank auf 34,50 m verbesserte. Der steigenden Zahl von jugendlichen Skiläufern wurde vom Verband Vorarlberger Skiläufer 1926 mit der Durchführung des „1. Vorarlberger Jugendskitages" auf dem Pfänder Rechnung getragen.

Die dritten Vorarlberger Meisterschaften fanden am 8. und 9. Jänner 1927 auf dem Bödele statt. Der Grazer Harald Baumgartner siegte vor dem Innsbrucker Hugo Hörtnagl und Dr. Rudolf Neyer (Bregenz). Dr. Rudolf Neyer sorgte in diesem Jahr auch für die international beste Leistung eines Vorarlbergers mit einem 8. Rang im Sprunglauf und einem 17. Rang in der Kombinationswertung bei den Skiwettkämpfen des Internationalen Skiverbandes in Cortina d'Ampezzo.[457]

Um die doch eher bescheidenen Teilnahmefelder an den jeweiligen Meisterschaften zu steigern, beschlossen der Vorarlberger und der Tiroler Skiverband, 1928 erstmals gemeinsame Meisterschaften durchzuführen. Austragungsort dieser Meisterschaften war Reutte in Tirol. Die schweren Zerwürfnisse innerhalb des Tiroler Verbandes in Zusammenhang mit dem Arierparagraphen machten diese Meisterschaften jedoch zu einem Fiasko. Sechs Tiroler Vereine, darunter der SC Arlberg, zogen ihre Nennung kurz vor den Meisterschaften zurück, und auch die bayrischen Skivereine blieben aufgrund eines organisatorischen Mißverständnisses den Rennen fern. Meister von Tirol und Vorarlberg wurde der für den SC Reutte startende gebürtige Schlinser Oskar Keßler vor Albert Burtscher (SV Dornbirn).

Die nächsten beiden Landesmeisterschaften fanden wieder in Vorarlberg statt (1929 Bödele; 1930 Bazora). Erstmals in der Geschichte des Vorarlberger Skisports wurde 1929 auch ein Meistertitel bei den Frauen vergeben, den sich Anna Luger-Pscheid vom SV Dornbirn sicherte. Sieger bei den Herren wurde der Innsbrucker Hubert Salcher. 1930 gingen beide Titel an Läufer des SC Arlberg: an Rudi Matt bei den Herren und an Annemarie Kopp bei den Damen. Als Sieger der Jugendklasse machte erstmals der Frastanzer Edwin Hartmann auf sich aufmerksam.

1931 und 1932 kamen wieder gemeinsame Meisterschaften von Tirol und Vorarlberg zur Austragung (1931 Bödele; 1932 Kufstein). Sieger bei den Herren wurde wie in den Jahren zuvor Rudi Matt vom SC Arlberg, bei den Damen sicherten sich Inge Lantschner (SC Innsbruck) und Käthe Lettner (SV Salzburg) die Meistertitel. Zum ersten Mal gewann 1931 eine Vorarlberger Jugendmannschaft eine Medaille bei österreichischen Meisterschaften. Es war dies der SV Dornbirn, der mit den Athleten Alois Glatzl, Theodor Schluge und Manfred Thurnher in Windischgarsten einen zweiten Platz in der Mannschaftswertung erreichte.

Ende Jänner 1932 war das Bödele Schauplatz der Meisterschaften der „Österreichischen Skidelegation".[458] Kombinationssieger des Bewerbes wurde aufgrund einer grandiosen Leistung im Langlauf der Frastanzer Edwin Hartmann vor Heli Lantschner (SC Innbruck) und Franz Harrer (Lech). Eine Woche später erreichte Edwin Hartmann bei den Meisterschaften des „Österreichischen Skiverbandes" in Mariazell die Bronzemedaille.

Insgesamt erfuhr die Wettkampftätigkeit in Vorarlberg von 1928 bis 1932 eine starke Ausweitung: Auf der Bazora bei Frastanz, am Pfänder, auf der Klosterschanze bei Bludenz, auf der Waldeggschanze in Bezau, in Sulzberg, in Lech, auf der Alpwegschanze in Furx und auf der Rätikonschanze in Bludenz fanden Eröffnungsspringen statt, die jeweils hunderte Zuschauer anlockten und zur steigenden Popularität des Skisports entscheidend beitrugen. Auch im Skifahren wurde das Programm um einige Rennen ausgeweitet, die in den nächsten Jahren zum Teil „Klassiker" der Vorarlberger Skirennsportszene wurden: der Freschenlauf (erstmals 1928), der Silvrettalauf des SC Partenen und die Meisterschaften des Bregenzerwaldes (beide erstmals 1929), das Golmerrennen in Schruns-Tschagguns (ab 1931), das Madlochrennen in Lech und der Schesaplanaabfahrtslauf des WSV Brand (ab 1932).

Höhepunkt des Jahres 1933 waren die Wettkämpfe des Internationalen Skiverbandes in Innsbruck, an denen auch einige Vorarlberger teilnahmen. Eugen Hartmann (SC Frastanz) erreichte in der Kombination aus Langlauf und Sprunglauf den 19. Rang, Eugen Wohlgenannt, Karl Cordin und Theodor Schluge (alle SV Dornbirn) nahmen am Spezialsprunglauf am Bergisel vor ca. 10.000 Zuschauern teil. Wohlgenannt sprang 55,5 m und 61 m; Cordin 54,5 m (gestürzt) und 57,5 m; Schluge 44,5 m und 60,5 m (beide Male gestürzt). Alle drei Vorarlberger Springer waren allerdings nie zuvor auf einer derart großen Schanze gesprungen. Die Landesmeisterschaften auf dem Golm wurden von Franz Harrer (WSV Lech) bzw. Trude Hermann (WSV Bludenz) gewonnen. Trude Hermann sorgte erstmals auch national und international für eine stärkere Präsenz der Vorarlberger Damen: Bei den Deutschen Skimeisterschaften in Freudenstadt wurde sie Fünfte, bei den Österreichischen Skimeisterschaften in Kitzbühel Siebte.

1934 erlebte der Vorarlberger Skisport eine bittere Stunde. Bei den Meisterschaften am Bödele kam der junge Dornbirner Alois Glatzl, eines der größten Talente des VVS, beim Abfahrtslauf tödlich zu Sturz. Die Meisterschaften wurden sofort abgebrochen, es erfolgte keine Meisterschaftswertung. Für die besten Plazierungen Vorarlberger Skifahrer sorgten 1934 wie in den Jahren zuvor Edwin Hartmann und Franz Harrer. Hartmann gewann die Kärntner Skimeisterschaften und wurde bei den Österreichischen Meisterschaften Zweiter im Langlauf, Harrer siegte beim Madlochrennen, beim Rennen in Warth und belegte beim Internationalen Kandaharrennen in St. Anton im Slalom, in der Abfahrt und in der Kombinatioswertung jeweils den 3. Rang.

Von 1935 bis 1937 wurden die Vorarlberger Meisterschaften nach den Bestimmungen des „Österreichischen Skibundes" ausgetragen, d.h. nur mit Vorarlberger Teilnehmern: Ludwig Atzlmüller (SC Bürs; 1935), Walter Berlinger (SV Bregenz, 1936) und Karl Cordin (SV Dornbirn, 1937) siegten bei den Herren, Fritzi Jelinek (TV Bregenz, 1935), Emma Spieler (SC Bregenz, 1936) und Reinelde Hämmerle (SV Dornbirn) bei den Damen.

Edwin Hartmann und Franz Harrer blieben in diesen Jahren die Aushängeschilder des VVS. Hartmann gewann 1935 bei den Österreichischen Meisterschaften die Bronzemedaille in der Kombinationswertung und erreichte 1936 mit der österreichischen Nationalmannschaft bei den Olympischen Winterspielen in Garmisch-Partenkirchen im Militär-Patrouillenlauf einen 4. Rang.[459] Franz Harrer dominierte die Rennen im Land. Er gewann wie im Jahr zuvor das Madlochrennen und das Warther Rennen und war auch beim Golmerrennen des WSV Schruns siegreich. Für eine große Überraschung sorgte der 17jährige Feldkircher Rudi Lins vom SC Tisis, der das traditionelle Gamperney-Derby in der Schweiz, einen 10 km langen Abfahrtslauf mit 1600 m Höhenunterschied, 1935 völlig überraschend für sich entscheiden konnte.

Höhepunkt des Jahres 1936 waren die Olympischen Spiele in Garmisch-Partenkirchen, bei denen Vorarlberg nur durch Edwin Hartmann im Militär-Patrouillenlauf vertreten war. Nicht zum Einsatz kam der Dornbirner Karl Cordin im Skispringen, obwohl er – laut eigener Aussage – bei allen drei Qualifikationsspringen unter den ersten drei war (Wörgl, Klagenfurt, Seefeld). Tatsächlich wurde Cordin vom Österreichischen Olympischen Komitee zunächst zur Einkleidung eingeladen, nur wenige Tage später jedoch wieder ausgeladen. Cordin macht für seine Nicht-Teilnahme den Dornbirner Heimwehrführer Toni Ulmer verantwortlich, der seiner Meinung nach gegen ihn wegen seiner nationalsozialistischen Einstellung bei der Österreichischen Turn- und Sportfront, der obersten Sportbehörde Österreichs, interveniert und so seine Nominierung für die österreichische Olympiamannschaft verhindert hatte.[460] Da im Vorfeld der Spiele allen Skilehrern vom Internationalen Olympischen Komitee der Amateurstatus aberkannt worden war, war Österreich bei den alpinen Herrenbewerben in Garmisch-Partenkirchen nicht vertreten.[461]

Auf nationaler Ebene konnten sich 1936 und 1937 einige neue Athleten in den Vordergrund schieben. Einen überraschenden Erfolg verbuchte etwa 1936 die 4 x 10 km-Langlaufstaffel des VVS, die mit den Läufern Cordin, Prehofer, Berlinger und Fußenegger bei den Österreichischen Meisterschaften in Mallnitz hinter Oberösterreich und Salzburg die Bronzemedaille erreichte. In der Einzelwertung des Spezialsprunglaufs belegte Karl Cordin bei diesen Meisterschaften den 2. Rang. 1937 gewann Theo Stadelmann vom SV Dornbirn bei den österreichischen Jugendmeisterschaften die Bronzemedaille in der Kombinationswertung.

Hauptereignis des Jahres 1938 war Anfang Jänner die Eröffnung der Zelfenschanze in Tschagguns. Vor ca. 2.000 Zuschauern gewann der österreichische Weltmeister und Weltrekordhalter Bubi Bradl den offiziellen Sprungbewerb vor dem Dornbirner Theo

Stadelmann. Im Anschluß an den offiziellen Bewerb sprang zunächst Stadelmann in einem Rekordversuch 71 m, ehe Bubi Bradl mit 80 m einen großartigen Schanzenrekord fixierte. Die Landesmeisterschaften Mitte Jänner standen vor allem im Zeichen hoffnungsvoller Nachwuchsathleten: Rosa Riezler (Stuben) gewann den Landesmeistertitel bei den Frauen, Franz Schneider (WSV Tschagguns) siegte bei den Herren.

Das letzte Skirennen Vorarlbergs vor der Besetzung Vorarlbergs, das Gauskirennen des Vorarlberger Turngaus am 6. März 1938 auf dem Bödele, stand bereits im Zeichen der politischen Wende. Nach diesem Rennen marschierten ca 2.000 Menschen von der Rickatschwende zum Marktplatz in Dornbirn. Überall waren – laut Vorarlberger Tagblatt – „begeisterte Zuschauer, die alle mit dem deutschen Gruß Heil Hitler zujubelten".[462] Sechs Tage später beendete der Einmarsch der deutschen Truppen die Eigenständigkeit des Verbands Vorarlberger Skiläufer.

Nach der Besetzung Österreichs wurde der frühere Präsident des Verbands Vorarlberger Skiläufer, Ing. Theodor Rhomberg, sofort zum neuen Landessportkommissär ernannt. Bis zur Volksabstimmung am 10. April 1938 fanden in Vorarlberg keine Skiveranstaltungen statt. Nach der Volksabstimmung kamen aufgrund der fortgeschrittenen Jahreszeit nur noch zwei Rennen zur Austragung: der Silvrettalauf des SC Partenen und der Sulzfluhlauf des WSV Tschagguns, die beide vom Feldkircher Rudi Lins gewonnen wurden. Am 10. Juni 1938 wurde der Österreichische Skiverband mit seinen Landesverbänden aufgelöst und in den Deutschen Reichsbund für Leibesübungen eingegliedert.

Ab 1939 ging die Anzahl der Wettkämpfe in Vorarlberg kontinuierlich zurück. Die Landesmeisterschaften 1939 fanden unter der Bezeichnung „1. Kreisskimeisterschaften" in Tschagguns statt. Rosa Riezler (SC Arlberg/Stuben) und Rudi Lins (DTB Feldkirch) siegten in der Kombinationswertung. 1940 wurden die Vorarlberger Meisterschaften als „1. Kriegsskimeisterschaften" in Bludenz und in Bürserberg ausgetragen. Landesmeister wurden die Geschwister Rosa und Rudi Riezler: für Rosa Riezler der dritte Landesmeistertitel in Folge.

Der 1921 geborene Rudi Riezler machte 1939 und 1940 auch international auf sich aufmerksam, als er bei den Deutschen Jugendmeisterschaften in Garmisch-Partenkirchen im Slalom und in der Abfahrt jeweils den 2. Rang erreichte. 1940 belegte er als Mitglied der deutschen Jugendnationalmannschaft im Länderkampf gegen Italien den 2. Rang in der Abfahrt und den 4. Rang in der Kombinationseinzelwertung. Ebenfalls Vierter wurde Riezler bei den alpinen Deutschen Meisterschaften in St. Anton. Ab 1941 versah Rudi Riezler seinen Militärdienst bei den Gebirgsjägern, am 28. März 1942 fiel er bei einem Gefecht in Rußland.

Ab 1941 kam der Skisport in Vorarlberg praktisch zum Erliegen. Einziger nennenswerter Wettkampf des Jahres 1941 war der Hasenfluh-Riesentorlauf in Zürs, bei dem sich allerdings keine Vorarlberger im Spitzenfeld plazieren konnten. Ganz vereinzelt waren Vorarlberger Skisportler noch bei Wettkämpfen im Ausland im Einsatz. Einzig dem Dornbirner Theo Stadelmann gelang es dabei, mit einem Sieg in der Klasse II beim Internationalen Neujahrsspringen in Garmisch-Partenkirchen noch einen internationalen Erfolg zu erzielen.

Anfang Jänner 1942 wurden bei einer im ganzen Reich durchgeführten Sammelaktion von Wintersportartikeln allein im Gau Tirol-Vorarlberg innerhalb von nur zwei Wochen 12.238 Paar Ski abgegeben. Durch eine Anordnung des Reichssportführers von Tschammer und Osten waren ab Februar 1942 auch alle Sportreisen von mehr als

50 km zu unterlassen, da die öffentlichen Verkehrsmittel freigehalten werden mußten. Diese Anordnungen bedeuteten das Ende jeglichen überregionalen Wettkampfsports. Mit Ausnahme einiger kleinerer lokaler Bewerbe und von einigen HJ-Wettkämpfen fanden in Vorarlberg bis zum Ende des Zweiten Weltkriegs keine Skiveranstaltungen mehr statt.

Abb. 80:
Eine besonders spektakuläre Facette des Wintersports um 1935.

Eine Geschichte des wettkampfmäßigen Skisports in Vorarlberg erfordert einen Blick über die Grenzen des Arlbergs hinaus nach Tirol. Viele Jahre war St. Anton neben dem Bödele das bedeutendste „Vorarlberger" Skisportzentrum. Das erste Rennen des 1901 gegründeten SC Arlberg fand im Jänner 1903 in St. Christoph statt und war ein rein vereinsinterner Wettkampf, bei dem der damals erst 13jährige Stubener Hannes Schneider den 2. Rang erreichte. Dieses Vereinsrennen des SCA ist die erste dokumentierte Teilnahme eines Vorarlberger Sportlers an einem Skirennen. Das für den 1. März 1903 vorgesehene „1. Arlbergrennen", das international ausgeschrieben wurde, mußte allerdings wegen eines Schlechtwettereinbruchs abgesagt werden.

Die internationale Wettkampfpremiere am Arlberg erfolgte demnach am 5. und 6. Jänner 1904, als der SC Arlberg das „1. Allgemeine Skirennen des SCA" zur Austragung brachte. Das Programm dieser Veranstaltung bestand aus mehreren Rennen: einem „Fernwettkampf", der von St. Christoph über den Galzig, den Arlensattel und das Steißbachtal nach St. Anton führte; einem Damenlauf und einem für Knaben unter 16 Jahren offenen Jugendlauf. Sieger des Fernwettkampfs wurde der Innsbrucker Hans Handl; Siegerin des Damenrennens Angelika Mathies.

Bis zum Ausbruch des Ersten Weltkriegs waren das Internationale Arlbergrennen des SC Arlberg und das Bödelerennen des Vereins Vorarlberger Skiläufer die beiden wichtigsten Skirennen für die heimische Skisportelite. Ab 1909 führte der SC Arlberg zusätzlich zum internationalen Rennen noch jedes Jahr im Mai in St. Christoph ein Saisonabschlußrennen durch. In den Ergebnislisten dieser Rennen finden sich die Namen einiger prominenter Vorarlberger Skipioniere:

- 1905   Internationales Rennen: Sieg für Dr. Erwin Fußenegger im Springen;
- 1906   Internationales Rennen: Sieg für Viktor Sohm im Springen (zugleich Tiroler Meisterschaft);
- 1907   Internationales Rennen: Sieg für Hannes Schneider im Langlauf; 2. Rang im Springen und im Schnellauf;
-        Mairennen: Sieg für Hannes Schneider im Fernlauf, im Schnellauf und im Springen;
- 1911   Internationales Rennen: Sieg für Josef Bildstein.

Auch nach dem Ersten Weltkrieg setzten sich die Kontakte Skiclub Arlberg – Vorarlberger Skisportszene in mehrfacher Hinsicht fort: Zum einen boten die verschiedenen internationalen Rennen des SCA (z.B. Arlbergrennen, Mairennen, Kandaharrennen) den Vorarlberger Skisportlern Gelegenheit, sich in nächster Nähe zu ihrer Heimat mit den besten Skisportlern Europas zu messen, zum anderen gehörten praktisch alle Skifahrer der Vorarlberger Arlbergorte Stuben, Lech und Zürs bis 1945 dem SC Arlberg als Vereinsmitglied an. Nicht zuletzt war es ein Vorarlberger, der Stubener Hannes Schneider, der durch seine Tätigkeit als Skilehrer St. Anton und die Arlbergregion weit über die Grenzen Österreichs hinweg bekannt machte.

Die wichtigsten Erfolge Vorarlberger Läufer bei den diversen vom SC Arlberg durchgeführten Rennen im Zeitraum 1920 bis 1944 sind in der folgenden Statistik chronologisch angeführt:

- 1920   Mairennen: 2. Rang für Karl Risch (SC Bregenz) im Springen;
- 1922   Mairennen: Sieg für Karl Risch im Springen und in der Kombination; Sieg für Ing. Theodor Rhomberg (SC Dornbirn) im Langlaufen;
- 1926   Mairennen: 2. Rang für Karl Risch im Springen; Deutsche Skimeisterschaften: 8. Rang für Sepp Oswald (SC Bregenz) im Springen;
- 1928   Kandaharrennen: Sieg für Friedrich Schneider (SCA/Stuben) im Abfahrtslauf; 2. Rang in der Kombination;[463]
- 1929   Kandaharrennen: 3. Rang für Rudi Fritz (SCA/Zürs) im Abfahrtslauf und in der Kombination; 4. Rang für Emil Walch (SCA/Stuben) im Abfahrtslauf;
- 1930   Kandaharrennen: Sieg für Emil Walch im Slalom; 3. Rang in der Kombination; Mairennen: Sieg für Edwin Hartmann (SC Frastanz) in der Kombination;
- 1932   Kandaharrennen: 4. Rang für Emil Walch im Slalom;
- 1934   Kandaharrennen: 3. Rang für Franz Harrer (SCA/Lech) in der Abfahrt, im Slalom und in der Kombinationswertung;
- 1936   Kandaharrennen: 6. Rang für Franz Harrer in der Abfahrt; Deutsche Skimeisterschaften: 4. Rang für Rudi Riezler (SCA/Stuben).

Die Erfolge, die der Stubener Willi Walch für den SC Arlberg bei internationalen Rennen und Meisterschaften erreichte, werden im nächsten Abschnitt gesondert angeführt.

3.17.3. Vorarlbergs Beitrag zur Entwicklung des Skisports: Skipioniere und Rennläufer von Weltruf

Viktor Sohm

Viktor Sohm wurde am 19. Juni 1869 in Dornbirn geboren, wuchs aber in Bregenz auf.[464] Seine ersten Kontakte mit dem Skifahren hatte Viktor Sohm 1887, als er mit den Skiern seines Bruders Eugen erste Versuche auf dem Gebhardsberg bei Bregenz unternahm.

Von 1888 bis 1898 arbeitete Sohm zum Teil in Amerika, zum Teil in Deutschland und in der Schweiz in verschiedenen Bierbrauereien. Zurück in Bregenz, eröffnete er Ende der neunziger Jahre in der Bahnhofstraße ein Sportgeschäft und begann sich nun immer intensiver mit dem Skifahren zu befassen.

Viktor Sohm war um die Jahrhundertwende ohne Zweifel der bedeutendste Skipionier Vorarlbergs. Seine Leistungen als Erschließer der winterlichen Bergwelt Vorarlbergs, aber auch als Pionier des Wettkampfsports im Land wurden in anderen Kapiteln dieser Arbeit bereits besprochen.[465] Viktor Sohm war aber auch der „Lehrmeister" von unzähligen Vorarlberger Skisportlern, u.a. von Hannes Schneider und Josef Bildstein.

Viktor Sohm dürfte sich, da es in Vorarlberg keine Vorbilder gab, das Skifahren autodidaktisch beigebracht haben. Im Frühjahr 1905 nahm er zusammen mit den Dornbirnern Erwin Fußenegger, Alfred Rüsch und Hugo Rhomberg an einem Skikurs in Lenzerheide (CH) teil, der vom damals weltberühmten Norweger Leif Berg geleitet wurde. Im Winter 1905/06 erteilte Viktor Sohm in Stuben zusammen mit dem St. Galler Fritz Ikle seinen ersten Skikurs, an dem Albert Mathis, später einer der bekanntesten Skilehrer in Zürs, dessen Schwester Theresa, Engelbert Strolz, der spätere Wirt des Hotels Edelweiß in Zürs, und Hannes Schneider, der so die Grundlagen für seine spätere einmalige Karriere erhielt, teilnahmen. Am 18. Februar 1906 wurde dieser Kurs in Zürs wiederholt und auch fotografisch festgehalten.

Diese ersten beiden Kurse in Zürs waren der Beginn einer äußerst umfangreichen und für den Vorarlberger Skisport überaus wertvollen Methodiktätigkeit. Als Fahrwart des 1905 gegründeten „Vereins Vorarlberger Skiläufer" veranstaltete Sohm über viele Jahre Skikurse in allen Regionen des Landes und war somit für die skifahrerische Grundausbildung unzähliger Vorarlberger Skiläufer verantwortlich.

Aus eigener Erfahrung begann sich Viktor Sohm schon sehr früh mit technischen Fragen zu befassen. In einer gemeinsam mit Albert und Sepp Bildstein geführten Skiwerkstätte in Bregenz produzierte Sohm einige für die technische Entwicklung des Skisports bedeutende Erneuerungen. Seine nachhaltigsten Erfindungen waren dabei die „Sohm-Felle" und die „Sohm-Wachse".

Der erste Skipionier, der sich intensiv mit der Frage des „Rückgleitschutzes" befaßt hatte, war der Kemptener Dr. Max Madlener gewesen, der bereits 1898 Seehundfelle auf seine Ski nagelte. Sohm, der mit der Aufnagelung der Felle nicht einverstanden war, probierte die verschiedensten Formen der Fellbespannung und begann noch vor dem Ersten Weltkrieg mit der Produktion von Fellen, die mit Hilfe von Wachs auf die Ski aufgeklebt wurden. Ebenfalls noch vor dem Ersten Weltkrieg startete Sohm mit der Produktion von Steigwachsen. Er verbesserte ständig die chemische Zusammenset-

Abb. 81:
Viktor Sohm (Bildmitte) als Skilehrer 1906 in Zürs.

zung der Wachse und bot je nach Schneebeschaffenheit die Wachssorten Grün, Blau, Rot und Gelb an. 1926 verlagerte Sohm aus finanziellen Gründen die Hauptproduktion seiner Wachse in die Schweiz, 1956 wurden die Patentrechte für die „Sohm-Wachse" an die Firma TOKO verkauft.

Viktor Sohm verstarb am 15. Dezember 1960 in Krumbach bei Trogen in der Schweiz, wo er sich 1950 nach dem Verkauf seines Geschäftes niedergelassen hatte.

Georg Bilgeri

Georg Bilgeri wurde am 11. Oktober 1873 in Bregenz geboren.[466] 1894 kam er als Einjährig-Freiwilliger zum 4. Regiment der Tiroler Kaiserjäger und erlernte während seiner Ausbildung in Lienz das Skifahren. 1897 wurde er Kommandant des „Nachrichten- und Skidetachments" in Hall in Tirol, einer speziellen Skiabteilung der Kaiserjäger, und konnte nun Beruf und Hobby ideal miteinander verbinden.

1905 veranstaltete Georg Bilgeri in Kitzbühel den ersten großen Ausbildungskurs im Skilaufen für das Militär, an dem 130 Offiziere, Soldaten und Zöllner teilnahmen. In den nächsten Jahren erregte Bilgeri einiges öffentliches Aufsehen mit hochalpinen, bis dato für unmöglich gehaltenen winterlichen Bergtouren. So durchquerte er z.B. im Februar 1909 in sieben Tagen mit einer 18 Mann starken Militärpatrouille die Ötztaler und Stubaier Alpen von West nach Ost, eine für die Entwicklung der Winter-Alpinistik bahnbrechende sportliche Leistung.

Während des Ersten Weltkriegs war Georg Bilgeri Alpinreferent des 14. Armeekorps und in dieser Funktion für die Organisation und die Alpin- bzw. Skiausbildung der Hochgebirgs- und Bergführerkompanien in der österreichisch-ungarischen Armee zuständig, die in den Dolomiten als Spezialeinheiten nur für besondere Einsätze zur Verfügung standen.[467] Am Arlberg leitete Bilgeri Massenskikurse für einrückende Soldaten, bei denen zum Teil bis zu 300 Soldaten in einer Gruppe ausgebildet wurden. Tausende Soldaten erhielten in diesen Kursen ihre erste Skiausbildung und trugen nach dem Krieg wesentlich zur Verbreitung des Skisports zum „Volkssport" bei.

Nach dem Krieg zog sich Georg Bilgeri ins Privatleben zurück und wurde Skilehrer. Er

Abb. 82:
Oberst Georg Bilgeri beim Telemark rechts.

leitete Ski- und Bergführerkurse in ganz Europa (u.a. England, Schweden), war mehr als zehn Jahre lang Skiausbildner im Schweizer Alpen-Club und war auch Alpinausbildner der türkischen Armee. 1928 führte er versuchsweise mit ausgesuchten Vorarlberger Gendarmen im Montafon den ersten Gendarmerie-Skikurs durch. Der Erfolg des Kurses veranlaßte das Bundeskanzleramt, Georg Bilgeri die systematische Alpinausbildung für die Gendarmerie in Tirol zu übertragen.

1930 gründete Bilgeri eine Skischule in Innsbruck am Patscherkofel. Bilgeri leitete diese Skischule bis zu seinem Tod am 8. Dezember 1934.

Bilgeris großes Verdienst um die Methodik des Skilaufs war die Entwicklung einer eigenen Technik. Bereits 1898 schrieb er eine Anleitung zum Erlernen des Skilaufs, die 1905 in überarbeiteter Form als Buch veröffentlicht wurde: „Der alpine Skilauf". Bilgeri kombinierte die seiner Meinung nach sinnvollsten Elemente der Lilienfelder Technik von Mathias Zdarsky mit der Norwegertechnik und schuf so eine neue Fahrweise, die zunächst allerdings heftig umstritten war. Wesentliche Elemente der Bilgeri-Technik waren die tiefe Hocke, der breitspurige Stemmbogen aus den Beinen und die Benutzung von zwei Stöcken. Die Bilgeri-Technik wurde anfänglich zwar von vielen aus ästhetischen Gründen abgelehnt, setzte sich aber aufgrund ihrer Zweckmäßigkeit immer mehr durch.

Georg Bilgeri machte sich nicht nur als Methodiker einen Namen, sondern auch als Tüftler und Erfinder. In der ehemaligen Fahrradfabrik seines Bruders Martin in Hörbranz ließ Bilgeri mehrere Erfindungen produzieren, die alle seinen Namen trugen. Vor allem die „Bilgeri-Bindung", der „Bilgeri-Rucksack" und die „Bilgeri-Harscheisen" fanden in Alpinkreisen viel Beachtung und Verwendung.

Eine dieser Erfindungen, die „Bilgeri-Bindung", war heftig umstritten und führte sogar zu einer Duellforderung. 1909 warf Mathias Zdarsky Georg Bilgeri vor, nicht nur seine Technik kopiert, sondern auch seine Bindung „geklaut" zu haben. In einer gerichtlichen Entscheidung wurde Bilgeri die Weiterverwendung der Bindung zunächst untersagt, ehe er nach einer Zahlung von 12.000 Kronen an Zdarsky doch noch die Lizenz zur Produktion der Bindung erhielt. Bilgeri, der sich in seiner Offiziersehre gekränkt fühlte, forderte Zdarsky zu einem Duell auf. Nachdem aber Zdarsky als Zivilist den Forderungen Bilgeris nach „Satisfaktion" nicht nachkam, war Bilgeris Offiziersehre wiederhergestellt, und die ganze Sache geriet zunehmend in Vergessenheit.[468]

Hannes Schneider

Hannes Schneider wurde am 24. Juni 1890 in Stuben geboren.[469] Als zehnjähriger Bub lernte er die Skipioniere Viktor Sohm und Prof. Karl Gruber kennen und begann seine Skikarriere nach eigener Aussage mit einem Paar Ski, das aus Abfällen von Schlittenkufen bestand, auf die er ein Sieb als Bindung genagelt hatte.[470] 1903 bekam Hannes Schneider von Prof. Weiser, dem Obmann der Sektion Ulm des Deutschen und Österreichischen Alpenvereins, sein erstes Paar „richtige" Ski mit einer Meerrohrbindung geschenkt. Aus demselben Jahr datiert auch seine erste Wettkampfteilnahme. Schneider, erst 13 Jahre alt, startete bei einem clubinternen Skirennen des SC Arlberg und erreichte den zweiten Rang. Dieser Start von Hannes Schneider ist die erste dokumentierte Wettkampfteilnahme eines Vorarlberger Skisportlers.

Die technischen Grundlagen für seine spätere außergewöhnliche Skisportkarriere erhielt Hannes Schneider ohne Zweifel von Viktor Sohm. Im Winter 1905/06 war Hannes Schneider einer der Teilnehmer der von Viktor Sohm geleiteten ersten Skikurse in Stuben und Zürs und erlernte dort die Grundlagen des sportlichen Skilaufs. Hannes Schneider schrieb über die Bedeutung dieser Kurse:

"Zu dieser Zeit kamen dann öfters Skiläufer in die Arlberggegend, vor allem Herr Viktor Sohm. Hier lernte ich nun von Herrn Sohm Telemark, Christiana und Springen auf einem Looping Hügel. ... An dieser Stelle möchte ich betonen, daß ich Herrn Sohm meine ganze Skilaufbahn verdanke, der mich immer und immer wieder Neues lehrte, wofür ich ihm vielen Dank schulde."[471]

Als Wettkampfsportler machte Hannes Schneider in Vorarlberg erstmals am 20. Jänner 1907 auf sich aufmerksam. Beim 2. Bödele-Skirennen des VVS wurde Hannes Schneider zunächst im Springen der Junioren nur Dritter, gewann allerdings zwei Stunden später den Bewerb der Senioren. Dieses Springen bildete den Beginn der eindrucksvollen sportlichen Karriere von Hannes Schneider. Nur wenige Wochen später gewann Hannes Schneider im Rahmen des IV. Internationalen Skirennens des SC Arlberg den „Dauerlauf" über den Galzig nach St. Anton, wurde im „Schnellauf" Zweiter und war klar der beste österreichische Springer. Noch eindrucksvoller war seine Leistung beim Städtevergleichskampf Wien gegen St. Moritz. Bildstein gelang mit 43 m ein gültiger Sprung, der neuen Schanzenrekord und eine Verbesserung seines eigenen österreichischen Rekordes um zwei Meter bedeutete.

Abb. 84:
Josef Bildstein bei seinem 41-m-Rekordsprung von Bad Aussee (1913).

1915 promovierte Bildstein an der Technischen Universität Wien zum Diplomingenieur. Während des Ersten Weltkriegs war er als Techniker bei einer österreichischen Flugzeugfabrik in Wiener Neustadt tätig. Erst 1920 trat Bildstein mit einem Sieg beim Gustav-Jahn-Lauf auf der Rax wieder als Wettkämpfer in Erscheinung.

Auch nach dem Ersten Weltkrieg war Josef Bildstein einer der herausragendsten Skisportler Österreichs. Von 1921 bis 1924 erreichte Bildstein (für den Wiener Wintersportclub startend) folgende Ergebnisse:

1921   Sieg bei den Österreichischen Meisterschaften in St. Johann im Pongau mit einem 2. Rang im Langlauf und einem 1. Rang im Springen; Sieg bei den Wiener Meisterschaften;

1922   Sieg beim Gustav-Jahn-Lauf auf der Rax; Sieg bei den Meisterschaften von Kärnten;

1923   Österreichischer Skisprungrekord mit 47 m bei einem Springen am Semmering; Sieg beim Gustav-Jahn-Lauf auf der Rax;

1924   Sieg bei den Österreichischen Akademischen Meisterschaften; Österreichischer Skisprungrekord mit 50 m bei einem Springen in Hofgastein; Sieg bei den Wiener Meisterschaften.

Im Frühjahr 1924 brach sich Bildstein auf einem kleinen Übungshügel bei Graz ein Bein. Dieser Skiunfall bedeutete mehr oder weniger das Ende der internationalen Wettkampfkarriere von Josef Bildstein, war aber gleichzeitig die Geburtsstunde des „Bildstein-Strammers", einer Sicherheitsbindung, die mehrere Jahrzehnte die bevorzugte Sicherheitsbindung für Skispringer und Skiläufer wurde. Bildstein ersetzte den ledernen Fersenteil der Huitfeldbindungen durch eine Metallfeder, die mit einem Strammer angespannt werden konnte und sich bei großem Druck löste. Viele Jahre blieb diese Bindung die beste im Handel erhältliche Sicherheitsbindung. Nur noch vereinzelt nahm Bildstein nach 1924 an Wettkämpfen teil, erreichte 1926 in Pontresina mit 58 m jedoch noch eine persönliche Bestleistung im Skispringen.

1935 arbeitete Josef Bildstein als Konstrukteur bei Mercedes und war im Karosseriebau tätig. Angeregt durch eine Reise nach Frankreich, begann Bildstein mit der Konstruktion eines Umlaufschleppliftes. Im Frühjahr 1937 wurde dieser „Seilaufzug für Skifahrer" in Zürs durch die Wolfurter Firma Doppelmayr erbaut und am 23. Dezem-

Rennen. Er gewann ein vom Skiclub „Ippa-Hoh" auf dem Pfänder ausgerichtetes Abfahrtsrennen. 1908 und 1909 nahm Bildstein in der Juniorenklasse an den Bödele-Skirennen teil und erreichte im Springen und im Abfahrtslauf jeweils einen zweiten Rang. Die Lankschanze am Bödele und die Rosannaschanze in St. Anton waren in diesen Jahren die Trainingszentren für Josef Bildstein, Viktor Sohm der Lehrmeister, die Norweger und die Schweizer die großen Vorbilder.

1910 maturierte Bildstein am Gymnasium Bregenz und begann in Graz ein Studium an der Technischen Universität. Unter schwierigsten Bedingungen trainierte Bildstein mehr denn je zuvor. Oft wurde mit Körben der Schnee von mehreren Wiesen zusammengetragen und damit ein Sprunghügel präpariert. Betreut wurde Bildstein in dieser Phase vom Grazer Sprungtrainer Richard Baumgartner.

1911 „feierte" Josef Bildstein seine ersten großen Erfolge, aber auch Niederlagen. Beim Skirennen des „Vereins Vorarlberger Skiläufer" auf dem Bödele gewann Bildstein den Abfahrtslauf und das Springen und fixierte außer Konkurrenz mit 30 m einen neuen Schanzenrekord. Nur zwei Wochen später mußte Bildstein bei einem Skispringen in Bad Aussee aber auch einen herben Rückschlag einstecken. Eingeschüchtert von der großen Schanze stürzte Bildstein bei seinem ersten Sprung und verließ niedergeschlagen die Anlage. Nur drei Wochen später, am 20. Februar, waren Bildstein und sein Trainer Baumgartner allerdings wieder in Bad Aussee. Im Rahmen eines Städtevergleichskampfes startete Bildstein für die Wiener Auswahl und sorgte mit einem gestandenen Sprung auf 41 Meter für die Sensation des Tages. Er verbesserte den österreichischen Rekord von Hannes Schneider um 7,5 Meter und blieb nur vier Meter unter dem Weltrekord von Harald Smith. Aufgrund dieser phantastischen Leistung wurde Josef Bildstein vom Österreichischen Skiverband für die Sprungbewerbe auf der berühmten Holmenkollenschanze in Norwegen nominiert. Zusammen mit dem späteren deutschen Meister Hannes Böhm startete Bildstein in der Jugendklasse, konnte jedoch – wohl aus Nervosität – vor den Augen des norwegischen Königs Håkon VII. seine Sprünge nicht stehen und blieb deshalb unplaziert. Trotzdem war dieses Holmenkollenspringen für Josef Bildstein das „nachhaltigste skisportliche Ereignis" seines Lebens und der Silberbecher „til Erindering fra Deltagelse i Holmenkoll Rendent" nach eigener Aussage sein wertvollster Ehrenpreis.[478]

1912 wechselte Bildstein von der Technischen Hochschule Graz nach Wien und startete von nun an für den Ersten Wiener Wintersportclub. Skisportlicher Höhepunkt des Jahres war für Bildstein der „VI. Hauptverbands-Wettlauf des Österreichischen Skiverbandes", der in Bildsteins engerer Heimat, auf dem Bödele, stattfand. Mit dem 5. Rang im Springen und dem 7. Rang in der Kombinationswertung war Bildstein zwar der beste Österreicher, mußte sich jedoch der Phalanx der norwegischen Spitzensportler, die die ersten fünf Ränge belegten, klar geschlagen geben.

1913 sorgte Josef Bildstein aber wiederum für einen Meilenstein in der Geschichte der Vorarlberger Sportbewegung. Beim „VII. Hauptverbands-Wettlauf des Österreichischen Skiverbandes" am 15. und 16. Februar in Bad Aussee gewann Bildstein mit einem 2. Rang im Springen und einem 5. Rang im Dauerlauf die Kombinationswertung und damit als erster Vorarlberger Sportler einen österreichischen Meistertitel.

1914 startete Bildstein bei den Österreichischen Meisterschaften nur im Sprunglauf, gewann jedoch erstmals die Akademischen Meisterschaften von Österreich. Zweimal sorgte Bildstein bei Sprungwettbewerben auf dem Semmering für Furore. Beim Länderkampf Österreich – Norwegen – Schweiz sprang er dreimal über die 30-m-Marke

jedoch im Slalom mit dem 2. Platz begnügen. Bei den Schweizer Meisterschaften war er nicht am Start. 1914 erreichte Schneider bei den Schweizer Skimeisterschaften in Pontresina den 3. Rang in der Kombinationswertung hinter den beiden Norwegern Per Simondsen und A. Udbye.

Während des Ersten Weltkriegs arbeitete Hannes Schneider zunächst als Skiausbildner am Monte Bondone, später war er Oberjäger in der 1. Bergführer-Kompanie des I. Tiroler Kaiserjägerregiments und lernte dort das Skischulsystem von Georg Bilgeri gründlich kennen und schätzen.

Nach dem Krieg arbeitete Schneider hauptberuflich als Skilehrer in St. Anton und nahm nur noch sehr vereinzelt an Wettkämpfen teil. Bei der Deutschen Winterkampfwoche 1922 in Garmisch-Partenkirchen gewann Hannes Schneider mit einem 3. Rang im Langlauf und dem Sieg im Springen die Kombinationswertung und feierte damit noch einmal einen eindrucksvollen internationalen Sieg (mit 32 Jahren). Seinen letzten großen sportlichen Wettkampf bestritt Hannes Schneider im Winter 1923. Bei den Schweizer Meisterschaften in Grindelwald zeigte er noch einmal sein ganz großes Können. Dank einer überragenden Leistung im Springen mußte er sich in der Kombinationswertung – obwohl schon in der Altersklasse startend – nur dem neuen Meister Girardbille (SC Chaux-de-Fonds) geschlagen geben.

1922 gründete Hannes Schneider in St. Anton die erste Skischule Österreichs. Schneider entwickelte dabei ein neues Skischulsystem, die Gruppenausbildung, bei dem die Schüler erstmals ihrem Können entsprechend in verschiedenen Leistungsgruppen unterrichtet wurden. Lehrmethode war die von Hannes Schneider entwickelte „Arlberg-Technik", die später durch die Skifilme „Das Wunder des Schneeschuhs", „Der weiße Rausch" und „Die Fuchsjagd im Engadin" zu Weltruhm kam.

Hannes Schneider übernahm in seiner Technik wichtige Grundelemente der Bilgeri-Technik, entwickelte aber besonders auf Grundlage seiner Renntätigkeit eine eigene Fahrweise, die sich in mehreren Punkten von den anderen Techniken unterschied. Die wesentlichen Punkte waren: eine breitere, geduckte Haltung; eine tiefe, dem Gelände angepaßte Hocke; der Stemmchristiana und – als wichtigster Punkt – das „Gesetz des Senkrechtstehens zum Hang". Dieses Gesetz forderte, daß sich in allen Phasen einer Abfahrt der Schwerpunkt eines Skifahrers auf der Talseite befindet.

Durch sein Lehrbuch „Das Wunder des Schneeschuhs" und durch seine in Zusammenarbeit mit Dr. Arnolf Franck entstandenen Skifilme wurden Hannes Schneider und seine „Arlberg-Technik" in den zwanziger Jahren weltberühmt. 1930 erhielt Schneider eine Berufung als Skilehrer nach Japan, wo er in Vorträgen und in Skikursen Tausenden von Japanern die von ihm entwickelte „Arlberg-Technik" vermittelte.[475] 1938 emigrierte er aus politischen Gründen nach North Conway in New Hampshire (USA), wo er 1955 verstarb.[476]

Josef Bildstein

Josef Bildstein wurde am 12. Februar 1891 in Bregenz geboren.[477] Noch während seiner Gymnasialzeit wurde Bildstein Mitglied der privaten Bregenzer Skifahrervereinigung „Ippa-Hoh". Beim Bödele-Skirennen im Februar 1906 und beim internationalen Springen des SC Arlberg im März 1906 sah Bildstein die ersten Sprünge über 30 Meter. Bildstein war vor allem vom norwegischen Skisprungweltrekordinhaber Harald Smith tief beeindruckt. Im März 1907 startete Bildstein 16jährig zum ersten Mal bei einem

und im Springen Dritter. Im Mai desselben Jahres brachte der SC Arlberg zum ersten Mal sein später berühmt gewordenes Mairennen in St. Christoph zur Austragung. Dieser Wettkampf wurde zum ersten großen Triumph für Hannes Schneider, der den Fernlauf, den Schnellauf und den Sprunglauf gewann.

Noch im Laufe des Sommers 1907 bekam Hannes Schneider vom St. Galler Skipionier Fritz Ikle eine Einladung, als Skilehrer in Les Avants bei Montreux zu arbeiten. Kurz vor der Zusage flatterte Schneider eine zweite Einladung ins Haus, als Skilehrer im Hotel Post in St. Anton tätig zu sein. Nach Rücksprache mit seinen Eltern entschied sich Schneider für St. Anton, wo er am 7. Dezember 1907 seinen Dienst antrat. Hannes Schneider war in jenen Jahren zwar ein ausgezeichneter Skifahrer, als Skilehrer und Skipädagoge jedoch wohl noch ziemlich unbedarft. „Wenn mich meine Schüler fragten: Erklären Sie mir, wie man einen Telemark macht" – schrieb Hannes Schneider in seinen Erinnerungen – „so war das Erklären für mich ein spanisches Dorf und ich erwiderte darauf nichts, fuhr einen Telemark vor und sagte dann stolz: So macht man ihn!"[472]

Bis zum Ausbruch des Ersten Weltkriegs hatte Hannes Schneider oft nur sehr wenige Schüler und daher reichlich Gelegenheit, seine Technik zu perfektionieren und sein Können in Wettkämpfen unter Beweis zu stellen. Im Jänner 1908 gewann er „außer Konkurrenz" ein Springen in Innsbruck mit gewaltigen zwölf Metern Vorsprung vor dem offiziellen Sieger Oswald von Eccher. 1909 mußte er sich zunächst in Mürzzuschlag dem Norweger Torleif Aas geschlagen geben, revanchierte sich jedoch bei einem Springen in Kitzbühel mit dem neuen österreichischen Rekord von 33,50 m. Nun wurden Schneider aber, wie er es selbst formulierte, in Österreich „Prügel vor die Beine geworfen" und sein Amateurstatus in Zweifel gezogen.[473] Aufgrund seiner Tätigkeit als Skilehrer durfte Schneider künftig in Österreich nicht mehr bei offiziellen Wettkämpfen starten.

Abb. 83:
Hannes Schneider, der Begründer der Arlberg-Technik, als Skilehrer in St. Anton.

1910 besuchte Hannes Schneider als Zuschauer die Schweizer Skimeisterschaften in Grindelwald und führte auf der großen Schanze einige Sprünge vor. Da es in der Schweiz den Amateurparagraphen für Skilehrer nicht gab, wurde Schneider Mitglied des SC Davos. Von 1911 bis zum Ersten Weltkrieg startete Schneider ausschließlich für diesen Club und feierte einige großartige Erfolge: 1911 gewann er in St. Moritz bei den Schweizer Meisterschaften den Slalombewerb, wurde im Springen Zweiter und im Dauerlauf Sechster.[474] In der Kombinationswertung dieser Bewerbe unterlag Schneider nur Eduard Capiti (St. Moritz). Eine Woche später siegte er bei einem internationalen Wettkampf in Davos sowohl im Slalom als auch im Sprunglauf. 1912 fanden die Schweizer Meisterschaften in Klosters statt. Schneider gewann zwei Einzeldisziplinen: den Slalom und das Springen. Bei einem weiteren Wettkampf in Davos siegte er im Slalom und im Springen und belegte im Langlauf den 4. Rang. 1913 wiederholte Schneider beim Rennen in Davos seinen Sprunglaufsieg vom Vorjahr, mußte sich

ber 1937 offiziell seiner Bestimmung übergeben. Mit einer Länge von 480 m galt der „Übungshang Zürs", wie der Schlepplift damals genannt wurde, als der modernste Schlepplift Österreichs. Noch vor dem Beginn des Zweiten Weltkriegs zeigte sich Bildstein für die Konstruktion weiterer Großlifte in Lech (Schlegelkopf) und Zürs (Zürsersee) verantwortlich. In den fünfziger und sechziger Jahren krönte Josef Bildstein sein Lebenswerk als „Pionier der mechanischen Aufstiegshilfen" mit der Konstruktion von mehreren revolutionären Lift- bzw. Seilbahnen: dem Hexenboden- und Madlochlift in Zürs, der Rüfikopf- bzw. Mohnenfluhbahn in Lech.

Dipl.-Ing. Josef „Sepp" Bildstein verstarb am 14. Mai 1970.

Ernst Janner

Ernst Janner wurde am 14. April 1880 in Dornbirn geboren.[479] 1900 absolvierte er an der k.k. Lehrerbildungsanstalt in Innsbruck die Matura, 1904 die Lehramtsprüfung für Turnen in Graz. Ab Herbst 1904 unterrichtete er in Innsbruck Leibesübungen und organisierte als Turnlehrer des k.k. Staatsgymnasiums nicht nur die ersten Skikurse für Schüler in Tirol, sondern 1911 auch das erste Mittelschülerskirennen von Innsbruck. Damit kann Ernst Janner als der „Begründer des österreichischen Jugendskilaufs und Schulskilaufs" angesehen werden.[480]

Während des Ersten Weltkriegs war Janner als Skiausbildner in einer Bergführertruppe tätig. Nach dem Krieg arbeitete er zunächst wieder als Lehrer in Innsbruck, übernahm aber schon bald einen Posten am Universitätssportinstitut, wo er u.a. auch für die Alpin- und Skiausbildung der „Turnlehrer" zuständig war.

Janner wählte als Ausbildungsort St. Christoph am Arlberg. Es gelang ihm, den damaligen Unterrichtsminister Dr. Emil Schneider – einen Landsmann – von der Wichtigkeit einer zentralen Skiausbildung zu überzeugen. Im November 1924 erwarb das Bundesministerium für Unterricht ein leerstehendes Wegmacherhäuschen an der Paßstraße, finanzierte den Um- und Innenausbau und übernahm auch die Verwaltung des Heims. Bereits im Winter 1924/25 führte Ernst Janner im Skischulheim St. Christoph die ersten Ausbildungskurse für Turnlehrer durch, eine bis heute ungebrochene Tradition. Hunderte Turnlehrer der Universität Innsbruck haben in St. Christoph ihre skisportliche Ausbildung erhalten. Einer der Lehrer dieses ersten Ausbildungskurses war Vorarlbergs bekanntester Skipionier Hannes Schneider.

Abb. 85:
Prof. Ernst Janner.

1926 veröffentlichte Janner sein Skilehrbuch „Die Arlbergschule". Die wesentlichsten Merkmale der Methode von Ernst Janner waren die „tiefe Schule" oder „tiefe Hocke", der Stemmbogen und der Stemmchristiana sowie die Skispiele, eine erste Vision des Erlernens des Skifahrens in spielerischer Form. Bis 1930 erfuhr Janners Methodikbuch in 21 weiteren Auflagen mehrfach Erweiterungen, Korrekturen und Verbesserungen.

1932 verließ Janner nach Streitigkeiten mit den einheimischen Kaufleuten St. Christoph und eröffnete eine private Skischule in Gargellen-Gampabing. Bis zu seiner Einberufung im Jahre 1939 leitete Janner unzählige Skikurse in Gargellen, vorwiegend mit Studenten aus Holland.

Von April 1944 bis Jänner 1946 übernahm Ernst Janner noch einmal die Leitung des Skischulheims in St. Christoph. Im März 1946 zog er sich endgültig ins Privatleben nach Innsbruck zurück, wo er 1953 nach kurzer Krankheit verstarb.

Willi Walch

Willi Walch wurde am 4. Jänner 1912 in Stuben geboren.[481] Er war vor 1945 der international mit Abstand erfolgreichste Wettkampfsportler Vorarlbergs, wurde von den Vorarlberger Printmedien jedoch kaum zur Kenntnis genommen, da er ausschließlich für den Tiroler Verein Skiclub Arlberg startete. Er gewann zwei Silbermedaillen (1937: Slalom; 1939: Kombination) und eine Bronzemedaille (1939: Slalom) bei Weltmeisterschaften, wurde österreichischer, deutscher und französischer Meister, gewann die Kombinationswertung beim Lauberhornrennen (zweimal) und beim Hahnenkammrennen und wurde beim Kandaharrennen Zweiter. An den Olympischen Spielen 1936 in Garmisch-Partenkirchen konnte Willi Walch nur deshalb nicht teilnehmen, da der Internationale Skiverband Skilehrern die Teilnahme an diesen Spielen untersagte.

Der folgende Überblick zeigt in chronologischer Reihenfolge die wichtigsten Wettkampferfolge von Willi Walch auf:

Abb. 86:
Willi Walch (SC Arlberg).

1933   3. Rang in der Abfahrt bei den Vorarlberger Meisterschaften in Schruns;

1935   4. Rang in der Abfahrt beim Kandaharrennen in Mürren;

1936   2. Rang in der Kombination beim Lauberhornrennen in Wengen (3. Abfahrt; 3. Slalom); 5. Rang im Slalom, 7. Rang in der Abfahrt und 7. Rang in der Kombinationswertung bei den FIS-Rennen in Innsbruck;

1937   2. Rang im Slalom, 16. Rang in der Abfahrt und 9. Rang in der Kombination bei den FIS-Weltmeisterschaften in Chamonix; Sieg in der Kombination beim Lauberhornrennen in Wengen (2. Abfahrt; 1. Slalom) und beim Hahnenkammrennen in Kitzbühel; 2. Rang in der Kombination bei den Französischen Meisterschaften in Mégève, bei den Deutschen Winterkampfspielen in Garmisch-Partenkirchen und beim Kandaharrennen in Mürren;

1938   Österreichischer Meister in der alpinen Kombination in Murau; 3. Rang in der Kombination beim Lauberhornrennen in Wengen;

1939   2. Rang in der Kombination, 3. Rang im Slalom und 4. Rang in der Abfahrt bei den FIS-Weltmeisterschaften in Zakopane; Sieg in der Kombination beim Lauberhornrennen in Wengen (2. Abfahrt; 2. Slalom) und bei den Deutschen Meisterschaften in Kitzbühel;

1940   2. Rang in der Kombination bei der Internationalen Wintersportwoche in Garmisch-Partenkirchen.

Nach Abschluß der Skisaison 1940 wurde Willi Walch in die Wehrmacht einberufen. Am 22. Juni 1941 fiel er am ersten Tag des Rußlandfeldzuges.

3.18. Stemmen

Die Anfänge des Stemmens in Vorarlberg gehen auf das beginnende 20. Jahrhundert zurück und sind untrennbar mit einem Namen verbunden: Otto Madlener vom Turnerbund Bregenz.

Otto Madlener war vor dem Ersten Weltkrieg einer der vielseitigsten und erfolgreichsten Sportler Vorarlbergs. Er war einer der besten Nationalturner des Vorarlberger Turnverbandes Rheingau, war 1904 Fünfter bei den Europameisterschaften im griechisch-römischen Ringen in Wien, gewann 1913 die Radfernfahrt Innsbruck – Lustenau und gilt als Begründer der Leichtathletik in Vorarlberg. Madlener kann auch als *der* Pionier des Gewichthebens in Vorarlberg bezeichnet werden. Viele Jahre war Otto Madlener in den Kraftsportarten Ringen und Stemmen im nahen Bodenseeraum eine Klasse für sich.

Otto Madlener war der erste Sportler Vorarlbergs, der im Stemmen an internationalen Wettkämpfen teilnahm. Im Juli 1901 ging Madlener in Baden bei Zürich beim „III. Eidgenössischen Athletenwettstreit um die Meisterschaft der Schweiz im Schwergewichtsstemmen" an den Start und gewann bei diesem Wettkampf den „III. Preis mit Lorbeerkranz". Wie der detaillierten Schilderung dieses Wettkampfes zu entnehmen ist, hob Madlener im einarmigen Einzelstemmen „den Zentner 15mal, in brillanter Stellung, den Rückgrat (sic!) unbeweglich, eine Kraftleistung seiner ungeheuren Armmuskeln", mußte sich jedoch im beidarmigen Stemmen und im Schwergewichtsstemmen jeweils dem Schweizer Brüderpaar Knabenhans geschlagen geben.[482]

Auch in den nächsten Jahren war Otto Madlener der einzige Vorarlberger Athlet, der sich bei Wettkämpfen außerhalb Vorarlbergs in Szene setzen konnte. Am 6. Juli 1902 gewann er beim „Schweizerischen Athletenfest in Thalwil bei Zürich im Meisterschaftsstemmen der Schweiz den 1. Lorbeerkranz mit silber-vergoldetem Pokal und im Dauerstemmen 1. Klasse den 1. Lorbeerkranz mit Ehrenpreis".[483] 1903 erreichte er bei einem „Internationalen Athletenwettstreit" in St. Gallen den 3. Rang im Dauerstemmen, 1904 konnte er diesen Wettkampf in zwei Bewerben sogar gewinnen: im Dauerstemmen und im Schwergewichtsstemmen.[484]

Gewichtheben war in Vorarlberg von allem Anfang an eine Sportart, die nur von sehr wenigen Athleten betrieben wurde. Trotzdem wurden noch vor dem Ersten Weltkrieg vier Vereine gegründet, die sich schwerpunktmäßig dem Gewichtheben widmeten: 1902 der „1. Athletenclub Austria Bregenz", 1903 der „Stemmclub Feldkirch", 1907 der „Athletiksportclub Altenstadt" und 1910 der „Stemmclub Feldkirch-Nofels". Allerdings hinterließen all diese Vereine keinen allzu nachhaltigen Eindruck auf die Vorarlberger Gewichtheberszene. Der „1. Athletenclub Austria Bregenz" löste sich schon ein Jahr nach seiner Gründung wegen Mitgliedermangels wieder auf, und auch von den Feldkircher Clubs sind nur wenige Aktivitäten bekannt. Nur der Stemmclub Feldkirch trat mit zwei Wettkämpfen an die Öffentlichkeit: den „1. Vorarlberger Meisterschaften im Schwergewichtsstemmen" (1905) und dem „Fest der Fahnenweihe" (1906).[485] Von 1906 bis 1914 dürften keine Wettkämpfe von mehr als lokaler Bedeutung in Vorarlberg stattgefunden haben.

Auch nach dem Ersten Weltkrieg blieb das Gewichtheben in Vorarlberg eine Randsportart von lediglich regionaler Bedeutung und wurde zur selben Zeit jeweils nur von einem einzigen Verein betrieben: von 1922 bis 1929 von der Athletiksektion des Turnvereins Bregenz-Vorkloster, von 1930 bis 1935 von der Sektion Stemmen im Heeressportverein Bregenz und ab 1935 vom Kraftsportverein Bregenz. Alle Bemühungen dieser Vereine, vor allem die des Heeressportvereins Bregenz, dem Gewichtheben in Vorarlberg durch Vergleichskämpfe mit auswärtigen Mannschaften bzw. durch Schaukämpfe zu mehr Popularität zu verhelfen und damit eventuell weitere Vereinsgründungen zu erreichen, scheiterten jedoch.

Als Pionier des Kraftsports in Vorarlberg in der Ersten Republik kann der Bregenzer Emil Kaltenbach bezeichnet werden. Er begründete im Frühjahr 1922 innerhalb des Turnvereins Vorkloster eine eigene Sektion Athletik mit den Schwerpunktsportarten Ringen und Stemmen und übernahm auch die Obmannschaft dieser Sektion. Die sofort in Angriff genommenen Gespräche mit dem 1911 gegründeten Tiroler Athletenverband ergaben nicht nur die gewünschte Startgenehmigung für die Bregenzer Athleten bei den Tiroler Meisterschaften, sondern sogar eine Umbenennung und Aufwertung dieser Wettkämpfe in „Meisterschaften von Tirol und Vorarlberg" ab 1922.[486]

Bereits bei der ersten gemeinsamen Meisterschaft von Tirol und Vorarlberg am 24. Juni 1922 in Innsbruck konnten zwei Athleten des TV Vorkloster einen Meistertitel erringen: Emil Kaltenbach (im Leichtgewicht) und Baptist Steger (im Mittelgewicht). Auch in den nächsten beiden Jahren gelang es Athleten des TV Vorkloster, sich bei diesen Meisterschaften erfolgreich in Szene zu setzen: 1923 (in Bregenz) gewann Georg Bauer den Titel im Mittelgewicht, während Pius Forster und Emil Kaltenbach jeweils einen zweiten Platz erreichten. 1924 (in Innsbruck) war es wieder Emil Kaltenbach, der sich mit dem Sieg im Leichtgewicht seinen insgesamt zweiten Meistertitel sichern konnte. Im selben Jahr gewann Kaltenbach auch das erstmals durchgeführte Championat von Tirol und Vorarlberg im Leichtgewicht.

Für zwei international beachtliche Erfolge sorgte Mitte der zwanziger Jahre ein anderer Athlet des TV Vorkloster: Baptist Steger. Er gewann zweimal bei den Deutschen Gewichthebermeisterschaften den Titel im Leichtgewicht der Altersklasse: 1926 in Frankfurt am Main, 1927 in Nürnberg.

Nach 1927 dauerte es mehrere Jahre, bis wieder ein Vorarlberger Athlet mit außergewöhnlichen Leistungen auf sich aufmerksam machen konnte: Alois Greußing vom Turnverein Bregenz-Vorkloster. Greußing gewann zunächst 1931 und 1932 bei den jeweiligen Gauturnfesten des Vorarlberger Turngaus das Nationalturnen, ehe er sich 1932 der Stemmerriege des Heeressportvereins Bregenz anschloß, um sich nunmehr ganz auf das Gewichtheben zu konzentrieren.

Seinen ersten großen Erfolg feierte Alois Greußing im April 1933, als er völlig überraschend die Alpenländermeisterschaften in Innsbruck im Halbschwergewicht gewann. Am 20. November desselben Jahres gewann Greußing bei den Meisterschaften von Tirol und Vorarlberg in Innsbruck seinen ersten Meistertitel im Halbschwergewicht und stellte dabei mit 100 kg im beidarmigen Drücken und 102 kg im beidarmigen Reißen zwei neue Rekorde für den Bereich Tirol-Vorarlberg auf.

1934 gewann Greußing bei den Meisterschaften von Tirol und Vorarlberg zwar den Bewerb im Halbschwergewicht, startete jedoch nur außer Konkurrenz. Bei der Vereinsmeisterschaft des Heeressportvereins Bregenz verbesserte er seine persönliche Bestleistung im beidarmigen Stoßen auf hervorragende 145 kg, eine Leistung, die 20 kg über dem bestehenden Rekord des Tirolers Roman Knabl lag, als Rekord jedoch nicht anerkannt wurde, da Rekorde nur bei offiziellen Meisterschaftsbewerben erzielt werden konnten.

Auch in den nächsten Jahren blieb Greußing das Aushängeschild des Vorarlberger Gewichthebersports. Er gewann u.a. die 1. Bodenseemeisterschaften im Stemmen 1937 in Bregenz, die Kreismeisterschaften 1939 in Götzis und die Kriegsbezirksmeisterschaften 1940 in Kempten. 1936 gelang ihm bei einem Wettkampf in Innsbruck nunmehr auch offiziell die Verbesserung des Tirol-Vorarlberger Rekords im beidarmigen Stoßen des Halbschwergewichts auf 130 kg.

Abb. 87:
Alois Greußing, der erfolgreichste Vorarlberger Gewichtheber vor 1945.

Nach der Machtübernahme der Nationalsozialisten verschwand der Gewichthebersport in Vorarlberg fast vollkommen von der Bildfläche. Von 1938 bis 1942 wurden zwar noch einige kleinere Wettkämpfe durchgeführt, insgesamt blieb das Gewichtheben jedoch eine Sportart von rein lokaler Bedeutung.

3.19. Tennis

In seiner Hausarbeit „Die Entwicklung der Leibesübungen in Vorarlberg" schreibt Oswald Gunz über die Anfänge des Tennissports in Vorarlberg:

„In den Jahren 1906/1907 erbaute die Stadt Bregenz den ersten Tennisplatz Vorarlbergs. Zu jener Zeit trat hauptsächlich eine Spielgruppe in Erscheinung, der Hofrat Dr. Graf aus Feldkirch, Fabrikant Iselin, Herr Mauer aus Lochau, sowie die Offiziere der damaligen Garnison angehörten. Vor dem Ersten Weltkrieg entstanden noch Privatplätze in Bregenz durch Herrn von Schwerzenbach, in Kennelbach durch den Fabrikanten Schindler und in Bludenz durch Herrn Getzner. Auch auf diesen Plätzen bildeten sich Spielerkreise, die Tennis sozusagen als Privatsport ausübten. In Dornbirn wurden von den Gesellschaftern der Firma Hämmerle im Bonacker (sic!) ein Platz erstellt."[487]

Die von Oswald Gunz angeführte Liste kann noch um zwei weitere Plätze ergänzt werden. Wie dem Jahresbericht der Stella Matutina in Feldkirch über das Schuljahr 1908/09 zu entnehmen ist, wurde im Laufe dieses Schuljahres „Lawn-Tennis" als neue Sportart eingeführt und von den Stellanern auch eifrig betrieben. Auch auf dem Bödele wurde im Sommer 1911 von Fabrikant Otto Hämmerle ein Tennisplatz für die Hotelgäste des Bödelehotels sowie für die Besitzer der Bödelekolonie fertiggestellt. Der Platz befand sich auf einer Wiese zwischen der Straße und dem Kälberrückenparkplatz und wurde in den ersten Jahren sehr stark frequentiert.

Auch nach dem Ersten Weltkrieg blieb Tennis zunächst mehr ein gesellschaftliches als ein sportliches Ereignis. Es dauerte bis zum Jahr 1925, bis in Bregenz und in Dornbirn die ersten Tennisclubs des Landes gegründet wurden. 1927 folgte mit dem TC

Abb. 88:
Damentennis im April 1904 an der Dornbirner Marktstraße.

Feldkirch auch ein Club im Oberland, und erst im Jahre 1955 wurde mit dem TC Montafon ein vierter Tennisverein in Vorarlberg ins Leben gerufen.[488]

Die Anlage des TC Bregenz bestand aus zwei Sandplätzen im Bereich der heutigen Minigolfanlage und wurde im Volksmund der „Rosenzwinger" genannt, da sie nicht – wie heute üblich – über eine Gitterumrandung verfügte, sondern von Wildrosen umrankt war. Bis nach dem Zweiten Weltkrieg blieb der „Rosenzwinger" die einzige Tennisanlage in Bregenz. Auch der TC Dornbirn und der TC Feldkirch verfügten über je zwei Plätze. Die Anlage des TC Dornbirn war auf dem Areal des früheren Parkhotels in der Goethestraße und befand sich im Besitz der Fabrikantenfamilie Hämmerle. Die Anlage des TC Feldkirch auf dem „Breiten Wasen" war insofern etwas Besonderes, als sie über eine „wenn auch dürftige Flutlichtanlage" verfügte und die „Feldkircher Society durch dieses Novum zu verlängerten Tennisabenden" kam.[489]

Bis 1930 spielte Tennis als Wettkampfsport in Vorarlberg keine Rolle. Es gab zwar vereinzelt clubinterne Vergleichskämpfe, jedoch keinen einzigen Wettkampf von regionaler Bedeutung. Der erste derartige Wettbewerb, der einen Vergleich der besten Spieler Vorarlbergs ermöglichte, fand vom 12. bis 14. September 1930 statt, als der TC Bregenz und TC Dornbirn auf ihren Plätzen die ersten Vorarlberger Tennismeisterschaften zur Austragung brachten. Vor allem die Finalspiele, die der besseren Übersichtlichkeit wegen in Bregenz stattfanden, stießen auf ein reges Zuschauerinteresse und waren nicht nur ein sportliches, sondern auch ein gesellschaftliches Ereignis. Vor zahlreichen Zuschauern aus den ersten Gesellschaftsschichten Vorarlbergs gingen alle vier Titel dieser Meisterschaften an Spieler des TC Dornbirn.[490] Erwin Thurnher und Eugenie Frisch gewannen die Titel im Herren- bzw. Dameneinzel und siegten gemeinsam auch im gemischten Doppel. Zusammen mit Franz Hämmerle blieb Erwin Thurnher auch im Herrendoppel erfolgreich und war damit der überragende Spieler der ersten Vorarlberger Tennismeisterschaften.

Trotz des unbestrittenen Erfolges dieser Meisterschaften blieb Tennis auch in den nächsten Jahren eine Sportart von rein regionaler Bedeutung. Das gesamte Wettkampfgeschehen von 1932 bis 1938 beschränkte sich auf mehrere interne Vergleichskämpfe der drei Vorarlberger Clubs, auf wenige Vergleichskämpfe des TC Bregenz mit auswärtigen Mannschaften, auf zwei Vergleichskämpfe von Vorarlberger Auswahlmannschaften (1933 gegen TC Innsbruck; 1937 gegen Oberschwaben) und auf insgesamt fünf weitere Landesmeisterschaften. Es kam weder zur Gründung eines Landesverbandes noch zur Teilnahme eines Vorarlberger Spielers an einer überregionalen Meisterschaft. Von 1939 bis 1945 fanden in Vorarlberg überhaupt keine Wettkämpfe mehr statt. Der folgende Überblick zeigt die wichtigsten sportlichen Tennisereignisse im Zeitraum 1931 bis 1939 auf:

Bei den Landesmeisterschaften 1931, die an zwei Wochenenden im September wiederum in Bregenz und Dornbirn stattfanden, hatten sich die Kräfteverhältnisse bereits verschoben. Mit Georg Kispert (Herreneinzel) und Amalia Morscher (Dameneinzel) gingen die Titel erstmals nach Bregenz bzw. Feldkirch. Sieger im Herrendoppel wurden Franz Hämmerle/Erwin Thurnher (Dornbirn), Sieger im gemischten Doppel Grete Eyth/Georg Kispert (Bregenz).

1932 und 1933 fanden keine Landesmeisterschaften statt. Einziger Wettkampf von Bedeutung in diesen beiden Jahren war der Vergleichskampf einer Vorarlberger Auswahl gegen den TC Innsbruck, der von den Tirolern allerdings mit 12:3 Punkten klar gewonnen wurde.

1934 wurden nach einer Pause von zwei Jahren wiederum Vorarlberger Meisterschaften ausgetragen, insgesamt die dritten. Die einzelnen Meistertitel bei diesen Meisterschaften erreichten Erich Margstahler (Feldkirch) im Herreneinzel, Dora Stockar (Bregenz) im Dameneinzel, Georg Kispert/Udo Lodgemann (Bregenz) im Herrendoppel und Huber/Margstahler (Bregenz/Feldkirch) im gemischten Doppel.

1935 gab es keine Landesmeisterschaften, sondern nur ein Ranglistenturnier, bei dem allerdings einige der besten Spieler Vorarlbergs nicht am Start waren.

1936 und 1937 bildeten wiederum die Landesmeisterschaften den Höhepunkt des Tennisjahres. Fritz Eyth (Bregenz) gewann in beiden Jahren das Herreneinzel, Else Sutter (Dornbirn) jeweils das Dameneinzel. Erfolgreichster Doppelspieler bei diesen beiden Meisterschaften war der Feldkircher Erich Margstahler, der im Herrendoppel und gemischten Doppel nicht weniger als vier Titel erreichte.

Nach dem Einmarsch der deutschen Truppen am 12. März 1938 fand in Vorarlberg nur noch ein Wettkampf von Bedeutung statt: die 6. Landesmeisterschaften, die vom 30. August bis zum 4. September 1938 in Dornbirn ausgetragen wurden. Im Herreneinzel dieser Meisterschaften siegte zum ersten Mal der Feldkircher Edi Geiger, im Dameneinzel gewann die Dornbirnerin Else Sutter ihren dritten Titel in Folge. Erstmals wurden bei diesen Meisterschaften in den Einzelbewerben auch Titel bei der Jugend vergeben.

Nach 1938 wurden in Vorarlberg keine Tenniswettkämpfe mehr ausgetragen, nachdem die für das erste Septemberwochenende terminierten Landesmeisterschaften 1939 wegen des Ausbruchs des Zweiten Weltkriegs abgesagt wurden.

3.20. Tischtennis

Der erste Tischtennisverein Vorarlbergs war die Tischtennissektion des Fußballclubs Bregenz (= TTS/FC Bregenz), die am 15. Juni 1933 gegründet wurde.[491] In den nächsten Monaten kam es zu weiteren Vereinsgründungen im Raum Dornbirn – Bregenz, zum Teil als Sektionen von schon bestehenden Sportvereinen (z.B. Turnerbund Ring Bregenz; Jugendclub Treugold Bregenz), zum Teil als eigenständige Vereine (z.B. Tischtennisclub Dornbirn; Tischtennisclub Hard).

In den ersten Jahren beschränkte sich der Sportbetrieb dieser Clubs auf Vergleichskämpfe auf Clubebene und auf die Austragung einer jährlichen „inoffiziellen" Vorarlberger Meisterschaft im Einzel und in der Mannschaft. Diese „Titelkämpfe" glichen jedoch mehr einem Vergleichskampf der TTS/FC Bregenz gegen den Tischtennisclub Dornbirn, da in den ersten drei Jahren kein Spieler eines anderen Clubs in eine Entscheidung eingreifen konnte.

1936 kam es zu einer Intensivierung des Tischtennisgeschehens bei den bestehenden Clubs. Die Tischtennissektion des FC Bregenz veranstaltete im Gasthof zum Sternen ein Turnier zu Ostern, der Tischtennisclub Dornbirn im Gasthof Schloßbräu ein Turnier zu Pfingsten. Am 30. August kam es sogar zur Gründung eines gemeinsamen Vorarlberger Dachverbandes in Bregenz durch die Vereine TTS/FC Bregenz, TTC Dornbirn, TTS des Schwimmclubs Bregenz und TTS des Jugendclubs Treugold Bregenz. Erster Präsident dieses Verbandes wurde Oswald Achatz, der langjährige Präsident des Vor-

arlberger Fußballverbandes.⁴⁹²
Nach der erfolgten Verbandsgründung kam es am selben Abend zu einem Werbespiel einer Vorarlberger Auswahlmannschaft gegen den TTC Innsbruck, das von den Tiroler Gästen klar mit 8:1 Punkten gewonnen wurde.

Die Meisterschaften 1937, die Ende Jänner in Bregenz zur Austragung gelangten, können als die ersten „offiziellen" Vorarlberger Meisterschaften betrachtet werden. Hermann Grabher und Hedwig Lenzi gewannen die Titel in den Einzelbewerben, Hermann Grabher/Reinhold Vetter das Herrendoppel, Hedwig Lenzi/Reinhold Vetter das gemischte Doppel. Alle siegreichen Spieler waren Mitglied der Tischtennissektion des FC Bregenz. Die Erfolge bei diesen Meisterschaften ermunterten die Bregenzer Spieler, erstmals an österreichischen Meisterschaften teilzunehmen. Bei den Mannschaftsmeisterschaften in Innsbruck konnten sich die Bregenzer zwar für den Hauptbewerb qualifizieren, schieden dort aber in der Vorrunde aus.

Abb 89:
Ernst Ellensohn (Bregenz), der beste Vorarlberger Tischtennisspieler zu Beginn der dreißiger Jahre.

Eine Woche nach den Österreichischen Mannschaftsmeisterschaften, am 7. Mai 1937, konnte das Vorarlberger Publikum erstmals Tischtennissport „vom Feinsten" live erleben. Der Tischtennissektion des FC Bregenz war es gelungen, die österreichische Nationalmannschaft, die sich auf der Durchreise zu einem Länderkampf gegen die Schweiz befand, zu günstigen Konditionen zu einem Schaukampf zu verpflichten. Das Nationalteam, u.a. mit dem Tischtenniseinzelweltmeister von 1937, dem Wiener Richard Bergmann, gewann diesen Schaukampf gegen die Bregenzer Mannschaft klar mit 6:0 Punkten.

Nach der Machtübernahme der Nationalsozialisten wurde der Vorarlberger Tischtennisverband, wie alle anderen Sportverbände, aufgelöst und in den Deutschen Reichsbund für Leibesübungen eingegliedert. Von 1938 bis 1940 wurden zwar noch drei Kreismeisterschaften ausgetragen, die im Prinzip jedoch reine Vereinsmeisterschaften der Tischtennissektion des FC Bregenz waren, da mit Ausnahme dieses Vereins sich alle anderen Vorarlberger Tischtennisvereine aufgelöst hatten. Erst bei der Kreismeisterschaft 1940 waren mit den Reichsbahn-Sportvereinen Bludenz und Feldkirch wieder andere Vereine am Start.

Obwohl die Tischtennissektion des FC Bregenz in den Kriegsjahren mit allerlei Widerwärtigkeiten zu kämpfen hatte (fehlende finanzielle Mittel; Einberufung mehrerer Sportler), gelang es Johann Belz, dem Sektionsleiter der Bregenzer, immer wieder, den Tischtennissport am Leben zu erhalten. 1938 gewannen die Bregenzer Vergleichskämpfe gegen Konstanz und Freiburg und verloren gegen Innsbruck relativ knapp mit

2:4 Punkten. 1939 erreichte Karl Schwärzler bei einem Turnier in Freiburg im Einzel den vierten und zusammen mit seinem Partner Bitriol im Herrendoppel sogar den dritten Rang. 1941 gelang auch den Bregenzer Damen erstmals ein schöner Erfolg. Bei einem Vergleichskampf Innsbruck – München – Wien – Augsburg – Bregenz in Innsbruck erreichte Eugenie Fricke mit ihrer Partnerin Thevenet im Doppel den zweiten Rang hinter den regierenden Weltmeisterinnen Trude Pritzi/Graszl aus Wien. Nach 1941 sind keine Ergebnisse von Vorarlberger Tischtennisspielern bzw. - spielerinnen mehr bekannt.

4. ZUSAMMENFASSUNG

Die ersten historisch als gesichert zu bezeichnenden Anfänge zielgerichteter Formen von Leibesübungen lassen sich in Vorarlberg bis ins 14. Jahrhundert zurückverfolgen. 1376 nahm Graf Hugo XII. von Montfort-Bregenz an einem Ritterturnier in Basel teil, 1380 erfolgte die Gründung der Schützengesellschaft Feldkirch. Bis zum Beginn des 16. Jahrhunderts beherrschten das Schützenwesen als Hauptform bürgerlicher Leibesübung und die verschiedenen Formen adeliger Leibeserziehung (Ritterturniere, Jagd etc.) das „Sportgeschehen" in Vorarlberg. Beide Gruppierungen weisen bereits Züge des modernen Sports auf: die Veranstaltung von bzw. die Teilnahme an nationalen und internationalen Wettbewerben mit wertvollen Preisen; der Bau von Sportanlagen; Vorformen des Sponsorentums (z.B. „Schützenbeste"). Seit Beginn des 16. Jahrhunderts wurde das Spektrum an „sportlichen" Tätigkeiten nach und nach erweitert: um das Schwimmen bzw. Heilbaden, das Bergwandern, das „Schlittenfahren" (Rodeln) und – nachweislich ab 1786 – auch um das Eislaufen. Die verkehrsmäßige Erschließung des Landes durch den Bau von Straßen, vor allem in hochalpinen Lagen, die verbesserte Anbindung Vorarlbergs an Deutschland, die Schweiz und Restösterreich durch den Bau der Vorarlberg- und Arlbergbahn, die Errichtung von Sportanlagen durch Gemeinden, aber auch durch private Investoren (z.B. Schwimmbäder, Turnhallen, Eislaufplätze), die zunehmende Mobilität der Bevölkerung durch den Erwerb von Fahrrädern und Autos brachten ebenso wertvolle Impulse für eine stärkere Verbreitung von Turnen und Sport wie die Tätigkeit der 1869 gegründeten Sektion Vorarlberg des Deutschen und Österreichischen Alpenvereins, die sich vor allem um die Erschließung der Bergwelt große Verdienste erwarb.

Die grundlegenden Strukturen des Vorarlberger Sportgeschehens bis 1945 wurden bereits vor dem Ersten Weltkrieg festgelegt: die Unterscheidung von Leibesübungen, „Deutschem Turnen" und Sport als den drei vorherrschenden Elementen einer Bewegungskultur; die weltanschauliche Trennung der Turn- und teilweise auch der Sportbewegung in ein deutschnationales, christlich-soziales und ein sozialdemokratisches Lager; die Vielfalt an ausgeübten Sportarten; der Beginn eines wettkampfsportlich orientierten Vereinswesens; die Entwicklung einer umfangreichen Wettkampftätigkeit auf lokaler und regionaler Ebene sowie erste Erfolge einzelner Sportler bei nationalen und internationalen Wettkämpfen.

Die Anfänge einer vereinsmäßig organisierten Turnbewegung gehen auf die Mitte des 19. Jahrhunderts zurück. Unter dem Einfluß deutscher Facharbeiter wurden 1849 in Bregenz und 1851 in Feldkirch die ersten gesetzlich anerkannten Turngemeinden des Landes gegründet. 1852 jedoch wurden diese Turngemeinden als „politisch unzuverlässige Organisationen" mit Erlaß des Innenministeriums wieder verboten. Erst das Februarpatent des Jahres 1861 ermöglichte wiederum die Bildung von Vereinen. Von allem Anfang stand das auf den Grundsätzen von Friedrich Ludwig Jahn begründete Deutsche Turnen in einem engen Zusammenhang mit den politischen und wirtschaftlichen Gegebenheiten des Landes. Noch vor dem Ersten Weltkrieg entwickelten sich innerhalb der Vorarlberger Turnbewegung drei voneinander unabhängige, weltanschaulich klar abgegrenzte Lager: ein deutschnationales, ein christlich-soziales und ein sozialdemokratisches. Nur bei den Turnern kam es vor 1914 zur Gründung von sogenannten Dachverbänden. Die deutschnationalen Turner organisierten sich 1883 im Vorarlberger Turngau, die christlich-sozialen Turner 1906 im Vorarlberger Turner- und

Athletenverband (ab 1908 Vorarlberger Rheingau). Mit 23 Vereinen und 2.687 Mitgliedern war der Vorarlberger Turngau 1914 der mitgliederstärkste und gesellschaftspolitisch bedeutendste Verband im Bereich Turnen und Sport in Vorarlberg.

1886 wurden in Feldkirch, Dornbirn und Bregenz Radfahrvereine gegründet. Vor allem der Radfahrverein Bregenz kann als Begründer der Vorarlberger Sportbewegung angesehen werden. Die erfolgreiche Teilnahme von Athleten des Radfahrvereins an Wettkämpfen im Ausland, der Bau einer vereinseigenen Radrennbahn, die Veranstaltung von internationalen Radrennen mit hochklassigen Teilnehmerfeldern, aber auch die gesellschaftliche Verankerung des Sports durch die Veranstaltung von Bällen im Fasching sowie die Öffnung des Sports für die Frauen weisen dem RC Bregenz eine Sonderstellung innerhalb der ersten Vorarlberger Sportvereine zu.

Neben dem Radfahren erfolgten vor dem Ersten Weltkrieg weitere Vereinsbildungen im Eislaufen, Fußball, Rudern, Segeln, Skilaufen und Stemmen, jedoch keine einzige Verbandsbildung im Bereich der Sportbewegung. Mehrere Sportler sorgten für herausragende Leistungen im In- und Ausland: Otto Madlener belegte bei den Europameisterschaften im Ringen 1904 in Wien den 5. Rang; Josef Bildstein (beide Bregenz) gewann 1913 die Österreichischen Meisterschaften im Skilaufen, und im gleichen Jahr siegte der Lustenauer Adam Bösch bei den Schweizer Meisterschaften im leichtathletischen Fünfkampf. Bereits 1911 hatte Josef Bildstein mit 41 m einen österreichischen Rekord im Skispringen erzielt, der nur vier Meter unter der bestehenden Weltrekordmarke des Norwegers Harald Smith lag. Aber auch abseits vom Wettkampfgeschehen sorgten Vorarlberger Sportler für Aufsehen: Der „Wahlbregenzer" Dr. Karl Blodig bestieg als erster Mensch der Welt alle 66 Viertausender der Alpen, und die Skipioniere Viktor Sohm, Georg Bilgeri (beide Bregenz) und Hannes Schneider (Stuben) legten im Methodikbereich und durch skisportliche Innovationen den Grundstein für den ausgezeichneten Ruf, den Vorarlberg als Skisportland bis heute weit über die Grenzen des Landes hinaus genießt.

Der Erste Weltkrieg stellte nicht nur auf politischer Ebene, sondern auch für den Sport eine tiefe Zäsur dar. Die unzureichende Versorgungslage der Bevölkerung, die katastrophale Verkehrssituation und die großen finanziellen Probleme der meisten Vereine ließen nach dem Krieg einen Wiederaufbau nur langsam zu.

Die wesentlichen Merkmale des Turn- und Sportgeschehens im Zeitraum 1918 bis 1938 waren die zunehmende Verpolitisierung und ideologische Differenzierung von Turnen und Sport; die Ablöse des „Deutschen Turnens" als vorherrschende Form der Leibeserziehung durch den Sport; die Gründung von Sportverbänden; die verstärkte Vermarktung und Popularisierung des Sports; die Intensivierung des Wettkampfwesens sowie das Vordringen der Frauen in die Männerdomäne Sport.

Die österreichische und Vorarlberger Turn- und Sportbewegung blieb auch nach dem Ersten Weltkrieg in drei Lager gespalten. Die politischen Auseinandersetzungen der dreißiger Jahre mit nationalsozialistischen Terrorakten 1933/34 und dem Bürgerkrieg zwischen der Regierung Dollfuß und den Sozialdemokraten im Februar 1934 führten zunächst zum Verbot der Nationalsozialistischen Deutschen Arbeiterpartei und in weiterer Folge zur Auflösung aller sozialdemokratischen Partei-, Turn- und Sportorganisationen. Nach der Ermordung des christlich-sozialen Bundeskanzlers Dr. Engelbert Dollfuß im Juli 1934 – nachweislich unter Beteiligung von nationalsozialistisch gesinnten Turnern – versuchte die Regierung von Kanzler Dr. Kurt Schuschnigg mit der Gründung einer einheitlichen, auf autoritärer Grundlage stehenden Sportorganisation, der Österreichischen Turn- und Sportfront, eine Neuordnung des österreichischen Sports herbeizuführen.

Der Zeitraum 1933 bis 1938 brachte auch für den Vorarlberger Sport einschneidende Veränderungen. Mehrere Turn- und Sportvereine wurden aufgrund ihres offensichtlichen Nahverhältnisses zur nationalsozialistischen Partei behördlich verboten, sämtliche sozialdemokratischen Sportvereine aufgelöst. Ein von der Vorarlberger Landesregierung im Oktober 1934 beschlossenes Vorarlberger Turn- und Sportgesetz wurde vom Bundeskanzleramt als verfassungswidrig abgelehnt und trat nie in Kraft. Auch der aufgrund der Satzungen der Österreichischen Turn- und Sportfront vorgesehene Zusammenschluß der ideologisch verfeindeten Turnverbände Turngau und Rheingau in einem einzelnen Verband, einer „Einheitsturnerschaft", konnte trotz mehrerer Urgenzen aus Wien bis 1938 nicht realisiert werden.

Unabhängig von der Turnbewegung hatte sich in Vorarlberg mit Beginn der zwanziger Jahre eine eigenständige Sportbewegung entwickelt. Obwohl sich die beiden Turnverbände Turngau und Rheingau bemühten, der zunehmenden Konkurrenz durch Sportvereine entgegenzuwirken und immer mehr Sportarten in ihren Aufgabenbereich übernahmen, war der Siegeszug der „Weltreligion des 20. Jahrhunderts" auch in Vorarlberg nicht aufzuhalten. 1920 wurde mit dem Vorarlberger Fußballverband der erste Sportverband gegründet, bis 1938 folgten elf weitere. Von 1924 bis 1934, den „goldenen Jahren des Sports", wurde das Angebot an Sportarten immer vielfältiger, die Mitgliederzahlen der Vereine und Verbände stiegen kontinuierlich an, der Sport wurde zu einem Massenphänomen, das alle Bevölkerungsschichten erfaßte. Immer mehr wurde der Sport auch zum Zuschauersport. Einzelnen Sportveranstaltungen – wie etwa den Motorradrundrennen 1935 und 1936 in Lustenau – wohnten mehr als 10.000 Zuschauer bei.

1925 nahm der Lustenauer Radfahrer Adolf Haug als erster Vorarlberger an einer Weltmeisterschaft teil. In den folgenden zwölf Jahren starteten Vorarlberger Sportler bei weiteren fünf Europa- und neun Weltmeisterschaften. Bei den Olympischen Spielen 1936 in Berlin war Vorarlberg mit sechs Sportlern vertreten: den Turnern Pius Hollenstein, Adolf Scheffknecht (beide Lustenau) und August Sturm (Kennelbach), dem Radfahrer Rudolf Huber, dem Schützen Alfred Hämmerle und dem Fußballspieler Ernst Künz (alle Lustenau). Ernst Künz erreichte bei diesen Spielen mit der österreichischen Nationalmannschaft Silber, die erste Olympiamedaille eines Vorarlberger Sportlers. Ebenfalls Silber gewann Alfred Alge (Lustenau) bei den Europameisterschaften 1931 in Bern im Saalradsport (Einerkunstfahren). Der Stubener Willi Walch gewann 1937 bei den Skiweltmeisterschaften in Chamonix die Silbermedaille im Slalom, startete dabei allerdings für den Tiroler Club SC Arlberg.

Auch auf nationaler Ebene waren Vorarlbergs Sportler sehr erfolgreich. Von 1924 bis März 1938 wurden von Vorarlberger Sportlern und Sportlerinnen allein in Einzeldisziplinen insgesamt 25 Gold-, 33 Silber- und 22 Bronzemedaillen errungen. Einen nicht unwesentlichen Beitrag zu diesen Erfolgen lieferten dabei die Frauen. Trotz erheblicher Widerstände vor allem von seiten der katholischen Kirche behaupteten immer mehr Frauen ihre Position im Turn- und Sportgeschehen. Überdurchschnittlich erfolgreich waren Vorarlberger Sportlerinnen dabei im Schwimmen und Skifahren. Besondere Erwähnung verdient in diesem Zusammenhang die Bregenzerin Fritzi Jelinek. Mit acht österreichischen Meistertiteln im Schwimmen war sie die mit Abstand erfolgreichste Wettkampfsportlerin Vorarlbergs in der Zwischenkriegszeit.

Der Anschluß Österreichs an Hitlerdeutschland am 12. März 1938 beendete die Eigenständigkeit des österreichischen und damit auch des Vorarlberger Sports. Sämtliche Vereine und Verbände wurden in den Deutschen Reichsbund für Leibesübungen eingegliedert. Vorarlberg wurde als einer von acht Bezirken Teil des Sportgaus Tirol-Vorarlberg. Bezirksführer für Vorarlberg wurde Ing. Theodor Rhomberg (Dornbirn), der frühere Präsident des Verbands Vorarlberger Skiläufer.

Auch während der Zeit des Nationalsozialismus konnten einige Vorarlberger Sportler beachtliche nationale und internationale Erfolge erringen. Sie starteten dabei zum Teil jedoch für auswärtige Vereine. Josef Bösch (1938, Radfahren), Anton Vogel (1938 und 1941, Ringen), Ludwig Toth (1938 und 1939, Leichtathletik) siegten bei „Ostmarkmeisterschaften", Willi Walch gewann 1939 bei den Skiweltmeisterschaften in Zakopane zwei Medaillen: Silber in der Kombination und Bronze in der Abfahrt. Erst mit dem Ausbruch des Zweiten Weltkriegs trat das Sportgeschehen regional und national immer mehr in den Hintergrund. Lediglich im Schießen und im Bereich der Hitlerjugend wurde noch eine regelmäßige Wettkampftätigkeit aufrechterhalten. 1942 gelang dabei dem Egger Jungschützen Hubert Hammerer, dem späteren Olympiasieger von Rom 1960, eine europäische Jugendbestleistung im Kleinkaliberschießen. Allerdings forderte der Zweite Weltkrieg auch vom Vorarlberger Sport Opfer. Stellvertretend für die vielen Sportler, die im Krieg ihr Leben lassen mußten, sollen nur drei der besten erwähnt werden: Ernst Künz, Adolf Scheffknecht und Willi Walch.

Ausblick: Vorarlbergs Sport nach 1945

Unmittelbar nach Beendigung des Zweiten Weltkriegs schien die Zeit endlich reif zu sein für die Realisierung eines überparteilichen Vorarlberger Sportverbandes als zentraler Sportorganisation für alle Sportler, Funktionäre, Vereine und Verbände – unabhängig von ihrer politischen oder weltanschaulichen Einstellung. Tatsächlich kam es bereits am 10. Juli 1945 auf Initiative des Feldkircher Gymnasialprofessors Dr. Karl Schmidler zur Gründung des laut Statuten „parteipolitisch unabhängigen" Vorarlberger Sportverbandes.[493] Knapp ein Jahr später, am 5. Mai 1946, beschloß die Landesleitung der Sozialistischen Partei Vorarlbergs jedoch, dem wiedergegründeten Arbeiterbund für Sport und Körperkultur (= ASKÖ) beizutreten und „in Vorarlberg eine eigene Landesgruppe auf die Füße zu stellen".[494] Damit existierten in Vorarlberg wiederum zwei Dachverbände. 1956 kam zu diesen beiden bestehenden Verbänden als dritter Dachverband der Landesverband Vorarlberg der Österreichischen Turn- und Sportunion hinzu.

Nach 1945 wurde das gesamte Sportwesen in Österreich verfassungsmäßig zur Landessache erklärt. Allerdings verpflichtete der Vorarlberger Landtag erst 1968 das Land und die Gemeinden per Gesetz, den „im Interesse der Gemeinschaft gelegenen Sport nach Kräften zu fördern".[495] Dieses 1972 noch einmal novellierte „Sportgesetz" beinhaltete als wichtigsten Punkt die Errichtung eines Sportbeirates bei der Vorarlberger Landesregierung. Diesem Sportbeirat kam die Aufgabe zu, die Landesregierung in allen wesentlichen Angelegenheiten des Sports zu beraten. Im Vorarlberger Landessportbeirat waren (und sind 2001 immer noch) die drei Vorarlberger Dachverbände VSV, ASKÖ und Union entsprechend ihrer Mitgliedsstärke anteilsmäßig vertreten. Wurden 1971 vom Land noch drei Millionen Schilling an Sportförderung ausgeschüttet, so war das Sportbudget der Vorarlberger Landesregierung 2000 bereits deutlich über 80 Millionen Schilling angestiegen.[496]

Am 8. Juli 1945 besiegte der FC Feldkirch in Bludenz den dortigen Fußballclub mit 5:3 Toren. Es war dies die erste Sportveranstaltung in Vorarlberg nach dem Zweiten Weltkrieg. In den nächsten 55 Jahren bis Ende 2000 haben Vorarlberger Sportler und Sportlerinnen zehn Goldmedaillen bei Olympischen Spielen, 22 Titel bei Weltmeisterschaften und 33 Titel bei Europameisterschaften in Einzeldisziplinen allein in der Allgemeinen Klasse errungen. Weitere 59 Silber- und 101 Bronzemedaillen in Einzeldisziplinen bei den oben erwähnten Meisterschaften zeigen eindrucksvoll die Leistungsfähigkeit der Vorarlberger Sportler und Sportlerinnen und die Qualität der im Land geleisteten Basisarbeit auf.[497] Die Palette der internationalen Erfolge reicht dabei vom Olympiasieg von Trude Jochum-Beiser im Abfahrtslauf der Winterspiele 1948 in St. Moritz bis zum Europa- und Weltmeistertitel im Ringen von Nikola Hartmann im Jahr 2000.

Eine detaillierte Analyse des Vorarlberger Sports nach 1945 in seiner ganzen Vielfalt liegt bisher nicht vor.

ANMERKUNGEN

1 Bruckmüller/Strohmeyer (1998), 4.
Hinweis zur Rechtschreibung: Mit Rücksicht auf das Zielpublikum hat sich der Autor entschlossen, die alte Rechtschreibung beizubehalten.

2 Vgl. Weizenegger/Merkle (1839); Bilgeri (1982); Burmeister (1983); Bilgeri (1987).

3 Burmeister zum Beispiel führt den „Schiläufer Edwin Hartmann aus Frastanz" als Teilnehmer der Olympischen Sommerspiele 1936 in Berlin an (Burmeister 1983, 187). Tatsächlich war Hartmann Mitglied der österreichischen Nationalmannschaft im Patrouillenlauf bei den Olympischen Winterspielen 1936 in Garmisch-Partenkirchen. Der Patrouillenlauf war 1936 allerdings keine olympische Disziplin, sondern lediglich ein Demonstrationsbewerb.

4 In diesem Zusammenhang verweise ich vor allem auf die folgenden Publikationen: Schönherr (1981); Walser (1983); Greussing (1984); Wanner (1984); Johann-August-Malin-Gesellschaft (1985); Ebenhoch (1986); Dreier (1986); Wanner (1988); Pichler/Walser (1988); Kemmerling (1991) und Mittersteiner (1994).

5 Gunz (1949), 64.

6 Schneider (1930), 45.

7 Zum Beispiel in den Festschriften 60 Jahre bzw. 100 Jahre Skisport in Vorarlberg.

8 Für Details siehe Peter (1994), 120. Hannes Schneider gibt in seinem Buch „Auf Schi in Japan" auch das Jahr 1911 als Datum der österreichischen Meisterschaften auf dem Bödele an (Schneider 1937, 16). Diese Meisterschaften fanden allerdings erst 1912 statt.

9 VV vom 2. 6. 1923, 5. Weder das Protokollbuch des Rheingaus noch eine in der Festschrift zum 12. Gauturnfest in Rankweil veröffentlichte Statistik über die bisherigen Gauturnfeste vermögen das Rätsel zu lösen. Ein Gauturnfest bleibt „verloren".

10 1995 veröffentlichte Wolfgang Weber seine Dissertation unter dem Titel „Von Jahn zu Hitler. Politik- und Organisationsgeschichte des Deutschen Turnens in Vorarlberg 1847-1938".

11 Mehl (1923), 7.

12 Vgl. Dzionara (1996), 19.

13 Das Wettkampfprogramm in Olympia umfaßte zum Beispiel Wagenrennen, Wettrennen, verschiedene volkstümliche Übungen für Knaben, Wettkämpfe für Männer im Laufen, Pentathlon, Faustkampf, Ringkampf, aber auch einen Wettbewerb in geistigen Leistungen (Sport-Brockhaus 1982, 326f.).

14 Strohmeyer (1976), 286.

15 Strohmeyer (1999), 46.

16 Weizenegger (1989), 77f. Karl Heinz Burmeister meint jedoch, daß die meisten Angaben Weizeneggers über die Teilnahme der Ritter von Ems an Turnieren „zumindest mit einem Fragezeichen" zu versehen sind (Burmeister 1985, 20).

17 Bilgeri (1980), 70.

18 Burmeister (1985), 91.

19 Burmeister (1982), 71f. Graf Hugo XVII. von Montfort-Bregenz war 1498 auch Gründer der Bregenzer Schützengesellschaft; 1508 konnte er bei einem Schützenfest in Augsburg als bester Büchsenschütze einen Preis gewinnen (Vorarlberg Archiv, Bd. I, o.J.; o.S.).

20 Zösmeier (1885), 15.

21 Zur Geschichte des Schützenwesens in Bregenz siehe Ulmer (1942).

22 Zur Geschichte des Schützenwesens in Bludenz siehe Leuprecht (o.J.).

23 Feldkirch 1640; Bregenz 1649.

24 Vallaster (1981).

25 Burmeister (1985), 185.

26 Burmeister (1985), 186.

27 Burmeister (1985), 186.

28 Gmeiner (1979), 16.
29 Gmeiner (1979), 16.
30 Vorarlberg Chronik (2000), 15.
31 Zitiert bei Nägele (1929), 12f.
32 Siehe VLZ 30. 5. 1867.
33 Perfahl (1984), 2.
34 Burmeister (1985), 186.
35 Tiefenthaler (1955), 68.
36 Der Vorarlberger Alpinschriftsteller Günter Flaig bezeichnet die Schesaplana zur Zeit ihrer Erstbesteigung im Jahre 1610 als den zweithöchsten bis dahin erstiegenen Gipfel der gesamten Alpen. Der höchste war der Rocciamelone in den italienischen Westalpen (3538 m), der allerdings bereits 1388 bestiegen wurde (Flaig 1982, 22).
37 1809 waren Vorarlberger Schützenkompanien maßgeblich am Volksaufstand gegen die Bayern beteiligt. Unter der Führung von Landeskommissär Dr. Anton Schneider drängten die Vorarlberger Schützen zunächst die französischen und württembergischen Truppen zurück, wurden jedoch am 17. Juli 1809 bei Kempten entscheidend geschlagen. Damit war der Volksaufstand der Vorarlberger praktisch beendet (siehe Vorarlberg Chronik 2000, 120-123).
38 Diesem Schützenbund gehörten die Schützengesellschaften aus Bludenz, Blumenegg, Bürs, Braz, Dalaas, Frastanz, Nenzing und Satteins an.
39 Bauer (1903), 198.
40 Chronik Schützengilde Lustenau (1971), 2.
41 Zitiert bei Gmeiner (1979), 17.
42 Gmeiner (1979), 17.
43 Burmeister (1985), 186.
44 Vorarlberger Volkskalender (1879), o.S. Kaspar Hagen: 1820-1885; Bregenz; Arzt und Mundartdichter (u.a. „O Hoamatle, o Hoamatle").
45 Siehe Welti (1936), 12.
46 Vorarlberger Volkskalender (1879), o.S.
47 Die Feldkircher Jesuitenschule Stella Matutina war im Bereich der körperlichen Erziehung ihrer Schüler sehr fortschrittlich eingestellt. Einige Daten mögen dies verdeutlichen: ab 1856 Unterricht im Fechten; Eislaufen; Schwimmen und Rodeln; 1865: Erwerb des Tisner Weihers für den Schwimmunterricht; 1877: Erwerb des Reichenfelds (mehrere Spielfelder; Fußball); 1908/09: moderner Turnsaal mit entsprechender Ausstattung; 1912: Eröffnung des ersten Hallenbads einer Mittelschule in Österreich; für Details siehe den Abschnitt „Leibesübungen an Schulen" in Peter (1999), 270-276.
48 VLZ 5. 2. 1880, 2.
49 Naumann (1935), 87.
50 Angeblich fand Neyer auf dem Gipfel der Zimba ein menschliches Skelett, das „dicht unter dem Gipfel in einer kaminartigen Rinne kauerte" (Mohr 1998, 13). Das Geheimnis um den unbekannten Erstbesteiger der Zimba wurde bis heute nicht gelüftet und wird wohl ewig ein Geheimnis bleiben.
51 Mittheilungen des Deutschen und Österreichischen Alpenvereins (1893), 105.
52 Blodig Karl, Dr.: geb. 1859 in Wien; ab 1885 als Augenarzt in Bregenz tätig; Bergsteiger und Publizist (1923: Die Viertausender der Alpen; Gehen auf Eis und Schnee); Herausgeber von „Blodigs Alpenkalender" (1926-1942); gest. 1956.
53 Velociped: Vorläufer des Fahrrads; 1817 hatte K. von Drais eine Laufmaschine mit zwei Rädern erfunden, die durch Abstoßen der Füße vom Boden bewegt wurde. Diese „Draisine" wurde in den nächsten Jahrzehnten durch die Erfindung der Tretkurbel für das Vorderrad, des Hochrads, des Hinterradantriebs, des Niederrads, der Fahrradkette und des Luftreifens ständig weiterentwickelt (Sport-Brockhaus 1982, 357).
54 VLZ 24. 4. 1869, 2f.
55 DGBl. 29. 4. 1994, 4.

56 Diese Information habe ich dem unveröffentlichten Manuskript „Aus vergangenen Tagen – Erinnerungen an den Radsportbetrieb auf den alten, früheren Rennbahnen des Bregenzer Radfahrer-Clubs 1886" von Amtsrat Otto Madlener entnommen. Das Manuskript befindet sich im Besitz von Herrn Josef Keßler (Rankweil), dem Ehrenpräsidenten des Vorarlberger Radfahrerverbandes, und wurde mir von demselben zur Verfügung gestellt.

57 Der Radfahrclub Bregenz verfügt über eine Chronik für den Zeitraum 1886 bis 1902 (ohne Seitenangaben). Diese Chronik ist im Besitz von Herrn Josef Keßler (Rankweil).

58 Engelbert Luger war von 1910 bis 1924 der erste christlich-soziale Bürgermeister Dornbirns.

59 Nägele (1955), 187. Karl Kofler war auch der erste Autobesitzer Dornbirns. Er erwarb 1896 als zweiter Vorarlberger nach Eugen Zardetti (1893) einen Benz-Kraftwagen.

60 VLZ 17. 7. 1889, 3.

61 VLZ 1. 8. 1890, 3.

62 Veröffentlicht im Vorarlberger Volkskalender (1903), 30-33.

63 In diesem Zusammenhang verweise ich vor allem auf Hobmeier (1939) und die folgenden Festschriften: 25 Jahre Verband Vorarlberger Skiläufer; Jubiläums-Festschrift des Verbands Vorarlberger Skiläufer aus Anlaß des 60jährigen Bestands; 100 Jahre Skilauf in Vorarlberg.

64 Flaig (1956), 39.

65 Aufgrund der großen Bedeutung für die Entwicklung des Skisports in Vorarlberg wird in dieser Arbeit auch näher auf die Entwicklung des Skisports in der Region St. Anton eingegangen.

66 Es waren dies der TV Lustenau (1880), der TV Bludenz, der TV Höchst und der TV Thüringen (alle 1882) sowie der TV Hard (1883). Bereits 1863 war in Dornbirn-Hatlerdorf ein eigener Turnverein gegründet worden, der sich allerdings bereits wenige Monate nach seiner Gründung wieder auflöste.

67 Statuten des Vorarlberger Turngaus. Siehe VLA, BA & BH Feldkirch, Vereinskataster 1899-1932, Sch. 429, Zl. V 277.

68 Zur Geschichte der christlich-sozialen Bewegung siehe vor allem Haffner (1977).

69 Es waren dies die Turnerbünde Dornbirn, Rankweil, Altach, Rieden-Vorkloster, Bregenz, Hohenems sowie der Stemmclub Feldkirch.

70 VLA, Sch. 431, Zl. V 547.

71 Zur Geschichte der sozialdemokratischen Arbeiterbewegung siehe vor allem Scheuch (1978); Greussing (1984) und Mittersteiner (1994).

72 Für Details zur Sportbewegung in Vorarlberg bis 1938 siehe Peter (1999).

73 50 Jahre FC Lustenau (1957), 13.

74 Alfred Wehner war unter anderem auch Dietwart des TV Lustenau und Obmann der Großdeutschen Partei in Vorarlberg; Dr. Hermann Schmid war Obmann des TV Bregenz (1919-25), Dietwart des Vorarlberger Turngaus und des Kreises Tirol/Vorarlberg im DTB sowie Vizebürgermeister von Bregenz.

75 Weber (1995).

76 VT 14. 7. 1930, 1.

77 Statuten 1908, Paragraph 2.

78 Protokollbuch Rheingau, 267.

79 Protokollbuch Rheingau, 303.

80 1935 änderte die Fußballabteilung des TB Lustenau den Vereinsnamen in Austria Lustenau und agierte künftig als selbständiger Sportverein.

81 Fritz Stadler wurde 1892 in Obereching bei Salzburg geboren und kam 1913 als Bahnbediensteter nach Vorarlberg. Vom 22. 11. 1932 bis zum 12. 2. 1934 war er Landtagsabgeordneter der SDAP, von 1947 bis 1949 Stadtvertreter in Dornbirn. Er verstarb am 12. 9. 1965 in Bludenz (Bundschuh 1997, 130).

82 1919 hatte sich noch „eine Anzahl von Parteigenossen" am Gauturnfest des Vorarlberger Turngaus in Hohenems beteiligt, nach Darstellung der Wacht sogar „als Sieger" (VW 18. 9. 1919, 3). Tatsächlich konnte sich nur der Höchster Hermann Nagel mit einem 4. Rang im Kunstturnen der Oberstufe inmitten der bürgerlichen Turner behaupten (Ergebnisliste im VT 21. 9. 1919, 5).

83 VW 8. 9. 1923, 4.

84   Beim 2. Arbeiter-Bezirksturnfest für Tirol und Vorarlberg am 5. 9. 1929 in Feldkirch wurden folgende Siegesleistungen erzielt: 100 m 12,0 sec; Weitsprung 5,58 m; Kugelstoßen 10,54 m (VW 14. 9. 1929, 3). Die vergleichbaren Vorarlberger Rekorde des Jahres 1929 waren: 100 m 11,2 sec; Weitsprung 6,82 m; Kugelstoßen 11,95 m (Peter 1981).

85   VW 6. 9. 1930, 3.

86   VW 6. 9. 1930, 3.

87   1928 änderte der Motorfahrerclub seinen Namen in „Österreichischer Touringclub, Land Vorarlberg".

88   Die 18 österreichischen Meistertitel wurden in den Sportarten Radfahren (5 x), Saalradsport (7 x), Schießen (1 x) und Schwimmen (5 x) gewonnen.

89   Das wettkampfmäßige Schwimmen von Mädchen und Frauen wurde ebenso wie das wettkampfmäßige Turnen von seiten der konservativen Kräfte des Landes ganz entschieden abgelehnt. Noch 1925 forderte das Vorarlberger Volksblatt eine kategorische Trennung der Geschlechter in den öffentlichen Schwimmbädern mit der Begründung, daß durch das „Unheil der öffentlichen Schaustellung" das weibliche Schamgefühl ertötet, das mütterliche Zartgefühl erstickt und die vornehme weibliche Zurückhaltung preisgegeben würden (siehe VV 22. 8. 1925, 8). Für Details zum Thema Frauenturnen und Frauensport siehe Peter (1999), 261-270.

90   Zur Geschichte Vorarlbergs im Zeitraum 1918-1938 siehe vor allem Dreier (1986).

91   Weber (1995), 274.

92   Zitiert im VT vom 21. 5. 1938, 14.

93   Siehe den Artikel „Zur Geschichte einer Lustenauer Fußballvereinigung" im VT vom 21. 5. 1938, 13f.

94   Bundschuh (1990), 195.

95   VV 13. 7. 1937, 1. Im VLA war kein entsprechender Akt (mit Auflösedatum) auffindbar.

96   VV 25. 8. 1937, 1.

97   Strohmeyer (1992), 223.

98   Bundesgesetz vom 30. Oktober 1934. Veröffentlicht im Bundesgesetzblatt für den Bundesstaat Österreich vom 21. November 1934. Zitiert in: Österreichisches Sportjahrbuch (1935), 7-11.

99   Auf Antrag der Vorarlberger Landesregierung. Siehe VLA, Vlbg. Landesreg., Präsidium 767/1934.

100 Landtagsprotokoll (1934), 65.

101 Gesetz des Vorarlberger Landtages vom 11. Oktober 1934, betreffend die Regelung des Turn- und Sportwesens im Lande Vorarlberg (Turn- und Sportgesetz). Siehe VLA, Vlbg. Landesreg., Präsidium 1/1935.

102 Schreiben von Bundeskanzler Dr. Kurt Schuschnigg an Landeshauptmann Dipl.-Ing. Ernst Winsauer vom 3. Dezember 1934. Siehe VLA, Vlbg. Landesreg., Präsidium 1/1935.

103 VLA, Vlbg. Landesreg., Präsidium 1/1935.

104 Österreichisches Sportjahrbuch (1935), 8.

105 Strohmeyer (1992), 223.

106 Waibel (1983), 47.

107 Dem „Landessportausschuß" gehörten folgende Beiräte an: Gruppe 1 (Turnen): Ferdinand Grubhofer (Dornbirn); Gruppe 2 (Leichtathletik): Amtsrat Otto Madlener (Bregenz); Gruppe 3 (Handball): Gottfried Peintner (Lustenau); Gruppe 4 (Tennis): Dir. August Anlauf (Feldkirch); Gruppe 5 (Fußball): Albert Vetter (Lustenau); Gruppe 6 (Schwimmen): Norbert Hörburger (Bregenz); Gruppe 7 (Kraftsport): Dr. August Fischer (Bregenz); Gruppe 8 (Fechten): unbesetzt; Gruppe 9 (Schießen): Hans Ganahl (Feldkirch); Gruppe 10 (Reiten): unbesetzt; Gruppe 11 (Eislaufen): unbesetzt; Gruppe 12 (Skilauf): Karl Waibel (Hohenems); Gruppe 13 (Alpinistik): Wendelin Gunz (Feldkirch); Gruppe 14 (Fliegen): Ing. Emil Doppelmayr (Wolfurt); Gruppe 15 (Motorsport): Ing. Emil Doppelmayr (Wolfurt); siehe VT 26. 8. 1935, 6.

108 VT 7. 9. 1935, 6.

109 VT 4. 4. 1936, 6. Gemeint ist „nationalsozialistische Betätigung". Es handelte sich dabei um die Dornbirner Turner Herbert Diem, Herbert Spiegel und Otto Janes (Auskunft von Wolfgang Weber vom 3. 3. 1999).

110 Zur Biographie von Anton Plankensteiner verweise ich auf Weber (1995), 139: geb. 1890 in Bregenz;

vier Jahre Volksschule; acht Jahre Realschule in Dornbirn; Eintritt in den TV Dornbirn vor 1914; Angestellter der Bank für Tirol und Vorarlberg in Dornbirn; 1916: Heirat; vier Kinder; 1928 Obmannstellvertreter, 1930 Obmann des TV Dornbirn; 7. 11. 1930: Eintritt in die NSDAP; Ortsgruppenleiter; Bezirks- bzw. Kreisleiter der NSDAP bis 1933; illegaler Gauleiter; 1934: Verhaftung und Internierung in Wöllersdorf; Verbannung aus Vorarlberg; 1936: illegale Teilnahme am Parteitag der NSDAP in Nürnberg; 11./12. 3. 1938: Landeshauptmann für Vorarlberg und Gauleiter; 1942: Kreisleiter in Neustadt an der Rheinstraße; 3. 5. 1945: Internierung im Anhaltelager Brederis; 3. 6. 1948: Verurteilung zu elf Jahren verschärftem Kerker als Kriegsverbrecher; 1950: Entlassung aus der Haft; 1969: gestorben.

111 Für Details verweise ich vor allem auf die folgenden Arbeiten: Schönherr (1981); Wanner (1988); Pichler/Walser (1988).

112 Sport-Tagblatt vom 14. März 1938. Zitiert bei Stecewicz (1996), 163. Der Deutsche Reichsbund für Leibesübungen war am 24. Juli 1934 als autoritäre Dachorganisation aller bürgerlichen Turn- und Sportverbände geschaffen worden. Reichssportführer wurde der SA-Gruppenführer Hans von Tschammer und Osten. Am 21. Dezember 1938 wurde der DRL zum „Nationalsozialistischen Deutschen Reichsbund für Leibsübungen" und somit zu einer von der NSDAP betreuten und kontrollierten Organisation. Gleichzeitig endete damit die juristische Eigenständigkeit der Vereine (Benz/Graml/Weiß 1997, 251-256).

113 Gauorganisationsleiter der NSDAP zwischen Juli 1936 und 1937; persönlicher Referent von Gauleiter Hofer; SS-Obersturmführer; Gausportleiter bis 1945. Siehe Schreiber (1996), 52.

114 Für Details siehe Sport-Taschenbuch der Ostmark (1940/41), 32f.

115 Für Details siehe Johann-August-Malin-Gesellschaft (1988), 78.

116 Für Details siehe Mayer (1988), 118-123, und Johann-August-Malin-Gesellschaft (1988), 76.

117 Der Vorarlberger Fußballverband löste sich am 19. 6. 1938 auf, der Vorarlberger Turngau am 23. 10. 1938.

118 Zitiert im VT 4. 4. 1938, 4.

119 Für Details siehe Schreiber (1996).

120 Zitiert bei Schreiber (1996), 145.

121 Ministerialerlaß vom 28. 11. 1938: „Schilehrgänge für Schüler und Schülerinnen der höheren Schulen". Zitiert bei Stärk (1991), 246.

122 Zitiert im VT 29. 1. 1940, 7.

123 VT 5. 6. 1939, 8.

124 Vgl. Holter (1965), 80.

125 Als Qualifikationswettkampf für Breslau wurde am 16. Juni 1938 auf der Birkenwiese in Dornbirn das „1. Kreistreffen des Deutschen Reichsbunds für Leibesübungen Gau 17/Kreis Vorarlberg" durchgeführt. Die erfolgreichsten Vorarlberger Teilnehmer beim Turnfest in Breslau waren der Dornbirner Josef Vogel mit einem 14. Rang im „Volkstümlichen Dreikampf" und der Hohenemser Ernst Mathis mit einem 16. Rang im „Gemischten Zwölfkampf, Turnen".

126 Anton Vogel startete bei diesen Meisterschaften allerdings für den Verein „Polizei Wien".

127 Ludwig Toth startete bei diesem Wettkampf für die SG Wien.

128 1,73 m vom 20. 8. 1933 (Bregenz). Die 1,82 m von Erich Weißkopf wurden 1946 vom Feldkircher Rudolf Öhry egalisiert und erst 1961 durch den Bregenzer Konrad Lerch um einen Zentimeter übertroffen (Peter 1973).

129 Ludwig Toth startete bei diesem Wettkampf für den Wiener Athletikclub.

130 Erlaß des Reichssportführers Hans von Tschammer und Osten (zitiert im VT 11. 6. 1940, 7).

131 Hubert Hammerer nahm nach dem Zweiten Weltkrieg an mehreren Europa- und Weltmeisterschaften teil und gewann 1960 bei den Olympischen Spielen in Rom die Goldmedaille im Bewerb Freigewehr (300 m).

132 Erlaß des Reichssportführers von Tschammer und Osten (zitiert bei Stecewicz 1996, 244).

133 Keine andere Sportart verfügt über ein auch nur annähernd so umfangreiches Quellenmaterial wie das Turnen. Zum einen besitzen die meisten Turnvereine des Landes Chroniken, die bis in die Gründerjahre zurückreichen, zum anderen wurden aus Anlaß der verschiedensten Jubiläen im Laufe der Jahre und Jahrzehnte von fast allen Turnvereinen des Landes Festschriften herausgegeben, in denen sich Beiträge über

die Geschichte der einzelnen Vereine finden. Entsprechende Hinweise finden sich in diesem Abschnitt jeweils an geeigneter Stelle. Über die allgemeine Entwicklung der deutschnationalen Turnbewegung in Vorarlberg von den Anfängen bis zum Ersten Weltkrieg verweise ich vor allem auf folgende Publikationen: Seewald (1930), 261-267; Seewald (1930), 267-269; Kolb (1938); Fend (1983), 8-33; Weber (1994); Weber (1995).

134 Graf erwähnt in seiner Sportgeschichte von Tirol, daß bereits 1821 Vorarlberger Studenten Jahnsches Gedankengut nach Tirol brachten. Sie trafen sich auf dem von einem Wiltener Bauern gepachteten Grundstück zu Fecht-, Ring- und gymnastischen Übungen, mußten jedoch auf Anordnung der Staatspolizei ihre Aktivitäten schon bald wieder beenden (Graf 1995, 14).

135 Zur Geschichte der Turngemeinde Bregenz und des Turnvereins Bregenz siehe vor allem: Bilgeri/Schmid (1925), 17-32.

136 Die Stadt stellte der Turngemeinde zum Beispiel kostenlos einen Turnplatz und auch genügend Holz zur Herstellung von Turngeräten zur Verfügung (Bilgeri/Schmid 1925, 18).

137 Zur Geschichte der Turngemeinde Dornbirn und des Turnvereins Dornbirn siehe vor allem: Vereinschronik des Turnvereins Dornbirn 1862-1941 (zwei Bände); Bammert-Ulmer (1962), 25-38; Hartmann (1987); Weber (1989); Weber (1990), 27-65.

138 Kolb (1938), 8.

139 VLA, Kreisamt II, Sch. 1, Zl. 76/1851. Zitiert bei Weber (1995), 60.

140 Zur Geschichte des Turnvereins Feldkirch siehe vor allem: Gantner (1961), 5-13.

141 Paragraph 1 und 2 der Satzungen der Turngemeinde Bregenz. Zitiert bei Weber (1995), 31.

142 Unter den Gästen befanden sich auch der damalige Kreishauptmann Johann Nepomuk von Ebner und der Kreiskommissär Franz Barth. Beide äußerten sich sehr positiv über die dargebotenen Leistungen der Turner (Kolb 1938, 7).

143 Schreiben der Statthalterei Innsbruck an das Kreispräsidium in Bregenz vom 23. 4. 1852. Zitiert bei Weber (1995), 55. Die Niederschlagung der Revolution von 1848, die tristen wirtschaftlichen Verhältnisse und die Aussichtslosigkeit auf eine wirkliche Teilnahme der Bürger an einem aktiven politischen Leben führten in Vorarlberg nach 1850 zu einer Auswanderungswelle ins republikanische Amerika. Zu diesen Auswanderern gehörte auch der Vorstand des Turnvereins Bregenz, Franz Alexander Gunz. Gunz verkaufte 1853 sein Geschäft in Bregenz und ließ sich als Textilhändler in New York nieder. Er wurde in den Folgejahren „zur ersten Anlaufstation für die meisten Liberalen, die Vorarlberg in Richtung Amerika verließen" (Pichler 1993, 42).

144 Am 23. Juni 1853 löste sich offenbar auch die Turngemeinde Dornbirn, die sich ja nie behördlich als offizieller Verein konstituiert hatte, selbst auf. Der Vereinskassier Dr. Friedrich Spiegel vermerkte unter diesem Datum auf einem Zettel: „Der Turnverein, seligen Andenkens, vermacht dem Realschulfonds sein Hab und Gut mit fl 38,43 R.W." Nach Seewald (1930), 262.

145 Chronik des TV Dornbirn, Jg. 1864.

146 VLZ 23. 7. 1864, 3.

147 Dr. Anton Jussel: Landeshauptmann von 1873 bis 1878.

148 Gedenkschrift des TV Dornbirn (1887), 43.

149 Zur Vereinsgeschichte des TV Lustenau siehe vor allem: Festschrift 75 Jahre TV Lustenau. Turnerschaft „Jahn" (1955). Mehrere Hinweise deuten darauf hin, daß in Lustenau und Bludenz schon viele Jahre vor der Gründung eines Vereins in privaten Gesellschaften geturnt wurde.

150 Zur Vereinsgeschichte des TV Bludenz siehe: Festschrift 125 Jahre Turnen in Bludenz; des TV Höchst: Festschrift 100 Jahre Turnen in Höchst 1882-1982; des TV Thüringen: Festschrift 110 Jahre Turnen in Thüringen; des TV Hard: Weber (1995), 198-208.

151 Seewald (1930), 267.

152 Vertreten waren der TV Bludenz, der TV Bregenz, der TV Dornbirn, der TV Feldkirch, der TV Höchst und der TV Lustenau.

153 Kolb (1938), 46.

154 VLA, BA & BH Feldkirch, Vereinskataster 1899-1932, Sch. 429, Zl. V 277. Zitiert bei Weber (1995), 74.

155 Ein Überblick über die Gründungs- und Auflösungsdaten aller deutschnationalen Turnvereine Vorarl-

bergs zwischen 1849 und 1938 findet sich bei Weber (1995), 289f.

156 Ein Überblick über die Baugeschichte aller Vereinsturnhallen aller Turnvereine Vorarlbergs findet sich bei Kolb (1938), 151-165.

157 Weber (1994), 229.

158 Für Details siehe Peter (1999), 261-270.

159 Zur Geschichte des Rheintalisch-Vorarlberger Turnverbands siehe: Neurauter (1933), 385-386.

160 Beiden Austritten lagen eher geringfügige Vorfälle und gegenseitige „Animositäten" zugrunde. Zum Austritt des TV Dornbirn: Anläßlich einer Gauturnfahrt 1885 nach Innsbruck fühlten sich der TV Feldkirch und der TV Bludenz vom gastgebenden Verein, dem Innsbrucker Turnverein, nicht standesgemäß behandelt und brachten daher beim nächsten Gauturntag eine Beschwerde gegen den ITV ein. Als ein Antrag des TV Dornbirn, den beiden Oberländer Vereinen für ihr Verhalten eine Rüge zu erteilen, nicht die erforderliche Mehrheit fand, trat der TV Dornbirn aus dem Gau aus. Zum Austritt des TV Bregenz: Beim Gauturntag 1893 kam es beim Tagesordnungspunkt „Neuregelung der Anzahl der Vereinsdelegierten" zu heftigen verbalen Auseinandersetzungen zwischen den Delegierten des TV Dornbirn und des TV Bregenz, die schließlich sogar zum Austritt des TV Bregenz aus dem Gau führten. Nachdem der TV Dornbirn jahrelang nicht bereit war, die beleidigenden Äußerungen zurückzunehmen, dauerte es acht Jahre (!), bis der TV Bregenz wieder dem Vorarlberger Turngau beitrat.

161 Die Führung des Vorarlberger Turngaus stand den rebellischen Bregenzer Jungturnern offensichtlich positiv gegenüber, da sie ihnen den Start beim Gauturnfest trotz eines offiziellen Einspruchs des TV Bregenz erlaubte. Besondere Unterstützung erhielt der Turnerbund Bregenz durch den TV Dornbirn, der dem Turnerbund anfänglich mehrere Turngeräte zur Verfügung stellte. Siehe Kolb (1938), 98f.

162 Der Turnerbund Bregenz nahm innerhalb der Vorarlberger Turnbewegung eine ganz eigenständige Entwicklung. Bis 1903 war es dem Turnerbund gestattet, an den Turnfesten des Vorarlberger Turngaus und des Rheintalisch-Vorarlberger Turnverbandes teilzunehmen. 1903 jedoch wurde er aufgrund eines Antrages des TV Hohenems aus dem Rheintalisch-Vorarlberger Turnverband ausgeschlossen und war damit innerhalb der Vorarlberger Turnbewegung isoliert. Der Vorstand des Turnerbundes versuchte nun, in einem deutschen Turnkreis Anschluß zu finden. Bereits am 23. Juni 1904 wurde der TB Bregenz in die Deutsche Turnerschaft aufgenommen, worauf auch die Schweizer Vereine die zwischenzeitlich unterbrochenen Kontakte mit dem Turnerbund wiederaufnahmen. Gleichzeitig intensivierte der TB auch seine Beziehungen mit den in der Zwischenzeit entstandenen katholischen Turnvereinen des Landes. Als am 18. November 1906 in Bregenz der Vorarlberger Turner- und Athletenverband (ab 1908 Rheingau) gegründet wurde, gehörte auch der TB Bregenz zu den Gründervereinen. Bereits wenige Monate später trat der TB allerdings schon wieder aus dem gemeinsamen Verband aus, um nicht – wie befürchtet – aus der Deutschen Turnerschaft ausgeschlossen zu werden. Bei einer Vereinsversammlung am 7. März 1907 wurde der Beitritt zum Kreis XII Bayern/Gau Allgäu der Deutschen Turnerschaft beschlossen und noch im selben Monat realisiert. Bis 1929 blieb der TB Bregenz im Kreis XII Bayern/Allgäu. Im Juli 1929 schloß sich der TB mit dem Verein „Der Ring. Gemeinschaft für Körper- und Geistesausbildung Bregenz" zum „Turnerbund Ring Bregenz" zusammen. Im Jänner 1931 kam es zum Zusammenschluß des TB Ring Bregenz mit dem TB Rieden-Vorkloster, und am 8. März 1931 wurde der TB Ring Bregenz in den Vorarlberger Rheingau aufgenommen. Er blieb Mitglied des Rheingaus bis zu dessen Auflösung im März 1938 (Kolb 1938, 96-103).

163 Bereits 1886 hatte der damalige Oberturnwart des Ersten Wiener Turnvereins, Franz Kießling, bei der 25-Jahr-Feier des Vereins mehreren „Nichtdeutschen", darunter zwei Juden, die Teilnahme an einem hellenischen Fünfkampf verweigert. Unmittelbar nach der Einführung des Arierparagraphen verließen 480 Juden und 20 weitere „Nichtdeutsche" den Verein und gründeten den „Deutsch-Österreichischen Turnverein". Mehl (1923), 58.

164 Kurt Greussing hat in seinem Buch „Die Entwicklung des Antisemitismus in Vorarlberg um 1900" allerdings nachgewiesen, daß der Antisemitismus der Deutschvölkischen und der Nationalsozialisten keinen Neuanfang darstellte, sondern auf der von christlich-sozialen Schreibern und Politikern begründeten „Feindschaft gegen alles Jüdische" aufbaute (Greussing 1992, 7). Für Details siehe auch Dreier (1988).

165 Bilgeri/Schmid (1925), 24.

166 Chronik des TV Dornbirn, Jg. 1900.

167 Kolb (1938), 74.

168 Beim Bundestag 1928 wurde die Streichung der Jahreszahl 1919 aus dem Namen des Deutschen

Turnerbundes beschlossen. Ich verwende in dieser Arbeit ausschließlich die Abkürzung DTB ohne Jahreszahl.

169 Die anderen Kreise waren: Kreis 1: Wien, Niederösterreich, nördliches Burgenland; Kreis 2: Steiermark, Kärnten, südliches Burgenland; Kreis 3: Oberösterreich, Salzburg; Kreis 5: Norddeutschland und Berlin; Kreis 6: Mitteldeutschland. Als 7. Kreis war ursprünglich das Sudetenland vorgesehen. Die Regierung der nach dem Ersten Weltkrieg neugegründeten Tschechoslowakei verbot ihren Turnvereinen jedoch den Anschluß an einen ausländischen Verband. Die Vereine der Tschechoslowakei gründeten daher einen eigenen Verband, den „Deutschen Turnverband", der seine Satzungen jedoch denen des DTB anglich. Siehe Schiller (1978), 13.

170 Schiller (1978), 14.

171 Die Leitsätze des Deutschen Turnerbundes (1919). Zitiert bei Mehl (1923), 12.

172 Mehl (1923), 12.

173 Turnen und Sport 1924, 49f.

174 Fend (1983), 39.

175 VT 25. 4. 1933, 5.

176 VT 25. 4. 1933, 5.

177 VLA, BH Bregenz Ia-1511/1933. Die Deutschvölkische Turnerschaft Vorarlberg führte nur einige wenige Veranstaltungen durch. Am 18. und 19. September 1933 organisierte sie in Bezau ein Bergturnfest verbunden mit einer Kriegerehrung, am 4. März 1934 veranstaltete sie auf dem Bödele einen Gauskiwettlauf. Weitere Aktivitäten der Deutschvölkischen Turnerschaft Vorarlberg sind nicht bekannt. Die betroffenen Vereine dürften nach der Wiederaufnahme des Turnens in Vorarlberg ab Oktober 1934 stillschweigend wieder in den Vorarlberger Turngau zurückgekehrt sein.

178 Turnen und Sport 1923, 1.

179 VT 17. 3. 1925, 7.

180 Eine sehr detaillierte Analyse der Beziehungen der deutschnationalen Turnvereine Vorarlbergs zur NSDAP findet sich in der Dissertation von Wolfgang Weber „Turnen und Politik in Österreich – exemplarisch dargestellt am Bundesland Vorarlberg 1847-1938" bzw. in seinem 1995 in Konstanz erschienenen Buch „Von Jahn zu Hitler – Politik und Organisationsgeschichte des Deutschen Turnens in Vorarlberg 1847 bis 1938".

181 Chronik des TV Dornbirn, Jg. 1929. In Vorarlberg war anstelle des Begriffes „Heimwehr" der Begriff „Heimatwehr" gebräuchlich. Siehe Dreier (1986).

182 Alfred Wehner war u.a. Vorstand des Vorarlberger Turngaus, Dietwart des TV Lustenau und Obmann der Großdeutschen Partei in Vorarlberg; Dr. Hermann Schmid war Obmann des TV Bregenz, Dietwart des Vorarlberger Turngaus und des Kreises Tirol-Vorarlberg im DTB sowie Vizebürgermeister von Bregenz.

183 Weber (1995), 270.

184 Für Details siehe Walser (1983).

185 Als bundesstaatlicher Verwalter wurde der Bürgermeister von Weyer an der Enns (OÖ), Bundesbahninspektor i.R. Georg Trauner, bestellt.

186 Vgl. Strohmeyer (1998), 212-245.

187 Die behördliche Auflösung des TV Lustenau wurde am 12. November 1936 wieder aufgehoben. Ein detaillierter Überblick über die Tätigkeiten sämtlicher Turngauvereine während der Ersten Republik findet sich bei Weber (1995), 99-269.

188 Bundesgesetzblatt I, 1935, Artikel III vom 30. 4. 1934. In: Österreichisches Sportjahrbuch (1935), 7.

189 Paragraph 5, Absatz 2. In: Österreichisches Sportjahrbuch (1935), 8.

190 VT 19. 12. 1936, 5.

191 Zitiert im VT 4. 4. 1938, 4.

192 Zitiert im VT 26. 10. 1938, 8.

193 Zum ersten Mal wurden die Einzelsieger im Wetturnen anläßlich des 5. Gauturnfestes am 3. 8. 1890 namentlich in einer Zeitung erwähnt. Siehe VLZ 5. 8. 1890, 2.

194 Im Rahmen dieses Schauturnens kamen u.a. auch ein Weitsprung- und ein Hochsprungbewerb zur Austragung. Die Siegesleistungen betrugen 4,65 m im Weitsprung und 1,65 m im Hochsprung (Kolb

1938, 44). Allerdings dürfte der Hochsprungsieger, wie damals üblich, ein Sprungbrett als „Sprunghilfe" benutzt haben.

[195] VLZ 4. 10. 1883, 2.

[196] Es waren dies der TV Feldkirch, der TV Dornbirn, der TV Bregenz, der TV Lustenau, der TV Bludenz, der TV Höchst, der TV Thüringen und der TV Hard.

[197] VLZ 2. 8. 1887, 3.

[198] VLZ 4. 7. 1914, 2.

[199] Die Leitsätze des Deutschen Turnerbundes (1919). Zitiert in Mehl (1923), 12.

[200] VT 17. 3. 1931, 3.

[201] Zitiert im VT 20. 7. 1931, 6.

[202] Zitiert in Turnen und Sport 1924, 104.

[203] Zitiert im VT 24. 7. 1926, 2. Beim 2. Bundesturnfest des DTB nahmen ca. 5000 Turnerinnen und 10.000 Turner am Schauturnen auf dem Wiener Trabrennplatz teil. Am Festzug durch die Innenstadt Wiens beteiligten sich laut VT geschätzte 30.000 Turner und Turnerinnen. Siehe VT 24. 7. 1962, 1.

[204] Es waren dies der TV Dornbirn in der Stärkeklasse 1, der TV Hohenems in der Stärkeklasse 2, der TV Lustenau in der Stärkeklasse 3, der TV Hard in der Stärkeklasse 4 (mit der höchsten Note aller 340 teilnehmenden Vereine) und der TV Frastanz in der Stärkeklasse 5.

[205] Konkret handelte es sich um die Dornbirner Turner Herbert Diem, Herbert Spiegel und Otto Janes (Auskunft von Wolfgang Weber vom 3. 3. 1999). Mit Wirkung vom 4. 7. 1936 wurde von der Österreichischen Turn- und Sportfront auch über die Turner Herrmann Böhler (TV Dornbirn), Ferdinand Burtscher, Hans Fulterer (beide TV Bregenz), Anton Lenz (TV Hard), Friedl Lässer und Herbert Zimmermann (beide TV Feldkirch) ein „Startverbot für sämtliche In- und Auslandsveranstaltungen auf die Dauer von zwei Jahren" verhängt (siehe VT 13. 7. 1936, 5).

[206] VT 7. 3. 1938, 2f.

[207] Waibel (1983), 35.

[208] August Waibel: Bürgermeister von Hohenems von 1919 bis 1937.

[209] VV 18. 4. 1899, 4.

[210] Laut Vereinskataster der Bezirkshauptmannschaften für Bregenz und Feldkirch sowie der Sicherheitsdirektion für Vorarlberg erfolgte 1903 die Gründung des Stemmclubs Feldkirch, 1905 des Turnerbundes Hohenems, 1907 der Turnerbünde Altach, Dornbirn, Rieden-Vorkloster und Rankweil. Siehe Weber (1995), 90.

[211] Dem TB Bregenz kam innerhalb der Vorarlberger Turnbewegung eine ganz eigene Bedeutung zu. Er war 1900 gegründet worden, nachdem es innerhalb des TV Bregenz zu Streitigkeiten gekommen war und mehrere Jungturner vom Vorstand aus dem Verein ausgeschlossen worden waren. Er startete zunächst bei den Turnfesten des Vorarlberger Turngaus, wurde 1903 jedoch aus dem Rheintalisch-Vorarlberger Turnverband ausgeschlossen und war damit innerhalb der Vorarlberger Turnbewegung isoliert. 1906 gehörte der TB Bregenz zu den Gründungsmitgliedern des Vorarlberger Turner- und Athletenverbandes. Bereits 1907 trat der TB Bregenz allerdings schon wieder aus diesem Verband aus und schloß sich dem Kreis XII Bayern/Gau Allgäu der Deutschen Turnerschaft an. Bis 1931 blieb er Mitglied dieses Verbandes, ehe er nach dem Zusammenschluß mit dem Verein „Der Ring. Gemeinschaft für Körper- und Geistesausbildung Bregenz" als TB Ring Bregenz wiederum Mitglied des Vorarlberger Rheingaus wurde (für Details siehe Peter, 1999, 90-92).

[212] Von 1906 bis 1908 der „Vorarlberger Turner- und Athletenverband".

[213] Siehe VLA, BA und BH Bregenz, Schachtel 431, Zl. 547. Zur Gründungsgeschichte des Vorarlberger Turner- und Athletenverbandes bzw. des Vorarlberger Rheingaus verweise ich vor allem auf die beiden folgenden Beiträge: Waibel (1982); 34-53; Weber (1995), 84-95.

[214] Die Gründungsversammlung des Vorarlberger Turner- und Athletenverbandes wurde, ebenso wie alle anderen Verbandssitzungen bis Dezember 1937, schriftlich protokolliert. Dieses Protokollbuch befindet sich heute im Besitz des Ehrenobmannes der Vorarlberger Turnerschaft, Herrn Hofrat Ferdinand Waibel (Hohenems). Das Protokollbuch ist von 1906 bis 1928 durchgehend numeriert (Seite 1 bis Seite 380); ab 1928 beginnt die Seitennumerierung wieder bei eins.

[215] Weitere Funktionen im Vorstand hatten als Beiräte Max Kraus, Bregenz; Albert Winsauer, Dornbirn;

Jakob Amann, Rankweil; Carl Briem, Feldkirch; als Kassaprüfer Xaver Vonach, Bregenz, und Wenzel Dworzak, Rieden-Vorkloster.

216 Auf Betreiben der Deutschen Turnerschaft beschloß auch der Vorarlberger Rheingau in einer Sitzung vom 9. Jänner 1909, nur noch Vereine in den Verband aufzunehmen, die den Namen „Turnverein", „Turnerbund" oder „Turnerschaft" trugen. Aus diesem Grund wurde dem Athletiksportclub Altenstadt die Aufnahme in den Gau verweigert; der Stemmclub Feldkirch änderte seinen Vereinsnamen in Turnerbund Feldkirch (Protokollbuch Rheingau, 17. 1. 1909, 34; 12. 4. 1909, 38).

217 Bis 1914 wurden insgesamt 24 Vereine gegründet; allerdings schieden in diesem Zeitraum auch vier Vereine wieder aus dem Gau aus: der TB Bregenz (1907) wegen Übertritts zum Gau Allgäu; der Athletiksportclub Altenstadt (1913) und die Turnerbünde Altach und Mäder (jeweils 1914) wegen Vereinsauflösung.

218 Statistik im Anhang der Festschrift zum 12. Gauturnfest am 23./24. 7. 1927 in Rankweil.

219 Im November 1937 gehörten dem Rheingau 31 Vereine an. Eine Übersicht über die Gründungs- und Auflösungsdaten sämtlicher katholischer Turnvereine in Vorarlberg zwischen 1900 und 1938 findet sich bei Weber (1995), 290f.

220 Alois Amann verstarb am 7. März 1932. Aus „Pietätsgründen" wurde beim Gautag am 4. April 1932 beschlossen, erst beim Frühjahrsgautag 1933 die nächsten Neuwahlen durchzuführen. In der Zwischenzeit wurden die Agenden des Rheingaus vom Vorsitzenden-Stellvertreter Dr. Emil Schneider geleitet.

221 DDr. Franz Egger: Weihbischof und Generalvikar von Vorarlberg 1908 bis 1912; ab 1912 Fürstbischof von Brixen.

222 Protokollbuch Rheingau, 206.

223 VV 6. 10. 1925, 5.

224 VV 17. 8. 1907, 2.

225 Protokollbuch Rheingau, 138.

226 Protokollbuch Rheingau, 173.

227 Die Turngemeinde Bregenz war eine Vereinigung aller Bregenzer Turnvereine und bestand aus je zwei Rheingauvereinen (TB Bregenz; TB Rieden-Vorkloster) und zwei Turngauvereinen (TV Bregenz; TV Vorkloster).

228 Protokollbuch Rheingau, 246.

229 Ein erster Vergleich ergab sich 1925 anläßlich der 25-Jahr-Feier des TB Bregenz. Bei diesem Wettkampf wurden sämtliche Bewerbe von Turnern des Rheingaus vor Turnern des Turngaus gewonnen: Franz Winder (TB Dornbirn) gewann den Zehnkampf der Oberstufe vor Mathias Huber (TV Vorkloster), Anton Spagola (TB Bludenz) den Zwölfkampf vor Ernst Mathis (TV Hohenems) und Gottfried Peintner (TB Lustenau) den Volkstümlichen Fünfkampf vor Otto Platz (TV Lustenau). Auch ein Vereinswetturnen des TB Bregenz ein Jahr später brachte ein ähnliches Ergebnis: Der TB Dornbirn gewann diesen Vergleichskampf vor dem TB Lustenau, dem TV Lustenau und dem TV Vorkloster.

230 Statuten des Rheingaus 1908, Paragraph 2; veröffentlicht in Festschrift zum 12. Gauturnfest am 23./24. 7. 1927.

231 VV 4. 7. 1932, 1.

232 Siehe dazu den Abschnitt „Der Vorarlberger Heimatdienst" in Dreier (1986), 207-212.

233 Zitiert bei Bundschuh (1990), 113. Anton Ulmer wurde nach der Machtergreifung der Nationalsozialisten im März 1938 sofort verhaftet und verbrachte zunächst elf Monate im Gefängnis. Nach seiner Freilassung wurde Ulmer mit einem „Gauverbot" belegt und arbeitete bei einer Baugenossenschaft in München. 1944 war er mehrere Wochen im KZ Dachau interniert. Für Details siehe das Kapitel „Politische Verfolgungen der ersten Tage" in Johann-August-Malin-Gesellschaft (1985), 71-85.

234 Krüger (1993), 121.

235 Zitiert im VV 10. 6. 1933, 6.

236 Protokollbuch Rheingau, 267.

237 Protokollbuch Rheingau, 267.

238 Bundesverfassungsgesetz vom 30. Oktober 1934 (Bundesgesetzblatt Nr. 362) in: Österreichisches Sportjahrbuch (1935), 9.

239 VV 11. 8. 1934, 5.

240 Protokollbuch Rheingau, 320.

241 Für Details bezüglich der Position des Vorarlberger Turngaus siehe den Abschnitt „Die deutschnationale Turnbewegung".

242 Zitiert bei Recla (1983), 21.

243 Protokollbuch Rheingau, 264.

244 Für den Rheingau war die Durchführung dieses Verbandsturnfestes ein Riesenerfolg. Er hatte, nach eigenem Empfinden, nicht nur der Öffentlichkeit seine Existenzberechtigung bewiesen, sondern auch „die Bahn geöffnet für eine glänzende Zukunft" (VV 17. 8. 1907, 2.)

245 Siehe Protokollbuch Rheingau. Die korrekte Reihenfolge der einzelnen Verbandsturnfeste des Rheingaus ist allerdings etwas mysteriös. Das Gauturnfest 1919 in Götzis wurde vom Rheingau bzw. vom Vorarlberger Volksblatt nämlich als 6. Gauturnfest bezeichnet. Der Ehrenobmann des Rheingaus, Hofrat Ferdinand Waibel, führt die Fahnenweihe des TB Lustenau 1912 als 4. Gauturnfest und die Fahnenweihe des TB Hohenems 1913 als 5. Gauturnfest. In diesem Fall würde die Reihenfolge wieder stimmen (persönliches Schreiben von Hofrat Waibel an den Verfasser vom 30. 10. 1996).

246 Dieses „Angebot" wurde von den Vereinen des Vorarlberger Turngaus allerdings nicht angenommen. Bei den beiden Landesturnfesten 1935 und 1936 waren ausschließlich Turner des Vorarlberger Rheingaus am Start.

247 Der TB Lustenau erhielt für seine Darbietungen von den Zuschauern „nicht endenwollenden Beifall", laut Vorarlberger Volksblatt der verdiente Lohn für ein Turnen, wie es auf den Turnfesten der Christlich-Deutschen Turnerschaft „in dieser Gleichmäßigkeit und Ausführung" noch nie gezeigt worden war (VV 19. 7. 1935, 7).

248 Allerdings waren bei den Olympiaausscheidungskämpfen die leistungsstärksten Turner des Vorarlberger Turngaus nicht startberechtigt, sodaß es zu keinem echten Vergleich Rheingau – Turngau kam. Vgl. dazu den entsprechenden Abschnitt im Kapitel „Die deutschnationale Turnbewegung".

249 1935 trennte sich die Fußballabteilung des Turnerbundes Lustenau vom Stammverein und agierte künftig unter der Vereinsbezeichnung Austria Lustenau als selbständiger Sportverein. Für Details siehe den Abschnitt „Sportarten: Fußball".

250 Für Details siehe den Abschnitt „Sportarten: Leichtathletik".

251 Für eine detaillierte Darstellung der Leistungen von Gottfried Peintner und Josef Neumann siehe den Abschnitt „Sportarten: Leichtathletik".

252 Maderthaner (1988), 1.

253 Gastgeb (195), 15.

254 Der Begriff „Arbeiter" durfte im Vereinsnamen nicht aufscheinen, weil der Verein sonst als „staatsfeindlich" eingestuft worden wäre (Krammer 1981, 22).

255 Viktor Adler: 1852-1918; Arzt; bedeutendster Führer der sozialdemokratischen Bewegung vor dem Ersten Weltkrieg; Gründer der Sozialdemokratischen Partei; Gründer und Chefredakteur des sozialdemokratischen Parteiorgans „Arbeiter-Zeitung"; Staatssekretär für Äußeres in der provisorischen Regierung Oktober/November 1918 (Das große Buch der Österreicher 1987, 8).

256 Gastgeb (1952), 22.

257 Karl Renner: 1870-1950; bedeutendster sozialdemokratischer Politiker in der Ersten und Zweiten Republik; 1907-1918 Reichsratabgeordneter für die Sozialdemokratische Partei; 1919-1934 Abgeordneter für den Nationalrat; 1931-1933 erster Präsident des Nationalrats; 1945: Mitbegründer der Sozialistischen Partei Österreichs; 1945-1950: erster Bundespräsident der Zweiten Republik (Das große Buch der Österreicher 1987, 425f.).

258 Nach 1905 kam es zur Gründung von Naturfreunde-Organisationen u.a. in München, Zürich, Berlin, Paris, London, 1910 sogar zur Gründung einer Gruppe in New York (Krammer 1981, 32).

259 Die Arbeiterfußballer trennten sich erst 1926 vom Österreichischen Fußballbund und gründeten einen eigenen Verband: den „Verband der Arbeiterfußballvereine Österreichs" (= VAFÖ). Der VAFÖ schloß sich nach seiner Gründung sofort dem ASKÖ an.

260 Krammer (1983), 737.

261 VW 3. 9. 1927, 4f.

262 Ausschlaggebend für die verstärkte Militarisierung waren die Ereignisse im ersten Halbjahr 1927. Am 30. Jänner 1927 wurden in Schattendorf (Burgenland) bei einem Zusammenstoß zwischen Angehörigen des Republikanischen Schutzbundes und der rechtsgerichteten Frontkämpfervereinigung zwei Mitglieder des Schutzbundes getötet. Der Freispruch der Täter durch ein Geschworenengericht am 14. Juli führte am nächsten Tag zu Demonstrationen der Wiener Arbeiterschaft vor dem Justizpalast, bei denen 89 Demonstranten getötet und 500 Demonstranten verletzt wurden (Maderthaner 1988, 177).

263 Mittersteiner (1994), 351.

264 Im konkreten waren dies die Arbeiterradfahrvereine Bregenz (1907), Hard (1910), Höchst (1911) und Feldkirch (1911), die Naturfreundeortsgruppen Feldkirch (1907), Bregenz (1907), Rankweil (1911) und Bludenz (1913) sowie die Arbeiterturnvereine Bludenz (1912) und Bregenz-Vorkloster (1913).

265 Solche Appelle finden sich in der Vorarlberger Wacht z.B. am 10. 10. 1925, 17. 3. 1926, 1. 5. 1926, 14. 5. 1927, 30. 7. 1927, 5. 9. 1929, 1. 3. 1930, 15. 3. 1930, 19. 7. 1932 und am 19. 11. 1932.

266 1931 betrug der Anteil der Vorarlberger Landespartei an der gesamtösterreichischen Bewegung 0,34 % (Dreier 1986, 168).

267 Hermann Leibfried (1878-1918): bedeutendster sozialdemokratischer Politiker Vorarlbergs während der Monarchie; langjähriger Vertrauensmann der Partei; leitender Redakteur der Vorarlberger Wacht; Partei- und Gewerkschaftssekretär von 1914 bis 1918; Begründer der Arbeitersänger- und Arbeiterradfahrerbewegung (Mittersteiner 1994, 388).

268 Mittersteiner (1997), 43.

269 Mittersteiner (1994), 354.

270 Reichsorgan der Arbeiterradfahrer 1924, 6.

271 Die behördliche Genehmigung der Statuten erfolgte am 31. Dezember 1923 (VLA, BH Feldkirch, Vereine „Koblach"). Zur Biographie von Johann Josef Dietrich: geb. am 6. 1. 1873 in Sonntag; 1902 Lehrbefähigungsprüfung für Volksschulen in Innsbruck; 1902-1905 Schulleiter in Partenen; 1905 bis 1933 Elementarlehrer in Koblach; 1924-1929 sozialdemokratischer Gemeindevertreter in Koblach; ab 1934 im Ruhestand; gest. am 6. 2. 1940 in Koblach (Weber 1997, 71).

272 Im Frühjahr 1927 verließen die Radfahrvereine Rankweil, Klaus und Vandans den VARV und kehrten wieder in den Landesverband Vorarlberg des VARÖ zurück.

273 Paragraph 15 der Statuten (Der freie Radler 1925, Nr. 4, 3). Eine einzige Ausnahme ist dokumentiert. Am 29. Mai 1927 nahm der Athlet Mauracher vom ARV Altenstadt an der Landesmeisterschaft des Radfahrverbandes für Tirol und Vorarlberg über 50 km teil und belegte hinter dem mehrmaligen österreichischen Meister Ferdinand Bösch (RC Lustenau) den 2. Rang.

274 Vgl. Weber (1997), 68.

275 Der Arbeiter-Radfahrer 1928, 16.

276 Bei einer Werbeaktion 1930 bot der ARBÖ neuen Mitgliedern die folgenden Vergünstigungen an: keine Aufnahmegebühr; Raddiebstahl-Versicherung; kostenlose ärztliche Hilfe bei einem Unfall während einer Radtour; finanzielle Unterstützung bei krankheitsbedingtem Arbeitsausfall; zollfreie Grenzüberschreitung.

277 Der Arbeiter-Radfahrer 1929, 6.

278 Zitiert in 80 Jahre Ortsgruppe Bludenz (1993), 2.

279 VW 15. 4. 1925, 4.

280 VW 15. 4. 1927, 4.

281 Dreier (1986), 2.

282 VV 23. 6. 1929, 5.

283 VW 3. 8. 1929, 4.

284 Die Statuten des ATSV Bludenz wurden allerdings erst am 30. 10. 1922 behördlich genehmigt (Weber 1995, 291).

285 VW 19. 5. 1923, 10.

286 Vgl. Bundschuh/Mittersteiner (1997), 79f.

287 VW 14. 8. 1926, 5.

288 VW 1. 8. 1925, 3.

289 VW 30. 7. 1924, 3.

290 Zitiert in der VW 9. 8. 1930, 3.

291 VV 19. 8. 1932, 6.

292 Die Meisterschaft des Vorarlberger Fußballverbandes wurde ab der Saison 1923/24 jeweils in drei Klassen ausgetragen: der A-Klasse, der B-Klasse und der in zwei Bezirke (Unterland, Oberland) geteilten C-Klasse.

293 VT 5. 6. 1929, 6.

294 VW 15. 6. 1929, 5.

295 Insgesamt beteiligten sich im Verbandsjahr 1930 25 Mannschaften an der Meisterschaft des VFV: vier in der A-Klasse, elf in der B-Klasse, zehn in der C-Klasse. Der ATV Feldkirch war demnach 1930 die zehntbeste Vorarlberger Fußballmannschaft.

296 Für Details siehe den Abschnitt „Sportarten: Eisschießen".

297 Der Begriff Sportler wird in dieser Arbeit von nun an als Sammelbegriff für Sporttreibende beiderlei Geschlechts verwendet, um Wortkonstruktionen wie SportlerInnen zu vermeiden. Dasselbe gilt für verwandte Begriffe wie etwa Athlet, Turner oder Funktionär. Falls es für das Verständnis des Textes erforderlich ist, wird sehr wohl zwischen Sportlern und Sportlerinnen unterschieden.

298 Krüger (1993), 9.

299 Zählt man die Erfolge in Staffelbewerben bzw. Mannschaftswertungen dazu, wurden weitere 28 Gold-, sechs Silber und drei Bronzemedaillen errungen. Für Details siehe Peter (1999), 45-47.

300 Satzungen des Boxclubs Bregenz siehe VLA, BH Bregenz, Sch. 2, Nr. 480.

301 In der Gastwirtschaft von Hilar Huber wurde 1928 auf Veranlassung des 1925 ausgewanderten Lustenauers Alfred Wehner sogar ein eigener „Vorarlberger" Fußballclub gegründet, in dessen Reihen hauptsächlich ehemalige Spieler des FC Lustenau tätig waren. Der FC Union City, wie sich der Club nannte, nahm nach einem Aufbaujahr an der Meisterschaft der „International League of New York" teil und erreichte einen Platz im Mittelfeld (Pichler 1993, 138).

302 VT 10. 9. 1927, 6.

303 VT 21. 3. 1929, 7.

304 Auskunft von Frau Resi Bitschnau (Lustenau) vom 26. 9. 1998.

305 Primo Carnera: italienischer Berufsboxer; 1933 Weltmeister im Schwergewicht (Sport-Brockhaus 1982, 87).

306 Zitiert im VV 19. 5. 1937, 6.

307 Mayers erste Ehe wurde während des Krieges geschieden. 1950 heiratete Mayer zum zweiten Mal, 1966 verstarb er an seinem Herzleiden. Diese Auskünfte verdanke ich seiner zweiten Gattin Elfriede (Schreiben vom 10. Juni 1997).

308 VLZ 8. 1. 1885, 2.

309 Carl Pedenz: Bürgermeister von Bregenz 1902-1906. Statuten des Eislaufvereins siehe VLA, BH Bregenz/1903/V 14/132.

310 Während der Saison 1902/1903 wurde vom Eislaufverein Bregenz der Platz offensichtlich mittels einer Schnur in zwei Flächen geteilt. Bei der Stadtratssitzung am 15. Dezember 1903 kam es aufgrund eines Subventionsansuchens des Vereins zu einer lebhaften Debatte über dieses Vorgehen. Ein Herr Klocker wies bei dieser Debatte darauf hin, wie „ungerecht es ist, die Jugend durch eine Zweiteilung des Platzes für zahlende und nichtzahlende Kinder auf Klassenunterschiede aufmerksam zu machen, welche ihnen ohnehin früh genug zu Bewußtsein kommen", und ein Herr Wacker fand es unbegreiflich, daß „mittels Schnur eine Scheidewand auf dem Eisplatz gemacht wird, damit der arme Schlittschuhläufer nicht dort fahren könne, wo zufällig der Vermögende fährt" (VLZ 16. 12. 1903, 3). Schließlich wurde dem Eislaufverein doch eine Subvention von 300 Kronen unter bestimmten Auflagen genehmigt. Ende Februar 1904 verzichtete der Club auf diese Subvention und auch auf die Beistellung des Platzes durch die Stadt. Damit dürfte der Eislaufverein seine Tätigkeit eingestellt haben (Mayer 1970, 5).

311 Satzungen genehmigt am 12. 11. 1934 (VLA, BH Dornbirn, Schachtel 1, Nr. 171). Der Eislaufverein

Dornbirn entstand auf Initiative des Dornbirner Realschuldirektors und Ex-Unterrichtsministers Dr. Emil Schneider, zugleich Präsident des christlich-sozialen Turnverbandes Vorarlberger Rheingau. Im Ansuchen um Genehmigung der Statuten verbürgte sich Dr. Emil Schneider, die „Oberaufsicht" über den Club zu übernehmen und die Einhaltung der Statuten zu überwachen (VLA, Vlbg. Landesreg., Präsidium Ia, 2098/1934).

312 Telefonische Auskunft seines Bruders Oskar Zingerle vom 13. September 1998.

313 1934 hatte der Verein 42 Mitglieder. Knapp 50 % der Mitglieder gehörten der Sozialdemokratischen Partei an. Siehe VLA, Vlbg. Landesreg., Präsidium Ia, 1203/1934.

314 VLA, Vlbg. Landesreg., Präsidium Ia, 1203/1934.

315 VLA, Vlbg. Landesreg., Präsidium Ia, 2200/1934.

316 VLA, Vlbg. Landesreg., Präsidium Ia, 1699/1935.

317 VT 19. 1. 1937, 7.

318 75 Jahre Stella (1931), 49f.

319 Es waren dies die Fechtabteilungen der Turnvereine Bregenz, Dornbirn, Friedrichshafen, Kempten, Konstanz, Leutkirch, Lindau und Lustenau.

320 Zitiert im VT 18. 11. 1925, 6.

321 Das genaue Datum der Gründung ist nicht bekannt. Die Statuten des „Vorarlberger Fechtclubs" wurden behördlich am 27. 11. 1927 genehmigt (VLA, BH Dornbirn – Ia, Zl. 2338/1).

322 Oskar Hämmerle und Alfred Hämmerle nahmen 1934 für den Fechtclub Innsbruck als „Gastfechter" an zwei Vergleichskämpfen gegen den Fechtclub Venedig teil. 1936 weilten einige Lustenauer Fechter (u.a. Alfred Hämmerle, Oskar Hämmerle, Franz Schröppel) als sogenannte „Sparringpartner" für die italienische Olympiamannschaft in Venedig und Verona. Diese Informationen verdanke ich einer telefonischen Auskunft von Herrn Werner Bösch (Lustenau) vom 28. 8. 1996.

323 Für Details siehe den Abschnitt „Der Turnverein Lustenau" in Weber (1995), 234-244.

324 In Zusammenhang mit den im Abschnitt „Flugsport" angegebenen Informationen verweise ich vor allem auf die Sonderbeilage des Vorarlberger Tagblattes zum 1. Vorarlberger Segelflugtag vom 25. April 1936.

325 Für die A-Prüfung waren fünf Flüge von mindestens 20 Sekunden Flugdauer und Landung in einer vorgeschriebenen Landezone erforderlich. Die B-Prüfung beinhaltete fünf Flüge von mindestens 60 Sekunden Flugdauer mit Links- und Rechtskurven, die C-Prüfung einen Segelflug von fünf Minuten Flugdauer mit Startüberhöhung.

326 Rudolf Rödhammer gelang am 11. Juli 1937 eine Verbesserung der Bestleistung von Kittelberger auf fünf Stunden und 40 Minuten.

327 Es waren dies Bregenz, Bregenz-Gebirgshaubitzbatterie, Hard, Dornbirn, Hohenems, Lustenau, Rankweil und Frastanz.

328 Zitiert in 50 Jahre FC Lustenau 1957, 3.

329 Zur Gründungsgeschichte und weiteren Entwicklung des FC Lustenau verweise ich vor allem auf Grabher (1932), 599-602, und die Festschriften 50 Jahre FC Lustenau (1957) bzw. 75 Jahre FC Lustenau (1982). Der FC Lustenau verfügt auch über eine Vereinschronik über die Jahre 1907 bis 1941. Diese Chronik wird vom Gemeindearchiv Lustenau verwaltet.

330 Zur Gründungsgeschichte und weiteren Entwicklung des Vorarlberger Fußballverbandes verweise ich vor allem auf die beiden Festschriften „40 Jahre Vorarlberger Fußballverband" (1960) und „50 Jahre Vorarlberger Fußballverband" (1970).

331 Von 1922 bis 1937 organisierte der Vorarlberger Fußballverband 14 Landesmeisterschaften, sieben Länderkämpfe und zwei Städtekämpfe. Für Details siehe den Abschnitt „Sportarten: Leichtathletik".

332 VT 4. 7. 1935, 5.

333 Sperre der österreichisch-deutschen Grenze; Ausreiseverbot für Vorarlberger Mannschaften.

334 Für Details siehe 75 Jahre FC Lustenau 1982, 40-42.

335 VT 31. 10. 1930, 5.

336 VV 18. 11. 1930, 6.

337 VT 23. 5. 1931, 6. Ernst „Pyrra" Hollenstein war zu Beginn der dreißiger Jahre wahrscheinlich der

beste Spieler des FC Lustenau. Besonders brisant war die „Bestechungsaffäre", weil Hollenstein ursprünglich Spieler des Turnerbundes gewesen war und erst kurz zuvor zum FC gewechselt hatte. Schon nach der Saison 1931 wechselte Ernst Hollenstein zunächst zum FC St. Gallen und dann zum FC Zürich. Nach 1945 spielte der 1909 geborene Ernst Hollenstein noch einige Jahre erfolgreich in der ersten Mannschaft der Austria Lustenau.

338 Ernst Künz spielte bis 1938 beim FC Brühl St. Gallen und wechselte dann zu Eintracht Frankfurt. Zum Lebenslauf von Ernst Künz siehe Rhomberg/Schwald (2000), 112f.

339 k.o. = „knockout" (engl). Nur jeweils der Sieger qualifiziert sich für die nächste Runde.

340 Siehe VV vom 27. 8. 1930; 18. 10. 1930; 16. 11. 1930; 18. 11. 1930; VT vom 29. 8. 1930; 8. 9. 1930. In einer außerordentlichen Sitzung des VFV legte am 31. 8. 1930 Präsident Oswald Achatz sein Amt nieder. Bei einer weiteren a.o. Sitzung eine Woche später nahm Achatz „im Interesse der Sportbewegung" die Präsidentschaft allerdings wieder an. Siehe VT 8. 9. 1930, 7.

341 Zur Gründung und Tätigkeit dieser Abteilung siehe V(ogel) (1932), 617-620. Fast alle in diesem Abschnitt angeführten Leistungen sind diesem Artikel entnommen.

342 Neue Zürcher Zeitung 16. 9. 1913, 6. Im 110-m-Hürdenlauf wurde kein Resultat angeführt.

343 VLZ 19. 11. 1919, 5. Allerdings dürfte die Streckenlänge wesentlich kürzer als angegeben gewesen sein. 18:45 min auf 7,9 km würden einen vollkommen unrealistischen Kilometerschnitt von ca. 2:21 min ergeben.

344 VT 12. 5. 1920, 4.

345 Erster Rekordhalter war der Lustenauer Fritz Grahammer, der am 26. 9. 1920 bei einem vom VFV organisierten Sportfest in Lustenau 36,90 m erzielte. Die 38,00 m von Adam Bösch wurden erst am 2. 9. 1956 vom ULC-Dornbirn-Athleten Siegfried Grabher übertroffen, der bei einem Wettkampf in Feldkirch 38,05 m erzielte.

346 "Jonny" Grabhers wirklicher Vorname war Hannes. Er wurde später der bekannteste Mundartdichter von Lustenau.

347 Um unnötige Wiederholungen zu vermeiden, erfolgt die Vereinsangabe der Athleten von nun an jeweils nur noch bei der ersten Namensnennung eines Athleten, dann nicht mehr.

348 Peintners 100-m-Rekord wurde bis 1951 insgesamt viermal egalisiert und 1952 durch den Lustenauer Erich Hollenstein auf 11,0 sec verbessert.

349 Kamper (1986), 192f.

350 Neben Adam Bösch waren dies vor allem auch Jonny Grabher und Fritz Grahammer.

351 Mathis verbesserte damit seine eigene Bestleistung aus dem Jahr 1927 um 18 Zentimeter.

352 Die Athleten des FC Lustenau rechtfertigten sich gegenüber dem Vorarlberger Fußballverband, sie hätten die Einladung zu diesem Wettkampf zu spät erhalten.

353 Für Details siehe die entsprechenden Abschnitte bei Weber (1995), 134-152 (Turnverein Dornbirn) bzw. 234-245 (TV Lustenau).

354 Davon 13 allein durch Gottfried Peintner.

355 VLA, Vlbg. Landesreg., Präsidium Ia, 241/1938.

356 Von 1940 bis 1943 in Innsbruck, 1944 in Solbad Hall.

357 Graf (1995), 162f.

358 Siehe Kamper/Graf 1986, 122ff. Ludwig Toth wurde 1913 geboren. 1932 gewann er bei den Vorarlberger Meisterschaften in der Klasse „Neulinge" das Diskuswerfen. Ein Jahr später siegte er – wieder bei den Neulingen – im Hoch- und Weitspringen mit respektablen Leistungen (Hoch 1,60 m; Weit: 6,26 m). Von 1934 bis 1937 trat er in Vorarlberg nicht in Erscheinung. 1938 wurde er für den Länderkampf Vorarlberg-Tirol in die Vorarlberger Auswahl berufen und gewann zwei Bewerbe (Hoch und Weit). Im 100-m-Lauf belegte er mit 11,2 sec den 2. Rang (Peter 1997, 102-105).

359 Körpersport Jahrbuch (1933), 118ff.

360 Nach dem Zweiten Weltkrieg blieb Gottfried Peintner als Funktionär der Leichtathletik treu. Von 1946 bis 1968 war er Fachwart für Leichtathletik im Vorarlberger Sportverband, von 1951 bis 1969 Kampfrichterobmann des Vorarlberger Leichtathletikverbandes.

361 Zitiert im VV 5. 7. 1933, 8.

362 Neumann erreichte im Zehnkampf 6664 Punkte mit folgenden Einzelleistungen: 100 m: 11,6 sec; Weitsprung: 6,45 m; Kugel: 12,57 m; Hoch: 1,60 m; 400 m: 50,1 sec; 110 m Hürden: 16,9 sec; Diskus: 36,82 m; Stabhoch: 2,90 m; Speer: 60,10 m; 1500 m: 4:45,4 min (briefliche Auskunft von Herrn Xaver Frick, Liechtenstein, vom 21. 9. 1998).

363 Xaver Frick schrieb mir, daß Neumann ab 1938 als Gefängniswärter in Rorschach arbeitete, von einem Häftling zusammengeschlagen wurde und dabei bleibende körperliche Schäden erlitt. Allerdings weiß auch Xaver Frick nicht mehr, ob Neumann aufgrund dieses Vorfalls seine leichtathletische Laufbahn beendete oder schon vorher beendet hatte.

364 Eugen Zardetti wurde 1849 in Rorschach geboren, studierte zunächst an der Universität Innsbruck und am Polytechnikum Zürich Architektur, wandte sich jedoch später dem Kunststudium zu. 1885 erwarb er die Villa Mirador in Bregenz und ließ sich dort nieder. 1916 zog er nach Luzern, wo er 1926 verstarb. Zardetti hatte bereits 1892 auch das erste Motorboot am Bodensee erworben (Müller 1993, 2).

365 Jahrzehntelang galt Zardetti in der Literatur auch als der erste Automobilist der österreichisch-ungarischen Monarchie. Allerdings hatte bereits 1892 ein in Böhmen wohnender Herr namens Hynek Ruciska einen gebrauchten Benz-Wagen erworben, den er jedoch bei einem Unfall so schwer beschädigte, daß er wieder vom Automobil aufs sicherere Fahrrad umstieg (VN 11. 5. 1993, 3).

366 VV 8. 5. 1896, 3.

367 Lanzl (1938), 399. Zur Geschichte der „Apothekerfamilie Kofler" siehe Nägele (1955), 187-210.

368 In Zusammenhang mit den Anfängen der Motorisierung in Vorarlberg verweise ich vor allem auf Lanzl (1938), 398-406, und Lanzl (1948).

369 Vorarlberger Volkskalender (1904), 41.

370 VT 26. 7. 1926, 3.

371 1929 verunglückte Edi Linser bei der Tourist Trophy in Laab am Walde (Niederösterreich) tödlich. Er fuhr gegen einen Baum und verstarb an den Folgen eines Schädelbasisbruches (Graf 1995, 226).

372 VT 21. 5. 1937, 7.

373 Schreiben von Bürgermeister Josef Peintner vom 25. Mai 1937, gerichtet an den Ausschuß der Motorfahrersektion im Vorarlberger Automobilclub. Im Besitz des Gemeindearchivs Lustenau.

374 Otto Madlener und Theodor Hoinkes übten diese Funktion bis 1937 aus.

375 Laut Vorarlberger Tagblatt vom 8. 5. 1922 konnten nur „Deutsche arischer Abkunft, die das 17. Lebensjahr überschritten hatten und unbescholten waren", dem RVTV beitreten.

376 Bei dieser Veranstaltung durfte Martin Bilgeri, der 10jährige Bruder von Robert, König Karl von Württemberg seine „Künste" auf dem Hochrad vorführen. König Karl war von den Vorführungen so begeistert, daß er Martin Bilgeri ein „Zwanzigmarkstück in Gold" schenkte (Madlener o.J., 1).

377 Zur Entstehungsgeschichte der Bregenzer Radbahn siehe vor allem Madlener (o.J.).

378 Carl Lauster war gebürtiger Lindauer. Nach seiner Verehelichung mit einer Schwester von Robert Bilgeri startete er für den RC Bregenz.

379 Georges Chatel war 1893 der regierende deutsche Rekordhalter über 100 km auf der Straße mit drei Stunden und sechs Minuten (VLZ 20. 9. 1893, 2).

380 Dörflinger gewann 1899 zusammen mit dem Franzosen Dupré den Weltmeistertitel im Zweisitzerbewerb.

381 Nur zwei Jahre später verkaufte die Gemeinde Rieden-Vorkloster diesen Grund um 30.000 Kronen an die Firma Heller (Eßlingen).

382 VLZ 22. 3. 1892, 2.

383 Unveröffentlichter Vereinsbericht des Radfahrer-Vereins Rheindorf Lustenau vom 10. Mai 1938. Im Besitz des Gemeindearchivs Lustenau.

384 Vorarlberger 20. 8. 1922, 6.

385 Legende der Abkürzungen: RC = Radfahrclub Lustenau; RD = Radfahrer-Verein Rheindorf Lustenau; Rheinsch. = RV Rheinschwalbe Lustenau.

386 Zur Biographie von Adolf Haug siehe auch Rhomberg/Schwald (2000), 78f.

387 VT 15. 9. 1924, 4.

388 Weltmeister bei den Amateuren wurde der Belgier Jean Aerts, der insgesamt den 5. Rang belegte (Schwald 1997).

389 Diese Information habe ich dem Abschnitt „Radfahren" in einem unveröffentlichten Manuskript von Hannes Grabher über Turnen und Sport in Lustenau entnommen. Das Manuskript befindet sich im Besitz des Gemeindearchivs Lustenau.

390 Ab 1932 startete Rudolf Huber zum Teil auch für den Heeressportverein Bregenz.

391 Körpersport Jahrbuch (1937), 62.

392 Josef Bösch startete für den RV Rheinschwalbe Lustenau.

393 Zur Biographie von Alfred Alge siehe auch Rhomberg/Schwald (2000), 8f.

394 Zur Biographie von Alfred Riedmann siehe auch Rhomberg/Schwald (2000), 170f.

395 Laut Rhomberg/Schwald gewann Alfred Riedmann auch 1933 den österreichischen Meistertitel und belegte 1932 bei den Europameisterschaften ebenfalls einen vierten Rang. Sie haben diese Angaben von einem Sohn von Alfred Riedmann erhalten, allerdings ohne entsprechende Daten bzw. Wettkampforte. Mir persönlich ist es nicht gelungen, diese Leistungen zu verifizieren.

396 Der Rheintalisch-Vorarlberger Turnverband war 1901 in Au gegründet worden und umfaßte anfänglich aus Vorarlberg alle Turnvereine des deutschnationalen Turngaus und drei katholische Turnerbünde. Nach einer Statutenänderung 1903 wurden die Turnerbünde aus dem gemeinsamen Dachverband ausgeschlossen. Sportlicher Höhepunkt dieses Verbandes war ab 1901 jedes Jahr das Verbandsturnfest, das jeweils im August oder September durchgeführt wurde (Neurauter 1933, 385f.).

397 Madlener war auch ein hervorragender Nationalturner, Stemmer und Radfahrer. 1911 gründete er innerhalb des Fußballclubs Lustenau die erste Leichtathletikabteilung des Landes, 1913 gewann er die Radfernfahrt Innsbruck – Lustenau. Nach dem Zweiten Weltkrieg bekleidete Madlener mehrere Jahrzehnte führende Funktionen im Radfahrverband für Tirol und Vorarlberg und im Vorarlberger Automobilclub. Zur Biographie von Otto Madlener siehe Rhomberg/Schwald (2000), 124f.

398 Angeblich erreichte Otto Madlener bei den Olympischen Spielen 1908 in London einen vierten Rang im Freistilringen (siehe u.a. 50 Jahre Vorarlberger Sportverband [1995], 118). Mehrere Telefonate mit dem Grazer Sporthistoriker und Olympiaexperten Erich Kamper (u.a. 10. 2. 1995; 11. 2. 1995) haben jedoch ganz eindeutig ergeben, daß Madlener 1908 in London nicht am Start war.

399 Auch nach dem Zweiten Weltkrieg waren die Vorarlberger Ringer und Stemmer noch einige Zeit bei den Tiroler Meisterschaften startberechtigt. Die letzte gemeinsame Meisterschaft Tirol-Vorarlberg fand 1952 statt und brachte einen Mannschaftserfolg für den Kraftsportclub Klaus. Siehe Graf (1995), 179.

400 Nach dem Zweiten Weltkrieg gewann Josef Burtscher noch zweimal die Meisterschaften von Tirol und Vorarlberg (1947 und 1948), ehe er mit seinem ersten österreichischen Meistertitel (1948 im Weltergewicht) seine Karriere beendete.

401 VV 6. 11. 1936, 7.

402 Sieger dieser Meisterschaften wurde der Kraftsportverein Bregenz, der den Kraftsportverein Klaus mit 4:3 Punkten besiegte. Weitere Mannschaften waren nicht am Start.

403 Auch nach dem Zweiten Weltkrieg war Anton Vogel als Ringer sehr erfolgreich. Er gewann weitere vier österreichische Meistertitel und nahm 1948 an den Olympischen Spielen in London teil (7. Rang).

404 Bogeng (1926), 548.

405 In einigen Vorarlberger Zeitungen (VT, VV) wurde das Dornbirner Rodelrennen gelegentlich sogar als „Vorarlberger Meisterschaft" bezeichnet.

406 VLZ 15. 10. 1885, 2. Eine behördliche Meldung der Statuten scheint im Vorarlberger Landesarchiv nicht auf.

407 Pirker (1938), 68.

408 Der RV Wiking verfügt über eine bis ins Gründungsjahr zurückgehende Chronik in zwei Bänden. Der erste Band umfaßt die Jahre 1900 bis 1935, der zweite Band die Jahre 1935 bis 1960 (beide Bände ohne Seitenangabe). Alle Zitate in diesem Abschnitt beziehen sich, falls nicht anders angegeben, auf die Chronikbände des RV Wiking Bregenz.

409 Dialekt für „vorsichtig".

410 Chronik des RV Wiking Bregenz, Bd. 1.

411 Sepp Bildstein war seit 1911 der österreichische Rekordhalter im Skispringen mit 41 m. Zur Bedeutung von Sepp Bildstein siehe vor allem den Abschnitt „Sportarten: Skisport" und Rhomberg/Schwald (2000), 14f.

412 Chronik des RV Wiking Bregenz.

413 Die Chronik des RV Wiking führt die Ruderinnen Forster, Vögel, Waibel und Kuner an. Da von diesem Wettkampf aber ein Foto mit Namen existiert, dürfte die im Text angegebene Besetzung die richtige sein.

414 Landesgesetzblatt Nr. 79, Paragraph 2, lit. b.

415 Statuten Schützenbund, Paragraph 1. Siehe VLA, BH Bregenz, Schachtel 1, Nr. 475.

416 Österreichisches Sportjahrbuch (1935), 202.

417 Zitiert im VT 3. 9. 1940, 5.

418 Diese Informationen verdanke ich Herrn Hubert Hammerer, Egg (Interview am 30. 7. 1996).

419 Kaspar Hammerers Sohn Hubert, der Olympiasieger von Rom 1960, in einem Gespräch am 30. 7. 1996. Auch alle anderen persönlichen Angaben zu Kaspar Hammerer verdanke ich Herrn Hubert Hammerer.

420 Österreichisches Sportjahrbuch 1937, 229.

421 Zitat und Information über diesen Wettbewerb von Herrn Hubert Hammerer in einem Interview vom 30. 7. 1996.

422 Hubert Hammerer gewann 1960 bei den Olympischen Spielen in Rom die erste Goldmedaille eines Vorarlberger Sportlers bei einer Sommerolympiade. Insgesamt erreichte Hubert Hammerer nach 1945 44 österreichische Meistertitel und nahm an einer Europameisterschaft und zwei Weltmeisterschaften teil.

423 Burmeister (1985), 186.

424 Information von Mag. Thomas Klagian, Stadtarchiv Bregenz. 1868 zum Beispiel verrechnete das „K.K. Schwimmschul-Commando" der zivilen Bevölkerung folgende Tarife: einmaliges Schwimmen oder Baden mit Wäsche 10 Kronen, ohne Wäsche 8 Kronen; Abonnement für die ganze Saison mit Wäsche 3 Gulden, ohne Wäsche 2 Gulden 50 Kronen; Erlernen des vollkommenen Freischwimmens 3 Gulden (VLZ 6. 6. 1868, 4).

425 Der 1912 gegründete SC Romanshorn war der älteste Schwimmclub am See. 1913 folgten der SC Arbon, 1918 der SC Rorschach und 1920 der SV Lindau und der SC Bregenz (Pirker 1938, 4f.)

426 1923 hatte der Kreis V/Süddeutschland 156 Vereine mit rund 23.000 Mitgliedern.

427 Zum Vergleich: Der österreichische Rekord für Vereine mit Hallenbad wurde 1929 von Karl Schäfer mit 1:17,0 min gehalten.

428 Das Vorarlberger Tagblatt vom 13. Juli 1926 gibt als Siegerzeit für Emil Dietrich sogar 1:03 min an. Auch Pirker führt in seiner Hausarbeit „Wassersport am Bodensee" Dietrich mit einer Siegerzeit von 1:03 min. Tatsächlich dürfte es sich hier um einen Druckfehler oder einen Übermittlungsfehler gehandelt haben. In einer vom Vorarlberger Tagblatt vom 2. Oktober 1935 veröffentlichten Liste der Vorarlberger Schwimmrekorde wird Emil Dietrich über 100 m Freistil mit 1:08,0 min angeführt. Der österreichische Rekord für Vereine mit Hallenbad wurde 1934 – also acht Jahre später – vom Wiener Keltscher mit 1:02,2 min gehalten.

429 VLA, BH Bregenz, Schachtel 1, Nr. 420.

430 VLA, BH Dornbirn, Schachtel 1, Nr. 106.

431 Pirker (1938), 67. Kielboot: „Segelyacht mit einem tiefliegenden Kiel und darunter einem zusätzlichen Ballastkiel. Diese Konstruktion ermöglicht eine größere Stabilität und macht das Boot unkenterbar" (Sport-Brockhaus 1982, 248); Sluptakelung: „übliche Takelung bei einmastigen Schiffen", i.e. ein Groß- und ein Vorsegel (Sport-Brockhaus 1982, 437); Schunertakelung = Schonertakelung: Zweimaster mit einem Großmast und einem meistens etwas kürzeren Vor- oder Fockmast (Sport-Brockhaus 1982, 437).

432 VLZ 15. 10. 1885, 2.

433 VLZ 9. 8. 1913, 4.

434 Dem „Kaiserlich-königlichen Jachtclub Wien" gehörten neben dem Segelclub Bregenz auch die Zweigvereine Wörther See, Attersee, Traunsee, Wolfgangsee und Mondsee an.

435 Turnen und Sport (1923), 100.

436 VT 4. 9. 1922, 4.

437 Der Verabschiedung in Bregenz wohnten „viele Tausende von Zuschauern" bei. Landeshauptmann Dr. Otto Ender hob in seiner Ansprache besonders hervor, daß zum ersten Mal seit dem Ersten Weltkrieg wieder die österreichische Flagge über das Weltmeer segeln würde und daß in der „Sowitasgoht V" die Traditionen des alten, großen Österreichs weiterleben würden (VT 28. 5. 1923, 3).

438 Franz Plunder in Turnen und Sport (1924), 1. Folge, 3.

439 Eine detaillierte Schilderung der Entstehungsgeschichte der „Sowitasgoht V" und der Atlantiküberquerung gibt Franz Plunder in seinen beiden Büchern „Im Segelboot über den Atlantik" (1956 erschienen) und „Sowitasgoht V. Lebenserinnerungen" (1972 erschienen).

440 Siehe den Abschnitt „Leibesübungen in Vorarlberg vor dem Ersten Weltkrieg".

441 In diesem Zusammenhang verweise ich vor allem auf Hobmeier (1939) und die drei Festschriften 25 Jahre Verband Vorarlberger Skiläufer (1930); Jubiläums-Festschrift aus Anlaß des 60jährigen Bestands (1965); 100 Jahre Skilauf Vorarlberg (1986).

442 Auch mehrere Verbandsvereine hatten eigene Skiheime, so u.a. der SC Frastanz auf der Bazora; die Alpenvereinssektion Lustenau auf dem Klusberg; der TV Dornbirn und der TB Dornbirn auf dem Bödele.

443 Peege/Moissl (1924), 66.

444 VT 11. 5. 1926, 7.

445 Um allen österreichischen Skiläufern eine Teilnahme an den Olympischen Spielen in St. Moritz zu ermöglichen, wurde 1928 in letzter Sekunde ein neuer Dachverband gegründet: die „Österreichische Skidelegation". Diesem Verband gehörten sowohl der „Österreichische Skiverband" als auch der „Allgemeine Österreichische Skiverband" an. Damit war die Teilnahme von österreichischen Skiläufern an internationalen Rennen wieder möglich geworden.

446 VT 17. 5. 1926, 3.

447 Pichler (1988), 11.

448 Walser (1983), 109.

449 Die Teilnehmerzahl betrug zwischen 2.000 (Schätzung der Heimwehr) und 4.000 Personen (Schätzung der Nationalsozialisten; Walser 1983, 109).

450 Ing. Theodor Rhomberg war 1934 für wenige Monate Verbandsleiter der illegalen NSDAP im Bezirk Dornbirn. Siehe Walser (1983), 122.

451 Einige Vorarlberger Autoren erwähnen Viktor Sohm als Sieger bei einem Wettkampf des SC Glarus im Jahre 1902. Aus der Jubiläumsschrift des SC Glarus geht jedoch eindeutig hervor, daß 1902 nur ein einziger Wettkampf ohne Vorarlberger Beteiligung stattfand und daß der Sprunghügel erst 1903 erbaut wurde. Siehe Mercier (1928), 63.

452 Sohm (1904), 269ff.

453 Hobmeier (1939), 28.

454 Laut Hannes Schneider fand dieses Springen 1905 statt. Diese Jahreszahl wird auch in den meisten Beiträgen über die Anfänge des Skilaufs in Vorarlberg angeführt. Tatsächlich sprechen jedoch mehrere Indizien dafür, daß sich Hannes Schneider nicht mehr an die genaue Jahreszahl erinnerte. Weder im Dornbirner Gemeindeblatt noch in irgendeiner Vorarlberger Tageszeitung war ein Hinweis zu finden, daß 1905 ein Skirennen auf dem Bödele stattfand. Schneiders Bericht deckt sich genau mit den in der Vorarlberger Landeszeitung vom 21. 1. 1907 veröffentlichten Ergebnissen des Wettkampfes vom 20. 1. 1907. Außerdem erwähnt Hannes Schneider in seinem Bericht, daß der Wettkampf auf dem Bödele genau acht Tage vor einem Rennen in St. Anton stattfand. Dies war 1905 nicht der Fall, trifft für 1907 jedoch genau zu.

455 Fritz Iselin (SC Glarus) war der Schweizer Meister des Jahres 1905; Eduard Capiti (SC St. Moritz) der Schweizer Meister der Jahre 1906, 1907 und 1911; Harald Smith (SC Davos) hatte 1909 in Davos mit 45 m einen neuen Skisprungweltrekord erreicht. Siehe Senger (1941), 307.

456 Die ersten österreichischen Meisterschaften hatten am 5. Jänner 1907 in Kitzbühel stattgefunden und waren von Rudolf Biehler (Freiburg/Breisgau) gewonnen worden. Österreichischer Meister konnte jeweils nur der Sieger der Kombinationswertung von Langlauf und Springen werden, wobei von allem Anfang an auch ausländische Athleten bei diesen Meisterschaften startberechtigt waren.

457 Da österreichische Skifahrer wegen des Arierparagraphen des Verbandes bei internationalen Wett-

458 kämpfen nicht startberechtigt waren, startete Neyer bei diesem Wettkampf für den Deutschen Skiverband.

458 Die „Österreichische Skidelegation" war 1928 als übergeordneter Dachverband gegründet worden, um österreichischen Skifahrern ein Start bei internationalen Rennen zu ermöglichen. Der „Österreichischen Skidelegation" gehörten sowohl der „Österreichische Skiverband" als auch der „Allgemeine Österreichische Skiverband" an.

459 Dieser Bewerb war allerdings kein offizieller olympischer Bewerb, sondern „nur" ein Demonstrationsbewerb.

460 Interview mit Karl Cordin in St. Anton am 9. 4. 1997.

461 Davon betroffen war auch der Stubener Willi Walch, der bereits Anfang Jänner für die Olympischen Spiele nominiert worden war.

462 VT 7. 3. 1938, 5.

463 Initiator des Kandaharrennens war der Engländer Arnold Lunn, der 1924 in Mürren den Kandahar-Ski-Club gegründet hatte, einen Skiverein, der sich ausschließlich auf Abfahrtsrennen spezialisierte. Das Kandaharrennen fand von 1928 bis 1930 in St. Anton statt, ab 1931 wurde es alternierend in Mürren (in ungeraden Jahren) und in St. Anton (in geraden Jahren) ausgetragen. Kandaharsieger wurde jeweils der Kombinationssieger aus Abfahrt und Slalom.

464 Zur Bedeutung von Viktor Sohm verweise ich vor allem auf Frietsche (1974).

465 Siehe dazu die Abschnitte „Die Anfänge des Skisports in Vorarlberg: Skialpinismus" und „Skifahren und Skispringen als Wettkampfsport: Viktor Sohm, der Pionier des Wettkampfsports in Vorarlberg".

466 Für Details verweise ich auf Appenroth (1993) und Fetz/Kirnbaumer (2001).

467 Prominentester Bergführer dieser Truppe war Luis Trenker, der in seinem Film „Berge in Flammen" diese Einheit vorstellte.

468 Für Details siehe den Artikel „Skipionier Georg Bilgeri fordert Duell" von Willi Rupp in den Vorarlberger Nachrichten vom 5.4.1996, 23f.

469 Zur Bedeutung von Hannes Schneider verweise ich vor allem auf die folgenden Biographien: Pfeifer (1934); Thöni (1980).

470 Schneider (1930), 44.

471 Zitiert bei Flaig (1956), 49.

472 Schneider (1930), 58.

473 Schneider (1930), 46.

474 Diese Slaloms waren Geschicklichkeitsprüfungen, bei denen Hannes Schneider nahezu unschlagbar war.

475 Hannes Schneider dokumentierte seine Erlebnisse in seinem 1935 veröffentlichten Buch „Auf Schi in Japan".

476 Für Details siehe den Artikel „30 Millionen gegen einen Schneider. Kleinliche Rache und hohe Politik um den Sohn eines Wegmachers" in Seefranz (1976).

477 Zur Bedeutung von Josef Bildstein verweise ich vor allem auf Gassner (1975).

478 Bildstein (1930), 21.

479 Für Details verweise ich vor allem auf die beiden folgenden Arbeiten: Kessler (1972); Fetz/Albl (1997).

480 Fetz/Albl (1997), 47.

481 Zur Biographie von Willi Walch siehe auch Rhomberg/Schwald (2000), 198f.

482 Zitiert in der VLZ vom 29. 7. 1901, 3.

483 VLZ vom 8. 7. 1902, 3.

484 VLZ vom 13. 7. 1903, 3.

485 Bei den „Vorarlberger Meisterschaften" des Stemmclubs Feldkirch kam ein Fünfkampf (Einarmig-Reißen, -Drücken und -Stoßen; Beidarmig-Drücken und -Stoßen) zur Austragung, der von Otto Madlener vor Rudolf Scholz, dem Vorstand des Stemmclubs Feldkirch, gewonnen wurde. Allerdings handelte es sich bei diesem Wettkampf um keine Meisterschaft im heutigen Sinn, sondern um eine Vereinsmeisterschaft des Stemmclubs Feldkirch mit einigen geladenen Gästen.

[486] Auch nach dem Zweiten Weltkrieg wurden diese gemeinsamen Meisterschaften zunächst noch fortgesetzt. Die letzte Meisterschaft von Tirol und Vorarlberg fand 1953 statt. Siehe Graf (1995), 179.

[487] Gunz (1949), 49.

[488] Diese vier Clubs gründeten 1955 auch den Vorarlberger Tennisverband.

[489] Österreichische Tennisstaatsmeisterschaften (1988), 23.

[490] VT 16. 9. 1930, 6. Namentlich erwähnt werden u.a. Landeshauptmann Dr. Otto Ender, der Landesamtsdirektor Oskar Diesner und Landesgendarmeriedirektor Otto Strauß, jeweils mit Gattinnen.

[491] Zur Geschichte des Tischtennissports in Bregenz sei vor allem auf die 1983 erschienene Festschrift „50 Jahre Tischtennis Bregenz" verwiesen.

[492] VLA, Vlbg. Landesreg., Präsidium Ia, 1518/1936.

[493] Der VSV wurde am 15. 9. 1945 von der französischen Militärbehörde genehmigt und am 24. 6. 1946 bei der Sicherheitsdirektion angemeldet. Für Details zur Geschichte des VSV siehe Keßler (1995).

[494] Keßler (1995), 25.

[495] Landesgesetzblatt Nr. 9, 1968.

[496] Im Laufe der letzten Jahrzehnte wurden vom Land auch einige weitere wichtige Impulse für die Entwicklung des Vorarlberger Sportwesens gesetzt, wie zum Beispiel die Errichtung der Landessportschule in Dornbirn (1970), das Institut für Sportmedizin in Feldkirch (1979), die Einführung von Entschädigungen für Übungsleiter (1986), das Sportinformationszentrum in Dornbirn (1996).

[497] Nicht enthalten in dieser Statistik sind die Mannschaftssportarten (z.B. 1998 Europacupsieg für die Vorarlberger Eislaufunion Feldkirch), die Erfolge der Versehrtensportler (114 Medaillen bei Olympischen Spielen, Welt- und Europameisterschaften im Zeitraum 1971 bis 1996) sowie Medaillen bei Studenten- oder Militärweltmeisterschaften. Ebenfalls nicht berücksichtigt wurden die diversen Nachwuchsklassen (Jugend, Junioren etc.).

ABKÜRZUNGEN

AC	Athletikclub
AFC	Arbeiter-Fußballclub
ARBÖ	Arbeiter-Radfahrerbund für Österreich
ASKÖ	Arbeiterbund für Sport und Körperkultur
ATV	Arbeiter-Turnverein
BDM	Bund Deutscher Mädchen
B. F. I.	Bund der Flugsport-Interessenten Österreichs
BG	Bundesgymnasium
BH	Bezirkshauptmannschaft
BN	Bregenzer Nachrichten
CDTÖ	Christlich-Deutsche Turnerschaft Österreichs
DDAC	Der Deutsche Automobilclub
DÖAV	Deutscher und Österreichischer Alpenverein
DRL	Deutscher Reichsbund für Leibesübungen
DSV	Deutscher Skiverband
DTB	Deutscher Turnerbund
DTS	Deutsche Turnerschaft
DTSpV	Deutscher Turn- und Sportverein
EWASC	Erster Wiener Amateur-Schwimmclub
FA	Feldkircher Anzeiger
FC	Fußballclub
FZ	Feldkircher Zeitung
HJ	Hitlerjugend
ITV	Innsbrucker Turnverein
KdF	Kraft durch Freude
k.o.	„knockout"
KZ	Konzentrationslager
LA	Leichtathletik
LV/VARÖ	Landesverband Vorarlberg des Verbands der Arbeiter-Radfahrervereine Österreichs
NSDAP	Nationalsozialistische Deutsche Arbeiterpartei
NSFK	Nationalsozialistische Fliegerkorps
NSKK	Nationalsozialistische Kraftfahrerkorps
ÖAeC	Österreichischer Aeroclub
ÖFB	Österreichischer Fußballbund
ÖSV	Österreichischer Skiverband
ÖTC	Österreichischer Touringclub
RC	Radfahr(er)club
RV	Radfahr(er)verein; Ruderverein
RVTV	Radfahrverband für Tirol und Vorarlberg
SA	Sturmabteilung
Sch.	Schachtel
SC	Skiclub; Schwimmclub
SCA	Skiclub Arlberg
SDAP	Sozialdemokratische Arbeiterpartei
SS	Schutzstaffel
SSV	Schwimmsportverein

SV	Skiverein
TB	Turnerbund
TC	Tennisclub
TG	Turngemeinde
TTC	Tischtennisclub
TTS	Tischtennissektion
TV	Turnverein
VAC	Vorarlberger Automobilclub
VAFÖ	Verband der Amateur-Fußballvereine Österreichs
VARÖ	Verband der Arbeiter-Radfahrervereine Österreichs
VARV	Verband der Arbeiter-Radfahrer von Vorarlberg
VAS	Verband der Arbeiter- und Soldatensportvereinigungen
VfB	Verein für Bewegungsspiele
VFV	Vorarlberger Fußballverband
VLA	Vorarlberger Landesarchiv
VLZ	Vorarlberger Landeszeitung
VN	Vorarlberger Nachrichten
VÖS	Verband Österreichischer Schwimmvereine
VT	Vorarlberger Tagblatt
VV	Vorarlberger Volksblatt
VVS	Verein bzw. Verband Vorarlberger Skiläufer
VW	Vorarlberger Wacht
WSV	Wintersportverein
Zl.	Zahl

QUELLEN- UND LITERATURVERZEICHNIS

Vorarlberger Landesarchiv

Bezirkshauptmannschaft Bregenz, Schachteln „Vereine"; Abt. C, Jg. 1919-1932; Abt. III, Jg. 1933-1938

Bezirkshauptmannschaft Dornbirn, Schachteln „Vereine" 1920-1944

Bezirkshauptmannschaft Feldkirch, Schachteln „Vereine" 1919-1945

Vereinskataster der Sicherheitsdirektion und Schachtel „Sicherheitsdirektion Vereine" 1938-1945

Biographische Kartei

Vereinsarchive; Verbandsarchive

Chronik des Turnvereins Dornbirn 1862-1941 (im Besitz von Herrn Herbert Spiegel, Dornbirn)

Chronik und Protokollbuch des Vorarlberger Turner- und Athletenverbandes bzw. des Vorarlberger Rheingaus (im Besitz von Hofrat Ferdinand Waibel, Hohenems)

Chronik des Rudervereins Wiking Bregenz. Band 1: 1900-1935. Band 2: 1935-1960 (im Besitz des RV Wiking, Bregenz)

Chronik des FC Lustenau 1907-1941 (im Besitz des Gemeindearchivs Lustenau)

Zeitungen

Feldkircher Zeitung

Vorarlberger Landeszeitung

Vorarlberger Tagblatt

Vorarlberger Volksblatt

Vorarlberger Wacht

Feierabend. Wochenbeilage des Vorarlberger Tagblattes

Turnen und Sport. Wochenbeilage des Vorarlberger Tagblattes

Zeitschriften der Dach- und Fachverbände

Unser Gau. Nachrichtenblatt des Vorarlberger Rheingau (sic!) im 12. Kreis der Deutschen Turnerschaft. 1933/34. Dornbirn.

Der Arbeiter-Radfahrer. Organ des Arbeiter-Radfahrerbundes Österreich. 1919-1934. Wien.

Der freie Radler. Organ des Arbeiter-Radfahrer-Verbandes Vorarlberg. Hg: Arbeiter-Radfahrer-Verband Vorarlberg. 1925-1929. Feldkirch.

Reichsorgan der Arbeiter-Radfahrer Österreichs. Korrespondenzblatt des Verbandes der Arbeiter-Radfahrervereine Österreichs. 1923-1926. Wien.

Sport im Winter. Illustrierte Wintersport-Zeitung. Jg. 1: 1932; Jg. 2: 1933; Jg. 3: 1934. Wien.

Der Fußballer. Mitteilungsblatt des Vorarlberger Fußballverbandes. 1934-1936. Dornbirn.

Sportjahrbücher

Körpersport Jahrbuch 1932. Wien.

Körpersport Jahrbuch 1933. Das Jahrbuch der Aktiven. Offizielles Jahrbuch des Österreichischen Hauptverbandes für Körpersport. 2. Jg., Wien.

Körpersport Jahrbuch 1934. Das Jahrbuch der Aktiven von einst und jetzt. Offizielles Jahrbuch des Österreichischen Hauptverbandes für Körpersport. 3. Jg., Wien.

Österreichisches Sportjahrbuch 1935. 4. Jahrgang des Körpersport Jahrbuches des Österreichischen Hauptverbandes für Körpersport. Wien.

Österreichisches Sportjahrbuch 1936. 5. Jahrgang des Körpersport Jahrbuches des Österreichischen Hauptverbandes für Körpersport. Wien.

Österreichisches Sportjahrbuch 1937. 6. Jahrgang des Körpersport Jahrbuches des Österreichischen Hauptverbandes für Körpersport. Wien.

Sport-Taschenbuch der Ostmark (Hg. Othmar Hassenberger). Ausgabe 1940/1941. Wien.

Skileben in Österreich. Offizielles Jahrbuch des Österreichischen Ski-Verbandes 1935, 1936, 1937, 1938. Wien.

Sporthandbuch 1982/83. Offizielles Sporthandbuch der Österreichischen Turn- und Sportunion. Wien.

Interviews

Alge Alfred, Lustenau (7. 8. 1996)

Alge Oskar, Lustenau (2. 8. 1996)

Bawart Robert, Weiler (2. 1. 1997)

Cordin Karl, St. Anton (9. 4. 1997)

Fend Kuno, Götzis (23. 9. 1996)

Frietsche-Jelinek Fritzi, Bregenz (15. 9. 1995)

Hammerer Hubert, Egg (30. 7. 1996)

Pichlkostner Alois, Feldkirch (23. 8. 1995)

Spiegel Herbert, Dornbirn (5. 8. 1996)

Waibel Ferdinand, Dipl-.Ing., Hohenems (29. 4. 1996)

Winkler Willi, Lustenau (21. 10. 1998)

Zoller Franz, Bludenz (23. 8. 1995)

Festschriften

Alpenverein

Festschrift 60 Jahre Alpenvereinssektion Vorarlberg. In: Feierabend (1929), 48. Folge, 11. Jg., 489-506.

Festschrift 61. Hauptversammlung des D. u. Ö. Alpenvereins in Bregenz. Beilage des Vorarlberger Tagblattes vom 30. 8. 1935.

Festschrift 40 Jahre Sektion Bludenz des D. u. Ö. Alpenvereins. Sonderheft des Vorarlberger Tagblattes vom 8. 2. 1936.

Alpenverein (Hg.). 100 Jahre Sektion Vorarlberg des OeAV. In: Der Bergfreund (1969). Sonderheft, geleitet von Walter Flaig. Nr. 5.

Arbeitersport

90 Jahre ASKÖ in Österreich. 75 Jahre ASKÖ in Vorarlberg. O.O., o.J.

Flugsport

Festschrift „Der Flugsport in Vorarlberg". Sonderbeilage des Vorarlberger Tagblattes vom 25. 4. 1936 zum 1. Vorarlberger Segelflugtag am 3. Mai 1936 in Bregenz am Bodensee. In: Feierabend (1936), 17. Folge, 18. Jg., 145-170.

Fußball

Festschrift des Vorarlberger Tagblattes anläßlich des 25jährigen Bestehens des FC Lustenau. In: Feierabend (1932), 38. Folge, 14. Jg., 597-620.

Festschrift 50 Jahre FC Lustenau. Lustenau, 1957.

Festschrift 40 Jahre Vorarlberger Fußballverband. O.O., 1960.

Festschrift 50 Jahre FC Dornbirn. Dornbirn, 1963.

Festschrift 50 Jahre Vorarlberger Fußballverband. O.O., 1970.

Festschrift 75 Jahre FC Lustenau. Lustenau, 1982.

Festschrift 70 Jahre Sportclub Austria Lustenau. Lustenau, 1984.

Motorsport

Festschrift 10 Jahre Vorarlberger Automobilclub. In: Feierabend (1938), 12. Folge, 20. Jg., 101-126.

Radfahren

30 Jahre Radfahrerverein Rheinschwalbe Lustenau. Sonderheft des Vorarlberger Tagblattes vom 10. Juli 1937. In: Feierabend (1937), 28. Folge, 19. Jg., 315-320.

Festschrift 100 Jahre Radsport. 40 Jahre Vorarlberger Radfahrer-Verband. O.O., 1986.

Festschrift 100 Jahre Dornbirner Radfahrerverein. Dornbirn, 1986.

Festschrift Hallenradsport-WM in Bregenz vom 8. bis 11. November 1990. Bregenz, 1990.

Festschrift 100 Jahre Radsportverein Hohenems. Hohenems, 1993.

Ringen

Festschrift 50 Jahre KSK Klaus, 1936-1986. Klaus, 1986.

Rudern

Festschrift Ruderverein Wiking, herausgegeben anläßlich der Eröffnung und Einweihung des neuen Bootshauses und der 70-Jahr-Feier am 12. Juli 1970. Bregenz, 1970.

Jubiläumsfestschrift anläßlich der 75-Jahr-Feier des RV Wiking am 13./14. Juni 1975. Bregenz, 1975.

Schießen

500 Jahre Hauptschützengilde Bregenz. Chronik 500 Jahre Bregenzer Schützen- und Stadtgeschichte. Bregenz, 1998.

Skisport

25 Jahre Verband Vorarlberger Skiläufer. Festschrift des Vorarlberger Tagblattes zur 6. Landes-Skimeisterschaft in Feldkirch-Bazora am 5. und 6. Jänner 1930. In: Feierabend (1930), 1. Folge, 12. Jg., 1-47.

Festschrift 50 Jahre SC Arlberg. St. Anton am Arlberg, 1951.

Festschrift 40 Jahre Skiverein Dornbirn. Dornbirn, 1963.

Verband Vorarlberger Skiläufer (Hg.). Jubiläumsfestschrift aus Anlaß des 60jährigen Bestands. Bregenz, 1965.

Festschrift 50 Jahre Skiverein Dornbirn. Dornbirn, 1973.

Landesfremdenverkehrsverband Vorarlberg (Hg.): 100 Jahre Skilauf Vorarlberg. Bregenz, 1986.

Tischtennis

Festschrift 50 Jahre Tischtennis Bregenz. Bregenz, 1983.

Turnen

Denkschrift, hg. vom Turnverein Bregenz anläßlich der 40jährigen Gründungsfeier der ersten Bregenzer Turngemeinde bzw. des 20jährigen Gründungsfestes des Turnvereins Bregenz. Bregenz, 1889.

Festschrift zum 2. Kreisturnfest des DTB (1919), Kreis 4 Tirol-Vorarlberg, am 18.-20. Heumond 1925. 75. Gründungsfest des Turnvereins Bregenz. Dornbirn, 1925.

Festschrift zum 12. Gauturnfest des Rheingaus in Rankweil am 23. und 24. Juli 1927 verbunden mit dem 20. Stiftungsfest des Gaues und dem 25. Wiegenfeste des Turnerbundes Rankweil. Rankweil, 1927.

Festschrift 75 Jahre Turnverein Lustenau. Turnerschaft „Jahn". Lustenau, 1955.

Festschrift zum 110jährigen Bestehen der Turnerschaft Jahn (früher Turnverein Feldkirch) am 16. September 1961. Feldkirch, 1961.

Festschrift 100 Jahre Turnen in Dornbirn. Dornbirn, 1962.

Festschrift zum 11. Landesturnfest der Vorarlberger Turnerschaft am 4. und 5. Juli 1964 in Lustenau. Lustenau, 1964.

Festschrift 80 Jahre Turnen in Hohenems. Hohenems, 1965.

Festschrift zum 14. Vorarlberger Landesturnfest. 85 Jahre Turnen in Hohenems. Hohenems, 1970.

Festschrift 70 Jahre Turnerschaft. 25 Jahre AC Hörbranz. O.O., 1981.

Festschrift 100 Jahre Turnen in Höchst 1882-1982. Höchst, 1982.

Festschrift zum Jubiläum der Turnerschaft Lauterach am 25./26. September 1982. 75 Jahre Turnen in Lauterach. Lauterach, 1982.

Festschrift 100 Jahre Turnverband. 135 Jahre Turnen in Vorarlberg. Dornbirn, 1983.

Festschrift zum 18. Vorarlberger Landesturnfest. 125 Jahre Turnen in Bludenz. Bludenz, 1983.

Festschrift 100 Jahre Turnen in Hohenems. Turnverein 1885, Turnerbund 1905, Turnerschaft 1946. Hohenems, 1985.

Festschrift 100 Jahre Turnen in Wolfurt 1886-1986. Wolfurt, 1986.

Festschrift 125 Jahre Turnen in Dornbirn. Turnverein Dornbirn 1862, Turnerbund Dornbirn 1902. Dornbirn, 1987.

Festschrift 110 Jahre Turnen in Thüringen. Thüringen, 1992.

Verkehrsverein

Festschrift 100 Jahre Verkehrsverein der Landeshauptstadt Bregenz. Bregenz, 1971.

Literaturverzeichnis

ACHATZ, Oswald (1934). 15 Jahre FC Bregenz. In: Feierabend, 21. Folge, 16. Jg., 214-218.

ALBER, Hans (1936). Fünfzig Jahre Dornbirner Radfahrverein. In: Feierabend, 34. Folge, 18. Jg., 359-362.

ALLGEUER, Wolfgang (1986). Die Entwicklung der Seilbahnen und Schlepplifte in Vorarlberg. In: Festschrift 100 Jahre Skilauf Vorarlberg (23-34). Bregenz.

AMSTÄDTER, Rainer (1996). Der Alpinismus. Kultur, Organisation, Politik. Wien.

APPENROTH, Heimo (1973). Georg Bilgeri – ein Pionier des alpinen Skilaufs. Unveröffentlichte Hausarbeit. Innsbruck.

BAMMERT-ULMER, Ida (1956). Wie es begann. In: Verband Vorarlberger Skiläufer (Hg.). Jubiläums-Festschrift aus Anlaß des 60jährigen Bestandes (13-18). Bregenz.

BAMMERT-ULMER, Ida/WELPE, Oswald (1956). Wie es dann weiterging. In: Verband Vorarlberger Skiläufer (Hg.). Jubiläums-Festschrift aus Anlaß des 60jährigen Bestandes (19-26). Bregenz.

BENZ, Wolfgang/GRAML, Hermann/WEISS, Hermann (1997). Enzyklopädie des Nationalsozialismus. Stuttgart.

BERGER, Walter (Hg.) (1975). Alles haben – ist das alles? Eine Festausgabe zum 70. Geburtstag von Josef RECLA. Buxheim/Allgäu.

BILDSTEIN, Albert (1930). Aus meinem Schiläuferleben. In: Feierabend, 10. Folge, 12. Jg., 158-159.

BILDSTEIN, Josef (1913). Skiwettläufe in Mitterndorf. In: Der Winter 1912/13, 498.

BILDSTEIN, Josef (1914). Sprunglauf Wien – St. Moritz am Semmering. In: Der Winter 1913/14, 462.

BILDSTEIN, Josef (1930). Von vier auf vierzig Meter. In: Feierabend, 56. Folge, 12. Jg., 740-743.

BILGERI, Benedikt (1937). Vorarlberger beim großen Schützenfest in Zürich 1504. In: Alemannia. Zeitschrift für Geschichte, Heimat- und Volkskunde Vorarlbergs, Heft 1/2, 1-15.

BILGERI, Martin/SCHMID, Hermann (1925). Geschichte des Turnvereins Bregenz. In: Festschrift zum 2. Kreisturnfest des DTB, Kreis 4 Tirol-Vorarlberg, am 18.-20. Heumond 1925 (17-33), Dornbirn.

BLODIG, Karl (1923). Die Viertausender der Alpen. München.

BOGENG, G. A. E. (1926). Geschichte des Sports aller Völker und Zeiten. Band II, Leipzig.

BOHLE, Albert (1988). Grüße aus Alt-Dornbirn. Stadt und Leute auf alten Ansichtskarten. Dornbirn.

BOHLE, Norbert (1963). Beim FC Dornbirn will ich sein – 50 Jahre Vereinsgeschichte. In: Festschrift 50 Jahre FC Dornbirn 1913 (7-14), Dornbirn.

BRÄNDLE, Hermann (1985). Sozialdemokraten und Revolutionäre Sozialisten 1933-1938. In: Johann-August-Malin-Gesellschaft (Hg.). Von Herren und Menschen (29-44). Bregenz.

BRUCKMÜLLER, Ernst/STROHMEYER, Hannes (Hg.) (1998). Turnen und Sport in der Geschichte Österreichs. Schriften des Institutes für Österreichkunde. Wien.

BRUNNER, Karl (1998). Sport im Mittelalter. Ritterliche Übungen und religiöse Bräuche. In: Bruckmüller, Ernst/Strohmeyer, Hannes (Hg.). Turnen und Sport in der Geschichte Österreichs (20-28). Wien.

BRUNNER, Ivo (1988). Britischer Alpinismus und Vorarlberg. In: Vorarlberg Oberland, Heft 4, 155-164.

BUNDSCHUH, Werner (1990). Bestandsaufnahme: Heimat Dornbirn 1850-1950. Bregenz.

BUNDSCHUH, Werner/MITTERSTEINER, Reinhard (1997). Verein Arbeiterheim Dornbirn. Dornbirn.

BURMEISTER, Karl Heinz (1983). Geschichte Vorarlbergs. Wien.

BURMEISTER, Karl Heinz (1975). Die Anfänge des Alpinismus in Vorarlberg. In: Jahrbuch des Landesmuseumsvereins 1974/75, 9-12.

BURMEISTER, Karl Heinz (1982). Turniere der Montforter. In: Die Montforter (= Ausstellungskatalog des Vorarlberger Landesmuseums), Bregenz, 97-99.

BURMEISTER, Karl Heinz (1985). Kulturgeschichte der Stadt Feldkirch bis zum Beginn des 19. Jahrhunderts. Sigmaringen.

BURMEISTER, Karl Heinz (1996). Die Grafen von Montfort: Geschichte. Recht. Kultur. Festgabe zum 60. Geburtstag. Hg. von Alois Niederstätter. Konstanz.

DIEM, Carl (1960). Weltgeschichte des Sports und der Leibeserziehung. Band III: Der moderne Sport. Stuttgart.

DIETRICH, Hans (1933). Geschichte und Entwicklung des FC Rankweil. In: Feierabend, 15. Folge, 15. Jg., 166-169.

DOBRAS, Werner (1992). Die spannende Geschichte der Seegfrörnen von 875 bis heute. Konstanz.

DREIER, Werner (1986). Zwischen Kaiser und Führer. Vorarlberg im Umbruch 1918-1938. Bregenz.

EBENHOCH, Ulrike (1986). Die Stellung der Frau in der Geschichte Vorarlbergs 1914-1933. Dornbirn.

EDER, Ernst Gerhard/TREUDE, Andrea (1998). Zur Geschichte des Wassersports in Österreich. In: Bruckmüller, Ernst/Strohmeyer, Hannes (Hg.). Turnen und Sport in der Geschichte Österreichs (133-156). Wien.

EICHEL, Wolfgang (1984). Geschichte der Körperkultur. Berlin.

FALGER, Ferdinand (1935). Aus der Geschichte der Sektion Vorarlberg. In: Festschrift zur 61. Hauptversammlung des D. u. Ö. Alpenvereins in Bregenz (9-15). Bregenz.

FEND, Kuno (1983). Der Vorarlberger Turngau. Anfänge des Turnens und der Entwicklung (sic!) in Vorarlberg. In: Festschrift 100 Jahre Turnverband. 135 Jahre Turnen (8-23). Dornbirn.

FETZ, Friedrich/ALBL, Udo (1997). Skipionier Ernst Janner. Wien.

FETZ, Friedrich/KIRNBAUMER, Gudrun (2001). Skipionier Georg Bilgeri. Graz.

FLAIG, Günter/FLAIG, Walter (1982). Rätikon. München.

FLAIG, Hermine (1974). Von den Anfängen der Touristik. In: Montafoner Heimatbuch (357-366). Schruns.

FLAIG, Walter (1933). Arlberg: Ski und Schnee. München.

FLAIG, Walter (1955). Aus der Skilaufgeschichte Österreichs. Rückblick in die Frühgeschichte des Österreichischen Skiverbandes zu seinem 50jährigen Bestand am 4. November 1955. O.O.

FLAIG, Walter (1956). Berg- und Skipioniere am Arlberg. In: Jahrbuch des Deutschen Alpenvereins, Bd. 81, 33-35.

FLAIG, Walter (1969). Der Skipionier Viktor Sohm. In: Vorarlberg, Heft 4, 7. Jg., 25-30.

FLAIG, Walter (1970). 100 Jahre Alpenverein. In: Vorarlberger Volkskalender 1970, 120-126.

FRANK, Heinrich (1998). Die Entwicklung von Alpinistik und Wintersport in Österreich. In: Bruckmüller, Ernst/Strohmeyer, Hannes (Hg.). Turnen und Sport in der Geschichte Österreichs (105-133). Wien.

FRITSCHE, Klaus (1974). Viktor Sohm. Leben und Wirken für das alpine Skifahren. Unveröffentlichte Hausarbeit. Innsbruck.

GASSNER, Wolfgang (1975). Sepp Bildstein – Leben und Bedeutung. Unveröffentlichte Hausarbeit. Innsbruck.

GASTGEB, Hans (1952). Vom Wirtshaus zum Stadion. 60 Jahre Arbeitersport in Österreich. Wien.

GATTINGER, Gertrud (1954). Die Leibesübungen für Frauen und Mädchen in ihrer Entwicklung von Guts Muths bis heute. Unveröffentlichte Hausarbeit. Innsbruck.

GMEINER, Emmerich (1979). Baden in Alt-Bregenz. In: Bregenz Aktuell, 11. Jg., Nr. 8, Sept./Okt. 1979, Bregenz.

GÖHRING, Walter/STADLMANN, Friederike (o.J.). Start in den Abgrund. Österreichs Weg 1918-1945. Wien.

GOMPERZ, Rudolf (1914). Der Österreichische Ski-Verband im Jahre 1912/1913. In: Der Winter 1913/14, 18.

GRABHER, Rudolf (1932). Vereinsgeschichte des FC Lustenau. In: Feierabend, 38. Folge, 14. Jg., 599-602.

GRAF, Karl (1995). Die Geschichte von Turnen und Sport in Tirol. Von den Anfängen bis 1955. Eine kulturhistorische Analyse von Turnen und Sport unter besonderer Berücksichtigung der einzelnen Sportarten. Dissertation. Innsbruck.

GREUSSING, Kurt (Hg.) (1984): Im Prinzip Hoffnung. Arbeiterbewegung in Vorarlberg 1870-1946. Bregenz.

GRÖSSING, Stefan (1993). Die Wiederkehr der Artemis. Der Wandel des Weiblichkeitsideals durch den Einfluß des Sports um die Wende vom 19. zum 20. Jahrhundert. In: Erhalt, Hubert/Weiß, Otmar (Hg.) (1993). Sport zwischen Disziplinierung und neuen sozialen Bewegungen. Wien – Köln – Weimar, 31-43.

GRÖSSING, Stefan (1998). Vom Schulturnen zur Bewegungserziehung – die Entwicklung der schulischen Leibeserziehung in Österreich. In: Bruckmüller, Ernst/Strohmeyer, Hannes (Hg.). Turnen und Sport in der Geschichte Österreichs (201-212). Wien.

GUNZ, Oswald (1949). Die geschichtliche Entwicklung der Leibesübungen in Vorarlberg unter besonderer Berücksichtigung der Leibesübungen und der Spiele. Unveröffentlichte Hausarbeit. Innsbruck.

HABERLANDT, Hilde (1940). Die weibliche Leibeserziehung in der Hitler-Jugend mit besonderer Berücksichtigung des Jungmädel-Sports. Unveröffentlichte Hausarbeit. Innsbruck.

HAGEN, Kaspar (1979). Vom zugefrorenen Bodensee (1830). In: Vorarlberger Volkskalender 1879, o.S.

HÄMMERLE, Rudolf (1984). Otto Hämmerle und das Bödele. Dornbirn.

HANE, Karl (1936). Die Geschichte der Sektion Bludenz des D. u. Ö. Alpenvereins und ihr Arbeitsgebiet. In: Feierabend, 6. Folge, 18. Jg., 41-48.

HARTMANN, Armin (1987). 125 Jahre Turnen in Dornbirn. Dokumentation 1862-1987. Dornbirn.

HASSENBERGER, Othmar (1937). Sport in Österreich. Beiträge zur Geschichte des österreichischen Sports. In: Österreichisches Sportjahrbuch 1937 (15-19). Wien.

HAUSAMMANN, Ernst (1932). Das erste Fußballwettspiel in Lustenau. In: Feierabend, 38. Folge, 14. Jg., 611-612.

HOINKES, Theodor (1936). 50 Jahre Radsport in Vorarlberg. In: Vorarlberger Tagblatt vom 19. 8. 1936 (Nr. 189).

HOBMEIER, Ludwig (1939). Die Geschichte des Schilaufs in Vorarlberg. Unveröffentlichte Hausarbeit. Innsbruck.

HOLTER, Karin (1965). Die Stellung der Leibeserziehung und der Leibesübungen in der Nationalsozialistischen Zeit. Unveröffentlichte Hausarbeit. Innsbruck.

HORAK, Roman (1998). Fußball von Wien nach Österreich. In: Bruckmüller, Ernst/Strohmeyer, Hannes (Hg.). Turnen und Sport in der Geschichte Österreichs (156-170). Wien.

HUETER, Heinrich (1898). Zur Geschichte der Schesaplanabesteigungen. In: Mittheilungen des Deutschen und Österreichischen Alpenvereins. Wien, 269-270.

JOHANN-AUGUST-MALIN-GESELLSCHAFT (Hg.) (1985). Von Herren und Menschen. Verfolgung und Widerstand in Vorarlberg 1933-1945. Bregenz.

JOHLER, Reinhard (1984). „Jeatzt würds heall, jeatzt würds liacht": Sozialistische Maifeiern in Vorarlberg 1890-1930. In: Greussing, Kurt (Hg.): Im Prinzip Hoffnung. Arbeiterbewegung in Vorarlberg 1870-1946 (225-259). Bregenz.

JUSSEL, Guntram (1995). Berge und Menschen. Ein alpines Lesebuch. Bludenz.

KAMPER, Erich/GRAF, Karl (1986). Österreichs Leichtathletik in Namen und Zahlen. Wolfsberg.

KELZ, Karl (1934). Die Standschützen des Gerichtsbezirkes Feldkirch im Weltkrieg 1914-1918. Feldkirch.

KEMMERLING-UNTERTHURNER, Ulrike (1991). Die katholische Jugendbewegung in Vorarlberg 1918-1938. Dornbirn.

KLUGE, Volker (1997). Olympische Sommerspiele. Die Chronik I: Athen 1896-Berlin 1936. Berlin.

KOLB, Heribert (1938). Die geschichtliche Entwicklung der Leibesübungen in Vorarlberg. Unveröffentlichte Hausarbeit. Innsbruck.

KÖHLMEIER, Michael (1983). Bregenzer Badebuch. Bregenz.

KNÜNZ, Josef (1956). 100 Jahre Stella Matutina 1856-1956. Feldkirch.

KRAMMER, Reinhard (1981). Arbeitersport in Österreich. Ein Beitrag zur Geschichte der Arbeiterkultur in Österreich bis 1938. Wien.

KRAMMER, Reinhard (1983). Die Turn- und Sportbewegung. In: Weinzierl/Skalnik (Hg.): Österreich 1918-1938. Geschichte der Ersten Republik (731-741). Graz.

KRÜGER, Michael (1993). Einführung in die Geschichte der Leibeserziehung und des Sports. Teil 2: Leibeserziehung im 19. Jahrhundert (Turnen fürs Vaterland). Schorndorf.

KRÜGER, Michael (1993). Einführung in die Geschichte der Leibeserziehung und des Sports. Teil 3: Leibesübungen im 20. Jahrhundert. Sport für alle. Schorndorf.

KUNER, Tilman (1995). 100 Jahre Bregenzer Segel-Club. Bregenz.

LANZL, Helmut (1933). Der Motorradsport in Vorarlberg. In: Feierabend, 12. Folge, 15. Jg., 110-111.

LANZL, Helmut (1934). Die ersten Motorräder in Vorarlberg. In: Feierabend, 24. Folge, 16. Jg., 245-246.

LANZL, Helmut (1934). Zur ersten Bergwertungsfahrt auf das Bödele. In: Feierabend, 24. Folge, 16. Jg., 243-244.

LANZL, Helmut (1936). Der Vorarlberger Automobilclub und der Flugsport im Lande. In: Feierabend, 17. Folge, 18. Jg., 148-149.

LANZL, Helmut (1936). Der Sport Vorarlbergs im Bild. Innsbruck.

LANZL, Helmut (1938), Die Entwicklung des Kraftfahrwesens in Vorarlberg. In: Feierabend, 35. Folge, 20. Jg., 398-406.

LANZL, Helmut (1941). Die Entwicklung des Kraftfahrwesens in Vorarlberg. In: Bergland, 23. Jg., Heft 9/10, 18-22, 33.

LANZL, Helmut (1948). Das Kraftfahrwesen in Vorarlberg. Dornbirn.

LANZL, Helmut (1948). Die Entwicklung des Flugwesens in Vorarlberg. In: Lanzl, Helmut. Das Kraftfahrwesen in Vorarlberg (56-63). Dornbirn.

LANZL, Helmut (1957). Die erste Automobilbesitzerin in Vorarlberg. In: Vorarlberg-Wien, Nr. 4, 30.

LECHTHALER, Anton (1930). Die ersten Schiversuche in der Umgebung Feldkirchs. In: Feierabend, 1. Folge, 12. Jg., 8-10.

LEUPRECHT, Alfons (1920). Ein Vierteljahrhundert im Dienste des Alpenvereins. Ein Gedenkblatt zum 25jährigen Bestande der Sektion Bludenz. In: Feierabend, 51. Folge, 2. Jg., 245-248.

LEUPRECHT, Alfons (o.J.). Geschichte der Schützengesellschaft von Bludenz (1400 bis 1800). O.O.

LINGENHÖLE, Walter/RUSCH, Wolfgang (1997). Alt-Bregenz läßt grüßen. Stadt und Leute auf alten Ansichtskarten. Band 2, Bregenz.

MADERTHANER, Wolfgang (1988). Sport für das Volk. In: Maimann, Helene (Hg.). 100 Jahre Österreichische Sozialdemokratie 1888-1988 (174-177). Wien.

MADLENER, Otto (1936). Der Radsport in Vorarlberg. In: Feierabend, 34. Folge, 18. Jg., 362-364.

MÄRK, Josef (1973). Deutscher Alpenverein – Österreichischer Alpenverein. Vereinigung vor 100 Jahren in Bludenz. In: Montfort, 25. Jg., Heft 2/3, 296-304.

MARUNA, Roland (1998). Leichtathletik in Österreich. In: Bruckmüller, Ernst/Strohmeyer, Hannes (Hg.). Turnen und Sport in der Geschichte Österreichs (187-201). Wien.

MARZEN, Walter (1986). High Zürs. Von der Almsiedlung zum internationalen Skizenter. Hg.: Verkehrsamt Zürs.

MAYER, Elmar (1988). Heimat unter Hitlerfahnen. Eindrücke und Erlebnisse aus der Nazizeit. Götzis.

MAYER, Johann Franz (1970). Schlittschuhlaufen und Eislaufvereine in Vorarlberg bis zum Jahre 1914. Seminararbeit. Wien.

MEHL, Erwin (1923). Grundriß des Deutschen Turnens. Wien.

MERCIER, Joachim (1928). Aus der Urgeschichte des Schweizer Skilaufs. Jubiläumsschrift des Skiclubs Glarus 1893-1923. Glarus.

MIEKAUTSCH, Gerald (1966). Georg Bilgeri und der alpine Skilauf. Unveröffentlichte Hausarbeit. Innsbruck.

MITTERSTEINER, Reinhard (1984). Wachstum und Krise-Vorarlberger Arbeiterbewegung 1890-1918. In: Greussing, Kurt (Hg.). Im Prinzip Hoffnung. Arbeiterbewegung in Vorarlberg 1870-1946 (73-133). Bregenz.

MITTERSTEINER, Reinhard (1994). „Fremdhäßige", Handwerker & Genossen. Die Entstehung der sozialdemokratischen Arbeiterbewegung in Vorarlberg. Bregenz.

MÜLLER, Siegfried (1993). Motorisierung begann in Bregenz. In: Vorarlberger Nachrichten vom 11. 5. 1993, 2.

MUXEL, Wolfgang (1986). Bergabenteuer Vorarlberg. Graz – Stuttgart.

NÄGELE, Hans (1921). Eine Überschreitung der Zimbaspitze. In: Feierabend, 32. Folge, 3. Jg., 137-138; 33. Folge, 3. Jg., 141-143.

NÄGELE, Hans (1929). Die Gründer und Führer des Alpenvereins in Vorarlberg. In: Feierabend, 48. Folge, 11. Jg., 494-504.

NÄGELE, Hans (1929). Berühmte Gaststätten in Vorarlberg. Teil 5: Heilquellen und Bäder. In: Feierabend, 2. Folge, 11. Jg., 12-14; 3. Folge, 11. Jg., 22-24.

NÄGELE, Hans (1930). Hervorragende Vorarlberger Skiläufer. In: Feierabend, 1. Folge, 12. Jg., 19-23.

NÄGELE, Hans (1930). Zur Geschichte des Skilaufs in Vorarlberg in der Vorkriegszeit. In: Feierabend, 1. Folge, 12. Jg., 5-8.

NÄGELE, Hans (1935). Sechs Jahrzehnte Deutscher und Österreichischer Alpenverein. Festschrift zur 61. Hauptversammlung des Deutschen und Österreichischen Alpenvereins in Bregenz 1935. Beilage des Vorarlberger Tagblattes vom 30. 8. 1935.

NÄGELE, Hans (1955). 100 Jahre Apothekerfamilie Kofler. In: Montfort, Heft 1, 7. Jg., 187-210.

NÄGELE, Hans (1969). 100 Jahre Sektion Vorarlberg des Deutschen und Österreichischen Alpenvereins. In: Der Bergsteiger, Jg. 36, Nr. 10, 724-725.

NAUMANN, Josef (1935). Eis-Zeitungen als Erinnerung an historische Seegfrörne. In: Vorarlberger Volkskalender 1935, 87-89.

NEURAUTER, Eugen (1933). Der Rheintalisch-Vorarlberger Turnverband. In: Feierabend, 30. Folge, 15. Jg., 385-386.

NEYER, Raphael Anton (1926). Zur Geschichte der Bergsteigerfamilie Neyer aus Bludenz. In: Heimat, Heft 1 und 2, 7. Jg., 1-13.

NORDEN, Gilbert (1998). Breitensport und Spitzensport vom 19. Jh. bis zur Gegenwart. In: Bruckmüller, Ernst/Strohmeyer, Hannes (Hg.). Turnen und Sport in der Geschichte Österreichs (56-86). Wien.

OBERKOFLER, Gerhard (1969). Vorarlbergs Weg zur modernen Schule. Schriften zur Vorarlberger Landeskunde, Bd. 7. Dornbirn.

OBHOLZER, Anton (1935). Geschichte des Schilaufs. Wien – Leipzig.

PASOLD, Achim/BURTSCHER, Bertram (1991). Klettern in Vorarlberg. Köngen.

PEEGE, Emil/MOISL, Rudolf (1924). Jahrbuch des Wintersports, V. Jg. Wien.

PETER, Ernst (1936). Die Entwicklung des Flugwesens in Vorarlberg. In: Feierabend, 17. Folge, 18. Jg., 150-163.

PETER, Laurin (1981). Geschichte der Vorarlberger Leichtathletik. Dornbirn.

PETER, Laurin (1994). Turnen und Sport in Vorarlberg. Teil I: Von den Anfängen bis zum Ersten Weltkrieg. Dornbirn.

PETER, Laurin (1997). Turnen und Sport in Vorarlberg. Teil II: Erste Republik und Nationalsozialismus. Dornbirn.

PETER, Laurin (1999). Turnen und Sport in Vorarlberg. Vom ausgehenden Mittelalter bis 1945. Dissertation. Innsbruck. 1999.

PFEIFER, Emil (1934). Hannes Schneiders hohe Schule des Schilaufs. Innsbruck – Wien – München.

PFISTER, Gertrud (1998). Die Anfänge des Frauenturnens und des Frauensports in Österreich. In: Bruckmüller, Ernst/Strohmeyer, Hannes (Hg.). Turnen und Sport in der Geschichte Österreichs (86-105). Wien.

PICHLER, Meinrad/WALSER, Harald (1988). Die Wacht am Rhein. Alltag in Vorarlberg während der NS-Zeit. Bregenz.

PICHLER, Meinrad (1993). Auswanderer. Von Vorarlberg in die USA 1800-1938. Bregenz.

PIRKER, Paul (1938). Die Geschichte des Wassersports am Bodensee. Unveröffentlichte Hausarbeit. Innsbruck.

PLUNDER, Franz (1972). Sowitasgoht. Lebenserinnerungen. Bregenz.

PREIS, Monika (1992). Der österreichische Skipionier Hannes Schneider. Sein Leben sowie Ausrüstung, Bekleidung und Skilauftechnik seiner Zeit. Unveröffentlichte Hausarbeit. Salzburg.

RECLA, Josef (1982). Die Christliche Turnbewegung. In: Offizielles Sporthandbuch 1982/83 der Österreichischen Turn- und Sportunion (7-205). Wien.

RHOMBERG, Christian/SCHWALD, Otto (2000). Die Besten im Westen. Vorarlbergs Jahr-100-Sportler im Portrait. Bludenzer Geschichtsblätter Heft 51 + 52. Bludenz.

RUPP, Willi (1993). War Zardetti wirklich der erste? In: Vorarlberger Nachrichten vom 11. 5. 1993, 3.

SAUERWEIN, Herbert (1986). Viktor Sohm. Lebensbild eines Skipioniers. In: Walserheimat in Vorarlberg. Halbjahresschrift der Vorarlberger Walservereinigung. Heft 39, Bregenz, 406-409.

SAUERWEIN, Herbert (1987). Wie es war. Lech – Zürs – Stuben – Warth – Schröcken. Bilddokumente der vergangenen 100 Jahre. Bregenz.

SAUERWEIN, Herbert (1987). Franz Harrer – Ein Pionier des Fremdenverkehrs. In: Walserheimat in Vorarlberg. Halbjahresschrift der Vorarlberger Walservereinigung. Heft 40, Bregenz, 447-449.

SAUERWEIN, Herbert (1989). Erste Schispuren am westlichen Arlberg – oder: Pioniergeist auf Schiern. In: Jahrbuch des Vorarlberger Landesmuseumsvereins 1989, 175-181.

SAUERWEIN, Herbert (1995). 100 Jahre alpiner Tourismus in Lech. In: Walserheimat in Vorarlberg. Halbjahresschrift der Vorarlberger Walservereinigung. Heft 56, Bregenz, 265-271.

SCHALLERT, Elmar (1992). Gruß aus Alt-Bludenz mit Brandnertal und Montafon. Land und Leute auf alten Ansichtskarten. Bregenz.

SCHELLING, Thomas (1986). Georg Bilgeri. Sein Leben und seine Bedeutung. Unveröffentlichte Hausarbeit. Innsbruck.

SCHIDROWITZ, Leo (1951). Geschichte des Fußballsports in Österreich. Wien.

SCHILLER, Otto (1978). Die ideologische Auseinandersetzung über Christentum und altgermanischen Götterglauben zwischen Deutschem Turnerbund und Christlich-Deutscher Turnerschaft Österreichs. Dissertation. Graz.

SCHÖNHERR, Margit (1981). Vorarlberg 1938. Die Eingliederung Vorarlbergs in das Deutsche Reich 1938/39. Dornbirn.

SCHNEIDER, Hannes (1930). Wie ich Schilehrer und Schifahrer wurde. In: Feierabend, 1. Folge, 12. Jg., 44-47.

SCHREIBER, Horst (1996). Schule in Tirol und Vorarlberg 1938-1948 (Innsbrucker Forschungen zur Zeitgeschichte, Band 14). Innsbruck.

SEEWALD, Alexander (1930). Anfänge des Turnens in Vorarlberg bis zur Auflösung der Turnvereine im Jahre 1852. In: Heimat, Jg. 11, 261-265.

SEEWALD, Alexander (1930). Über die Entwicklung des Vorarlberger Turngaus. In: Heimat, Jg. 11, 265-270.

SENGER, Max (1941). Wie die Schweiz zum Skiland wurde. Zürich.

SERERHARD, Nikolaus (1929). Die Ersteigung der Schesaplana. In: Feierabend, 12. Folge, 11. Jg., 92-93.

SOHM, Herbert (1984). Zur Geschichte des Fremdenverkehrs in Vorarlberg. Bregenz.

STÄRK, Wilhelm (1991). Geschichte der Dornbirner Realschule. Bregenz.

STECEWITZ, Ludwig (1996). Sport und Diktatur. Erinnerungen eines österreichischen Journalisten 1934-45. Hg.: Mathias Marschik. Wien.

STELLA MATUTINA (Hg.) (1931). 75 Jahre Stella Matutina. Bd. III: Stellazeiten und Stellaleben geschildert von Zöglingen. Feldkirch.

STIEBLER, Christoph/KERLER, Richard (1969). Georg Bilgeri. Der Oberst auf Skiern. In: Vorarlberg, Heft 4, 7. Jg., 31-33.

STRAUSS, Wilhelm (1893). Der Rätikon. In: Richter, Erwin (Hg.). Die Erschließung der Ostalpen. Bd. I: Die nördlichen Kalkalpen. Berlin.

STREITBERGER, Peter (1969). Von der Alpe zum internationalen Wintersportplatz. Beiträge zur alpenländischen Wirtschafts- und Sozialforschung. Innsbruck.

STROHMEYER, Hannes (1976). Österreich. In: Überhorst, Horst (Hg.). Geschichte der Leibesübungen. Bd. 5 (285-310). Berlin.

STROHMEYER, Hannes (1998). Vom adeligen zum bürgerlichen Sport in Österreich (16.-19. Jh.). In: Bruckmüller, Ernst/Strohmeyer, Hannes (Hg.). Turnen und Sport in der Geschichte Österreichs (28-56). Wien.

STROHMEYER, Hannes (1998). Sport und Politik: Das Beispiel der Turnbewegungen in Österreich 1918-1938. In: Bruckmüller, Ernst/Strohmeyer, Hannes (Hg.). Turnen und Sport in der Geschichte Österreichs (212-245). Wien.

STROHMEYER, Hannes (1999). Beiträge zur Geschichte des Sports in Österreich. Gesammelte Arbeiten aus vier Jahrzehnten. Theorie und Praxis der Leibesübungen, Bd. 71, Wien.

THÖNI, Hans (1980). Hannes Schneider. Zum 100. Geburtstag des Skipioniers und Begründers der Arlberg-Technik. Innsbruck.

TIEFENTHALER, Meinrad (1955). Die Grenzbeschreibungen im Urbar der Herrschaften Bludenz und Sonnenberg von 1608 bis 1618. In: Montfort, 7. Jg., Heft 1, 60-71.

TORRESANI, Carl von (1931). Ein Zöglingsleben in den Jahren 1858-61. In: Stella Matutina (Hg.). 75 Jahre Stella Matutina. Band III: Stellazeiten und Stellaleben geschildert von Zöglingen (35-45). Feldkirch.

TSCHAIKNER, Manfred (Hg.) (1996). Geschichte der Stadt Bludenz. Von der Urzeit bis zum Beginn des 20. Jahrhunderts. Sigmaringen.

ULMER, Andreas (1932). Die Schützenscheiben des Hauptschießstandes Feldkirch. Sonderdruck aus Alemannia, Zeitschrift für alle Gebiete des Wissens und der Kunst mit besonderer Berücksichtigung der Heimatkunde. Dornbirn.

ULMER, Andreas (1942). Die Schützenscheiben des Schießstandes Bregenz (Manuskript). O.O.

ULMER, Anton (1962). Der Turnerbund. In: Festschrift 100 Jahre Turnen in Dornbirn (41-48). Dornbirn.

VALLASTER, Christoph (1981/1982). Vorarlberger Schützengeschichte. Eine Serie in 27 Teilen. In: Vorarlberger Nachrichten September 1981 bis April 1982.

VALLASTER, Christoph (1984). Kleines Vorarlberger Schützenscheibenbuch. Dornbirn.

VALLASTER, Christoph (1985). Alpingeschichtliches aus Vorarlberg. Eine Serie in 6 Teilen. In: Der Bergfreund, 37. Jg., (Teil 1: Heft 1, 14-16; Teil 2: Heft 2, 16-17; Teil 3: Heft 3, 23-24; Teil 4: Heft 4, 20-21; Teil 5: Heft 5, 22-23; Teil 6: Heft 6, 14-15).

VALLASTER, Christoph (1989). Alte Badeplätze und Schwimmbäder. Eine Serie in 6 Teilen. In: Neue Vorarlberger Tageszeitung (Teil 1: 20. 5.; Teil 2: 27. 5.; Teil 3: 3. 6.; Teil 4: 17. 6.; Teil 5: 24. 6.; Teil 6: 1. 7.)

VOLAUCNIK, Christoph (1986). Die Anfänge des Skilaufs in Vorarlberg. In: Landesfremdenverkehrsverband (Hg.). Festschrift 100 Jahre Skilauf Vorarlberg (3-22). Dornbirn.

VONACH, Anton (1950). Das Bregenzer Gymnasium. Werdegang und Entwicklung 1895-1945. Im Selbstverlag des Verfassers. O.O.

VORARLBERG CHRONIK (2000), Dornbirn.

VORARLBERGER SPORTVERBAND (Hg.) (1995). 50 Jahre Sportverband 1945-1995. Rankweil.

WAIBEL, Ferdinand (1983). Vorarlberger Rheingau. Entstehung, Weg und Tätigkeit. In: Festschrift 100 Jahre Turnverband. 135 Jahre Turnen (34-53). Hohenems.

WALSER, Harald (1983). Die illegale NSDAP in Tirol und Vorarlberg. Wien.

WANNER, Gerhard (1984). Vorarlberger Zeitgeschichte. Quellen – Darstellungen – Bilder. Erste Republik 1918-1938. Lochau.

WANNER, Gerhard (1988). 1938. Der Anschluß Vorarlbergs an das Dritte Reich. Lochau.

WEBER, Wolfgang (1989). Zur Entwicklung und Bedeutung der völkisch-deutschen Turnbewegung in Vorarlberg unter besonderer Berücksichtigung des Turnvereins Dornbirn 1862. Dipl.-Arbeit. Innsbruck.

WEBER, Wolfgang (1990). Zur Entwicklung und Bedeutung des TV Dornbirn 1862. In: Dornbirner Schriften, Heft X, 27-65.

WEBER, Wolfgang (1994). Turnen und Politik in Österreich – exemplarisch dargestellt am Bundesland Vorarlberg 1847-1938. Dissertation. Dornbirn – Innsbruck – Wien.

WEBER, Wolfgang (1995). Von Jahn zu Hitler. Politik- und Organisationsgeschichte des Deutschen Turnens in Vorarlberg 1847 bis 1938. Konstanz.

WEBER, Wolfgang (1997). „Bi-Cyclisten" rund um den Kummenberg. Notizen zur Geschichte des Radfahrens in Altach, Götzis, Klaus, Koblach und Mäder. In: Kummenberg. Eine Schriftenreihe der Rheticus-Gesellschaft. Heft 1997, Jahrgang 6, 55-72.

WEBER, Wolfgang (1998). Deutschnationale Politik und Körperkultur am Bodensee. Das Beispiel Vorarlberg. Sonderdruck aus den Schriften des Vereins für Geschichte des Bodensees und seiner Umgebung. 116. Heft. Friedrichshafen.

WEILENMANN, Johann Jakob (1894). Bergabenteuer in Rätikon, Verwall und Silvretta. Sigmaringen.

WEILENMANN, Johann Jakob. Die Erstbesteigung des Piz Buin. In: Vorarlberg (1969), Heft 3, 7. Jg., 27-38.

WEILER, Ingomar/BURGENER, Louis/KORNEXL, Elmar/MITTERBAUER, Günter/NIEDERMANN, Erwin/STROHMEYER, Hannes (1975). Grundbegriffe und Persönlichkeiten der Geschichte der Leibesübungen. Bd. 15 der Studientexte zur Leibeserziehung. Innsbruck.

WEILER, Ingomar (1998). Die Anfänge von Leibesübungen. Sport in universalhistorischer Sicht. In: Bruckmüller, Ernst/Strohmeyer, Hannes (Hg.). Turnen und Sport in der Geschichte Österreichs (6-20). Wien.

WEINZIERL, Erika/SKALNIK, Kurt (Hg.) (1983). Österreich 1918-1938. Geschichte der Ersten Republik. 2 Bände, Graz – Wien – Köln.

WEIZENEGGER, Franz Josef (1839). Vorarlberg (Hg. Meinrad Merkle). Bregenz.

WELTI, Ludwig (1936). Was das Lustenauer Totenbuch erzählt. Dornbirn.

WINKLER, Gerhard (1990). Gruß aus Alt-Feldkirch. Stadt und Leute auf alten Ansichtskarten. Bregenz.

WUNDT, Theodor von (1931). Die erste winterliche Bergfahrt in Vorarlberg. In: Feierabend, 5. Folge, 13. Jg., 82-84; 91.

ZEDERFELD, Fritz (1936). Das Fahrrad und der Radsport. In: Feierabend, 34. Folge, 18. Jg., 365-367.

ZÖSMEIR, Josef (1885). Die ältesten und geschichtlich mekwürdigsten Scheiben des k.k. Bezirksschießstandes Feldkirch in Vorarlberg nebst geschichtlichen Mittheilungen über die alte Feldkircher Schützengesellschaft, ihre Stiftungen und Einrichtungen. Feldkirch.

ABBILDUNGSNACHWEIS

1) Vorarlberg Archiv, Bd. I: Geschichte (VA 01014).
2) Vorarlberg Archiv, Bd. I: Geschichte (VA 01014).
3) Vorarlberg Archiv, Bd. II: Wirtschaft, Handel, Fremdenverkehr (VA 02312).
4) Festschrift 100 Jahre Radsport in Vorarlberg. 40 Jahre Vorarlberger Radfahrer-Verband (1986).
5) Festschrift 100 Jahre Skilauf in Vorarlberg (1986).
6) Stadtarchiv Dornbirn.
7) Stadtarchiv Dornbirn; Original Grete Dressel.
8) Lanzl (1936), Der Sport Vorarlbergs im Bilde; Original Xaver Vonach (Bregenz).
9) Lanzl (1936), Der Sport Vorarlbergs im Bilde.
10) Illustrierte Athletik-Sportzeitung (1905).
11) Illustrierte Athletik-Sportzeitung (1906).
12) Lanzl (1936), Der Sport Vorarlbergs im Bilde.
13) Fritzi Jelinek-Frietsche (Bregenz).
14) Gemeindearchiv Lustenau (V 88).
15) Gernot Hollenstein (Lustenau).
16) Gernot Hollenstein (Lustenau).
17) Stadtarchiv Dornbirn; Original Rosa Sandri.
18) Stadtarchiv Dornbirn; Original Rosa Sandri.
19) Stadtarchiv Dornbirn; Original Rosa Sandri.
20) Stadtarchiv Dornbirn; Original Rosa Sandri.
21) Stadtarchiv Dornbirn; Original Armin Hartmann.
22) Stadtarchiv Dornbirn; Original Armin Hartmann.
23) Gemeindearchiv Lustenau (V 3).
24) Stadtarchiv Dornbirn; Original Horst Taitl.
25) Lanzl (1936), Der Sport Vorarlbergs im Bilde.
26) Festschrift 100 Jahre Turnen in Dornbirn (1962).
27) Stadtarchiv Dornbirn.
28) Lanzl (1936), Der Sport Vorarlbergs im Bilde.
29) Gernot Hollenstein (Lustenau).
30) Gernot Hollenstein (Lustenau).
31) Bundschuh/Mittersteiner (1997), Verein Arbeiterheim Dornbirn.
32) Stadtarchiv Dornbirn; Original Olga Hollenstein.
33) Elfriede Mayer (Deutschland).
34) Lanzl (1936), Der Sport Vorarlbergs im Bilde; Original K. Bojarsky (Feldkirch).
35) Hohenems in alten Photographien (1983).
36) Lanzl (1936), Der Sport Vorarlbergs im Bilde; Original Photohaus Rhomberg (Dornbirn).
37) Stadtarchiv Dornbirn.
38) Gemeindearchiv Lustenau (V 60).
39) Stadtarchiv Bregenz.
40) Kurt Winkler (Lustenau).
41) Margrit Scheffknecht (Lustenau).
42) 125 Jahre Schützengilde Lustenau; Sammlung Robert Tagwerker.
43) Gemeindearchiv Lustenau; Chronik des FC Lustenau.
44) Gemeindearchiv Lustenau; Chronik des FC Lustenau.
45) Margrit Scheffknecht (Lustenau).
46) Margrit Scheffknecht (Lustenau).

47) Margrit Scheffknecht (Lustenau).
48) Gemeindearchiv Lustenau (V 151).
49) Lanzl (1936), Der Sport Vorarlbergs im Bilde; Original Lothar Hemrich (Dornbirn).
50) Lanzl (1936), Der Sport Vorarlbergs im Bilde; Original Ing. Kurt Fußenegger (Bregenz).
51) Lanzl (1936), Der Sport Vorarlbergs im Bilde.
52) Lanzl (1936), Der Sport Vorarlbergs im Bilde; Original Norbert Bertolini (Bregenz).
53) Lanzl (1936), Der Sport Vorarlbergs im Bilde; Original Photohaus Rhomberg (Dornbirn).
54) Lanzl (1936), Der Sport Vorarlbergs im Bilde; Original Herbert Kiene (Bregenz).
55) Der Flugsport in Vorarlberg (1936).
56) Josef Keßler (Rankweil).
57) Josef Keßler (Rankweil).
58) Josef Keßler (Rankweil).
59) Gemeindearchiv Lustenau (V 146).
60) Gemeindearchiv Lustenau (V 145).
61) Gemeindearchiv Lustenau (V 80).
62) Rosina Nair (Lustenau).
63) Alfred Alge (Lustenau).
64) Rhomberg/Schwald (2000), Die Besten im Westen.
65) Josef Keßler (Rankweil).
66) Peter Vogel (Lustenau).
67) Lanzl (1936), Der Sport Vorarlbergs im Bilde; Original Hubert Hämmerle (Dornbirn).
68) Chronik RV Wiking Bregenz, Bd. I.
69) Lanzl (1936), Der Sport Vorarlbergs im Bilde.
70) Lanzl (1936), Der Sport Vorarlbergs im Bilde; Original Richard Heuberger (Lustenau).
71) Lanzl (1936), Der Sport Vorarlbergs im Bilde; Original Fritz Eyth (Bregenz).
72) Lanzl (1936), Der Sport Vorarlbergs im Bilde.
73) Fritzi Jelinek-Frietsche (Bregenz).
74) Lanzl (1936), Der Sport Vorarlbergs im Bilde; Original K. Scholl (Bregenz).
75) Stadtarchiv Dornbirn, Original Grete Dressel.
76) Stadtarchiv Dornbirn, Original Karl Cordin.
77) Stadtarchiv Dornbirn, Original Karl Cordin.
78) Lanzl (1936), Der Sport Vorarlbergs im Bilde.
79) Festschrift 60 Jahre Verband Vorarlberger Skiläufer (1965).
80) Lanzl (1936), Der Sport Vorarlbergs im Bilde; Original Luggi Föger (Innsbruck).
81) Festschrift 60 Jahre Verband Vorarlberger Skiläufer (1965).
82) Festschrift 100 Jahre Skilauf in Vorarlberg (1986).
83) Festschrift 60 Jahre Verband Vorarlberger Skiläufer (1965).
84) Festschrift 100 Jahre Skilauf in Vorarlberg (1986).
85) Festschrift 60 Jahre Verband Vorarlberger Skiläufer (1965).
86) Festschrift 60 Jahre Verband Vorarlberger Skiläufer (1965).
87) Anna Greußing (Bregenz).
88) Stadtarchiv Dornbirn, Original Sammlung Hengl.
89) Lanzl (1936), Der Sport Vorarlbergs im Bilde; Original Othmar Heinrich (Bregenz).

PERSONENREGISTER

Aas Torleif, 217
Achatz Oswald, 127, 142f., 228, 250, 262
Adler Viktor, 93, 246
Albrich Ferdinand, 22
Albrich Franz Josef, 22
Alge Adolf, 19
Alge Alfred, 163, 170, 260, 273
Alge Anna, 143, 273
Alge August, 160f., 170
Alge Eduard, 63
Alge Hermann, 19
Alge Oskar, 192
Alge Thilde, 193
Allgäuer Erwin, 164
Amann Alois, 29, 34, 81f., 84, 245
Amann Arthur, 121f.
Amann Jakob, 82, 245
Amann Konrad, 155
Amann Max, 51
Amann Paula, 78
Anlauf August, 239
Anwander Arnold, 151
Anwander Theodor, 147
Atzlmüller Ludwig, 209
Auersperg F. J., 19
Bachmann Fritz, 188, 196
Bachmayr Emil, 182
Balmat Jacques, 21
Bandel Ferdinand, 55
Barth Franz, 241
Bauer Georg, 224
Baumgartner Harald, 207
Baumgartner Richard, 219
Beer Ida, 175
Bell Lambert, 138
Belz Johann, 229
Benger Eberhard, 177
Benz Carl, 147
Berg Leif, 213
Bergendahl Lauritz, 205
Berger Kurt, 189
Bergmann Richard, 229
Berlinger Walter, 209
Bezwoda Emil, 147
Bickel Hubert, 142
Bickel Sebastian, 16, 18

Bildstein Albert, 262
Bildstein Josef „Sepp", 30, 106, 177, 205, 212f., 218-221, 232, 255
Bilgeri Georg, 25, 30, 160, 214ff., 218, 232, 255, 262f., 266ff.
Bilgeri Josef, 158
Bilgeri Martin, 148, 251
Bilgeri Robert, 22, 158, 160, 251
Binda Alfredo, 166
Birnbaumer Josef, 76
Bischof Fridolin, 150
Bitriol, 230
Blatter Arnold, 142
Blazejowski, 179
Blessing, 119
Blodig Karl, 21, 30, 106, 232, 237, 263
Blomseth Johann, 207
Bogdon Emil, 46
Bogeng G. A., 174
Böhler Hermann, 84, 244
Böhm Hennes, 219
Böhr Nikolaus, 56
Bösch Adam, 76, 136, 138, 170, 232, 250
Bösch Eduard, 123f.
Bösch Ferdinand, 8, 37, 162ff., 166f., 247
Bosch Josef, 19
Bösch Josef, 8, 51f., 164, 169f., 234, 252
Bösch Oskar, 79, 141ff.
Bösch Otto, 78
Bösch Robert, 63, 138
Bradl Bubi, 209f.
Braun Reinhold, 180
Brugger Josef, 141
Brüschweiler Emil, 123
Büchele, 179
Burger Josef Anton, 191
Burmeister Karl Heinz, 15f., 20, 186, 236
Burtscher Albert, 207
Burtscher Josef, 173, 252
Büßinger, 151
Capiti Eduard, 205, 217, 254
Catani, 18
Chatel Georges, 160, 251
Cordin Karl, 208f.
Dax Magdalena, 77f.
Dayan Octave, 165

Denzler Alfred, 160
Desaler Paul, 204
Deuring Albert, 185
Deuring Karl, 182
Dezel Franz Xaver, 19, 25
Diem Engelbert, 115f.
Diem Herbert, 239, 244
Dietrich August, 46, 82, 90
Dietrich Emil, 187-193, 253
Dietrich Johann Josef, 96, 247
Dietrich Pepi, 191ff.
Dietrich, 183
Dietrich, Graf von Ems, 11
Dobe, 179
Dollfuß Engelbert, 34, 36-39, 42, 55, 70, 88f., 94, 96, 202, 232
Doppelmayr Emil, 119, 121, 149, 151, 220, 239
Dörflinger Emil, 160, 251
Douglaß John Sholto, 17, 21
Draxler Hans, 97
Eberl Harald, 70
Ebner, 18, 241
Eccher Oswald von, 217
Egger Franz, 82, 245
Egger Otto, 145
Ehmet Eduard, 73
Einsle Josef, 196
Eisen Josef, 75f., 138
Ellensohn Ernst, 229
Ellensohn Franz, 51, 155
Ender Otto, 29, 38, 81f., 85, 184, 202, 254, 256
Engel, 167
Ettenberger Walter, 178
Eyth Friedrich, 148, 176, 178
Eyth Fritz, 228
Eyth Grete, 227
Faigle Karl, 148
Falger Ferdinand, 200
Faust, 189
Feierle August, 63f., 66, 68
Fenkart Alois, 72
Fenkart Hermann, 154
Feßler Irene, 37, 40, 190ff.
Feßler Johann, 164
Feßler Josef, 149
Feßler Siegfried, 121f.
Fetz Andreas, 24
Fiedler Paul, 118, 120

Fink Josef, 63
Fischer August, 239
Fitz Rudolf, 130
Flaig Walter, 24
Flatz Anton, 21
Forster Inge, 180, 253
Forster Pius, 224
Franck Arnolf, 218
Franz Joseph I., 18, 60
Fricke Eugenie, 230
Friedrich von Hohenems, 13
Friedrich von Toggenburg, 12f.
Frisch Eugenie, 227
Frischmann, 179
Fritz Rudi, 212
Fritz Rudolf, 24
Furtenbach Alois von, 56
Furtenbach Erasmus von, 15
Furtenbach Paul von, 15
Fussenegger Anton, 142f.
Fußenegger Erwin, 31, 198f., 203f., 212f.
Fußenegger Otto, 58, 60
Fußenegger Wilhelm, 60
Ganahl Carl, 56
Ganahl Hans, 181, 239
Gantner Anton, 184
Gasser Achilles Pirmin, 15f.
Gasser Hans, 154
Gastgeb Hans, 94
Gehrer Lukas, 162
Geiger Edi, 228
Georg III., Graf von Montfort-Bregenz, 12
Georg, Graf von Ems, 11
Getzner Josef, 56
Girardbille, 218
Girstmaier Hans, 52, 175
Glatz Karl, 121
Glatzl Alois, 39, 200, 202f., 208
Goebbels Joseph, 53
Goldemund Heinrich, 187
Grabher Anton, 130
Grabher Edi, 122
Grabher Gebhard, 125, 132, 136
Grabher Hannes „Jonny", 78, 138-142, 250, 252
Grabher Hermann, 129f., 229
Grabher Otto, 138, 140f.
Grabher Richard, 130
Grabher Rudolf, 130

Grabher Siegfried, 147, 250
Grahammer Arthur, 130, 136
Grahammer Fritz, 78, 136-141, 250
Grahammer Hugo, 116
Granzeuer Willi, 90
Greußing Alois, 224f.
Greußing Julius, 176, 194
Greußing Sibylle, 40, 190ff.
Gruber Karl, 203, 216
Grubhofer Ferdinand, 82, 90, 239
Grünbacher, 168
Gscheidlen Friedrich, 58
Guler L., 25
Gunz Franz Alexander, 55, 241
Gunz Oswald, 7f., 142f., 225f.
Gunz Wendelin, 239
Haagn Julius, 61f.
Häfele Armin, 162
Häfele Hans, 154
Hagen Kaspar, 20
Hagen Rudolf, 44, 86, 91, 123
Haider Willi, 121f.
Håkon VII. von Norwegen, 219
Hammerer Hubert, 9, 53, 185f., 234, 240, 253
Hammerer Kaspar, 182-185
Hämmerle Alfred, 41, 44f., 183f., 233, 249
Hämmerle Armin, 88f.
Hämmerle Baptist, 21
Hämmerle Eduard, 19, 183
Hämmerle Franz Martin, 20f., 73, 111, 186, 188
Hämmerle Franz, 125, 227
Hämmerle Guntram, 24
Hämmerle Kurt, 193
Hämmerle Norbert, 204
Hämmerle Oskar, 39, 54, 116f., 127, 130, 249
Hämmerle Otto, 60, 204, 226
Hämmerle Reinelde, 209
Hämmerle Siegfried, 125
Hämmerle Viktor, 60, 186
Handl Hans, 212
Hanl Fritz, 116
Happisch Leopold, 98
Harrer Franz, 208f., 212
Härtenberger, 115
Hartmann Edwin, 208f., 212, 236
Hartmann Josef, 142
Hartmann Nikola, 235
Hartwig Paul, 117

Häublein Paul, 83
Haug Adolf, 8, 37, 107, 162-167, 233
Haug Gottfried, 160f.
Hausenblas Edwin, 179
Heinrich IV., Graf von Montfort-Tettnang, 11
Hemrich Adolf, 69f.
Henricksen Johann, 205
Herberger Sepp, 128
Herburger Karl, 58, 76, 78f.
Hermann Georg, 78
Hermann Trude, 208
Himmler Heinrich, 46
Hitler Adolf, 32, 46, 85, 197
Hobmeier Ludwig, 204
Hofer Franz , 181, 185
Hoinkes Theodor, 156, 251
Höll Karl, 177
Hollenstein Albert, 192
Hollenstein Alfred, 136
Hollenstein Erich, 250
Hollenstein Ernst, 130, 249f.
Hollenstein Josef, 129
Hollenstein Peter Paul, 20
Hollenstein Pius, 41, 44, 87, 91, 233
Holtei, 69
Holter Ferdinand, 177
Holzer Karl, 160
Holzmüller, 110
Honstätter Anna, 205
Hörburger Norbert, 239
Hörtnagl Hugo, 207
Hörtnagl, 188
Huber Freddie, 107f.
Huber Hilar, 107, 248
Huber Mathias, 245
Huber Rudolf, 8, 41, 44f., 162, 164, 167ff., 233, 252
Hueter Heinrich, 21
Hugo XII., Graf von Montfort-Bregenz, 11
Hugo XVII., Graf von Montfort-Bregenz, 12ff., 236
Humpeler August, 74
Ikle Fritz, 205, 213, 217
Ilg Hubert, 187
Intemann Walter, 190
Iselin Fritz, 204f., 254
Jahn Friedrich Ludwig, 10, 18, 25f., 32, 34, 55ff., 68, 76, 88, 90, 106, 231
Janisch Theodor, 184
Janner Ernst, 221f.

Jelinek Fritzi, 37, 40, 190-193, 209, 233
Jochum Fred, 196
Johannes I., Graf von Montfort-Tettnang, 12
Jung Herbert, 205
Jussel Anton, 60, 241
Kaltenbach Emil, 33, 172, 224
Kanalz Karl, 130
Karrer Jenny, 189
Kaspar, Graf von Hohenems, 16
Katschitschnigg, 178
Kaulbersch Georg, 113f.
Keßler Oskar, 207
Kiebele Josef, 177
Kiene Herbert, 154
Kinsky Ulrich Ferdinand, 119
Kinz, 177
Kispert Georg, 227f.
Kittelberger Karl, 120, 122
Kittelberger Walter, 118ff., 122
Klausner Hermann, 45
Klien Sales, 81
Klinger Minkie, 151
Klocker Ernst, 178
Klotz Paul, 200
Knabenhans, 223
Knabl Roman, 225
Knittel Rudolf, 90
Knöpfler Wilhelm, 58
Koch Martin, 161
Köchle Josef, 143
Kofler Karl, 22, 147f., 238
Kohler Stefan, 180f.
Kolbinger Karl, 116
Kölbl Eugen, 70
König Frieda, 143
König Gebhard, 142
König Thomas, 147
Kopp Annemarie, 208
Köppl Rudolf, 150
Kremmel Albert, 69
Kremmel Rudolf, 162, 164
Kromer Othmar, 190
Krummholz Emil, 194
Kuner Elly, 180
Kuner Paul, 178
Küng Pepi, 130
Künz Ernst, 41, 45, 53, 107, 127, 130, 135, 142, 233f., 250
Künz Hans, 21f.
Kupka Klaudius, 70, 77
Kurer Robert, 55, 58
Kurz Albert, 205
Landbeck Liselotte, 112
Längle Alois, 143
Lantschner Heli, 208
Lantschner Inge, 208
Lanzl Helmut, 122, 148f.
Lauster Carl, 160, 251
Layr Hans, 193
Ledergerber Peter, 196
Leibfried Hermann, 96, 98, 247
Lelang, 108
Lenz Anton, 8, 52, 244
Lenzi Hedwig, 229
Lettner Käthe, 208
Liberat Julian, 187f.
Linher Franz, 121f.
Linher Josef, 119, 122
Lins Franz Josef, 56
Lins Rudi, 209f.
Linser Edi, 150f., 251
Linser Johann, 21
Lodgemann Udo, 228
Lorünser Walter, 121
Ludescher Hans, 122
Luger David, 203
Luger Engelbert, 22, 238
Luger Johann Georg, 63
Luger-Pscheid Anna, 208
Mader Anton, 81
Madlener Andreas, 21
Madlener Max, 213
Madlener Otto, 8, 28, 30, 106, 119, 135, 151, 156, 160f., 171f., 223, 232, 239, 251f., 255
Mangold Edith, 180
Mangold Max, 178
Maresco Al, 107
Margreiter Hermann, 46
Margstahler Erich, 228
Markl Anton, 154
Marschner Gustav, 161
Marte Ferdinand, 125
Martin, 108
Mäser Josef, 175
Mäser Martin, 161
Mathe Otto, 154

Mathies Angelika, 212
Mathis Albert, 213
Mathis Ernst, 78, 141, 240, 245
Mathis Otto, 81
Mathis Theresa, 213
Matt Rudi, 208
Mauer Hermann, 119, 148
Maximilian I., 12
Mayer Richard, 108f.
Mehele Josef, 184
Meiler Franz, 184
Melcher Walter, 177
Meschenmoser Gebhard, 60
Metzler Josef, 181
Meusburger Josef, 150
Michalek Ferdinand, 63, 76, 115f.
Michelet, 160
Michlbauer Josef, 114
Mittersteiner Reinhard, 95
Mohr Wilhelm, 85
Morscher Amalia, 227
Mühlbacher Otto, 151
Mühlbacher, 110
Müller Fritz, 45
Mutter Andreas, 56
Nagel Hermann, 100, 103, 238
Nägele Josef, 19
Nansen Fritjof, 24
Navratil, 184
Neidhardt, 161
Neuendorff Edmund, 85, 88
Neumann Josef, 92, 141, 144, 146f., 246
Neuner Fritz, 154
Neyer Anton, 21, 237
Neyer Rudolf, 207, 255
Oberberger Georg, 160
Oblinger Albert, 162
Ohneberg August, 178
Öhry Rudolf, 143, 240
Ölz Rudolf, 153f.
Oswald Sepp, 212
Ott Hans, 207
Paccard Michel, 21
Pappus David von Tratzberg, 16
Parth Anton, 74, 76
Patscheider Hans, 163
Pedenz Karl, 112
Peintner Gottfried, 51, 91f., 137, 140-146, 239, 245f., 250
Peintner Josef, 34, 39, 42, 44, 46, 54, 71, 88, 92, 109, 137, 155, 251
Peschl Alfred, 191f.
Peschl Ewald, 54, 116f.
Peterlunger Hans, 130
Peyrade Edward, 108
Pichlkostner Alois, 103
Pipp Karl, 179
Pircher Josef, 148
Plankensteiner Anton, 45, 48, 70, 239
Plattner Alois, 150f.
Platz Otto, 78, 140f., 245
Plunder Franz, 196, 254
Poof, 18
Poulanger Emil, 116
Prack Hans, 190-193
Prack Trude, 191f.
Präg Ludwig, 193
Prehofer, 209
Pritzi Trude, 230
Pritzl Hans, 121
Quintner, 19
Raab Eugen, 149
Rainer Friedrich, 45f.
Rasim Karl, 198
Rauch Hans, 182
Reiner Albert, 78
Reiner, 148
Renelt Emil, 93
Renner Karl, 93, 98, 246
Rhomberg Albert, 58, 60
Rhomberg Bruno, 141
Rhomberg Ernst, 24
Rhomberg Hubert, 181, 185
Rhomberg Hugo, 204, 213
Rhomberg Johann Nepomuk, 58
Rhomberg Julius, 24
Rhomberg Karl, 60
Rhomberg Theodor, 39, 45f., 51, 53f., 71, 109, 200, 202f., 207, 210, 212, 234
Riedmann Alfred, 8, 37, 163f., 171, 252
Riedmann Hans, 53, 130
Riezler Rosa, 51f., 210
Riezler Rudi, 51, 53, 210, 212
Risch Karl, 205, 207, 212
Risch Werner, 151
Ritter Gebhard, 78

Ritzl Anton, 182
Roder Gebhard, 19
Rödhammer Rudolf, 122, 249
Rohrer Hans, 97
Roth Heinrich, 160
Rothe Johannes, 11
Rudolf P., 204
Rudolf V., Graf von Montfort-Feldkirch, 12f.
Ruegg, 163
Rüf Arnold, 60
Rüf Hugo, 22
Rüf Johann, 56
Rüf Josef, 202
Rüf Oskar, 24
Rüf Thomas, 58
Rüsch Alfred, 204, 213
Rüsch Karl, 198
Rusch Sepp, 179
Rüsch Walter, 21, 24
Sagmeister Hilde, 180
Salcher Hubert, 208
Sallier Fritz, 154
Saxenhammer Josef, 128
Schalando Alfred, 165
Schalber Eugen, 121
Schartner, 114
Scheffknecht Adolf, 41, 44, 53, 87, 91, 233f.
Scheffknecht Willi, 118ff.
Scheier Ulrich, 172
Schellenberg Ulrich von, 15f.
Schildknecht, 162
Schindler Fritz, 121
Schlegel Wilhelm, 207
Schleh Johann Georg, 15f.
Schluge Theodor, 206, 208
Schmalzigaug Carl, 161
Schmid Hermann, 32, 70, 238, 243
Schmiedl Georg, 98
Schneeweiß Hans, 154
Schneider Anton, 237
Schneider Emil, 34, 46, 82, 221, 245, 249
Schneider Eugen, 24
Schneider Franz, 210
Schneider Friedrich, 212
Schneider Hannes, 8, 30, 204, 211ff., 216-219, 221, 232, 236, 254
Schneider Josef, 162
Schram Kurt, 189-193

Schröppel Franz, 78, 249
Schullein Kurt, 143
Schwarz Fritz, 119
Schwärzler Karl, 230
Schwerzenbach, 226
Seeberger Franz, 125
Seewald Alexander, 77
Sererhard Nikolaus, 18
Seyffertitz Theobald von, 42, 71, 89
Sick Max, 33
Sieber Max, 22
Simondsen Per, 205, 218
Smith Harald, 205, 218f., 232, 254
Sohm Eugen, 24
Sohm Viktor, 23ff., 30, 148, 176f., 198f., 203ff., 212ff., 216, 219, 232, 254
Solhardt Karl, 109
Spiegel Andreas, 138
Spiegel Franz, 63
Spiegel Friedrich, 241
Spiegel Herbert, 52, 239, 244
Spiegel Marianne, 180
Spieler Emma, 209
Stadelmann Theo, 53, 209f.
Stadler Fritz, 35, 100, 238
Starhemberg Rüdiger von, 42, 71, 85, 88
Staskijewitsch, 112
Staud Josef, 193
Staudinger Josef, 188
Steger Baptist, 224
Steger Jakob Liberat, 15
Steigelmann Karl, 185
Steiner Hildegard, 193
Steinhauser Otto, 207
Steurer Otto, 69
Stockar Dora, 228
Stoll Karl, 98
Strahal Karl, 207
Strauß Hugo, 116
Stricker Adolf, 170
Strolz Engelbert, 213
Stuck Hans, 151f.
Stumpf Ernst74
Sturm August, 41, 44, 87, 91, 233
Sturm Richard, 185
Sulzbacher Michael, 122
Summer Emil, 51, 53
Suntheim Ladislaus, 16

Susnik Eugen, 176, 194
Sutter Else, 228
Tarabocchia Quido, 133
Thaler Josef „Pepi", 34, 78f., 84
Thevenet, 230
Thönig Benno, 130
Thurnher Erwin, 227
Thurnher Johann Georg, 63
Thurnher Manfred, 208
Thüssing Josef, 115
Toth Ludwig, 8, 51f., 143, 234, 240, 250
Troll Alfons, 121
Trüdinger Walter, 178
Tschammer und Osten Hans von, 45, 52f., 210, 240
Tschofen Josef, 63
Tschopp Ferdinand, 55
Tutschek Adolf, 189
Udbye A., 218
Ujetz Heinrich, 39
Ulmer Anton, 34, 46, 54, 82, 84f., 88, 245
Ulrich V., Graf von Montfort-Tettnang, 12
Ulrich VII., Graf von Montfort-Tettnang, 12
Ulrich X., Graf von Bregenz, 12
Ulrich, Graf von Bregenz, 12
Untermarzoner Toni, 151, 154
Veit von Königsegg, 15, 20
Vetter Albert, 125, 239
Vetter Reinhold, 229
Vogel Anton, 8, 44, 51, 173f., 234, 240, 252
Vogel Ernst, 136
Vogel Franz, 130
Vogel Hermann, 137f.
Vogel Josef, 240
Vogt Heinrich, 193f.
Wäger J. G., 19
Wagner August, 63, 65, 115
Wagner Julius, 136
Waibel August, 29, 80ff., 90
Waibel Ferdinand, 80
Waibel Johann Georg, 60
Waibel Karl, 239
Waitz Sigismund, 83
Walch Emil, 206, 212
Walch Willi, 8, 44, 52f., 107, 165, 212, 222f., 233f., 255
Walcher Josef, 173
Waldburg-Zeil Max von, 195
Walter, Graf von Ems, 11

Wank Hugo, 185
Weber Otto, 70
Wegelin Caspar, 186
Wehner Alfred, 32, 68, 70, 76, 78, 238, 243, 248
Weilheim Eduard, 140
Weiser Paul, 216
Weißkopf Erich, 51, 143, 240
Weizenegger Franz Josef, 11
Welpe Theodor, 76
Werle Richard, 53
Wernikowski, 108
Westreicher Heinrich, 143
Wichser Heinrich, 119
Wilhelm IV. von Bregenz, 12
Winder Andre, 175
Winder Franz, 84, 91, 245
Winsauer Albert, 244
Winsauer Ernst, 45
Wohlgenannt Eugen, 208
Wolf Peter, 13
Wolfran Othmar, 184
Woods George, 108
Wund Gebhard, 140f.
Wundt Theodor von, 25
Wurzer Paul, 160
Wustrow Walter von, 154
Zardetti Eugen, 147, 238
Zdarsky Mathias, 215f.
Zederfeld Fritz von, 156
Zehrer Vitus, 47
Ziehaus Franz, 119
Zingerle Gernot, 113
Zinneberg Arco Graf von, 152
Zösmaier Josef, 12
Zuber Josef, 151
Zumper Richard, 168
Zumtobel Franz Martin, 148
Zumtobel Otto, 149
Zünd Hans, 69
Zünd Josef, 78
Zweigelt Sepp, 25

ORTSREGISTER

Aalen, 131
Aarau, 69, 79
Alberschwende, 22, 154
Altach, 29, 80, 82, 90, 141f., 147, 238, 244f.
Altenrhein, 121
Amerlügen, 150, 175
Apeldoorn, 165
Arbon, 62, 179, 186, 195, 253
Argolis, 11
Arnheim, 165
Athen, 11
Au, 64, 252
Augsburg, 13, 81, 134, 137, 144, 230, 236
Bad Aussee, 219f.
Bad Hopfreben, 16
Bad Ischl, 201
Bad Kehlegg, 16
Bad Reuthe, 16
Bad Rothenbrunnen, 16
Bad Sonnenberg, 16
Baden bei Wien, 183, 193
Basel, 11, 76, 125, 176, 231
Berg, 182
Berlin, 18, 41, 44, 46f., 53, 65f., 71, 79, 83, 87, 91f., 107, 127, 130, 135, 147, 168, 170, 173, 179f., 183f., 233, 236, 243, 246
Bern, 19, 37, 76, 107, 135, 169ff., 233
Bezau, 69, 208, 243
Bludenz, 12f., 16, 19, 21f., 29, 39, 44f., 50f., 59-64, 73f., 77f., 83, 96, 99, 102ff., 109, 113f., 121f., 125, 131, 143, 150, 153f., 164, 175, 186, 188, 190ff., 198, 203, 208, 210, 226, 229, 235-238, 241f., 244-247
Blumenegg, 237
Bödele (Dornbirn), 8, 20, 24, 27, 39, 152, 154, 162, 174, 199-202, 204f., 207f., 210f., 216, 218f., 226, 236, 243, 254
Brand, 208
Brandnertal, 16, 22, 24
Braz, 237
Bregenz, 8, 10, 12f., 15, 19-26, 29f., 32, 35ff., 39f., 45f., 50f., 55-58, 60-65, 69, 73f., 76-84, 89, 91f., 96, 98ff., 102, 104f., 107ff., 111-116, 118-122, 125, 128f., 131f., 134f., 138, 141ff., 145f., 148, 151, 154-162, 165, 169, 172ff., 176-181, 186-200, 205, 207, 209, 212ff., 218-232, 236-245, 247ff., 251-254, 256
Bregenzerwald, 16, 24, 63, 175, 205
Breslau, 51, 185, 240
Brixen, 245
Brünn, 165
Buchenwald (KZ), 46
Budapest, 145f., 173
Bürs, 96, 151, 209, 237
Bürserberg, 151, 210
Chamonix, 52, 165, 222, 233
Chaux-de-Fonds, 218
Chur, 18, 76, 110
Cortina d'Ampezzo, 207
Dachau (KZ), 46, 245
Dalaas, 237
Davos, 165, 205, 217, 254
Delphi, 11
Dornbirn, 10, 16, 18, 20ff., 24-27, 29ff., 34ff., 39, 46ff., 50f., 54-64, 66f., 69-80, 82ff., 86, 88ff., 95f., 98-104, 109, 111ff., 115ff., 119, 121ff., 125, 128f., 131, 134f., 137f., 141ff., 147-155, 161f., 170, 174f., 180f., 184ff., 188, 191, 193, 198-202, 204, 206-210, 212f., 221, 226ff., 232, 234, 238-245, 249f., 254, 256
Dover, 196
Dresden, 161, 170
Egg, 69, 175, 184f., 198, 205
Eisenstadt, 168
Eriskirch, 158
Eßlingen, 251
Feldkirch, 10-13, 15, 19ff., 23f., 26, 28, 30, 36, 38f., 45, 47, 55-58, 61, 63f., 71-74, 77, 80ff., 84, 96-99, 102-105, 108-114, 119, 121, 126f., 131, 137, 143, 149f., 155f., 161, 175, 181f., 184, 186, 198, 200, 210, 223, 226-229, 231f., 235f., 238f., 241f., 244f., 247f., 250, 255f.
Frankfurt, 90, 116, 170, 224, 250
Frastanz, 18, 69, 108, 113f., 119, 121f., 208, 212, 236f., 244, 249, 254
Freiburg, 170, 229f., 254
Freudenstadt, 208
Friedrichshafen, 108f., 116, 119, 131f., 134, 138, 158, 186, 195f., 249
Fügen, 182
Furx, 121, 208
Fußach, 15, 69, 186

Gargellen, 222
Garmisch-Partenkirchen, 51, 209f., 218, 222, 236
Gebhardsberg (Bregenz), 23, 24, 174, 213
Genf, 68, 79, 166
Gera, 52, 183
Gießen, 51, 169
Glarus, 151, 203f., 254
Göppingen, 187, 189
Götzis, 31, 36, 61, 71, 90, 108, 150f., 154, 161, 171ff., 181, 225, 246
Graz, 133, 166, 173, 190ff., 219ff.
Grindelwald, 217f.
Hainfeld, 95
Hall, 89, 91, 146, 214, 256
Hamburg, 24, 196
Hard, 39, 61, 63ff., 69, 73f., 76f., 88, 96, 99, 104, 113, 117, 121, 155, 196f., 228, 238, 241, 244, 247
Heidenheim, 134
Heiligenberg, 118
Helsingfors, 201
Höchst, 35, 61, 63, 69, 71, 73, 78, 96, 99, 102f., 149, 238, 244, 247
Hofgastein, 207, 220
Hohenems, 13, 16, 18, 20ff., 29, 31, 34, 64, 69, 77-82, 85, 88, 90ff., 99, 111, 117, 121, 141, 154ff., 161f., 174, 184, 195, 238f., 242, 244ff., 249
Hörbranz, 160, 216
Imst, 46
Ingolstadt, 134
Innsbruck, 7, 9, 12, 15, 18f., 22, 32, 46, 51, 58, 62, 69, 75, 77f., 81, 109, 114, 116f., 121ff., 125, 133, 140ff., 148, 154, 156, 158, 161f., 164ff., 169f., 173, 176, 181, 185f., 190ff., 215, 221-225, 227, 229f., 241f., 247, 249-252
Jersey City, 108
Kempten, 116, 225, 237, 249
Kennelbach, 44, 87, 91, 99, 121, 226, 233
Kitzbühel, 46, 52, 77, 204, 208, 214, 217, 222, 254
Klagenfurt, 114, 133, 173, 192, 209
Klaus, 51, 96, 172, 247, 252
Klösterle, 24
Klosters, 207, 217
Klostertal, 16, 22
Koblach, 96, 247
Köln, 11, 183
Konstanz, 108, 113, 118, 123ff., 132, 135f., 176ff., 187, 195, 229, 243, 249
Kopenhagen, 170
Korinth, 11
Kreuzlingen, 73
Krumbach, 16, 214
Kufstein, 46, 170, 200, 207f.
Kundl, 166
Laab am Walde, 251
Landeck, 46, 169
Landshut, 134
Laternsertal, 24
Lausanne, 76, 155
Lauterach, 78, 82, 84
Lech, 208, 212, 221
Leipzig, 75f., 90, 92, 144, 182, 184
Lenzerheide, 213
Leoben, 191
Les Avants, 217
Leutkirch, 249
Lindau, 15, 20, 56, 62, 73, 108, 116, 118f., 131, 177-180, 186f., 194ff., 249, 253
Lindenberg, 134, 187, 190
Linz, 32, 44, 66, 76, 78, 91, 133, 190
Lochau, 148, 176, 226
London, 8, 172, 246, 252
Ludwigshafen, 189
Lustenau, 18ff., 30, 34, 37, 39ff., 44, 46, 54, 57, 61, 63f., 66-69, 71, 73f., 77f., 84, 86f., 91f., 99, 102ff., 107f., 113, 115ff., 119, 121, 123-145, 151, 154ff., 161-164, 166-171, 173, 184, 188-193, 200, 223, 233, 237ff., 241, 243-252, 254
Luzern, 69, 79, 91, 251
Madeira, 196
Mäder, 245
Magenta, 57
Mailand, 52, 135, 164f., 169f.
Mallnitz, 209
Mariazell, 208
Matrei (am Brenner), 175
Mecheln, 12
Meiningen, 171
Memmingen, 134, 144
Michigan City, 24
Montafon, 16, 24, 63, 205, 215, 227
Montreux, 217
Mühlhausen, 160, 173
München, 46, 52, 56, 91, 116f., 122, 124f., 134, 149, 169f., 173, 182, 189f., 195, 201, 207, 230, 245f.
Murau, 222
Mürren, 222

Mürzzuschlag, 217
Nenzing, 104, 113f., 237
Nesselwang, 207
Neunkirchen, 73
New York, 107, 196f., 241, 246, 248
North Conway, 218
Nürnberg, 56, 76, 154, 161, 183, 185, 189, 224, 240
Nüziders, 121, 160
Oberndorf, 185
Oberstaufen, 207
Olympia, 11, 236
Paris, 108, 125, 147, 167, 173, 246
Partenen, 208, 210, 247
Pfänder (Bregenz), 118f., 121f., 151, 154, 174, 205, 207f., 219
Pontresina, 218, 220
Prag, 108, 165f.
Radolfzell, 179, 195
Rankweil, 14, 29, 80, 82f., 89f., 96, 99, 102, 110, 121, 127, 150, 153, 156, 173, 238, 244f., 247, 249
Ravensburg, 134
Rebstein, 73
Regensburg, 12
Reutte, 46, 200, 202, 207
Rheineck, 64
Rheintal, 83, 155
Riezlern, 198
Rom, 183f., 234, 240, 253
Romanshorn, 61, 73, 123, 131, 166, 186, 196, 253
Rorschach, 141, 177f., 192, 195, 251, 253
Rothenburg, 11
Salzburg, 89, 103, 121, 133, 135, 168, 183f., 201, 208f., 238, 243
Satteins, 96, 237
Schaffhausen, 76, 115, 137
Schattendorf, 247
Schröcken, 16
Schruns, 18, 21, 150, 153, 175, 198f., 207ff., 222
Schwarzach, 171
Schwarzenberg, 198, 205
Schwaz, 46
Schweinfurt, 161
Schwenningen, 131
Seefeld, 209
Singen, 128
Solferino, 57
Sonntag, 247
St. Anton, 53, 206, 209-212, 216-219, 238, 254
St. Christoph, 169, 205, 211f., 221f.
St. Gallen, 22, 57, 78, 92, 123, 125, 130, 135, 147, 166, 223, 250
St. Germain, 118
St. Johann im Pongau, 220
St. Moritz, 217, 220, 235, 254
St. Pölten, 7
Stalingrad, 53
Starnberg, 183
Steckborn, 61
Stein am Rhein, 178
Steyr, 103
Straßburg, 52, 176
Stuben, 24, 200, 210, 212f., 216, 222, 232
Stuttgart, 12, 109, 128, 179
Sulz, 96, 184
Sulzberg, 208
Telfs, 95
Thüringen, 61, 63, 73, 82, 99, 155, 238, 244
Traunstein, 182
Trogen, 214
Tschagguns, 208ff.
Turin, 165
Überlingen, 195
Ulm, 16, 134, 189, 216
Vandans, 96, 247
Venedig, 249
Verona, 249
Villach, 184
Walsertal Großes, 16
Walsertal Kleines, 24
Wangen, 134, 170
Weingarten, 134
Weiz, 144
Wengen, 222
Wien, 7, 18, 28, 30, 32, 38f., 43, 51, 65f., 69-72, 78, 89, 91, 93-96, 98, 106, 108, 113, 122, 132f., 140, 142f., 145ff., 154, 165f., 168-173, 183f., 189f., 193, 195, 219f., 223, 230, 232f., 237, 240, 243
Wiener Neustadt, 220
Wiesbaden, 22, 183
Windischgarsten, 208
Wolfurt, 149, 151, 239
Wörgl, 209
Zakopane, 52, 222, 234
Zürich, 13, 123, 125, 135ff., 160, 165ff., 171, 176f., 223, 246, 250f.
Zürs, 210, 212ff., 216, 220f.

DANK

Der Autor bedankt sich recht herzlich bei den nachfolgenden Personen, Firmen oder Institutionen für die wohlwollende Unterstützung bei der Herausgabe dieses Buches:

Dornbirner Sparkassa

Lions Club Dornbirn

Allianz Elementar Versicherungen, Dornbirn

Battisti Werner, Skinfit - Funktionelle Bekleidung, Mäder

Dworzak Hugo, Dipl. Architekt, Dornbirn

Elektro Schelling, Dornbirn

Familie Kaltenbach, Bregenz

Feldkircher Hubert, Möbel Handwerk - Hüslernest, Schwarzach - Dornbirn

Fink Walter, Heizungen - Sanitär - Solar, Schwarzach

Fischer Kurt, Dr., Gemeinderat, Lustenau

Fitz Ernst, Lustenau

Ford Wehinger, Bregenz

Gmeiner Annemarie, Agip Großtankstelle, Dornbirn

Grabher Siegfried, Teppiche aller Art, Dornbirn

Greber Günter, NKG Reisen, Dornbirn

Hämmerle Kurt, Cic Radsport, Lustenau - Höchst

Heron robotunits, Lustenau

Hilbe Andreas, Zimmerei, Dornbirn

Hilbe Norbert, Schreinerei, Dornbirn

Hollenstein Gernot, Stickerei, Lustenau

Jochum Peter, Uhren und Schmuck, Dornbirn

Kalb Markus, Schlosserei, Dornbirn

Lenz Elisabeth, Blumenwerkstatt, Dornbirn

Lenz Martin, Blumenhalle, Dornbirn

Mätzler August, Dr., Zahnarzt, Dornbirn

Mayer Ambros, La Donna (fashion) - L'Uomo (men's fashion), Dornbirn

Mayer Ulrike, Champion Shop, Dornbirn

Petrasch Helmut Ing., RMS Cosmethique, Dornbirn

Pichler Grete, Großhandel mit Lebensmitteln, Dornbirn

Präg Rudi, Uhren - Optik - Juwelen, Dornbirn

Raos Silvio, Graphik und Design, Dornbirn

Schertler Christian, Fahrzeughandlung, Dornbirn

Sohm Arno, Maschinenbau, Dornbirn

Sohm Blumen, Dornbirn

Sportinformation, Land Vorarlberg, Dornbirn

Stickel Andreas, Architekturdienstleistungen, Dornbirn

Vereinshaus, Dornbirn

Vorarlberger Automobil- und Touringclub, Dornbirn

Studien zur Geschichte und Gesellschaft Vorarlbergs

Ernsthafte und kritische Auseinandersetzung mit der regionalen Geschichte, bar jedweder Heimattümelei, offen für verdrängte Themen und unbequeme Fragen, unabhängig in jeder Hinsicht, niemandem verpflichtet - außer dem Leser.

Band 1

Werner Bundschuh, Harald Walser: Dornbirner Statt-Geschichten. Kritische Anmerkungen zu 100 Jahren politischer und gesellschaftlicher Entwicklung. 1987 (vergriffen)

Band 2

Meinrad Pichler, Harald Walser: Die Wacht am Rhein. Alltag in Vorarlberg während der NS-Zeit. 1988, 157 Seiten, Kt., 51 Abb., ISBN 3-900754-02-0, ATS 190,-

Band 3

Markus Barnay: Die Erfindung des Vorarlbergers. Landesbewußtsein und Ethnizitätsbildung im 19. und 20. Jahrhundert. 1988 (vergriffen)

Band 4

Werner Dreier (Hg.): Antisemitismus in Vorarlberg. Regionalstudie zur Geschichte einer Weltanschauung. 1988 (vergriffen)

Band 5

Werner Dreier, Meinrad Pichler: Vergebliches Werben. Mißlungene Vorarlberger Anschlußversuche an die Schweiz und an Schwaben (1918-1920). 1989, 160 Seiten, Kt., 22 Abb., ISBN 3-900754-05-5, ATS 190,-

Band 6

Harald Walser: Bombengeschäfte. Vorarlbergs Wirtschaft im NS-Staat. 1989, 376 Seiten, Kt., 62 Abb., ISBN 3-900754-06-3, ATS 317,-

Band 7

Gernot Egger: Ausgrenzen - Erfassen - Vernichten. Arme und „Irre" in Vorarlberg. 1990, 298 Seiten, Kt., 56 Abb., ISBN 3-900754-07-1, ATS 317,-

Band 8

Werner Bundschuh: Bestandsaufnahme: Heimat Dornbirn 1850-1950. 1990 (vergriffen)

Band 9

Bernhard Purin: Die Juden von Sulz. Eine jüdische Landgemeinde in Vorarlberg 1676-1744. 1991, 180 Seiten, Kt., 13 Abb., ISBN 3-900754-11-X, ATS 211,-

Band 10

Kurt Greussing: Die Erzeugung des Antisemitismus in Vorarlberg um 1900. 1992, 175 Seiten, Kt., 17 Abb., ISBN 3-900754-10-1, ATS 191,-

Band 11

Manfred Tschaikner: „Damit das Böse ausgerottet werde". Hexenverfolgungen in Vorarlberg im 16. und 17. Jahrhundert. 1992, 312 Seiten, Kt., 20 Abb., ISBN 3-900754-12-8, ATS 317,-

Band 12

Reinhard Mittersteiner: „Fremdhäßige", Handwerker & Genossen. Die Entstehung der sozialdemokratischen Arbeiterbewegung in Vorarlberg. 1994, 492 Seiten, Kt., 78 Abb., ISBN 3-900754-15-2, ATS 350,-

Band 13

Margarethe Ruff: „Um ihre Jugend betrogen..." Ukrainische Zwangsarbeiter/innen in Vorarlberg 1942-1945. 1996, 200 Seiten, Kt., 41 Abb., ISBN 3-900754-19-5, ATS 239,-

Band 14

Erika Thurner: Der „Goldene Westen"? Arbeitszuwanderung nach Vorarlberg seit 1945. 1997, 184 Seiten, kt., 23 Abb., 20 Grafiken, ISBN 3-900754-21-7, ATS 239,-

Band 15

Franz Valandro: Rechtsextremismus in Vorarlberg nach 1945. 1999, kt. 21 Abb., ISBN 3-900754-23-3, ATS 198,-

Weitere Titel

Werner Bundschuh: „Wir sind jung, die Welt ist offen..." Zur Geschichte der „Kinderfreunde" in Vorarlberg. 1998, 162 Seiten, kt., 62 Abb., ISBN 3-900754-22-5, ATS 200,-

Werner Bundschuh: Schlins 1850-1950. 1996, 301 Seiten, Kt., 62 sw Abb., ISBN 3-900754-18-7, ATS 350,-

Werner Bundschuh, Meinrad Pichler, Harald Walser: Wieder Österreich! Befreiung und Wiederaufbau - Vorarlberg 1945. 1995, 119 Seiten, Kt., 40 Abb., ISBN 3-900754-16-0, ATS 150,-

Werner Bundschuh, Werner Dreier, Reinhard Mittersteiner: Die „Fabrikler" organisieren sich. 100 Jahre Gewerkschaft Textil, Bekleidung und Leder Landesorganisation Vorarlberg. 1995, 314 Seiten, Kt., 60 Abb., ISBN 3-900754-17-9, ATS. 300,-

Meinrad Pichler: Auswanderer. Von Vorarlberg in die USA 1800-1938. 1993, Text-Bildband im Großformat, 406 Seiten, Ganzleinen, 211 Abb., ISBN 3-900754-13-6, ATS 477,-

Werner Bundschuh, Werner Dreier, Reinhard Mittersteiner: Sozialdemokraten im Dorf. 100 Jahre SPÖ Hard. 1994, 108 Seiten, Ganzleinen, 67 Abb., ISBN 3-900754-14-4, ATS 150,-

Wilhelm Stärk: Geschichte der Dornbirner Realschule. 1991, 341 Seiten, Kt., 73 Abb., ISBN 3-900754-09-8, ATS 317,-

Kurt Greussing: Vom „guten König" zum Imam. Staatsmacht und Gesellschaft im Iran. 1987, 392 Seiten, Kt., ISBN 3-900754-03-9, ATS 589,-

Sämtliche Titel sind über den Buchhandel erhältlich. Fragen Sie nach.